福建省社会科学规划项目博士文库

# Study on Zhang Bin's Thoughts on Chinese Grammar

# 张斌语法思想研究

吴晓芳◎著

社会科学文献出版社
SOCIAL SCIENCES ACADEMIC PRESS (CHINA)

本书得到2011年教育部人文社科基金立项资助（项目编号11YJA740099）

# 福建省社会科学规划项目博士文库
# 编辑委员会

# 出版说明

为了鼓励和支持青年社会科学工作者积极从事社会科学研究，扶持和培养一批中青年骨干和学术带头人，多出精品，多出人才，提升福建省社会科学研究总体实力和发展后劲，福建省社会科学界联合会从2010年起设立福建省社会科学规划博士文库项目，资助出版福建省社会科学类45岁以下青年学者的博士论文，推出一批高质量、高水平的社科研究成果。该项目面向全省自由申报，在收到近百本博士论文的基础上，经专家学者通讯匿名评审，择优资助出版其中10本博士论文，作为博士文库的第一辑。

福建省社会科学界联合会拟与社会科学文献出版社继续联手出版博士文库，力争把这一项目打造成为福建省哲学社会科学的特色品牌。

# 内容提要

张斌是中国著名的语言学家。他积极倡导的“三个平面”语法理论对汉语的动态研究有着极为重要的影响，从而卓有成效地推动汉语研究走向更为全面、综合和多层面互动的道路。他还富有成果地把逻辑学、符号学、心理学、信息论、系统论等相关学科渗透到汉语语法学中，为汉语语法学引进了新观念、新方法，开辟了汉语语法研究的新领域，推动了汉语语法学的多学科发展。

本书把张斌及其语法活动放到历史和现实的学术背景下进行讨论，讨论了张斌语法思想的生成、发展及其特点，指出张斌语法思想的理性特质和当代意义。学术研究面向当前的语法研究立言，这是本书的追求。书中对张斌语法思想的以下几个方面进行重点讨论：

1. 词类理论方面，主要讨论张斌对广义形态论的进一步阐释和发展、对 20 世纪 60 年代通行的“词汇语法范畴”的不同看法及对词的兼类问题的处理方法。

2. 析句理论方面，主要讨论张斌各个时期的析句法及其理论背景和“修饰语不影响句型”的理论意义和现实意义。

3.“三个平面”理论，认为张斌是在符号学等国外理论和汉语析句法演变实践的双重坐标中，提出“三个平面”理论的。在 20 世纪 80 年代初，张斌、胡裕树对“三个平面”理论的倡导更多的是方法论层面上的意义。

4. 关于分类问题，强调两种区别：语法上的分类，要区别基础和标

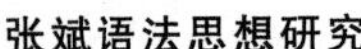



准；语法分析方面，要区别句法分析和句子分析。

此外，本书还对张斌短语研究、句子理解策略、格律诗的语言结构与理解、节律制约句法及诗歌节奏的表现形式、语言单位的辨识和再分类、《现代汉语》教材编写实践等问题一一做了评述，最后分析张斌语法思想的来源，总结张斌语法研究的特色。

总之，张斌先生不拘一家之说，主张“发扬传统，继承创新，兼收并蓄，为我所用”，这使得他的语法研究既有宽阔的理论视野，又符合汉语实际，在整合中西语法学理论、吸纳传统语法学精华、开拓中国语法学的新境界方面，作出了自己的努力。

**关键词：**张斌　词　短语　句子　语法思想

# 序　一

吴晓芳的《张斌语法思想研究》一书即将跟大家见面了，这是她在博士学位论文的基础上几经修改而成的，是她近六年来潜心研究张斌语法思想的可喜成果。更值得提起的是，她的博士论文于2011年入选福建省首届优秀博士文库。这是件极其不易之事！

张斌先生是我国当代语言学界的旗帜性学者，他在汉语语法学领域里辛勤耕耘近六十年，从语法研究到语法教学，成果丰硕，遍及语法学领域的方方面面。不仅如此，他还卓有成效地把逻辑学、符号学、心理学、韵律学、信息论、系统论等相关学科渗透到汉语语法学中，为汉语语法学引进新观念、新方法，开辟了汉语语法研究的新领域。

张斌语法思想从产生、发展到成熟，是随着中外语法学的发展而发展的。在从形式主义到功能主义转化的大势下，张斌语法思想有着特殊的理论建树。作者以张斌语法思想的发展为主线，注重张斌语法研究的形式分析和功能分析，发表了系列成果，已经引起了语法学界的瞩目。作者还对张斌先生多次专访，以口述史的形式归纳、整理张斌语法研究的经历、理论、方法，极具史料价值。该书通过对语法学家的个案研究，总结了汉语语法研究的理论和方法，对汉语语法、汉语语法学史、中国语言学流派的研究都具有理论价值和实践价值。

全书优点较多，仅就其荦荦大者而言，至少还有如下数端：

一、研究很系统、很全面。尽管张斌在现代汉语语法学史上的杰出贡献已为学界所熟知，但对张斌语法理论的研究一直分散在语法学的不同的具体研究领域，难以总括全貌。作者系统地探讨张斌先生语法思想的各个方面，有点有面，全面而具体；挖掘张斌先生语法思想形成的理论基础，有理有据，贴切到位；详细总结、评述了张斌先生的语法研究，可谓后出转精。

二、有自己的见解。张斌先生是现代汉语语法研究的大家，以往已有不少论著加以评述，要出新不容易。通过详赡搜集和细致分析，在前贤研究的基础上，作者也提出了一些新的意见，如把张斌先生的研究分为两个时期：张斌先生与胡裕树先生合作的时期（20世纪50年代至80年代中期）称为胡附、文炼时期，把80年代中期以后张斌先生独立署名的时期称为张斌时期。这样划分比较实事求是，客观地反映了张斌先生的语法研究历程。

三、资料丰富。张斌先生是语言学界的常青树，从20世纪50年代成名至今一直活跃在语法研究与教学的第一线。本书涉及的时间长、范围广，横跨近六十年。从书中可以看到，作者在资料搜集方面下了很大工夫，书中资料丰富，线索明晰，为整体把握张斌先生的语法思想打下了良好的基础。

书中是否有百密而一疏的地方呢？也许有。比如张斌先生语法思想的影响。张斌先生长期在高校教学，培养了一批在国内外具有一定影响力的弟子，学派意识明显，培养出来的学生也是其科研成果的另一种展现形式，书中对此项内容论述甚少。建议在今后的研究中加强对张斌语法思想的辐射研究，即加强对张斌弟子语法研究的跟踪，从一个侧面佐证张斌语法思想的辐射性和影响力。当然，这种研究可另立课题，严格地讲，不属本书的研究范围，只是建议。不知晓芳与读者以为然否？

晓芳是我的学生，我给他们上汉语音韵学、汉语语音史课，她给我的印象是耽于读书，敏于思考，谦逊内敛，淳朴和气。师生在一起，时有教学相长之乐。学成后，她到漳州师院工作，又到厦门大学访学进修，师生常有电话书信往来，她的教学、科研常在念中。从学术年龄而言，晓芳正当年华，好读书又坐得住冷板凳，希望她以此成果为基础，百尺竿头更进一步，贡献出更多、更高水平的研究成果。

我和读者一起期待！

马重奇*

于福州仓山书香门第

---

* 马重奇，福建省优秀专家和享受国务院政府特殊津贴专家，福建师范大学语言研究所所长、文学院教授、博士生导师、汉语言文字学博士点学科带头人、福建省重点学科带头人，国务院学位委员会学科评议组中国语言文学学科组成员，全国哲学社会科学规划领导小组国家社会科学基金学科评审组专家。

# 序　二

吴晓芳的处女作将要出版，要我写一篇序，我欣然命笔。

吴晓芳是我的关门弟子。她硕士读的是学科教育学。要读汉语言文字学专业的语法学方向的博士是要下很大工夫的。当年报考我的博士生有多名，录取的有两个。有一个硕士是读语法的，但由于另一个博导需要一个学生，我就将读语法的转给那个老师，自己带吴晓芳，带有一点“自我牺牲”的精神。

吴晓芳没有让我失望。录取后还没有开学，我就布置她先读硕士阶段的语法学必读书，她认真读了。入学后我开列了两批博士生必读书目，第一批是基础读物，第二批是专为写博士论文打基础的。五六十本书，她也很好地看了。

第二学年开始时，我就与她商谈写博士论文的事。她心中尚无数。我就建议她写“张斌语法思想研究”。很长一段时间来，我一直进行中国语法思想史的研究，也对张斌先生语法思想进行过探讨，深感张斌先生语法思想高深宏大，绝不是我二三万字的论文所能讲清楚的。很好地探讨、论述张斌先生的语法思想，是发展中国语法学的一件大事。但我苦于工作繁忙，没有更多的时间与精力，所以我就想让我的博士生吴晓芳来实现我的愿望。她接受了我的建议，拟定了写作提纲。半年后，她向我提出不写这个题目，改写功能语法学专题的论文的要求。我详细了解了她的想法，认为如果她改写另一题目，更缺乏准备和基础，新意也不多，就坚持要她克服困难，完成原定计划，并提出了今后的计划步骤，她愉快地接受了。

吴晓芳是聪颖的，我对她的点拨她很快就理解了，且能做到说头而知尾。吴晓芳是能吃苦的，除了很好地完成各门课程的学习外，她要看我布置的必读书目，还要看张斌先生所有的著作，还要在第二学年结束时，写出20万字以上的初稿。工作量之大，可想而知。但她硬是咬牙坚持，一一完成我布置给她的任务。

2008年7月29日，我详细看完了吴晓芳的16万字的论文初稿，提出了如下修改意见："①对张斌先生语法思想评论不够，要加强；②最后两章写得太略，要写详细些；③看看张斌先生还有哪些语法思想没有谈及，如教学语法思想就没有涉及，各增一章专门论述；④增写张斌语法思想的特色、影响一章；⑤增加张斌先生年表、著作目录等几个附录。"吴晓芳又根据我的意见进一步修改她的论文。

2008年10月28日，我利用到常熟开中国辞书学会第八届年会之机到上海，约吴晓芳也到上海同去拜会张斌先生，聆听张斌先生对论文的看法。张斌先生对吴晓芳的论文非常满意，满脸笑容，称赞有加。张斌先生说："学校为了筹备我90岁寿辰，专门派了一个老师来访谈我，我也给他讲了好几次，但他都没有把我的语法思想写清楚。吴晓芳写得很好，把我的语法思想方方面面都写清楚了。"我问张斌先生，还有哪些需要改进的？张斌先生说："没有了。"吴晓芳又利用这次难得的机会向张斌先生请教了语法方面的几个问题，张斌先生一一作了详细的解答。临走前，我请张斌先生的儿媳妇给我们三代师生照张相片。返闽后，吴晓芳又进一步修饰她的博士论文。

2009年5月28日，福建师范大学举行汉语言文字学专业博士论文答辩会。会前，吴晓芳的论文送5位专家盲审，得到评审专家的高度评价。一位专家说："博士学位论文《张斌语法思想研究》是现代性和科学性很强的语法学史论文，需要有较高理论水平者方可从事，否则不敢问津。张斌先生是享有崇高学术威望的老一辈语法学家，他的成就是多方面的，论文围绕四个方面进行深入研探，取得了贴近实际的可观成果。"又一位专家说："本文是对一位语法学家语法思想的专题研究。迄今为止，同类研究做得很少。在语法研究领域，这是所见最详细、最全面的一部作品。本文对张斌的语法作品进行了系统的梳理，剖析了张斌在不同时期所提出的语法思想，并且跟同时期的其他语法研究作了一定的比较，从中观察张斌语法思想、语法理论的广义性、独创性。文中的分析、评论是实事求是的，合理的，也是有说服力的。"还有一位专家说："研究张斌教授语法思

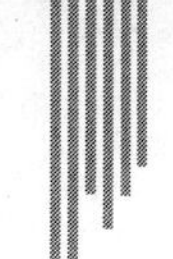



想需要更为广博的中外语法理论、中外汉语语法史知识，以及相关学科知识积累的支撑，还要有敏锐的语法学术目光、科学的研究方法。论文作者以其厚实的学术功力很好地把握了这一点，就使得研究建立在充分地进行调查的基础之上，所以立论可信。作者紧紧围绕张斌语法思想去安排材料，对零散的材料进行整合，讲究起承转合，布局合理，使结构有一种较强的整体逻辑感。叙述语言条理性很强，符合学术规范。他所引证的资料丰富而准确，论述实事求是，表明了作者具有明显的对张斌教授语法思想的整体把握能力。”另有一位专家说：“论文总结张斌教授语法学的成就，研探其学术思路和进路，分析细致，表达准确，评述到位，体现了现代科学批判精神，其中如补正王力、黎锦熙等人的‘词汇/词义·语法范畴’，动摇朱德熙等的‘词组本位’说，都具胆识和见地。论文不是媚俗颂德，而是严肃的学术研究。全文本体材料丰富，理论辨析细致入微，畛域分明，间架各具，思路清晰，表达顺畅，是一篇高质量的博士论文。”这篇论文获得了 5 个“A”，即全体评审专家都认为是好论文。参加答辩会的学者校外的有张振兴、董琨、方一新、王云路，校内的有马重奇、陈泽平、林志强。在有 7 位博士生参加的论文答辩会上，在各位专家评分的平均分上，吴晓芳位列第一。后来，吴晓芳的这篇论文获得优秀博士论文奖。

在答辩会上，专家们也指出了这篇论文的不足之处，如：“论文对个别材料的处理欠妥：张斌教授教学语法思想内涵也很丰富，影响很大，也培养出一批国内外具有一定影响力的学者，学派意识明显，论文对此项内容论述很少，建议今后修订时注意补充进来。”“个别表述尚可斟酌，如将‘三个平面’理论简称为‘三平’‘三平观’。”“如果略作补充，将张斌先生语法思想的影响专门介绍和论述，则论文似能更臻完美。”

吴晓芳毕业离校时，我曾对她说：“张斌先生是我国极有影响的语法学家，他的语法思想在每个阶段，都推进中国语法学的发展，要很好地加以研究、总结，对发展中国语法学极有意义。博士论文通过了，但对张斌先生语法思想的研究不能停止，特别要记牢评审专家对论文不足之处的指点，进一步将论文修改好，争取有机会时出版，为学术界作一些贡献。”

毕业后，吴晓芳到漳州师范学院任教。我继续在福建师范大学给博士生上课，两人的交往只有书信和电话。她仍然执著地进行张斌先生语法思想的研究，对其博士论文精益求精。我们俩在参加“庆祝张斌先生九十华诞和从教五十周年大会”时，再一次拜会张斌先生，又得到先生的赐教。后来，她又多次拜访张斌先生，这对她修改论文都多有裨益。

吴晓芳在学术道路上起步很好，希望她一路走好，努力以张斌先生的崇高师德为榜样，认真学习张斌先生的道德文章，为中国教育事业和语法学的研究作出更大贡献。这就作为我们师生的共勉吧，但我相信，吴晓芳会做得比我好。

林玉山*

于福州炳仙斋

2011 年 8 月 10 日

* 林玉山，福建人民出版社编审、福建师范大学文学院博士生导师；曾获“福建省优秀专家”称号，享受国务院政府特殊津贴专家。

# 序　三

吴晓芳的博士论文《张斌语法思想研究》一书马上就要出版了。吴博士是福建漳州师院中文系的老师，她是我的师兄林玉山先生带的博士研究生。当年吴博士在论文答辩之前，曾带着书稿来看过张斌先生，我们俩也见过面。书稿准备出版之前，她就把希望我给这部书写序的事告诉了我。我推辞了很多次，自己觉得没有资格，也没有能力写好这个序；后来她搬出张先生来压我，说是张先生推荐的，我就不好再说什么了。但怎么写，写什么，半年时间里我都在考虑这个问题。张先生对我的一生有重大的影响，可以写的东西实在太多了。张先生的语法思想以及他在语法学上的贡献，读者可以仔细阅读吴博士的大作；我写的这些，七拉八扯的，也不成系统，是我对张先生的一种认识，一种解读，权作为吴博士大作上的修饰，而作为本书的序，总觉得不怎么合格。

## 一

我是 20 世纪 80 年代初认识张先生的。

那时我在淮北煤炭师范学院中文系任教，是一个刚留校的青年教师。当时淮北煤炭师院中文系主任是著名语言学家吴孟复先生，他聘请安徽同乡复旦大学胡裕树先生和濮之珍先生为中文系的兼职教授，通过胡先生的介绍，上海师范大学的张斌先生也同时被聘为兼职教授。吴孟复先生为当时汉语教研室的青年教师配备指导教授，记得我是跟濮之珍先生学语言学概论，张国宪跟张斌先生学现代汉语。

1983 年春天，胡先生和张先生到淮北煤炭师院中文系讲学。有一天下午，我正在操场打篮球，当时的中文系副主任白桦老师派人通知我，让我晚上代表系里护送两位先生回上海，顺便让我回家看看父母。当时淮北到上海有一趟直达车，时间不好，到上海是凌晨四点多。这趟车有软席没卧铺，系里为两位先生买了软席票，我也第一次坐上了软席。面对大师，近在咫尺，我有点手足无措。张先生面带微笑，稍稍问候后便不再与我说话，倒是胡先生看出我的窘迫，在与张先生说话的同时，不时地转过身来问了我一些生活上、工作上的问题，缓解了我的紧张心情。这是我和张先生的第一次近距离见面。

1985 年，我到华东师范大学跟从林祥楣先生，读现代汉语的硕士研究生。三年里从林先生口中，我不止一次听到有关张先生和胡先生的介绍。不记得是 1986 年还是 1987 年，张先生邀请林先生给上海师大中文系助教进修班讲课，我们几位师兄弟还一起骑车从中山北路赶到桂林路听课，这是我第二次见到张先生。1988 年我硕士论文答辩，林先生将我安排在上午第一个，和徐子亮一起，答辩主席是胡裕树先生；下午是杨沛溶、范剑华、沈益洪三位，答辩主席是张斌先生。下午的答辩我的小师弟沈益洪没有通过，决议书上说好第二年他要再申请一次，这种情况在当时是很普遍的。张先生主持答辩言简意赅，他的严格认真深深地留在我的脑海中。

1988 年硕士毕业后，我又回到了淮北煤炭师范学院工作。1989 年，胡裕树先生让人带信给我，希望我去报考他的博士生，但我几经挣扎，几次努力，都无功而返，淮北煤炭师范学院就是不允许我报考，我只好给胡先生写信报告了这个消息。然而仅过了半年，1990 年春节回上海探亲之前，范开泰老师写信给我，说林先生推荐我报考张先生的博士研究生，张先生约我春节时见个面，让我喜出望外。那次是我第一次去天钥新村张先生家，当时的情景仍记忆犹新。我想，我能做张先生的学生，真的是一种缘分。

当然，报考的过程依然十分艰苦、曲折，但最后终于成功了，1990 年，我考上了张先生的博士研究生。1993 年留校工作，一直留在张先生身边，一晃已经二十多年了。我还有个大师兄傅承德，1992 年就到美国发展，改行做其他工作。我于是成为张先生博士生中最年长的一位，行使起许多原本应该是大师兄才有资格操劳的事，也正因为如此，我能够更加近距离地接触张先生，了解张先生，进而体会张先生，深入张先生。读博士的时候，我很少去张先生家，很少与张先生交谈，傅承德经常批评我，但我总以“日久见人心”回答他，来掩盖我的慵懒和无知。二十多年来，在

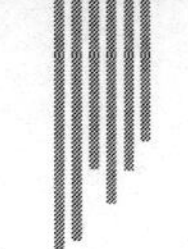



大多数场合，都是我陪伴张先生的，包括亲人朋友的离去，后辈学者的拜访，参加神圣的典礼，主持庄严的答辩，和自己的学生辩论学术问题，与海外的同行交谈生活琐事。我从不同侧面走近张先生，看到了他的真情，看到了他的智慧，看到了他的律己，看到了他的宽厚。与张先生接触，我经常会有震撼的感觉，让我学习、仿效的地方太多了。我常向我的研究生们感慨：和一个睿智的老人在一起真是一种幸福。

但岁月毕竟在流逝。这几天我常常翻看上海师范大学老教授协会编的《师道永恒》一书，那上面有不少张先生的照片。现今，张先生已经九十高龄了，他的听力远远不及以往，他的背弯得更加厉害了，以往张先生的奕奕神采、翩翩风度已悄然而逝，想到这里，我的心里不禁涌出一阵酸楚，唯有希望张先生身体健康。

## 二

六十多年来，张先生孜孜不倦地从事汉语语法的研究，他对汉语语法学的贡献大致可以归纳为以下五个方面。

1. 50年代与胡裕树先生一起倡导用广义形态区分汉语词类，引起国内外语法学界的广泛重视。1954年张斌和胡裕树以笔名“文炼”和“胡附”合写了《谈词的分类》一文，文章分两次刊发在《中国语文》上。接着又发表了《词的范围、形态、功能》，进一步阐述了功能学说：“所谓功能，也就是形态的属性。这种形态和功能，正是汉语中区分词类的主要标准，也是我们形态学的重要内容。”这一关于形态、功能方面的论述，大大丰富了汉语的形态学，也便于汉语词类的划分，使汉语词类的区分建立在民族化、科学化的基础上，对汉语语法学产生了积极的影响。

2. 与胡裕树先生一起提出了析句的目的在于确定句型，而不是划分成分，并且据此拟定了一整套析句的步骤与方法。张先生在句子分析方面的贡献，主要表现在20世纪80年代至90年代所发表的一系列论文，即《有关句子分析的几个问题》《句子分析漫谈》《谈谈句法分析和句子分析》《划分与切分》等。在这些论文中，他针对成分分析法（中心词分析法）和层次分析法的缺陷，在析句问题上作了全面、深入的研究，指出在析句的方法上应区分句法分析和句子分析。他认为，第一，句子分析以句法分析为基础，但二者不是一回事，不可等同；第二，修饰语不影响句子的结构类型。

3. 与胡裕树先生一起在国内率先倡导句法、语义、语用三个平面的研究理论与方法。在1981年出版的胡裕树主编的《现代汉语》（增订本）中，就已经提出“必须区别三种不同的语序：语义的、语用的、语法的”，语法部分的撰写者就是张先生。在胡附、文炼合写的《句子分析漫谈》(1982)、《汉语语序研究中的几个问题》（1984）中，阐发了他们关于“三个平面”的思想。90年代之后，张先生又撰写了《与语言符号有关的问题——兼论语法分析中的三个平面》一文，对语法学界有关汉语语法分析中“三个平面”理论的各种理解，作出归纳和解释。“三个平面”的学说不仅拓宽了语法研究的领域，更为深化语法研究带来了新的突破。

4. 分类问题上提出区分的基础和标准，从理论上和研究方法上对汉语语法单位的确定作出了合理解释。在长期的语法研究和探索中，张先生认为，过去在教学和研究中引起的一些不必要的争论，其原因之一就在于我们对一些基本概念未加辨别，而基础和标准便是其中之一。在《关于分类的依据和标准》一文中，张先生指出，根据分类的依据可以大体了解语言单位的类别，但是依据和标准是不能完全吻合的。从早期主张词类划分应区分基础和标准开始，这一语法观点一直贯穿在词与非词的划分、句类的划分、复句次类的划分等多个方面。例如，区分词与非词，口语是基础，书面语是标准；区分词类，意义是基础，功能是标准；区分句类，用法是基础，语调是标准；区分复句，事理关系是基础，关联词语是标准。

5. 结合诗词格律研究，从韵律学的角度提出了句法分析与句子理解的新思路，善于用语言学的观点来解诗。他发表了一些论文，如《汉语语句的节律问题》《试论格律诗的理解》《从语言结构谈近体诗的理解和欣赏》《格律诗语言分析三题》等，见解独特，令人耳目一新。例如，对于汉语是否话题占重要地位的语言的争论，张先生认为汉语格律诗的许多诗句很难分出主语和谓语，但是能区分话题和陈述，因此汉语格律诗体现了话题占重要地位的特点。格律诗的特点是平衡对仗，但是语言的不对称形式也能保持一种平衡，格律诗上句和下句常常是不对称的平衡形式的表现，通过句调的上扬和下抑，通过仄声和平声的收尾，通过节奏焦点的奇偶搭配等手段来达到平衡。

此外，张先生在区分动态的句子成分与静态的句法成分上，在“类固定短语”范围的确定上，在动词的“向”的研究上，都提出了一系列与前人不同的独到见解。张先生一生学术成果丰硕，特别令人敬佩的是，新世纪以来，他以

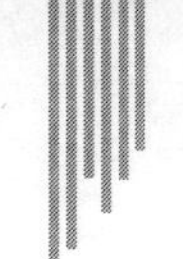



耄耋之年，带领学生们向现代汉语语法研究的纵深进行探索，开辟研究的新领域。他主编的《现代汉语虚词研究》丛书六本，曾获上海市哲学社会科学优秀著作奖和安徽省图书奖；《现代汉语虚词词典》于2001年在商务印书馆出版，是国内出版的第一部现代汉语虚词词典。2002年开始，张斌先生亲自担任《现代汉语描写语法》主编，不但三次通阅了全稿，而且担任了其中一些章节的撰写任务，2010年这本200万字的巨著在商务印书馆出版。

## 三

在张先生身边工作，感受到的不仅是学术上的指引和帮助，更多的是一种人格的感召和影响。张先生是一位学者，更是一位教师，他在教我们做学问的同时，更在教我们怎样做人。特别是现在，我自己也到了即将要退休的年龄，当我回想起在上海师范大学工作的日日夜夜时，会深深地感觉到张先生对我的潜移默化的影响，不仅在做学问上，更多的是在做人做事上。我在给研究生上课时经常会说到张先生，除了说张先生的语法观外，还经常谈我自己对张先生思想境界的理解。

张先生经常和我说到“有容乃大，无欲则刚”这句话，这是他做学问的追求，也是他做人的追求。“有容乃大，无欲则刚”是一种境界，是一种人生修炼的结果。所谓“有容”，说的是胸襟宽广，志向远大。“虚怀若谷，听得进别人的意见”只是“有容”的第一个境界；“海纳百川，集合起志同道合的朋友”也只是“有容”的第二个境界；“天下为公，不计较个人的安危”才是“有容”的最高境界。到了“有容”的最高境界，自然做到了“无欲则刚”。张先生在学术研究中，抱着“海纳百川，兼收并蓄”的态度，对新鲜的理论和方法有强烈的兴趣，在学术发展的每一个关键时刻，总愿意作出新的探索，总是有新的建树，不断地引领时代风骚，这是他“有容乃大，无欲则刚”境界在学术研究中的体现。张先生希望自己的学生都能将“有容乃大，无欲则刚”这种境界作为一辈子追求的目标，做一个纯粹的人、一个高尚的人。我现在也经常跟年轻的研究生们说，在人生目标的追求过程中，不要只顾自我，不要丢失人格，不要将物质上的成功看得太重。

张先生重友谊，重感情，他和胡先生长达半个世纪的合作，他们亲密结合探索精进的学术精神，在语法学界传为美谈。我们都知道，在学术上要求观点一致已属不易，在性格上能够长期合作那就更难，在写作上要相同简直是不可能的事，张先生和胡先生以及后来加入的林先生他们却做到了，我觉得这和他们各自都具有“有容乃大”“兼收并蓄”的胸怀有关。我很多次听张先生说起他和胡先生相识的事，说起他们的笔名“胡附”“文炼”的来历，说的时候，语调中充满着欢乐。对林祥楣先生他也是亲如兄弟，记得刚到上海师大时，张先生跟我说，“你能让林先生说满意真不容易，到我这里来就可以随意一些，我对生活要求可不是很高啊”，言语之间，真诚显露。1992 年我在上海师大读博士，林先生重病住院，张先生马上通知我去华东师大，“林先生病了，你赶快去，先顾那里，我这里有事再通知你”；我和范老师各带一批研究生轮流值班，林先生跟我说，“我真不好意思让你过来，你已经是张先生的人了”。他们两位长者互相体贴，互相尊重，这种精神是很值得后辈学习的。

我现在经常对自己的研究生说，要“认真做事，低调做人”。“认真做事，低调做人”不是一句空话，是要有所付出的。“认真做事”首先要“认真做人”。做人认真了，做出的事自然品质就高了。认真做事和人的能力大小有一定的关系，和人的态度好坏却有必然的关系，做事不能敷衍，不能推诿。所谓的“低调做人”事实上就是“认真做事”的外化形式。在这方面张先生为我们作出了榜样。举两个例子吧：十年前沪上一家有名的报纸的记者采访张先生，问他从教五十年最值得骄傲的是什么事。张先生回答，五十年上课从来不迟到，这是我最值得骄傲的地方。不迟到是小事，但五十年不迟到，没有认真的精神是做不到的。还有一件事也十分令人感动：1995 年，韩国汉城大学的硕士生李玟雨获取了国家文科奖学金，准备到中国攻读博士学位，在选择学校上举棋不定，但当他拜访张先生之后，就毫不犹豫地选择了上海师大。事后李玟雨跟我说，张先生亲自送他到 15 路车站，看他上车后才离去，让他感动得热泪盈眶，没想到这么大名气的张先生会送他上车站。李玟雨 2001 年在上海师大获得博士学位，现在已经是韩国诚信女子大学的教授了。

## 四

上海师范大学第一个博士点是张先生拿到的，1986 年国务院学位委员会公布第三批博士学位授予单位，上海师范大学可以招收“现代汉语”（1997 年改为“汉语言文字学”）博士研究生，那一批批准可以授予“现

代汉语”博士学位资格的只有四位学者，分别是中国社会科学院的吕叔湘先生、北京大学的朱德熙先生、复旦大学的胡裕树先生和上海师范大学的张斌先生。可见张先生在学术界的地位是多么的崇高。

上海师范大学语言学科的发展，凝聚了张先生的许多心血。1993 年引进潘悟云教授，1994 年引进范开泰教授。1997 年全国语言学科整合归并，设立语言学及应用语言学学科。翌年，上海师范大学组织申报硕士点，是第一批硕士点单位。2000 年组织申报语言学及应用语言学博士点，是全国第二批申报成功单位，成立了上海师范大学语言研究所、应用语言学研究所。至于语法专业的发展，张先生身体力行，培养了许多学生，建设了一支年龄层次、学缘结构、学术方向配搭合理的学术队伍，使上海师范大学语法专业的整体实力近三十年来始终位于全国高校前三甲之列。特别值得一提的是，自 1987 年上海师范大学招收第一届现代汉语语法方向博士研究生以来，至今已有近百名中外学生申请到博士学位。张先生每年都为这些博士生上课，从 60 多岁一直讲到 90 多岁，寒来暑往，春去秋来，张先生始终“站立”在语法讲坛上：因为上课时，张先生总是尽量站着，不坐，90 多岁了依然如此。一堂课下来，双腿就有点吃不消，直打颤，可他依然坚持站着把课讲完。有人说张先生现在是“三老”：活到老，学到老，教到老。确实如此。

张先生重视人才队伍的建设，有一件事是和我有关的。我 2004 年到上海师范大学对外汉语学院工作，担任这个学院的院长。有一段时间工作开展不顺利，于是萌发了离开上海师大的念头，恰好复旦中文系想要我过去，所以从 2006 年年末开始，复旦和我都在为调动做准备，到了 2007 年暑假，调动工作进展顺利。7 月下旬的一天，正是高温日，上午八点多钟张先生来到我办公室，满头大汗，气喘吁吁，见面的头一句话就是“听说你要调到复旦，昨晚我没睡好，今天一定要找你谈谈”。张先生告诉我，人事上的纠纷什么地方都有，工作上的困难可以克服，上海师大走到现在不容易，有许多事要做，不要为了个人的事影响了学科的发展。话不多，但爱才之心、爱校之心、爱学科之心溢于言表，如醍醐灌顶，登时使我大彻大悟。我答应张先生，一定不再提调动的事了，努力把上海师大的语法专业科研队伍建设好。事后我请复旦中文系主任陈思和吃饭，告知他不去复旦的事，并表示歉疚。陈思和听后说：“齐老师，进复旦的机会真的是很少的，我怕你以后要后悔。”他沉思了一会儿，又缓缓地说：“但是导师的话是必须听的，我是你，也会听张先生的话的，那你就不会后悔了。”2008年，华东师范大学又想请我去那里工作，但想到张先生的话，我回绝了。

《现代汉语描写语法》是上海师范大学语法学科共同完成的一部语法巨著，是一个集体项目，全书200万字，20多位作者，从2002年开始，花了8年的时间，张先生重视在做大型的集体项目中培养学术队伍。商务印书馆委托上海师大做，是因为上海师大语法专业是全国院校中最强的之一，编写人员资源比较丰富，但因为编写人员来自全国十多所高校，统稿就成为撰写过程中最困难的一个环节。张先生担任主编，三次通阅了全稿。上海地区的作者几乎都被张先生“传唤”过，被请到张先生家里，听张先生谈对稿件的意见。有一些重大的问题，如对构词法的看法、对词缀的认定等，张先生与一些编写人员还有过激烈的争论。谈话也好，争论也好，对大家来说真的都是一次学习机会。难能可贵的是，由于体系、体例、提法、术语等问题，有两三个章节不断地推倒重写，一些问题大家都视为畏途，最后都由张先生亲自主笔重写，酷暑严寒，笔耕不辍。90岁的高龄，有如此坚强的毅力，有如此敏锐的思想，不得不让后来者钦佩和敬重。最近张先生收到商务印书馆的稿费，他又表示要将稿费拿出来作为学生的奖学金，对学科发展的关切之情，再一次让很多人感动不已，欷歔不已。

上海师大语言专业有一个好传统，每年正月初五举行团拜，从我20世纪90年代到上海师大后，团拜从来没有间断过。每次团拜，张先生都来得很早，每次发言，张先生都会说些鼓励的话语。张先生曾经写过一首诗：“不怕登临苦，何须小憩凉？越攀由剩勇，绝顶望鄱阳。”

他在解释这首诗时说：“我始终认为在学术上我还须继续攀登，不能半途而废！”张先生的话正是我们长年坚持不懈、长年刻苦钻研的动力。

是为序。

齐沪扬*

2011年7月

---

* 齐沪扬，上海师范大学对外汉语学院院长、教授，博士生导师，“语言学及应用语言学”博士点带头人，上海市重点学科“对外汉语”负责人，上海市普通高校人文社会科学重点研究基地负责人，国家社科基金学科评审组专家。

# 目　录

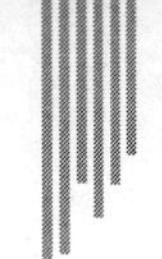

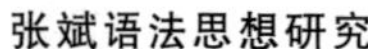

# 绪　论

## 一　张斌和现代汉语语法研究

### （一）引言

自 1898 年马建忠创立了现代意义上的汉语语法学以来，语法学研究经历了 20 世纪 20 年代的草创、30 年代的探索后，至 50 年代进入了全面发展和创新时期。从 50 年代起，半个多世纪以来，汉语语法学追随世界语法学潮流，完成了由传统语法向结构主义语法，由结构主义语法经转换生成语法、功能语法向多元语法理论（其中包括“三个平面”语法理论并存、互补）的嬗变，取得了巨大的进步。至 20 世纪 90 年代，就主流而言，汉语语法学研究存在着两条主线：北派和南派。北派以王力、吕叔湘、朱德熙为代表，南派以陈望道、方光焘、胡裕树、张斌为代表。北派与南派，各自的研究风格和重点不同。北派素以严谨、扎实的研究风格而著称，南派则以探索革新的精神而闻名。北派重视对汉语语法事实的描写及其规律的揭示，并从中体现出对理论和方法的探求，而南派则更重视理论和方法的改造、创新，并以此来解决汉语语法研究中的实际问题。北派的研究方法以传统为主，辅之以兼收并蓄，而南派（特别是方光焘）则较多地侧重于对西方语言理论和方法的研究与吸收。20 世纪 90 年代以后，伴随着“蜂拥而至地对西方新学说的引进和追随”[①]，主流语法学被重读和重评，语法研究理论和方法百花齐放，不同的理论流派在相互影响、相互激发中，不断丰富各自的理论内涵，也不断地在进行分化和整合，汉语语法研究呈现多元化的生动局面。

---

① 史有为：《现代汉语语法：展望新世纪的研究》（上、下），《汉语学习》2000 年第 6 期、2001 年第 1 期。

张斌是这个时期的重要人物。张斌，笔名文炼，湖南省长沙市人，1920年1月27日出生，1943年毕业于湖南国立师范学院，获教育学士学位。新中国成立前曾任中学国文、英文教员，《观察周刊》编辑。1954年起到上海师范专科学校（后改名上海师范学院、上海师范大学）工作直至退休。历任上海师范专科学校中文科副主任，上海师范学院语言教研室主任，上海师范大学中文系主任、语言研究所所长等职。曾任上海师范大学中文系名誉主任、语言研究所名誉所长、博士生导师、博士后联系导师，曾兼任中国语言学会常务理事、上海语文学会顾问、上海市语言文字工作委员会顾问、全国高等师范学校现代汉语教学研究会名誉会长，现任《中国语文》编委、《汉语学习》杂志社顾问、《中国大百科全书·语言文字卷》编委、《辞海》编委兼语词部分分科主编、华东修辞学会顾问等职。

纵观张斌先生长达半个多世纪的语法教学与研究，我们发现：1. 张斌先生对所讨论的问题持两种态度："一是对问题加以分析，试图找出症结所在，但是没有作出结论，分析问题只是为进一步解决问题提供条件。一是在分析的基础上作出了答案，以便于在实践中加以验证。"① 进入90年代，更是扮演拓荒者角色，在语法学中引进相关学科的理论和方法，讨论句子的理解策略，解释格律诗的语言结构，研究语句节律和句法的关系，提倡研究言语的理解、接受，等等，开拓了语法研究的新思路。2. 从研究问题的水平上看，当然是属于张斌个人的，从提出的问题以及分析问题所涉及的理论和方法看，却带有鲜明的时代印记。正因为如此，从张斌的语法研究中可以透视出半个多世纪以来现代汉语语法研究的发展轨迹。

（二）张斌语法研究的时代印记

张斌成名于20世纪50年代初。在50年代，我国语法学界有三次规模宏大的学术讨论。那时候，崭露头角的青年语法学者张斌，在三次讨论中都提出了独到的见解，起了重要的作用。第一次，1952～1954年"汉语的词类问题"讨论。在方光焘、陈望道提出"广义形态说""功能说"后的前二十年间，汉语的词类划分标准基本上还是意义标准。由于在理论上、实践上人们对意义标准产生了愈来愈深切的怀疑，于是，50年代开展了词类问题大讨论。有人主张把狭义的形态当做唯一的划分词类的标准，得出

① 张斌、胡裕树：《汉语语法学》，商务印书馆，2003，第2页。

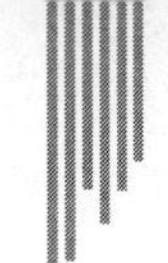



汉语实词不能分类的结论。与此相反,《谈词的分类》(署名文炼、胡附)一文则认为,除狭义的形态以外,应把广义的形态作为划分词类的主要依据,并明确指出名词的广义形态是,前面可以加"一个""这个""这种"等;动词的广义形态是,前面可以和"不""会""能"等相结合,后面可以和"了""着""起来"、"下去"等相结合,并且可以重叠。该文提出的这些标准虽然在实际运用时还存在一些问题,但使当时词类问题的讨论深入了一步。《谈词的分类》发表后立即引起了语法学界的重视。第二次,1955~1956年"汉语的主语宾语问题"讨论,文炼、胡附的《谈宾语》一文指出,解决主语和宾语的范围问题必须同时兼顾结构与意义,要从结构中发现意义,要找出结构与意义之间的确切关系来。第三次,1957年"汉语的单句复句划界问题讨论"更是由胡附、文炼的《现代汉语语法探索》引起的。该书的"复合句问题"一节为单句和复句的区分归纳了若干原则,于是引出一场讨论(后因"反右斗争"开始,讨论中断)。张斌在三次讨论中均显示了扎实的理论基础和活跃的思辨能力,其新颖独到的见解受到了中外语法学界的普遍关注。苏联语言学家翻译了他和胡裕树合写的论文,日本汉学家称他为"中国年轻有为的语言学家"。"文化大革命"一结束,日本东京和大阪几所大学很快就发出邀请,欢迎他去作学术讲演。抵达日本的第二天,《读卖新闻》便作了报道。他和胡裕树的专著《现代汉语语法探索》被日本列为大学中文系的必读书。①

60年代初,张斌参与撰写胡裕树主编的《现代汉语》语法部分(张斌是语法部分的主编)。该书影响广泛、深远,自出版以来,进行了多次修订,尤其是增订本(1981)的语法部分,大胆吸取语法学界的最新研究成果,并提出若干有新意的主张,使得内容体系更加完善,得到学术界、教育界的好评,历经40多年仍为全国高等院校文科使用较广的教科书,在香港和台湾有重版本和繁体字本,在韩国有翻译本,其普及之广可想而知。②

70年代末到80年代初,张斌和胡裕树以《句子分析漫谈》一文参加

① 金柬生:《兼容乃大　无欲则刚——记语言学家张斌教授》,载马重奇、林玉山主编《编辑和语言——庆贺张斌先生八〇华诞》,厦门大学出版社,2000。

② 李岩松:《胡裕树主编〈现代汉语〉不同版本比较研究》,硕士学位论文,内蒙古大学,2006。

《中国语文》为配合《暂拟汉语教学语法系统》的修订而组织的“析句方法”的讨论，作者对汉语句子分析提出了带有启发性、方向性的看法，受到语法学界的重视。几乎与此同时，张斌和胡裕树梳理总结汉语语法学研究的历史脉络，分析、吸收国外语言学研究的新成果，立足于汉语事实，提出了“以句法为基础，句法、语义、语用相结合”的研究思路，为汉语语法研究注入了新的活力。这一思想被概括为“三个平面”的语法理论，80 年代中期逐渐成为汉语语法研究的热点课题，90 年代以来运用这一理论研究汉语语法的论著数量众多，是国内语法学界影响较大的理论之一。这一理论也受到海外汉学界的热切关注。“对汉语语法的直接影响超过了结构主义以后任何西方语法流派的影响，使汉语语法学进入了一个新时期和新高度”①。此外，张斌、胡裕树有关句型分析的观点及对抽象句子和具体句子的区分也在学术界产生了较大影响。

进入 90 年代以来，张斌先生拓展研究领域，借鉴心理学、逻辑学、符号学、系统论、信息论乃至数学、化学的某些原理来描写、解释语法现象，拓宽了研究思路，形成了语法研究的新格局。在《中国语文研究四十年纪念文集》中，张斌先生提倡要开展句子的接受、理解、解释的研究。张斌先生借鉴接受美学以及人工智能领域内的自然语言理解的研究，研究格律诗的话语结构及理解接受。张斌对于言语接受的关注，使其语法理论对于言语交际全过程的考察、对于语法现象的认识更为全面和深入，也使其理论体系本身更为完善、更为严谨。这正是其体大思精之所在。他是我国语法学界最早提出句子理解策略，较早关注言语理解、言语接受的学者。这也是张斌先生对汉语语法学的杰出贡献之一。

（三）张斌语法专著述评

五十多年来，张斌出版了十多本专著。其中不少具有较大影响。

1. 1954 年出版的《中学语法教学》（文炼、胡附著，春明出版社），通过语法教学实践对中学的语法教学提出较系统的看法，为中学语法教学提供了不少实际经验，对教学上的一些难题，如词和短语的界限、主语的范围和位置等都进行了扼要的分析，提出了具体的解决办法，为中学语法教学介绍了体系，提供了方法，总结了经验。但由于“把语法理论和语法

---

① 刘丹青：《语义优先还是语用优先》，《语文研究》1995 年第 2 期。

教学问题摆在一起，未必适合中等学校语文教师的需要”，书中“有些地方说明不够清楚，有些地方立论颇有问题，于是就停止再版了”①。不久，作者将书中的有关理论问题抽出来，并作了补充，写成《现代汉语语法探索》一书。

2. 1955 年出版的《现代汉语语法探索》（胡附、文炼著，东方书店），比较系统地探讨了现代汉语语法的许多理论问题和实际问题，是一部十分注意方法论的很有学术价值的汉语语法论著：其一，对汉语形态学做了较深入的阐述，提高了汉语词法的研究水平。其二，对语法学中的其他理论问题和词法、句法中的某些具体问题的探讨也取得了突出成果。其三，对《马氏文通》出版以来近六十年的语法研究进行了初步总结，简要介绍了汉语语法学史，为著述系统的汉语语法学史打下了很好的基础。此外，书中所总结的语法研究的经验和教训对推动语法研究也有积极意义。

3. 1962 年出版的《现代汉语》（胡裕树主编，其中语法部分由张斌、胡裕树、杨庆蕙执笔，上海教育出版社），是我国高校现代汉语课程的第一部统编教材，曾荣获上海市社会科学优秀著作奖。该书多次修改，尤其是语法部分改动更大，但总体上还是在传统语法体系和结构主义语法体系之间寻求平衡，每次修订都或多或少地向结构主义语法倾斜。该教材语法体系在 80 年代初被公认为理论上颇有创见，思想上最为解放，在科学性方面比较有影响的汉语语法教学体系，不仅在语法教学界，而且在汉语语法学界也很有影响。②

4. 1989 年，张斌把 30 年来关于语法研究的 35 篇论文编成《汉语语法研究》，该书试图对讨论过的问题作一次清理：“时隔三十年，回过头来看看，提出的问题是不是准确？分析的方法是不是科学？得出的结论是不是恰当？”③ 该书还科学地提出语法研究中的新问题，率先倡导从句法、语义、语用三个平面来研究现代汉语语法，提倡区分句子的形式、意义和内容，在动词的“向”（Valency）的研究上有新颖独到的见解。

---

① 胡附、文炼：《现代汉语语法探索·前记》，商务印书馆，1990，第 1 页。

② 邵敬敏：《汉语语法学史稿》，上海教育出版社，2006，第 285～286 页。

③ 张斌、胡裕树：《汉语语法研究》，商务印书馆，1998，第 1 页。

5. 1998年，《汉语语法学》出版。该书是张斌80年代以来学术研究的集大成之作，尽管书中观点大都已撰文阐述过，但此次它是作为一个体系出现的，诚如范开泰、齐沪扬所言："在学术理论发展的每一个关键性时刻，张斌教授总有新的探索，总有新的建树。"① 张斌先生又一次站到了学术发展的前沿：（1）说明汉语语法特点时重在比较，除了进行已成思维定式的汉语和印欧系语言的比较之外，还比较了古汉语和现代汉语、普通话和方言，凸显古代汉语和方言在现代汉语语法研究中的作用。（2）从现代科学的角度考察汉语语法。重视符号学、系统论、信息论等高层次学科的理论和方法对语法学的指导作用，同时也重视逻辑学、心理学、数学、化学等相关学科对语法学的渗透，开拓了语法研究的新思路，预示了语言学整合的新动向。

6. 张斌有丰富的语法教材编写经验。从50年代参加《暂拟汉语教学语法系统》的讨论，到60年代参与胡裕树主编的高等学校统编教材《现代汉语》语法部分的编写②，再到90年代主编的中央广播电视大学教材《现代汉语》③、高等教育自学考试教材《现代汉语》，一直到21世纪主编上海普通高校"九五"重点教材《语法分析与语法教学丛书》④，大学文科基础课重点教材《简明现代汉语》⑤ 等。在教材编写中，张斌实践着其教学和研究的出发点——"区别同异，辨识正误，旨在实用"⑥，既有针对性，又有较强的可操作性；既吸收新的科研成果，又妥善处理教材的先进性和稳定性的关系，为创建符合汉语特点的语法体系作了大胆的尝试，受到语法教学界和语法学界的好评。

7. 张斌虚词研究独具特色。张斌的虚词研究可分为理论和实践两个方面。理论上提倡"三个平面"视角，尝试预设视角，深化节律视角，把虚词研究从单一视角的静态研究引向多视角的动态研究。实践中，张斌通过对典型语法现象的细致分析，提出方位词、量词的"名词附类

---

① 范开泰、齐沪扬主编《语言问题再认识》，上海教育出版社，2001，第392页。

② 其间经历了1979年9月修订本第二版，1981年7月增订本第三版，1987年6月第四版，1995年6月重订本第五版。

③ 张斌：《现代汉语》，中央广播电视大学出版社，1988、1990、1996、2003。

④ 张斌主编，齐沪扬等编著《语法分析与语法教学丛书》，华东师范大学出版社，2000。

⑤ 张斌主编，陈昌来、齐沪扬等编写《简明现代汉语》，复旦大学出版社，2004。

⑥ 张斌：《汉语语法学·序》，上海教育出版社，2003。

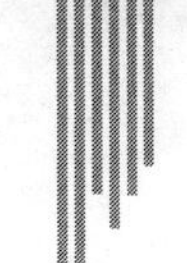



说"，认为"以词的语法功能即首先表现在能否充当句子成分的标准划分实词、虚词"，在分类和具体归类上存在矛盾。至今，张斌先生依然坚持语法功能是划分虚词、实词的唯一标准，但对语法功能的解释已从句法功能拓展到语用功能。采取这个标准，张斌把代词划归实词，因为它具有指称功能。[①]

张斌主编的《现代汉语虚词词典》以"封闭性"划定虚词范围，所收虚词，包括副词、介词、连词、助词（包括语气助词）、方位词（数词也属封闭性词类，但人们可以见词明义，不列入）。该书"收词丰富而精当，释文准确而透彻，用例恰当，切合实用，既有重要的学术参考价值，又有广泛的社会应用价值，体现了当代汉语语法学研究的先进水平，具有理论和研究方法上的先进性"[②]。书中还编制了"量词与名词搭配表""情态副词与动词、形容词搭配表"，列入附录。

8. 主编《现代汉语描写语法》。《现代汉语描写语法》是我国第一部大型汉语共时描写语法著作，由全国 23 所高校的 30 多位学者，历时十余载共同撰写完成。《现代汉语描写语法》以结构主义和"三个平面"理论为基础，从词法到句法、从结构到范畴、从分析到综合、从描写到解释，建构了一个贴近汉语事实的、严密的语法学体系。该书大大拓展了研究范围，如增加了对语法范畴的讨论，把"重叠"和"语序"这些问题分别独立为一章单独考察，增加了语义分析和篇章分析，将句法、语义、语用结合起来。该书注重研究的深度，如把空间范畴分为方向、形状、位置三个子系统，把语气范畴分为功能语气和意志语气两个大类八个小类，对每一个系统和小类都进行了细致、深入的描写。该书还首次区分了名词的特类和附类，并对各个特类和附类的特点进行了概括。该书的另一鲜明特色是不仅有对汉语语法现象的全面、深入的描写，也有在此基础上的合理、科学的解释。该书既回答了"是什么"和"怎么样"的问题，也回答了"为什么"的问题，充分体现了当前语言学发展的趋势，反映了汉语语法

---

① 范开泰编《20 世纪现代汉语语法八大家——胡裕树张斌选集》，东北师范大学出版社，2002，第 165 ~ 167 页。

② 范开泰编《20 世纪现代汉语语法八大家——胡裕树张斌选集》，东北师范大学出版社，2002，第 9 页。

研究的最新进展。[①]

张斌在现代汉语语法研究上的贡献可概括为如下几点：

①与胡裕树一起提倡用“广义形态”区分汉语的词类，对“广义形态”作进一步的阐释和发展，用汉语的研究成果促进了普通语言学理论的发展。

②与胡裕树一起提出析句的目的在于确定句型，而不是划分成分，并据此拟定了一套析句的步骤和方法。

③提出“修饰语不影响句型”的主张。

④与胡裕树一起倡导句法、语义、语用“三个平面”理论和研究方法。

⑤提倡区分句子的形式、意义和内容，用这一理论解释了一些复杂的语言现象。

⑥分类问题上区分基础（或称为依据）和标准。这个观点表现在：a. 划分词，口语是基础，书面语的分词连写是标准；b. 区分词类，意义是基础，功能是标准；c. 区分句类，用途或目的是基础，语气是标准；d. 复句分类的基础有事理的、逻辑的、心理的，区分标准是关联词语。

⑦发现类固定短语。

⑧在语法研究中首先提出了句子理解策略。

⑨虚词研究独具特色。

⑩为创建符合汉语特点的语法体系做了大胆的尝试。

⑪把逻辑学、符号学、心理学、信息论、系统论等相关学科渗透到汉语语法学中，为汉语语法学引进了新观念、新方法，开辟了汉语语法研究的新领域，推动了汉语语法学的多学科发展。

（四）小结

从20世纪50年代开始至今，张斌一直在汉语语法学这个领域里耕耘，由于半个多世纪坚持不懈地研究，张斌被认为是我国近五十年来最值得重视、“海内外屈指可数的有重大影响的学者之一”[②]，在现代汉语语法学史上

① 引自《方言》2011年第5期。

② 金東生：《兼容乃大　无欲则刚——记语言学家张斌教授》，载马重奇、林玉山主编《编辑和语言——庆贺张斌先生八〇华诞》，厦门大学出版社，2000。

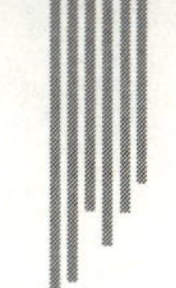



占有重要的地位。对张斌的语法思想进行研究有着重要的学术价值和现实意义。

## 二 本课题研究现状

张斌语法思想研究是一个综合与交叉的论题。在长达半个多世纪的语法研究中，张斌的语法研究不仅涉及语法学中的词类问题、语法分析问题、词语的结构分析问题、词的用法等问题，还借鉴和运用与语法学相关的心理学、逻辑学、符号学、信息论、交际学、韵律学等理论。尽管张斌在现代汉语语法学史上的杰出贡献已为学界所熟知，但对张斌语法思想的研究一直分散在不同的具体研究领域。汉语语法学史著作如邵敬敏的《汉语语法学史稿》(2006)、陈昌来的《二十世纪的汉语语法学》(2002)、林玉山的《汉语语法学史》(1983) 等都设有专门的章节评述张斌的一些有影响的语法论著并评价其在语法学史上的地位和贡献。尽管这些语法学史著作对张斌语法思想的研究各有特色，且有后出转精的趋势，但是，基于史的写作要求，对张斌语法思想的研究只能是通史式的综合评述或专史式的归纳和小结，远不能做到展开和深入。再如，一些谈及具体问题的论著也往往要提及张斌对相关问题的研究和观点，这部分论著不在少数，但从研究张斌学术思想的角度看，其内容分散，研究视角也较单一。

此外，还有十几篇专门讨论张斌的学术思想的论文，其内容可分为以下四个方面：(1) 介绍、总结、评价张斌的语法思想，并指出其语法研究的特点，如胡明扬（2010）、范开泰（2002）、陈炯（2001）、林玉山(2000，2007) 等；(2) 专题研究，如张登岐（2005）谈张斌的“名词附类说”，何伟渔（1989）谈其析句理论，袁晖、陈炯（1987）谈其句型理论，郝光顺（1985）谈“功能分类说”等；（3）专书评论，如何伟渔(2000) 评《汉语语法学》、林志强（2000）评《汉语语法修辞常识》、郭圣林（2000）评《现代汉语语法探索》等；(4) 评论《现代汉语》教材语法部分，如饶长溶（1983）评论其析句方法、沙平评论其编排体系、李岩松（2006）的硕士论文对胡裕树主编的《现代汉语》教材的不同版本进行比较研究。这些论文或者是对具体问题的横切面的、断点研究，没有做系统的纵向研究；或者是介绍性的评述，没有对张斌语法思想的生成、发展、特点做深入分析，更没有把张斌语法思想放到历史和现实的学术背景下进行讨论、比较。这种对张斌语法思想研究的明显不足，与其在语法学史上的地位和贡献是极不相称的。因此，对张斌语法思想进行全面系统的研究就显得十分重要而紧迫。

下面分类加以评述。

（一）总结、介绍、评价语法思想

1. 魏雨的《张斌教授和中国语言学》（1990）① 是第一篇专文介绍张斌语法学研究成就的论文。文中提到，张斌语法学研究成就主要表现在：第一，在50年代汉语词类问题的讨论中，提倡用广义形态作为区分词类的标准，反对单纯使用意义标准；指出"词汇·语法范畴"只能说明词类的性质，而不能作为分类的标准。这些主张引起了国内外学者的广泛重视。第二，在汉语句法研究中，首先提出析句的目的是确定句型，而不是划分成分，并据此拟定了一套析句的步骤和方法。在这一思想指导下编写的现代汉语语法教材（即胡裕树主编的《现代汉语》中的第四章），得到了学术界的高度评价。第三，在国内率先倡导用句法、语义、语用"三个平面"理论来研究现代汉语语法。这一理论，近年来已为汉语语法学界广泛应用。第四，在动词的"向"（Valency）的研究上，有新颖独到的见解，提出了与国内某些专家不同的解释。这种解释，已被许多语法学者所采纳。第五，提倡区分句子的形式、意义和内容。由于应用了这一区分，汉语语法中的一些复杂现象才得到了较为合理的解释。第六，对纷繁的歧义现象进行了全面的梳理，写出了国内第一本系统论述现代汉语歧义现象的专著《歧义问题》。

文中还提到，张斌先生治学严谨，思想敏锐。在语言研究中，他既重视材料的发掘、积累，又重视方法的更新，还善于从有关学术思想中汲取养料。他的座右铭是"兼收并蓄，为我所用，立足革新，不断探索"。

2. 上海师范大学研究生部的《严谨治学　辛勤育人——记上海师范大学中文系张斌教授》（1995）把张斌的语法研究分为三个阶段：第一阶段，50年代到80年代以前；第二阶段，80年代到90年代；第三阶段，90年代以来。文章认为，张斌在语法学史上的贡献除了魏雨提到的六点外，还包括90年代后的研究成就：句子理解策略研究、节律研究。

---

① 魏雨：《张斌教授和中国语言学》，《上海师范大学学报（哲学社会科学版）》1990年第1期。

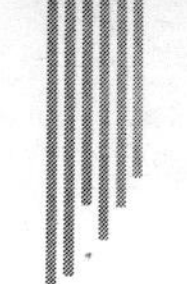



3. 林玉山的《张斌先生在汉语语法学史上的重大贡献》(2000)，林玉山、吴晓芳的《论张斌、胡裕树的语法思想》(2007)，林玉山的《论张斌的语法思想》(2007) 全面介绍了张斌的语法学思想，内容上涵盖了魏雨和上海师范大学研究生部的研究，并补充介绍了张斌对汉语语法特点的研究、虚词研究、与信息论相关的语法研究。林玉山同时提到了张斌语法思想的来源。林玉山的研究几乎涵盖了张斌语法研究的各个方面，可以说，林玉山对张斌语法思想的介绍最全面、最详细。

4. 陈炯的《论张斌先生的语法思想》(2001) 将张斌语法思想分为三个阶段，第一阶段是 50 年代初到“文化大革命”前，以《现代汉语语法探索》为代表，着重介绍当时语法学界状况、词的功能标准和广义形态论；第二阶段是以 80 年代的“三个平面”理论为代表，介绍“三个平面”理论提出的背景、内容、意义和需要进一步探讨的两个问题；第三阶段以 90 年代张斌著的《汉语语法学》和主编的电大现代汉语教材为代表。陈炯依托《汉语语法学》一书介绍张斌 90 年代后的语法研究，并认为从张斌对内容的编排中可以体会到张斌的语法学体系和内容设想的框架以及语法学研究发展的新思路。与林玉山的研究相比，陈炯的研究有两个特点：第一，重视联系当时的语法学界状况和学术背景；第二，有意识地分阶段介绍张斌的三本代表性著作。

5. 范开泰的《胡裕树、张斌先生评传》(2002) 也分为三个阶段，与陈炯的分法基本相同，内容上，与林玉山、陈炯不同的是，提到了张斌的教材编写情况。因为是为胡裕树、张斌两人写的评传，所以有相当篇幅介绍两人之间的情谊和合作情况。

6. 《张斌先生传略》① 提到了六大贡献。文后附有张斌重要学术著作和论文目录，这是目前唯一的张斌书目，可惜论著目录过于简单。

综上所述，几篇文章对张斌语法思想的分期基本相同，林玉山、陈炯、范开泰三人没有把张斌的歧义问题研究作为其在语法学史上的重要贡献提出来，这与魏雨、上海师范大学研究生部所持观点不同。魏雨、上海师范大学研究生部对张斌语法研究只做简单概括，林玉山、陈炯、范开泰

① 《张斌先生传略》，选自范开泰、齐沪扬主编《语言问题再认识——庆祝张斌先生从教五十周年暨八十华诞》，上海教育出版社，2001，第 387 ~ 391 页。

三个人的研究较为详细且各有侧重点，但因为篇幅的限制，都没有对张斌语法思想作出深入的分析。

（二）专题研究

1. 张登岐：《张斌先生“名词附类说”学习札记》，载张登岐《汉语语法问题论稿》，安徽大学出版社，2005，第 137～145 页。

2. 何伟渔：《胡附、文炼的析句理论——为两位先生从事语法研究和教学四十年而作》，《上海师范大学学报》1989 年第 3 期。

3. 袁晖、陈炯：《关于句型的确定》，《松辽学刊》1987 年第 1 期。

4. 饶长溶：《谈谈胡裕树主编〈现代汉语〉（修订本）的析句方法》，《语法研究和探索（一）》，北京大学出版社，1983。

5. 郝光顺：《胡裕树“功能分类说”探源》，《吉林师范大学学报（人文社会科学版）》1985 年第 4 期。

6. 颜迈：《现代汉语教学语法研究与应用》，高等教育出版社，2008。

该书对全国使用范围较广的几种现代汉语教材中的语法部分，现当代语法学家的语法专著以及中学语文教学中普遍使用的“暂拟系统”和“语法提要”进行纵向和横向的比较研究，分析了各种论著或体系的特点、优点和缺点，其中也包括胡裕树主编的《现代汉语》教材和张斌主编的《新编现代汉语》教材。

7. 李岩松：《胡裕树主编〈现代汉语〉不同版本比较研究》，硕士学位论文，内蒙古大学，2006。

张斌参编的《现代汉语》（胡裕树主编）教材和张斌主编的《现代汉语》（电大本）、《新编现代汉语》教材自出版以来，受到了很多人的关注，亦有不少人进行研究，但是大多数只是对涉及的一些现代汉语问题作研究，或是与其他作者主编的《现代汉语》教材做比较研究，对张斌、胡裕树编写的现代汉语教材的版本作系统的对比研究的较少，李岩松的这篇硕士论文对此做了补充。全文力图通过《现代汉语》不同时期版本的比较，来全面了解这部教材体系的变化，掌握其发展脉络。由于这部教材在增补修订中陆续融入了一些新的理论成果，因而对不同版本的比较分析同时也就是对语言学界 40 多年来的研究概况的梳理。

全文分为三个部分：引言、正文和结语。引言部分介绍《现代汉语》的版本情况，各版本产生的背景，《现代汉语》的影响，以及编写者的分

工。正文部分主要由三部分构成。第一部分为“绪论·结语·语音·文字·词汇”部分的比较，这几部分在不同版本的修订中变化较小，将它们放在一起进行介绍；第二部分是“语法部分”的比较，这一部分是《现代汉语》中变化最大的部分，是研究的重点；第三部分是“修辞部分”的比较，“修辞部分”是作者编写教材中章节安排变化最为显著的地方，所以单列这一部分对作者的修辞思想作详细的分析比较。结语部分，归纳《现代汉语》的特点。

我们认为，这篇论文基本上吸收了90年代以后，尤其是最近几年新的研究成果，重点放在《现代汉语》语法部分的变化和评价上，这是值得肯定的。但是就语法部分来说，作者对前人和时贤的研究成果借鉴有余，对《现代汉语》语法部分本身的研究明显不足，研究深度也显得不够。

（三）专书评论

1. 何伟渔:《兼收并蓄　为我所用　立足革新　不断探索——张斌新著〈汉语语法学〉学习笔记》，马重奇、林玉山主编《编辑和语言——庆贺张斌先生八〇华诞》，厦门大学出版社，2000。

2. 林志强:《浅评张斌先生〈汉语语法修辞常识〉》，马重奇、林玉山主编《编辑和语言——庆贺张斌先生八〇华诞》，厦门大学出版社，2000。

3. 郭圣林:《略评〈现代汉语语法探索〉》，马重奇、林玉山主编《编辑和语言——庆贺张斌先生八〇华诞》，厦门大学出版社，2000。

（四）回忆录

上海师范大学研究生部的《严谨治学　辛勤育人——记上海师范大学中文系张斌教授》（1995）、金東生的《兼容乃大　无欲则刚——记语言学家张斌教授》（2000）提到他的为人处世和道德风范。

（五）语法学史著述中的评论

几乎每一部汉语语法学史著作都设专章或专节对张斌语法思想进行专门评述。

林玉山《汉语语法学史》（1983）、董杰锋《汉语语法学史概要》（1988）、龚千炎《中国语法学史》（1997）对胡附、文炼著《现代汉语语法探索》和胡裕树主编《现代汉语》语法部分（由张斌、胡裕树、杨庆蕙撰写）进行介绍评价；邵敬敏《汉语语法学史稿》（修订本，2006）

在吸收前人成果的基础上，还介绍了《汉语语法研究》一书和张斌个人的语法研究。《现代汉语》有各种版本，林玉山和董杰锋介绍1979年版，龚千炎介绍1962年版和1981年版，邵敬敏专节介绍了1962年版及各种版本所体现出的总的语法体系。陈昌来《二十世纪的汉语语法学》（2002）用了两节全面、详细地介绍张斌50年代和80年代、90年代的语法研究，内容涉及张斌重要语法著作中的诸多文章；对张斌50年代的《中学语法教学》和《现代汉语语法探索》做总体介绍；对《汉语语法研究》和《汉语语法学》两书涉及的各方面内容都提及其代表性文章，详细、全面。

从总体上看，张斌语法思想研究是逐渐向前发展和深入的，但研究的深度还有待提高。到目前为止，我国语法学界对张斌的语法研究成果只是进行了初步的搜集和整理，而且都是介绍性的描述，还没有对其做深入分析，更没有把张斌语法思想放在语法学史中进行系统研究，至今还没有一部对张斌语法思想进行全面系统研究的专著。这种对张斌语法著述的缺少关注或者说对张斌语法思想研究的明显不足，与其在语法学史上的地位和贡献是极不相称的。

## 三　本课题使用资料及研究构想

本书属于语法学史或者说是语法学批评史这一学科范畴，写作时必然要遵循“史”的研究原则，要坚持以辩证唯物主义和历史唯物主义的观点为指导。正如列宁所说：“判断历史的功绩，不是根据理论的活动家有没有提供现代所要求的东西，而是根据他们比他们的前辈提供的新的东西。”[①] 本书即从这一指导思想出发，拟从四个层次对张斌语法思想进行研究。其一，力争如实再现张斌语法思想发展过程。其二，分析张斌语法思想的形成、发展变化的理路和时代、学术背景。其三，将张斌语法思想放在具体的历史条件下进行客观的评价。其四，指出张斌语法思想的理性特质和当代意义。

首先，就“史”而言，史料是建立学术大厦的基础。张斌语法研究的特色是兼收并蓄，重视研究理论和方法的改造、创造，并以此来解决

---

① 《列宁全集》第二卷，人民出版社，1959，第150页。

汉语语法研究中的实际问题，因此，全面收集张斌生平史料、追本溯源是研究张斌语法思想的第一步。本书所依据的主要材料有：

1. 张斌发表的有关语法研究的论著，范围主要在《中学语法教学》(1954)、《现代汉语语法探索》(与胡裕树合著，1955)、《汉语语法研究》(与胡裕树合著，1989)、《汉语语法学》(1998)、《20世纪现代汉语语法八大家——胡裕树张斌选集》(2002)、《现代汉语语法十讲》(2005) 六本书内，此外尚有以上文集未收而散见在各种报刊、杂志上的文章。

2. 语法史和语法学史上的著述。语法史如潘允中《汉语语法史概要》，史存直《汉语语法史纲要》，王力《汉语语法史》，孙锡信《汉语历史语法要略》，杨伯峻、何乐士《古汉语语法及其发展》等。语法学史方面的著作有林玉山《汉语语法学史》、马松亭《汉语语法学史》、龚千炎《中国语法学史稿》(修订本改名《中国语法学史》)、董杰锋《汉语语法学史概要》、邵敬敏《汉语语法学史稿》、朱林清《汉语语法研究史》等。

3. 纪念文集：(1) 范开泰、齐沪扬主编《语言问题再认识——庆祝张斌先生从教五十周年暨八十华诞》；(2) 马重奇、林玉山主编《编辑和语言——庆贺张斌先生八〇华诞》。

4. 对张斌有深刻影响的前辈如方光焘、吕叔湘、陈望道的论著。

5. 与张斌同时期的语法学者如朱德熙、邢福义、胡裕树的论著。

其次，在全面搜集和整理张斌及其语法著作的基础上，以联系发展的观点，运用归纳、定量统计等研究方法对代表张斌语法思想的论文、著作进行客观、充分的描写，梳理出张斌词类理论、析句理论、“三个平面”理论等的发展轨迹。

再次，在充分描写的基础上，运用比较、定性分析等方法进行综合研究，得出结论。

最后，强调比较的方法，强调“史”的意识，注意史实结合、纵横结合，在考察张斌语法思想的地位、作用、影响时必须把它放到历史的维度进行考论。

## 四 几点说明

（一）解题

语法是语言结构的规律，语法学是研究语言结构规律的科学。现代语言学的某些学者（例如乔姆斯基）把语法这个术语用于更广泛的范畴，它包括语音学和语义学，而把通常讲的语法称为句法。本书书名中的“语法”指的是语法学，“张斌语法思想”即指张斌对于语法现象的观点，及根据这些观点作出的阐述。本书的写作得到了张斌先生的指导。张斌先生认为：“既然谈到我的语法思想，有几个问题的看法必须论及：1. 对60年代通行的‘词汇·语法范畴’的看法。2. 在分类问题上，主张区分基础和标准，这一观点涉及对词的看法，对区分词类、区分句类、区分复句类别的看法。总之，这一思想贯穿分类的许多问题。3. 处理词的兼类问题，不同于朱德熙的看法（朱德熙《语法答问》，第18页）。我认为朱德熙的分析有问题，曾提出自己的主张。4. 析句的方法，提出‘修饰语不影响句型’的主张。5. 复句的分析，有许多不同于一般教材的观点。并非我的看法是最正确的。我只是认为以上这些方面最能代表我的观点。这些方面不涉及，就有‘顾此失彼’之嫌。”①

张斌先生的意见是本书取材、解读其论著时的重要参考。

（二）研究范围

本书是语法学思想研究，所以研究范围限于张斌的语法学论著及张斌主编的《现代汉语》教材，包括胡裕树主编、语法部分张斌为主笔之一的《现代汉语》教材。

（三）张斌语法思想的界定

张斌（笔名文炼）、胡裕树（笔名胡附）两人从20世纪50年代开始以胡附、文炼的名义合作研究汉语语法直至80年代中期。他们的学术思想主要体现在50年代的论文集《现代汉语语法探索》、60~80年代的高等学校统编教材《现代汉语》、论文集《汉语语法研究》和80~90年代在《中国语文》等刊物上发表的语法论文中。这些合作研究的学术成果，体现了他们注重引进和应用先进的语言学理论，在现代汉语语法研究中不断探

① 见张斌先生给林玉山的信，2007年12月13日。

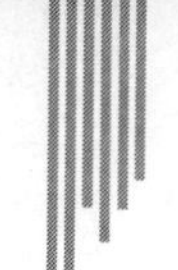



索、精益求精的学术精神，在海内外学术界有很大的影响。

80 年代中期以后，胡裕树主要和范晓合作，继续探索“三个平面”语法理论，张斌开始着眼于从符号学、信息论、系统论等角度来研究汉语句子的解释和理解问题。我们把两人合作的时期称为胡附、文炼时期，把 80 年代中期以后张斌独立署名的时期称为张斌时期。

在胡附、文炼时期，两人的语法思想你中有我、我中有你，难做区分，尤其是两人共同署名的文章。为行文方便，本书把这个时期共同署名的文章都作为张斌的语法思想的体现来谈，包括胡裕树主编的《现代汉语》教材语法部分。此外，张斌、胡裕树、林祥楣三人合作署名林裕文的文章，以及张斌与其他人合作的文章，本书都作为张斌的语法思想的体现来谈。

# 第1章

# 张斌词类划分标准观

汉语语法研究史上，对于词类问题有过种种不同的见解，陈光磊曾对这种种见解有过这样的总结："马建忠的'字无定类'说，黎锦熙的'依句辨品'说，王力的'概念分类'说，高名凯的'汉语实词不能分类'说，方光焘的'广义形态'说，陈望道的'功能'说，等等。而吕叔湘的词类观从'意义'说到'结构关系'说再到'功能'说，可以说是反映了汉语语法学上词类理论发展的轨迹，也显示出人们对于汉语词类问题已经和正在逐步形成一些共识。"① 这种种见解是和各人所持的词类划分标准相关联的。

## 1.1 提倡广义形态论

### 1.1.1 词类划分标准研究简单回顾

自1898年《马氏文通》出版以后直到20世纪40年代，我国语法研究大都在西方传统语法的框架里，用西方的语言理论和语法框架来套汉语的实际，带有明显的模仿痕迹。《马氏文通》模仿拉丁语法，提出"字无定义，故无定类"（词没有固定的意义，因此就没有固定的类别）；《新著国语文法》模仿英语语法提出"依句辨品，离句无品"（词是按照在句子中充当的语法成分来分辨词类的，离开了句子就没有词类）。二者都依据词的意义来划分词类。当然，这不等于说，马建忠和黎锦熙只有模仿没有创造，马建忠、黎锦熙都观察到了汉语结构的个别特点，在他们的语法著作

① 陈光磊：《汉语词法论》，学林出版社，2001，第71页。

中也创造了不少名目来解释汉语特有的现象，但是并没有认清这些特点中哪些是最基本的决定语法系统的面貌的东西。

于是，用传统语法学的方法研究汉语，却只着重句法，或者取消词法，或者表面上不取消，实际上把词法融化在句法之中。面对这样的局面，陈望道等于 1938 年在上海发起了关于文法革新的讨论，目的在于反对“模仿文法”，努力探索汉语语法的特点和研究方法，建立汉语语法的新体系。[①] 文法革新讨论的焦点之一是：划分词类的标准是什么？在这个问题上最有创见，也最有贡献的是方光焘提出的“广义形态”说和陈望道补充修订后提出的“功能”说。遗憾的是他们对如何凭功能来划分汉语词类并没有作进一步的探讨，而只是停留在一些原则上，所以没有成为主流，只是语法学史中的一次“闪光”而已。但这场讨论为 50 年代的词类问题大讨论提供了思想基础，即汉语的基本特点是缺乏严格意义的形态，汉语的词法应该有自己的特点。

40 年代，几部深受西方语法影响的汉语语法专著先后出版，如吕叔湘的《中国文法要略》（1942），王力（王了一）的《中国语法理论》（1945）、《汉语语法纲要》（1946），高名凯的《汉语语法论》（1948）。这些著作运用西方的语言理论研究汉语材料，尽管挖掘出了汉语的许多特点，但硬套西洋语法理论和框架的地方仍有不少，比如“三品说”就很典型。

这个时期，王力、吕叔湘划分词类的基本观点都还是主张按意义来划分词类。如王力（1944）说：“汉语里，词的分类，差不多完全只能凭着意义来分。就意义上说，词可分为两大类。第一类是实词，它们的意义是很实在的，它们能指的是实物、数目、形态、动作等。第二类是虚词，它们的意义是很空灵的，独立的时候它们几乎没有意义可言，然而它们在句子里却有语法上的意义。”[②] 由此可见，王力所说的意义，对实词来讲是词汇上的意义，对虚词来讲则包括语法上的意义。吕叔湘（1942）也主张把词“按意义和作用相近的归为一类”[③]，虽说已强调作

① 申小龙：《当代中国语法学》，广东教育出版社，1995，第 24 页。

② 王了一：《汉语语法纲要》，商务印书馆，1982，第 42 页。

③ 吕叔湘：《中国文法要略》，商务印书馆，1983，第 16 页。

用，但在具体分类时仍以意义为主。高名凯（1948）认为："词类是词的语法分类，每一类词都有特殊的语法意义和语法作用。"[①] 他提出了区分词类的三个标准：一是词所表达的语法意义；二是词在句子里的功能（句法功能）；三是词的形态。可见，高名凯划分词类的标准是意义、形态、功能相结合的多标准。

对于这个时期的语法研究，王力后来检讨说："他们只知道把西洋的语言学方法应用到汉语语法上来，而不知道很好地结合汉语的具体情况来进行创造。于是在多数情况下还不能突破西洋的语言学方法的框子，有时候甚至拿自己所信奉的普通语言学家的理论来套汉语的材料。王、吕主要是依靠了叶斯柏森，高氏是依靠了方德里叶斯。这样就不免傍人樊篱，始终不能彻底地创立中国的风格。"[②] 评价极是。

### 1.1.2 50 年代词类划分标准的主要观点

自《马氏文通》开始，黎锦熙、王力、吕叔湘（早期著作）都拿意义作分类标准，黎锦熙是"依句辨品，离句无品"，王力、吕叔湘是"凭着意义来分"。由于在理论上、实践上人们对意义标准产生愈来愈深的怀疑，于是，50 年代开展了词类问题大讨论。大讨论中，人们对区分词类的标准存在着不同意见，各家都摆出了自己的观点。

高名凯放弃了根据"思想的范畴"可以给词分类的观点，恪守西方传统语法的形态标准，认为汉语实词没有足以区分词类的形态，不能分类。"汉语当然也有形态，'白面'的后面加上'儿'成为'白面儿'（海洛英），'儿'是形态，但没有使这词起词类的分别。要使形态的变化影响到词类的分别就需要找到使语法范畴（狭义）起变化的形态。"[③] 汉语没有印欧语那样的形态变化，比如汉语的名词没有类似英语 - ment、 - ship、 - tion那样的特殊标志，因此汉语的实词不能分类。在《再论汉语的词类分别》中，高名凯再次强调："词类只能根据词形的变化来规定，不能根据词在句子里的地位来划分"，"像'子'，'性'，'儿'，'头'等这一类词

① 高名凯：《汉语语法论》，商务印书馆，1986，第 58 页。

② 王力：《中国语言学史》，山西人民出版社，1981，第 185 页。

③ 高名凯：《关于汉语的词类分别》，《中国语文》1953 年第 10 期。

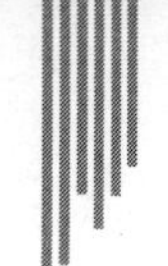



尾也只是构词法的问题，与词类分别没有关系。”①

俞敏（1954）认为汉语是有形态的，他说：“什么是形态变化呢？一个词的声音起了变化，并且用这一次变化表示些个次要的意思叫形态变化。要是在用拼音字的话里呐，声音一变拼法也跟着变，所以有人管形态变化叫‘词形变化’。”② 海外学者赵元任（1968）把“阿、老、第、初”等看做前缀，把“儿、子、头、们”看做名词的后缀，把“着、了、过、起来”等看做动词的后缀，把“糊里糊涂”里的“里”，“看得见，看不见”里的“得、不”看做中缀。并且觉得重叠也可以看做一种语缀，但“重叠之不同于一般语缀，在于它没有固定的形式”。③

王力在 40 年代是主张根据意义来划分词类的，在这次讨论中他（1955）认为词类划分是多标准的：词义、形态、句法标准三结合，在三个标准中，词义是起一定作用的，形态是应尽先利用的，而句法标准则是最重要的。④ 周祖谟（1953）也提出“按照词在句中的作用”，“按照词与哪一类（或哪一类附加成分）相黏合或不相黏合的性能”，“按照词的形态”这三项标准来定词类。并且说：“这三个标准具有不可分性，分别词类不能专就一个标准来看，有时要从一两个标准合起来看。”⑤

吕叔湘（1954）提出从多方面探讨汉语词类划分的标准，指出结构关系（指一个词的全面的、可能有的结构关系）能照顾的面最大，宜于用来作主要的标准。⑥

张斌（1954）发挥了方光焘在文法革新时期提出来的观点，提倡“广义形态”论。他认为“形态是在结构中产生的，没有结构，也就没有形态。狭义的形态只是广义形态的外部特征，因此，没有外部特征，也能归类”，主张用广义形态划分词类。具体体现为：（1）不应该专从意义上区分词类，而应该从形态着眼；（2）汉语既有狭义形态又有广义形态；（3）“词在句中的职位在一定程度上是可以帮助我们辨别词性的”；（4）根据语序、句子成分

---

① 高名凯：《再论汉语的词类分别》，《中国语文》1954 年第 8 期。

② 俞敏：《形态变化和语法环境》，《中国语文》1954 年第 10 期。

③ 赵元任：《汉语口语语法》，商务印书馆，1979。

④ 王力：《关于汉语有无词类的问题》，《北京大学学报》1955 年第 2 期。

⑤ 周祖谟：《划分词类的标准》，《语文学习》1953 年第 12 期。

⑥ 吕叔湘：《关于汉语词类的一些原则性问题》，《中国语文》1954 年第 9、10 期。

与语言材料的关系，帮助我们辨认词性；(5) 区分词类应以形态为标准，并不排斥意义。①

从上面各家的观点中，至少可以知道：第一，单凭意义划分词类的历史已经终结了。第二，词的语法功能得到重视，词类划分多标准成了主流。

### 1.1.3 张斌提倡广义形态论

#### 1.1.3.1 方光焘“广义形态”说提出的背景和内容

西方传统语法通常把语法学分为形态学（morphology）和句法学（syntactics）两大部分。形态学是关于词的语法类别问题，其中包括词的变化（狭义形态）和运用词头词尾构成不同类别的新词（广义形态）；句法学是关于词与词结合成短语的类型问题。传统语法是根据词的形态变化（性、数、格、时、体、态）划分实词的语法类别（词类）。汉语的词没有印欧语言那种严格意义的形态变化，于是，马建忠（1898）主张根据意义区分词类（字类）。黎锦熙（1924）提出“依句辨品，离句无品”。这种以意义作为划分词类的标准，后来在语法学界很有影响。20 世纪 30 年代，著名语言学家陈望道等人发起和组织了“中国文法革新讨论”，在文法革新讨论时，傅东华进一步主张“以句子的意义做骨架”来建立中国文法体系。

针对以上三种论断，在文法革新讨论中，方光焘从汉语实际出发，提出了广义形态说。他说：“我认为词性却不一定要在句中才能辨得出来，从词与词的相互关系上，词与词的结合上（结合不一定是句子），也可以认清词的性质。譬如说：‘一块墨’，‘一块铁’，‘墨’与‘铁’既然都可以和‘一块’相结合，当然可以列入同一范畴（此处所指，是文法范畴，而非理论范畴）……我认为词与词的互相关系，词与词的结合，也不外是一种广义的形态；中国单语本身的形态，既然缺少，那么辨别词性，自然不能不求助于这广义的形态了。我以为文法学是以形态为对象的，是要从形态中发现含义。东华先生却以‘句子的意义做骨架’，来建立文法体系，

① 文炼、胡附：《词的分类》，载胡附、文炼《现代汉语语法探索》，商务印书馆，1990，第 69～85 页。

这是我不赞同的。”[①]

以广义形态为标准划分词类，这是方光焘的创见，这一认识对当时存在的偏重意义的研究方法有着积极的指导价值。广义形态论提出后，一些学者采纳了这一观点，并且有所发展。文法革新时期，陈望道就基本赞同“广义形态”标准，只是认为尚有不足之处，主张用“表现关系”取代“广义形态”。廖庶谦提出，不仅可以用“广义形态”理论看待词类，而且可以把它应用到短语、句子、段落、篇章上。他认为，不要忽略“语言的整个的全体”，要在“具体的整个的关系上考察”，并且要在短语上去考察词类，在句子上考察短语，在段落上考察句子，在篇章上考察段落。[②] 胡裕树评价说，“四十年来的实践证明：广义形态说是汉语划分词类最概括、最完善的标准”，“没有它的提出，很难想象我国汉语语法研究能有今天的进展”。[③]

站在现代语言学理论的角度回过头去看，“词与词的互相关系”，可以与分布（distribution）理论相比附；“词与词的结合”，可以与功能（function）学说相媲美。这就是说，方光焘的“形态”理论既考虑到词与词各个分子的聚合关系一面，又看到词与词的组合关系一面，是统率了语言要素在语法体系中的全面结构关系，是对语法研究“原子主义”的极大冲击。所以我们说，广义形态论是对理论语言学的新贡献。

#### 1.1.3.2 张斌对广义形态论的继承和发展

在 50 年代的词类问题大讨论中，张斌、胡裕树（1954）明确提出，汉语虽然缺少像印欧语那样的词形变化，但汉语的词有自己的结构方式和某些形态特点，也有自己的功能类别，汉语有着它自己的词法内容。“我们认为词类是我们语言中客观存在的东西。区分词类，是为了把这些客观存在的东西分门别类地找出来。”[④] “我们不否认造句法在汉语语法研究中的地位，然而我们也不能同意某些语法学者认为汉语语法只有造句法一个

---

① 方光焘：《体系与方法》，载陈望道等著《中国文法革新论丛》，商务印书馆，1987，第 44 页。

② 廖庶谦：《对于“中国文法革新讨论”的批评》，载陈望道等著《中国文法革新论丛》，商务印书馆，1987，第 199 页。

③ 胡裕树、方文惠：《方光焘教授对汉语语法研究的贡献》，《复旦学报》1985 年第 4 期。

④ 文炼、胡附：《谈词的分类》，《中国语文》1954 年第 2 期。

部分的主张。形态学的研究，也是很重要的。所谓形态学，就是单词的形态变化，词与词的相互关系，词与词的结合以及语词的次序等等。如果把形态学了解为仅指单词的形态变化而否定了汉语中的语言形态学，我们想这是很不妥当的。"[①] 张斌先生继承了方光焘的语法思想，特别重视广义形态，认为：

"语言中词和词的结合，不是毫无条件的。某些词与一定词之间有结合的能力，同时又排斥与另外一些词结合。

如果要从组织来看词的类别，我们首先应该发现某些词与一定词之间有结合的能力，同时又排斥与另外一些词结合。例如有些词能与'一个'、'两只'、'三支'等结合，但不能与'了'、'着'、'起来'、'下去'等结合，也排斥与'十分'、'很'、'非常'等结合，便把它们归成一类，另一些词能与'了'、'着'等结合，但排斥与'一个'、'两只'等结合，也可把它们归在一类。词与词的相互关系，词与词的结合，这就是广义的形态。

像这样一个词能与其他的词的结合能力叫做功能，这种功能的表现形式叫做形态。因为这种形态不是表现在单个词儿的身上，所以叫它广义形态。"[②]

"什么是形态呢？形态有广狭两种意义。狭义的形态，是指单个词儿的接头接尾而言，例如英语名词的多数要加 s（a boy，two boys），动词有'时'的变形（work，worked）……广义的形态，除了单词的形态变化外，还包括词和词的相互关系，词和词的结合，语词的先后次序，等等。"[③]

张斌（1954）反对用句子成分功能来分词类，因为句子属于言语范围，而且析句的基础是建立在逻辑上的。这一点和方光焘后期的观点稍有不同，因为方光焘"并不排斥句子，但不限于句子"。

张斌所谓的"广义形态"是包括"狭义形态"的，这一点与方光焘使用的"广义形态"是不同的。方光焘在《体系与方法》中说："我以为中国单语的形态（这里'单语的形态'是指狭义的形态——引者注），并不

① 文炼、胡附：《中学语法教学》，上海春明出版社，1954，第 3 页。
② 胡附、文炼：《现代汉语语法探索》，商务印书馆，1990，第 31 页。
③ 胡附、文炼：《现代汉语语法探索》，商务印书馆，1990，第 74 页。

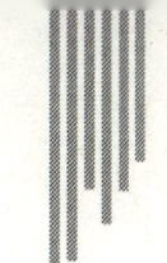



能说是全无，不过所有不多，不足以区分词类罢了。”[①] 他主张根据广义的形态来划分词类，他的广义的形态是与狭义的形态相对的，他似乎并不看重狭义的形态对划分词类的作用。张斌的广义形态与狭义形态却不是相对的，二者之间是一种包含关系，即广义形态包含狭义形态。“广义形态与狭义形态并不是对立的，后者包括在前者之内。……狭义形态只是广义形态的外面的特征罢了。”[②] 他在《谈词的分类》（1954）中分析了加不加“子”“儿”“头”对词性的影响：

> 什么是形态呢？形态有广狭两种意义，狭义的形态，是指单个词儿的接头接尾而言……汉语有没有狭义的形态？我们的回答是肯定的。像“子”、“儿”、“头”似乎没有人不承认它们是词尾了。有这些词尾后附着的，也没有人不承认它们是同类词了，但问题不在这里，问题在于一个词后附了这些词尾，能不能影响到它的词性的分别呢？在这方面高名凯先生以为是不可能的，他说：“汉语当然也有形态，‘白面’的后面加上‘儿’成为‘白面儿’（海洛英），‘儿’是形态，但没有使这词起词类的分别。”当然，就这个例子来说，加不加“儿”对词性是没有影响的，但是，像：
>
> 活—活儿　错—错儿　笑—笑儿
>
> 胖—胖子　疯—疯子　呆—呆子　辣—辣子
>
> 看—看头　想—想头　苦—苦头　吃—吃头
>
> 这些，加上了“子”、“儿”、“头”，它们的词性就不同了。我们实在不能够不承认这些形态可以给我们区分词类以帮助。然而，我们也必须承认这种帮助是不够的。因为在汉语中，单词有形态变化的毕竟是少数，不足以作为汉语区分词类的主要标准。也正因为如此，使得我们不得不求助于广义形态。
>
> 广义的形态，除了单个词儿的形态变化外，还包括词与词的相互关系，词与词的结合，语词的先后次序等等。这种广义的形态，却是不能够从孤立的词的身上找出来的。[③]

---

① 方光焘：《体系与方法》，载《方光焘语言学论文集》，商务印书馆，1997，第 3 页。

② 胡附、文炼：《词的范围、形态、功能》，《中国语文》1954 年第 2 期。

③ 文炼、胡附：《谈词的分类》，《中国语文》1954 年第 2 期。

可见张斌先生是把划分词类的标准从狭义形态推广到广义形态，并不否认狭义形态的作用，只不过，相比之下更重视广义形态罢了。“‘广义形态’很容易让人误解，其实就是现在常说的功能，特别是短语组合功能。这样，文炼和胡附还是较早明确地主张区分汉语词类的唯一标准只能是功能。”①

方光焘先生的广义形态论最初只是理论上的讨论，没有提出一套具体的操作标准，“只是举例说明，没有具体地划分出词类”②，因而“影响不大”。③ 张斌继承了方光焘的广义形态说并加以发挥，明确指出了名词的广义形态是：前面可以加“一个”“这个”“这种”等。动词的广义形态是：前面可以和“不”“会”“能”等相结合，后面可以和“了”“着”“起来”“下去”等相结合，并且可以重叠。比如划分名词，张斌举例说：

> 我们可以说：
>
> 一个人　两块墨　三支笔　四本书　五杯酒
>
> 也可以说：
>
> 这个人　那块墨　那支笔　这本书　那杯酒
>
> 或者说：
>
> 这种道德　那些思想　某种工作　一次战争
>
> 在这里“人”“墨”“笔”“书”“酒”既然可以和“一个”“两块”“三支”“四本”“五杯”相结合，又可以和“这”“那”相结合；“道德”“思想”“工作”“战争”可以和“这种”“那些”“某种”“一次”相结合，当然可以列入同一语法范畴确定它们属于同一词类。假定说，就叫它名词。那么前面可以加“一个”“这个”“这种”等等就是名词的形态，我们凭着这种形态，知道“一个”“这个”“这种”等等后面的词就是名词。这就是从词与词的相互关系，词与词的结合上去区分词类。自然，名词的形态不是只有这么一种，而且，“一个”的后面也不全是名词，这就需要我们仔细去体会。

① 胡明扬：《词类问题考察》，北京语言学院出版社，1996，第31页。

② 徐通锵、叶蜚声：《“五四”以来汉语语法研究评述》，《中国语文》1979年第3期。

③ 徐通锵、叶蜚声：《“五四”以来汉语语法研究评述》，《中国语文》1979年第3期。

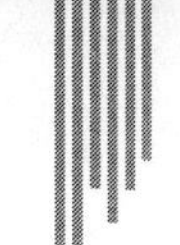



例如：

唱一个痛快　打他一个半死

这里的"痛快"和"半死"就不是名词。有什么办法去分别它们呢？我们可以求助于另一形态来解决。[①]

张斌对广义形态论的进一步阐释和发展，其意义表现为以下两点：

第一，从语法学史上看，20 世纪五六十年代以前汉语语法学界存在两种有失偏颇的观点：一是认为汉语缺乏形态变化，因而汉语的词或不能分类，或依靠句子和意义来分类；二是认为汉语词既然没有形态变化，词类或词法研究就不太重要，句子是汉语语法研究的根据地，句法（句子研究）重要。张斌继承方光焘的广义形态论，重视词法，对汉语形态学做了较深入的阐述，提高了汉语词法的研究水平。用广义形态作为划分词类的主要标准，有三个明显的优点：第一，不以孤立的词为对象；第二，不必考虑词的概念意义，如果要说意义，那是讲词的功能意义即语法意义；第三，不必在句中分类，更不是"依句辨品"。这样分出来的类比较科学，也比较实在。[②] 正如范晓所说："现在，一般的语法教科书在讲到词的分类时，都强调要凭词与词的结合关系来分类，这是汉语语法学的一大进步。"[③] 这种进步与张斌先生提倡用广义形态标准来划分词类的影响是分不开的。

第二，更难得的是，张斌先生不仅用广义形态理论解决汉语词类划分问题，而且把这一汉语语法理论升华为普通语言学理论，认为在其他语言里也存在类似汉语"广义形态"的东西，如日语里丰富的助词。国外的研究证明张斌是正确的，现代语言学已经不把词的形态变化作为划分词类的唯一标准了。B. 布洛赫、G. L. 特雷杰指出："一种语言的词往往根据它们的形态结构或者句法功能分成两个或更多的类。……在许多语言中根本没

① 文炼、胡附：《谈词的分类》，《中国语文》1954 年第 2 期。

② 范晓、高顺全：《语言研究的新思路——胡裕树的语法研究和治学精神》，载范晓等《语言研究的新思路》，上海教育出版社，1998，第 1 页。此文又见高顺全《胡裕树教授和现代汉语语法研究》，《复旦学报》1995 年第 6 期。

③ 范晓、高顺全：《语言研究的新思路——胡裕树的语法研究和治学精神》，载范晓等《语言研究的新思路》，上海教育出版社，1998，第 1 页。此文又见高顺全《胡裕树教授和现代汉语语法研究》，《复旦学报》1995 年第 6 期。

有屈折，或者没有足以做出有效分类的屈折。在这样的语言中，词只有根据它们在短语和句子的结构里的功能才能分类。"[①] 霍凯特也指出："词类是词干的形类，属于同一词类的词干在屈折上，句法上，或者在屈折和句法两方面有同样的表现。一种语言的词类系统就是根据屈折上和句法上表现的异同对全部词干做出分类。"[②] 这些论述都从普通语言学的角度指出了词类不仅仅可以根据词的屈折形态变化来分类，而且可以根据词在句法结构里的功能分类。张斌的远见卓识由此可见一斑。

## 1.2 从广义形态分类说到单一功能分类说

### 1.2.1 功能标准说回顾

陈望道是功能标准说的最早提出者。[③]

功能标准说的提出有其深刻的历史原因。原因之一，是国外语法学研究的转向。随着19世纪末20世纪初自然科学的发展，"功能"（function）首先应用于自然科学，代表因素之间互相依赖对应的关系，一般译为"函数"或"应变数"，随后，应用于社会科学，表示互为因果的一种交互关系。20世纪初西方语言学界对传统语法大检讨，语法的思潮也开始从注重意义和形态变化转为对功能的重视。陈望道敏锐地抓住这点，指出，我们不妨就注重这种功能来研究我们的文法。[④] 原因之二，是对早期词类划分标准意义说的质疑。我国语法学初创期偏重于意义分析，"《马氏文通》以后，都是按照意义（概念）来区分词类的"[⑤]，即使是以句法为纲的《新著国语文法》也是用意义来划分词类。陈望道认为，意义说是"讲不通的"。用意义做分类标准，很难分清。即使分开来，在文法上也没有多大

① B. 布洛赫、G. L. 特雷杰：《语言分析纲要》，商务印书馆，2011，第93~94页。

② 霍凯特：《现代语言学教程（上）》，索振羽、叶蜚声译，北京大学出版社，1986，第276页。

③ 范晓：《汉语词类的研究——纪念汉语词类问题大讨论50周年》，《汉语学习》2005年第6期。

④ 陈望道：《回东华先生的公开信》，载陈望道《中国文法革新论丛》，商务印书馆，1987，第114页。

⑤ 陈望道：《陈望道语文论集》，上海教育出版社，1980，第614页。

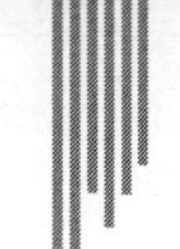



用处。在文法革新讨论中，方光焘提出以“广义的形态”作为划分词类的标准和语法学的对象是颇有胆识的。可是，这也容易引起误解，以为“广义的形态”只重形式，不顾意义，是一般人的常识所不易接受的。

于是，陈望道在综合各家见解的基础上，借鉴索绪尔的组合关系、聚合关系理论，提出根据词的配置关系（即组合关系）划分词类、用功能观点来研究汉语文法的见解。他说：“文法研究，就语部问题而论，国内学者还多徘徊于形态中心说与意义中心说之间。两说都有不能自圆其说之处，鄙见颇思以功能中心说救其偏缺。”① 什么是功能？陈望道说：“功能是语参加一定配置能力，组织是由功能决定的语和语的配置。组织要受功能限制，功能要到参加组织才能显现。当语未参加组织，加入一定的配置的时候，它的功能是潜藏的，只有见过用例，知道底细的人知道的，这就是所谓记忆的事实；及既参加组织，就同别的语结成一定的关系，那关系是显现的。这显现的关系，我曾称它为表现关系。倘用表现关系一语，文法学也可以说就是研究表现关系的学问。”②

陈望道认为，“词类区分的基本原则是依据词在组织中显示的功能”，“讲功能，就是要同组织联系起来讲。根据什么东西可以组织，什么东西不可以组织，什么同什么可以组织，什么同什么不可以组织来进行分类，也就是根据词在组织中的个别职务和词与词之间的相互关系来进行分类，一句话，就是以功能为准据来进行分类”。③ 在这里，陈氏是把“句法”和“功能”统一起来，当做同一标准提出来的。他指出：“‘结合功能’和‘句法功能’不是两类东西，而是功能表现的两个方面，即词在组织中的活动能力（功能），具体表现为词和词相互结合的能力和词在句子里担任一定职务的能力。”④

同时他也指出，形态标准和意义标准都有不能自圆其说之处，只有功能标准才能救其偏缺。词类“从本质上说，就是词的功能分类”，“词类区

① 陈望道：《文法的研究》，载陈望道《中国文法革新论丛》，商务印书馆，1987，第 275 页。

② 陈望道：《文法的研究》，载陈望道《中国文法革新论丛》，商务印书馆，1987，第 275 页。

③ 陈望道：《文法简论》，上海教育出版社，1978，第 38 ~ 57 页。

④ 陈望道：《文法简论》，上海教育出版社，1978，第 38 ~ 57 页。

分的准据是功能”，“意义不是区分词类的准据”，“形态也不是区分词类的准据”，“多标准意味着无标准”。[1]

在词类问题大讨论之后，意义、形态、功能三者结合的多标准说成为主流，在这样的环境下，陈望道提倡单一功能标准观是需要胆识和勇气的。直至80年代，随着汉语语法研究的深入，人们对词类的认识也不断推进，以词的语法功能作为划分词类的唯一标准才逐渐成为一种共识。

### 1.2.2　从广义形态论走向单一功能观

我们知道，在50年代的词类问题大讨论中，张斌明确提出以广义形态来进行词类划分，区分词类的主要标准是广义形态，词在句中的功能只起辅助作用。他说：

> 有些语法学者把词在语言组织中所能担任的职务，所能起的作用，叫做“功能”。他们所指的功能，显然有两个内容：一种是词与词结合的能力，一种是词在句中的职位。就前者说，这种功能和我们所提出的广义形态是分不开的。因为功能是由形态表现出来的，有一种功能就有一种形态，功能与形态是两个相关的概念。例如“书”能与“一本”结合，“茶”能够与“一杯”结合，“墨”能与“一块”结合……这种结合能力的表现就是形态，而数量词与名词的互相依附、互相对立的交互关系，就是功能。这种形态和功能，正是汉语中区分词类的主要标准，也是我们形态学研究的重要内容。至于词在句中的职位，对词类的区分只能起辅助作用，不能与前者混为一谈。[2]

可见，广义形态论的功能仅指词与词的结合能力，不讲词进入句子后的作用。张斌反对用句子成分功能来分词类，因为句子属于言语范围，而且“析句的基础是建立在逻辑上的”。[3] 这一点和陈望道的功能说的观点不同。

---

① 陈望道：《文法简论》，上海教育出版社，1978，第38～57页。

② 文炼、胡附：《谈词的分类》，《中国语文》1954年第2期。

③ 文炼、胡附：《谈词的分类》，《中国语文》1954年第2期。

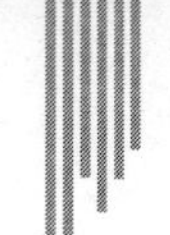



60 年代，张斌接受陈望道的功能观，提倡单一功能标准说。

他说，“语法上区分词类的目的是为了说明语言的组织，指明词的用法，因此分类的根本根据是词的语法功能”；“词的语法功能首先表现在能不能单独充当句子成分上边，能够单独充当句子成分的是实词，不能单独充当句子成分的是虚词”，“实词的不同语法功能表现在词和词的组合能力上边。哪些词可以和哪些词组合；怎样组合，组合起来表示什么关系；哪些词不能同哪些词组合；这里表示出实词的不同类别”；“虚词的不同语法功能表现在它同实词或词组的关系上边，能同哪些实词或词组发生关系，发生什么样的关系：这里表现出虚词的不同类别”。[①] 显然，张斌对词的分类的基本依据是词的语法功能。它不同于仅仅根据词的句法功能，即根据句子成分来划分词类，它还包括词和词（或词组）的组合能力。这是一种扩大的功能标准，根据这一标准，张斌将名词、动词、形容词、数词、量词、副词、代词归为实词，将连词、介词、助词、语气词、叹词、象声词归为虚词，共 13 类。根据这一标准，他找出了一些具体的操作方法来鉴别不同的词类。如动词：

1. 能用副词“不”或“没有（没）”修饰。

2. 大部分动词能带宾语。

3. 动词常常用加“了”“着”“过”“起来”“下去”或重叠的方式表示“时态”。

4. 经常用作谓语。

我们依据这些语法功能，就可以把动词确定下来。

80～90 年代，在 1979 年版、1981 年版和 1995 年版的《现代汉语》（胡裕树主编）中他进一步指出：“词的语法功能首先表现在能不能单独充当句法成分上边，能够单独充当句子成分的是实词，不能单独充当句子成分的是虚词。”其次，还表现在词与词的组合能力上。[②]

90 年代以后，张斌主编的《现代汉语》中说，“现代汉语的词可以分为实词和虚词两大类。实词能够单独充当句法成分，包括名词、动词、形

---

① 胡裕树主编《现代汉语》，上海教育出版社，1962，第 254、317～331 页。

② 胡裕树主编《现代汉语》（重订本），上海教育出版社，1995，第 284 页。

容词、数词、量词、副词、代词。虚词的主要作用是‘连接’和‘附着’”①；“在句法结构中，虚词的功能可以概括为附着与连接。介词和时态助词附着于短语，语气词附着于句子。连词的作用是连接，结构助词也有连接作用，其中的‘的’有时附着于词或短语，即构成‘的’字短语”②。时态助词附着于动词；结构助词起连接作用，即连接修饰语与中心语。

### 1.2.3 小结

综观张斌先生的词类划分标准观，他始终坚持以词的语法功能作为划分词类的唯一标准，并随着认识的深化，对词的语法功能作出新的解释：从50年代提倡广义形态论，重视词与词的结合能力，划分词类的主要依据是以词与词的结合能力（广义形态）为主，词在语言组织中所担任的职务（充当句子成分的能力）为辅③；到60年代他接受陈望道先生的功能观，“首先是能不能充当句子成分，其次是词与词的组合能力”④；再到现在——张斌先生看到自己原先提倡的以词的语法功能即首先表现在能否充当句子成分的标准划分实词、虚词，在分类和具体归类上的很多矛盾之处，看到了虚、实二分的难处。⑤ 他又一次对语法功能做了新的解释：“功能包括基本功能和连属功能，基本功能又可分为指称功能和陈述功能。”“具有基本功能的词称为实词，具有连属功能的词称为虚词。”⑥“词类的建立不应该只顾及句法方面的对应，还宜考虑语义语用方面的联系。只有这样，才能使词类的划分对用词造句起更大的作用。”⑦ 这里，我们可以看到，张斌先生依然坚持语法功能是划分词类的唯一标准，但对语法功能的解释已从句法功能拓展到语用功能，从句法层面拓展到语用层面。

---

① 张斌主编《现代汉语》（电大本），中央广播电视大学出版社，2003。

② 张斌：《论关联词语》，载中国人民大学中文系编著《语言研究的务实与创新——庆祝胡明扬教授八十华诞学术论文集》，外语教学与研究出版社，2004，第1页。

③ 张斌：《词的范围、形态、功能》，《中国语文》1954年第8期。

④ 胡裕树主编《现代汉语》，上海教育出版社，1962。

⑤ 张斌：《词类划分中的几个问题》，《中国语文》1979年第3期。

⑥ 张斌：《现代汉语虚词研究丛书·总序》，载范开泰编《20世纪现代汉语语法八大家——胡裕树张斌选集》，东北师范大学出版社，2002，第166页。

⑦ 张斌：《词类划分中的几个问题》，《中国语文》2000年第4期。

## 1.3　对“词汇·语法范畴”的看法

如上所述，在50年代的词类问题讨论中，学者们一致认为早期语法著作中单纯根据意义分类的方法必须抛弃。但是遗留的问题也正在意义上边。也就是说，意义在词类划分中究竟占什么地位，学者的看法还不一致。大体说有三种意见：①认为区分词类的标准是词的意义和语法功能；②认为区分词类的主要标准是功能，意义是参考标准；③认为区分词类的标准只有功能，意义是词类的基础，但并非区分词类的标准。这三种意见其实可以归并为两大类，前两种意见是一类，即承认意义是标准之一，采取的是多标准。后一种意见是一类，即不承认意义标准。这两种意见的对立也反映在对“词汇·语法范畴”的理解上边。[①]

### 1.3.1　“词汇·语法范畴”的提出

“词汇·语法范畴”（或称“词义·语法范畴”）这个术语来自苏联，是苏联语言学家研究俄语词类时提出来的，龙果夫首先把它用到汉语的词类划分中来。以后，王力、黎锦熙都分别放弃了“意义标准”和“依句辨品”标准，接受了“词汇·语法范畴”标准，张志公的《汉语语法常识》、丁声树等的《现代汉语语法讲话》也都在实际上采用了这个标准。人民教育出版社的《暂拟汉语教学语法系统》（以下简称《暂拟》《暂拟系统》）（1956）把这个标准系统化了，明确提出划分词类的标准是“词汇·语法范畴”。它说：“词类是词根据词汇·语法范畴的分类。具体些说，就是词类是根据词的意义和词的语法特点来划分。”[②] 并指出：实词能作句子成分，并且能够作句子。实词都具有实在意义，包括名词、动词、形容词、数词、量词、代词六类。虚词在任何场合都不能成为句子、回答问题。虚词不表示实在意义，不作句子成分，它们的基本用途是表示语法关系。虚词包括副词、介词、连词、助词和叹词。关于“词汇·语法范畴”的词类划分标准，王力先生在《关于词类的划分》一文中做了详尽的解释，他说：“所谓‘词汇·语法范

① 张斌：《汉语语法学》，上海教育出版社，2003，第40页。

② 张志公主编《语法和语法教学》，人民教育出版社，1956，第12页。

畴’的理论，就是认为我们在划分词类的时候，不但要重视结构方面（形态方面），而且要重视意义方面。应该把结构和意义看成一个有机的整体。对一个词来说，与其说是因为有了这种形态，它才是名词或动词等；不如说是因为它有了名词或动词等的意义和作用，然后让它具有某种形态。”[①] 从王力的解释来看，“词汇·语法范畴”在划分词类上采取了多标准：（1）概念标准，即词汇意义标准；（2）句法标准，即词充当单句成分的能力；（3）形态标准，即词用某种手段表现附加意义的能力。

这种标准虽然从主要依据词汇意义发展为根据词的意义和词的语法特点，注意到词的语法功能，但由于仍然偏重词汇意义在词类划分中的作用，使语法特点在词类划分的实际操作中未能充分发挥其应有的作用，结果矛盾有加。例如，副词并非“不能作句子成分”，叹词也并非“在任何场合下都不能单独成为句子，回答问题”，只因它们“不表示实在意义”而被划入虚词。

这个观点反映了当时的主流看法或者说是学界妥协的意见。该系统极大地影响到中学乃至许多大学所使用的教材（特别是师范大学的教材）的语法系统。[②] 诚如朱德熙所言：“尽管大家都承认不可能单纯根据意义划分汉语词类，可是始终没有人敢于正面提出词义应排除在划分标准之外。当时把流行于苏联语言学界一些并无真知灼见的泛泛之谈拿来当作教条。其中主要的一点就是认为词类属于‘词汇·语法范畴’。在‘语法’前边加上‘词汇’，就是为了把词义拉进来。”[③] “词汇·语法范畴”理论指导下的词类划分多标准在50~70年代占据了主流地位。

### 1.3.2 张斌对“词汇·语法范畴”的看法

在这种背景下，1962年，张斌在胡裕树主编的《现代汉语》里，虽然没有明确地否定“意义”这个标准，但从他的实际做法看，他是不赞成“意义”标准的。如认为“给词分类，可以用不同的标准。不同的标准决

---

① 王力：《关于词类的划分》，载张志公主编《语法和语法教学》，人民教育出版社，1956，第77页。

② 当时北京大学、复旦大学等重点大学使用的现代汉语教材是根据单一的句法功能标准区分词类的。

③ 朱德熙：《词义和词类》，载《语法研究和探索（五）》，语文出版社，1991，第3页。

定于不同的目的……语法上区分词类的目的是为了说明语言的组织，指明词的用法，因此，分类的基本根据是词的语法功能”[①]。强调了词类是词的语法分类。在谈到实词、虚词的划分时强调了“语法功能”这个标准，在谈到实词、虚词的下属类型即词类时，则没有正面谈到所采用的是什么标准。又如，教材不对各类实词、虚词下定义（因为一下定义，就有“意义”标准的嫌疑），只是直接举出例词后就谈语法特点。显然，张斌在词类划分上没有采用“词汇·语法范畴”说。从今天的眼光来看，词类是词的语法分类，不是词汇的分类，把词汇意义作为划分词类的主要标准是不恰当的。如果承认这个标准，词类就成了词汇、语法的结合体，而不是纯粹的语法分类了。“词汇·语法范畴”这个术语在 70 年代已经销声匿迹了，但是对意义与功能是不是要并列作为区分词类标准的问题，始终存在不同的看法。

80 年代初，张斌明确提出“词汇·语法范畴”是说明词类的性质的，并不是主张重新规定划分词类的标准。某些词能归属一类，与意义并非无关，但是就这一类词的整体看，它与别类词的区别不是以意义为依据。正如有些语言的名词有“性”的范畴，这与生物界的性别不是毫无关系；但是生物的性别不是区分语法上“性”的范畴的标准。[②] 如果认为语法中的性、数、格等范畴有事理的基础，我们不妨把这些范畴称为“事理·语法范畴”。这当然并不等于说语法上名词的“性”可以根据事理来断定，但是名词的“性”与生物的性别不是没有联系。至于名词、动词、形容词等，那就不能叫“事理·语法范畴”，而只能叫“词义·语法范畴”，词义是名词、动词、形容词等的语义基础，但是它绝不能是分类的标准。[③]

那么是否可以以功能为标准，不包括意义？或者功能和意义标准并列？张斌认为，前一种观点不能解释为什么人们一听到“桌子”“咖啡”等等就能判定它们是名词。后一种观点无法否认功能与意义有时会产生矛盾的事实。张斌的观点是：划分词类的标准是功能，不是意义，但是词类

① 胡裕树主编《现代汉语》，上海教育出版社，1962，第 254 页。

② 林裕文：《词汇·语法·修辞》，上海教育出版社，1985，第 50～52 页。

③ 张斌：《汉语的结构特点和语法研究》，《淮北煤炭师范学院学报》1983 年第 2 期。

与意义并非无关，意义是词类的基础。对于基础与意义之间的关系，张斌以比喻说明之：一年分为四季，有客观的基础，即天体的运行和气候的变化。可是划分四季的标准古今中外并非完全一致。我国古代以立春、立夏、立秋、立冬为四季的开始，而欧美一些国家以春分、夏至、秋分、冬至为换季的界限。天文台划分四季却另有标准，即以多少天内的平均气温为依据。划分的标准不同，却有共同的基础，所以中国人谈到“春天”与外国人谈到“spring days”有共同的基础。[①]

张斌提出意义是词类的依据，或者说是基础，但不是标准，划分词类以功能为标准，并不否认词类有意义的依据。同时也指出双重标准在理论和实践上都行不通。张斌认为，意义和功能标准并列必须思考两个问题：第一，两个标准如果并无矛盾，只是概括的范围有大小之分，那么，何不采用一个标准？第二，同时使用两个标准，如果出现矛盾，将如何处理？意义和功能标准并用，有时会有抵触。因此，张斌主张单一的功能标准，同时区分依据和标准，道理也就在此。

### 1.3.3 小结

“因为词类是反映词的语法功能（即语法分布）的类，所以理所当然只能根据语法功能分类。形态丰富的语言可以根据形态分类，那是因为形态反映功能，是功能的标志。直接根据形态分类，实质上是间接根据功能分类。根据语法功能划分出的词类（指实词）往往可以概括出一定的意义，可是倒过来根据意义却无法保证划分得出能反映语法功能的分类。”[②] 汉语的词类问题经历了多年的探求和讨论，人们大体有了一个基本的共识，那就是汉语的词类划分要依据词的语法功能，对此，张斌先生作出了贡献。

## 1.4 张斌对词类的划分

### 1.4.1 先前的划分

中国语法研究史上，词类划分肇始于马建忠的《马氏文通》。《马氏

---

① 张斌：《现代汉语语法十讲》，复旦大学出版社，2005，第39页。

② 朱德熙：《词义和词类》，载《语法研究和探索（五）》，语文出版社，1991，第3页。

文通》研究的虽然是古汉语，但是它对以后的现代汉语语法研究仍有着不小的影响。《马氏文通》将古代汉语的词分为九类：名字、代字、动字、静字、状字、介字、连字、助字、叹字。状字就包括了“朝暮”“明日”“昔者”“今日”等词语，它们“貌动静之容”，相当于现代汉语中的副词。①

黎锦熙对汉语词类的研究虽然得出的结论是“依句辨品，离句无品”，但是他在《新著国语文法》中把“国语的词类普通分为九种，但可约分为五”。它们是实体词（名词、代名词），述说词（动词），区别词（形容词、副词），关系词（介词、连词），情态词（助词、叹词）。②

吕叔湘在《中国文法要略》中按意义和作用相近，把汉语里的词分为：①名词，②动词，③形容词，④限制词（副词），⑤指称词（称代词），⑥关系词，⑦语气词。其中限制词、指称词和语气词又分为若干小类。③

丁声树等在《现代汉语语法讲话》中按性质和用法把汉语里的词分为 10 类：名词、代词、数词、量词、动词、形容词、副词、连词、语助词、拟声词。④

邢福义的《汉语语法学》从小句构件单位的角度，将词分为成分词，包括名词、动词、形容词和副词；特殊成分词，包括数词、量词、代词和拟音词；非成分词，包括介词、连词和助词。⑤

胡裕树的《现代汉语》（重订本）根据语法功能把词分为实词和虚词。实词包括名词、动词、形容词、数词、量词、副词和代词。虚词包括连词、介词、助词、语气词、叹词和拟声词。⑥

赵元任在《汉语口语语法》中以位置和功能将词分为体词、动词和别的词类。体词有名词、专有名词、处所词、时间词、D-M 复合词、区别词、量词、方位词、代名词；动词和别的词类有动词（包括形容词）、介

---

① 马建忠：《马氏文通》，商务印书馆，1983，第 19 ~ 24 页。
② 黎锦熙：《新著国语文法》，商务印书馆，1992，第 16、125 页。
③ 吕叔湘：《中国文法要略》，商务印书馆，1982，第 16 ~ 18、215 ~ 233 页。
④ 丁声树等：《现代汉语语法讲话》，商务印书馆，1961，第 4 ~ 8、69 ~ 77 页。
⑤ 邢福义：《汉语语法学》，东北师范大学出版社，1996，第 160 页。
⑥ 胡裕树：《现代汉语》（重订本），上海教育出版社，1995，第 285 ~ 286 页。

词、副词、连词、助词、叹词。[①]

### 1.4.2 朱德熙的词类划分

朱德熙在《语法讲义》中根据语法功能，把词分为实词和虚词两大类，以及不分虚实的两类词：拟声词和感叹词。实词又可以分为体词和谓词。体词包括名词、处所词、方位词、时间词、区别词、数词、量词、代词（体词性），谓词包括代词（谓词性）、动词、形容词。虚词有副词、介词、连词、助词、语气词。[②]

### 1.4.3 张斌的词类划分

汉语的词类的划分应以词的语法功能为依据，这是划分词类最本质的依据。词的语法功能指的是：①充当句法成分的能力；②词与词的组合能力。按词的语法功能，张斌把汉语的词分为实词和虚词。实词包括名词、动词、形容词、数词、量词、副词和代词，虚词包括连词、介词、助词、语气词、叹词和拟声词，共13类。（胡裕树主编《现代汉语》（重订本）；张斌《现代汉语》，中央广播电视大学出版社；张斌《新编现代汉语》，复旦大学出版社，2002）另外，在电大教材中，张斌依据词的语法功能和发展变化情况，把词分为开放性词类、封闭性词类、半封闭性词类三种。开放性词类，如名词、动词、形容词；封闭性词类，如代词、结构助词、时态助词、语气词；半封闭性词类，如介词、连词、副词。

2000年，张斌先生在《词类划分中的几个问题》中认为，以词的语法功能即首先表现在能否充当句子成分的标准划分实词、虚词，在分类和具体归类上有很多矛盾。于是，张斌改虚、实二分为三分，主张词分三类即实词、虚词、特殊类。实词能够单独充当句子成分，共有8类，包括名词、动词、形容词、数词、量词、区别词、副词、代词。虚词不能单独充当句子成分，一般没有词汇意义，只表示语法意义，共有4类，包括连词、介词、助词、语气词。特殊类包括叹词（感叹词）和拟声词（象声词）。叹词和拟声词大都没有具体的意义，只能模拟特定的声音。在功能上，拟声词和叹词经

---

① 赵元任：《汉语口语语法》，商务印书馆，1979，第232、244～250页。

② 朱德熙：《语法讲义》，商务印书馆，1982，第40页。

常充当句子成分，尤其是独立成分，较少同句子的其他成分发生关系充当句子成分。但是，它们有时又可以充当句子成分。张斌把它们单独处理，作为一种与实词、虚词并列的特殊词类——拟音词。[①] 见表 1－1。

**表 1－1　张斌建立的现代汉语词类系统（2004）**

<table>
<tr><td rowspan="7">实词</td><td rowspan="3">体词</td><td>名　词</td><td>水、树、教室、物资、天堂</td><td rowspan="7">代词</td><td rowspan="3">我、你、他、这、那、谁、什么</td></tr>
<tr><td>数　词</td><td>一、二、三、四、百、千、万</td></tr>
<tr><td>量　词</td><td>个、本、条、次、趟、人次</td></tr>
<tr><td rowspan="2">谓词</td><td>动　词</td><td>学、有、是、研究、讨论、想念</td><td rowspan="2">怎么样</td></tr>
<tr><td>形容词</td><td>大、高、甜、高兴、精彩、雪白</td></tr>
<tr><td rowspan="2">加词</td><td>区别词</td><td>男、女、大型、超级、民用</td><td rowspan="2">这么、那么</td></tr>
<tr><td>副　词</td><td>已经、不、很、都、才、亲自</td></tr>
<tr><td rowspan="4">虚词</td><td colspan="2">介　词</td><td colspan="3">从、在、向、对、用、以、按照、沿着</td></tr>
<tr><td colspan="2">连　词</td><td colspan="3">和、跟、与、而、并、并且、而且、如果</td></tr>
<tr><td colspan="2">助　词</td><td colspan="3">的、地、得、了、着、过、们、第、初、似的</td></tr>
<tr><td colspan="2">语气词</td><td colspan="3">的、了、吧、吗、呢、啊</td></tr>
<tr><td rowspan="2">拟音词</td><td colspan="2">拟声词</td><td colspan="3">叭、哗啦、轰隆、丁当</td></tr>
<tr><td colspan="2">叹　词</td><td colspan="3">啊、哎呀、唉、喂、嗯</td></tr>
</table>

补充说明：

（1）现有词类是不完全归纳的结果。有少数词无法归类，如“万岁”“在望”等等。补救的办法是描写这些词的功能，不必勉强纳入已有的词类。

（2）虚词的功能可以概括为连接与附着。连词的功能是连接；介词附着于名词或其他实词，组成介词短语；时态助词附着于动词；语气词附着于句子；结构助词起连接作用，即连接修饰语和中心语；“的”也可以附着于别的词语，组成“的字短语”。

（3）名词可以分成时地名词和非时地名词。时地名词的特点是能作状语，而且可以前置于句首。

（4）动词可以分为及物动词与不及物动词。

（5）形容词可以区分为一般形容词与非谓形容词。

① 张斌：《简明现代汉语》，中央广播电视大学出版社，2004。

（6）实词可以有附类，附类的特点是带有虚词性。名词的附类是量词和方位词。量词常附着于数词或代词，组成量词短语。方位词附着于别的实词，组成方位短语。单纯方位词带上“边”“面”“头”的双音节名词，表示时间或处所，不是方位词。

（7）“理想的词类划分应该采取层层对立的方法。比如，先划出虚词和非虚词，非虚词再划分出体词和非体词，非体词再继续划分。”① 因此，“划分必须遵守下列规则：第一，每次划分只能使用一个标准（可以是几个特点构成的标准）；第二，划分出来的次类应该互不相容；第三，次类之和要与大类的范围相等”②。

### 1.4.4 张斌之后的词类划分

陈光磊的《汉语词法论》和郭锐的《现代汉语词类研究》是两本研究现代汉语词问题的专著。陈光磊按功能把词分为20个基本目类。这些基本类可归纳为实词和虚词两大类，以及不分虚实的感叹词和拟声词。实词进一步分为体词、用词、点别词、副词。体词包括名词、代词、时间词、处所词。用词包括动词、形容词、断词、衡词。点别词包括数词、指词、简别词。副词只有一类，即副词。虚词有方位词、介词、连词、助词、量词、语气词。陈光磊的词类系统不论是从划分还是叫法上，都与现在多数语法学家提出的词类系统有比较大的差别。③

郭锐以语法功能作为划分词类的标准，将汉语的词类分成四个层级上的大类。组合词和叹词是第一层级的划分。组合词又分为实词和虚词，这是第二层级的划分。虚词包括介词、连词、语气词和助词。实词可以再分为核词和饰词，这是第三层级的划分。饰词包括拟声词、数词、数量词、副词、区别词、指示词，它们一般都只作修饰语。核词又可以分为谓词和体词，它们可以作核心成分。谓词包括形容词、动词、状态词。体词包括量词、名词、方位词、时间词、处所词。郭锐认为代词不是一个独立统一的词类，代词实际上是从实词各类中把一些具有临时称代功能的词抽出来形成一个特殊的类

① 张斌：《现代汉语语法十讲》，复旦大学出版社，2005，第63页。

② 张斌：《划分和切分》，《中国语文》1999年第4期。

③ 陈光磊：《汉语词法论》，学林出版社，1994，第90～92页。

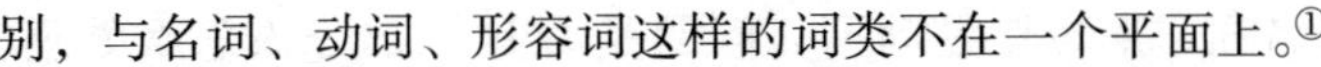
别，与名词、动词、形容词这样的词类不在一个平面上。①

# 1.5　张斌谈兼类问题

## 1.5.1　“凡属兼类词必定分别属于两套不同的功能系统”

### 1.5.1.1　朱德熙的“词义不变，词性不变”观

对于汉语词的兼类现象，有个认识过程，这跟划类依据有关。例如黎锦熙主张按句子成分划类，并主观规定：(1) 作主语、宾语的是名词；(2) 作谓语的是动词；(3) 作定语的是形容词；(4) 作状语的是副词。于是大量的词处于兼类状态，结果得出了“依句辨品，离句无品”的结论。吕叔湘、朱德熙认为“跟我们如何分析词义有关系”，词义变了，可以分为两个不同的词，词义没有明显变化，词性不变。《暂拟》是折中派，认为进入句子以后，词性有的不变，有的变了一部分，有的完全变了。80 年代以来，吕叔湘、朱德熙的“词义不变，词性不变”的观点为多数人所接受，成为主流观点。

朱德熙认为：“划分词类的时候，我们常常碰到兼类的问题。假定说我们根据标准 A 划分出甲类词，根据标准 B 划分出乙类词。很有可能有一部分词既符合标准 A，又符合标准 B，这就是通常所说的兼类词。”② 为了说得清楚一点，朱德熙用下图③说明：

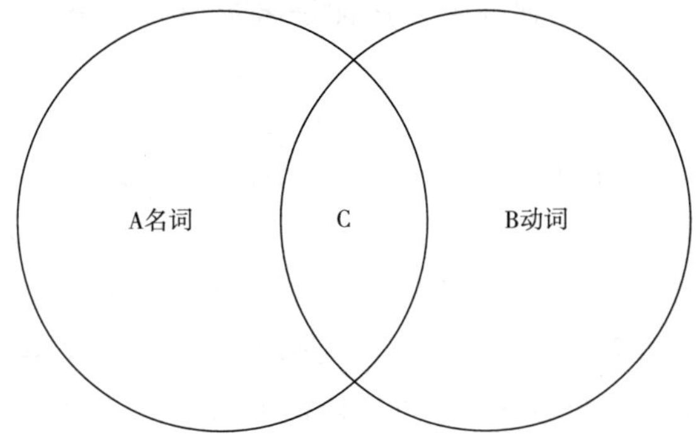


① 郭锐：《现代汉语词类研究》，商务印书馆，第 181 ~ 184、238 ~ 239 页。

② 朱德熙：《语法丛稿》，上海教育出版社，1990，第 181 页。

③ 转引自张斌《现代汉语语法十讲》，复旦大学出版社，2005，第 64 页。

图中 A 当然是名词，B 当然是动词。问题是 C 这一部分该怎么处理。从理论上说，有四种办法可供选择。

（1）认为 C 既是名词又是动词，就是说兼属名词和动词两类。这个时候的划类标准是：

符合甲的是名词：A + C

符合乙的是动词：B + C

C 兼属名词和动词两类

（2）认为 C 是名词和动词以外的另一类词，采取这种办法的划类标准是：

符合甲而不符合乙的是名词：A

符合乙而不符合甲的是动词：B

既符合甲又符合乙的是另一类词

（3）认为 C 是名词，不是动词。划类标准是：

符合甲的是名词：A + C

符合乙不符合甲的是动词：B

（4）认为 C 是动词，不是名词。划类标准是：

符合乙的是动词：B + C

符合甲而不符合乙的是名词：A

至于这四种办法到底选择哪一种，那要根据 A、B、C 三部分的全部语法功能来衡量，看哪一种分类办法能够最充分地反映它们的语法分布情况。

1.5.1.2　张斌不同意朱德熙的处理方法

张斌认为，“词的兼类现象指的是少数词具有两类词的语法功能，即既具备甲类词的特点，又具备乙类词的特点”；“例如‘代表’，兼属名词和动词。……这里有两个不同的‘代表’，它们分属于不同的功能系统。它不能同时具有名词和动词的功能……运用了甲乙两个标准来衡量某一个词，不同时用上这两个标准，才可以谈得上兼类”。朱德熙的第一种处理方法之所以不可行在于：“从形式逻辑关于分类的规则来衡量，这里的‘兼类’犯了‘相容’的错误。”第二种处理办法，即认为 C 是名词与动词之外的一类，即名动词，在理论上是可行的，但是通过实际论证，证明

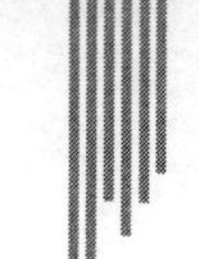



“名动词的存在当属一种悖论”。①

1.5.1.3　张斌从正面论证自己的观点

“从理论上讲，凡属兼类词必定分别属于两套不同的功能系统。”②

1. 词的同一性是判定是否兼类的基本前提。如果待确定的词是两个词，自然不存在兼类问题。如：

$白_1$纸—我$白_2$跑了一趟。“$白_1$”和“$白_2$”应该看做两个词。因为虽然它们同音，但不同义。“$白_1$”表示“像霜或雪的颜色”（本书对词的释义都来自《现代汉语词典》，下同），表示性质；“$白_2$”则表示“没有效果，徒然”。按语法功能，“$白_1$”是形容词，“$白_2$”是副词，不能看做兼类词。再如，“花钱”的“花”和“一朵花”的“花”不是兼类现象。

2. 具有同一性只是判定一词为兼类的一个必要条件，但这同一个词用在不同的位置并不一定就是兼类。如③：

第一组　来　吃　讨论　参加　管理（能带宾语，不能加“很”）

第二组　大　好　简要　干净　坚固（能加“很”，不能带宾语）

第三组　懂　怕　了解　喜欢　感激（能加“很”，能带宾语，还可以同时加“很”和带宾语，如“很懂道理”）

第四组　活跃　方便　丰富　繁荣（能加“很”，能带宾语，但不能同时加“很”并带上宾语）

第三组词能加“很”，能带宾语，还可以同时加“很”和带宾语，如“很懂道理”，两套功能系统是相容的，所以，不能认为它兼属动词和形容词。处理的方法是，或者把它归入动词（认定可带宾语是动词，不管能不能加“很”），也可以把它归入形容词（认定能加“很”的是形容词，不管带不带宾语），或者还可以把它和类似的词作为另一类。④

第四组带上了宾语就不能加“很”，加上了“很”就不能带宾语，具有两套对立的功能系统，当属兼类。

1.5.1.4　“会”的兼类问题

在汉语里，有少数词兼属动词和助动词，例如“要”。可是在什么情

---

① 张斌：《现代汉语语法十讲》，复旦大学出版社，2005，第 63 ~ 68 页。

② 张斌：《关于分类的依据和标准》，《中国语文》1995 年第 4 期。

③ 例子引自张斌《汉语语法学》，上海教育出版社，2003，第 41、42 页。

④ 张斌：《关于分类的依据和标准》，《中国语文》1995 年第 4 期。

况下算是动词，在什么情况下算是助动词呢？最常见的标准是：用在名词性成分前是动词，用在非名词性成分前是助动词。例如《现代汉语八百词》认为，“我要一支英雄金笔”“昨天我跟老张要了两张票”中的“要”是动词，“他要学游泳”“借东西要还”中的“要”是助动词。[①] 这个标准很简明，人们容易掌握。这样区分的结果，也容易使人接受，因为两个不同的“要”在语义上有明显的差别。

许多语法书区别动词“会”和助动词“会”也用这个标准。例如，《现代汉语语法讲话》中说：“会说俄文”，“会”字是助动词；“会俄文”中“会”字是动词。[②]《现代汉语八百词》也认为“会汉语”的“会”是动词，“会说普通话”的“会”是助动词。[③] 张斌认为，从语义上看，这里的“会”都表示具有某种能力，要把它们分属不同的类别，不容易使人接受，因而对采取的标准表示怀疑。

因为，用是否在名词性成分或非名词性成分前来区分动词与助动词，欠周密。助动词固然常加在非名词性成分前头，有些动词也可以这么用。例如“爱”，不但可以说“爱祖国”（动词 + 名词），而且可以说“爱哭”（动词 + 非名词）、“爱听音乐”（动词 + 非名词性成分）。

在综合运用了变换分析、语义特征分析手法，细致考察了“会”的兼类在句中的表现后，张斌提出与《现代汉语语法讲话》《现代汉语八百词》不同的观点，即“他会说俄文”“会说普通话”的“会”，不是助动词，而是动词；“天会下雨”的“会”才是助动词。

那么，为什么对待“要”和对待“会”要采取不同的标准呢？原来动词“要”和助动词“会”有不同的特性：动词“要”要求带名词性宾语，不能带非名词性宾语。动词“会”既可以带名词性宾语，又可以带非名词性宾语，这就是问题的关键。

### 1.5.2　确定兼类的标准

确定兼类的标准，从理论上说，应该与划分词类的标准一致，即语

---

① 吕叔湘：《现代汉语八百词》，商务印书馆，1999，第 520 页。

② 丁声树：《现代汉语语法讲话》，商务印书馆，1961，第 89 页。

③ 吕叔湘：《现代汉语八百词》，商务印书馆，1999，第 244 页。

法功能标准，但在实践中，很多人却坚持意义标准，这自然事出有因。因为简单地坚持语法功能标准很容易回到“词无定类”的老路上，而大量中间状态的语言现象如那些既丧失了部分动词形容词的功能，又没有完全取得名词的全部功能的语言现象一时找不到妥善的、大家都认可的解决办法。当然，从理论上来讲，确定兼类现象只能根据语法功能，因为意义标准早就证明是难以掌握的，并且处理兼类问题无论如何也不应该采取与处理词类问题完全不同的原则与标准。在这个问题上，张斌以语法功能为标准，不否认兼类有意义的依据，我们认为是比较妥帖的。当然，张斌只说到了意义是依据、是参考，没有说明该如何参考，这是个缺憾。

## 1.6　小结

张斌对词类问题的研究具有不断向纵深发展的特点。从 1954 年的《谈词的分类》开始，一直到 2000 年的《词类划分中的几个问题》，可以说对现代汉语词类问题的探讨贯串了张斌语法研究的始终。在词类问题上，张斌按照词的结构功能划分词类的基本观点没有改变，研究深度却不断加深。20 世纪 50 年代参加汉语词类问题的讨论时，主要观点来自方光焘的“广义形态”论。所谓“广义形态”，即“词与词的互相关系，词与词的结合”，实质上是主张按照词在句法结构中的功能，即分布来划分词类。张斌一方面反对传统的从概念范畴出发来划分词类，另一方面针对当时对“词汇·语法范畴”的一种洋迷信，指出苏联当初提出“词汇·语法范畴”，本意在于说明词类的性质，而并非作为划分词类的标准。90 年代张斌的《关于分类的依据和标准》《与分类有关的几个问题》等论文，则着重阐述了依据和标准的理论，阐述了依据和标准的理论的普遍适用意义，从而进一步明确了“意义是词类的依据或者说是基础，但不是标准”的观点。这一观点不仅涉及对词的看法，对区分词类的看法，还涉及区分句类、区分复句的看法。总之，这一思想贯串了分类方面的许多问题。1998 年，他在《祝贺全国语言文字工作会议召开》的讲话中指出：词类问题仍旧是个热点。现代汉语词类的次范畴要重新认识。单纯以意义为标准而缺乏形式标志的次类能不能成立，宜深入讨论。要建立两个新的词类系统，一是文言词类系统，二是便于机器识别的词类系统。建立这两个系统，关键在于突破现有的词类框架。特别是后者，不妨大胆违背“常识”。2000 年的《词类划分中的几个问题》更从“三个平面”的语法观出发，提出了“词类的建立不应该只顾及句法方面的对应，还宜考虑语义语用方面的联系。只有这样，才能使词类的划分对用词造句起更大的作用”①；提出了对虚词、实词等超级大类、“体词、谓词、加词”等大类、名动形下面的次类（小类）和附类进行细致的研究的问题，对于汉语词类问题研究的深入，有很大的启发意义。

① 文炼、胡附：《词类划分中的几个问题》，《中国语文》2000 年第 4 期。

# 第2章

# 多视角的虚词研究

就汉语语法来说，一个普遍的看法是，汉语属于分析型语言，“缺少严格意义的形态变化”。[①] 它既没有俄、法、英诸语言里那种形态标志和屈折变化，也没有日、韩、蒙、土耳其诸语言里那种黏附形式。也就是说，在其他语言中可以通过实词的形态变化来表达的语法意义，在汉语中常常要借助虚词来完成。汉语虚词的重要性由此可见一斑。一个重要的例证是，在《马氏文通》出版以前，我国一直没有自己的传统语法学，但虚词的研究从汉代到清代却有2000多年的历史[②]，虚词之所以如此受重视，一个重要的原因是它作为一种显性的句法形态，具有突出的句法功能，反映了汉语语法自身的特点。

## 2.1 张斌虚词研究理论

汉语虚词研究的历史，以《马氏文通》为界，之前的虚词研究属语文学范畴，之后的虚词研究开始步入语法研究的行列。从《马氏文通》开始一直到20世纪30年代，虚词研究仍然是传统的义项描写和用法说明。40年代则有了大的变革，把虚词放在特定的句法结构中研究，代表作是吕叔湘的《把字用法的研究》。60年代朱德熙的《说“的”》一文首次将结构主义语法理论的变换、分布方法引入虚词研究中来，极大地拓宽了人们的认识视野。但总的说来，研究视角单一，多从句法角度作静态研究，在理

① 吕叔湘：《汉语语法分析问题》，商务印书馆，1979，第11页。

② 齐沪扬、张谊生、陈昌来：《现代汉语虚词研究综述》，安徽教育出版社，2001，第2页。

论背景和研究方法等方面并没有取得多少实质性的突破。这种状态一直持续到20世纪80年代张斌、胡裕树提出“三个平面”理论。在这样的背景下来审视，张斌先生的虚词研究更多地体现出一种理论和方法上的启发意义。

### 2.1.1 提倡“三个平面”视角

张斌先生认为：“虚词的作用也有语义的、句法的和语用的区别。例如‘被’指明施事，‘把’指明受事，‘我被他批评了’和‘我把他批评了’结构关系不变，但语义关系不同。这里的语义关系是借助虚词表示的。又如‘读书’不等于‘读的书’，‘学生的家长’不同于‘学生和家长’，这里是借助虚词改变了结构，属于句法关系的改变。有些虚词如‘至于、关于’之类，作用是点明话题，所以属于语用的范围。”①

### 2.1.2 尝试预设视角

“理解一个句子，我们通常注意到句子中的词义、语义、层次、句法以及语气等等，往往忽略了它的预设，特别是虚词的预设。例如，语气词‘了’表示新情况的出现，可是要解释‘我早就报了名了’中的语气词‘了’，必须指明预设。说这句话的人，他预设对方并不知道他报了名，所以从这个意义上说，仍属新情况。如果不这样解释，句子中的‘早’就与‘新情况’不相容了。”② 又如：

①你知道谁给我来过电话呢？

②你知道谁给我来过电话吗？

①预设有人来过电话，但不知道是谁，希望对方回答。②预设可能有人来过电话，希望对方加以证实。句末的语气词“呢”和“吗”不同，使句子的预设不一样，回答的方式也有差别。这两个句子如果不用语气词就会产生歧义。副词也可以有预设，如“果然”预设事实与期望相符，“居

---

① 胡附、文炼：《句子分析漫谈》，《中国语文》1982年第3期。

② 张斌：《论关联成分》，载中国人民大学中文系编著《语言研究的务实与创新——庆祝胡明扬教授八十华诞学术论文集》，外语教学与研究出版社，2004，第1页。

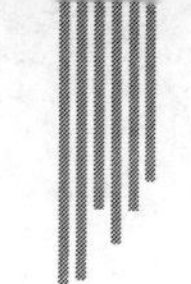



然”预设事实与期望不符，再如“至多”与“至少”也有预设：

③他至多受到警告处分。

④至少须有大专学历。

“至多”和“至少”都预设事情有轻重、高低、多少等不同层级。③预设处分有不同层级，用“至多”表示最大限度。④预设学历有不同层级，用“至少”表示最小限度。因为层级是客观存在的，因此属语义范畴。其实，这里选用“至多”或“至少”仍带有主观色彩。①

### 2.1.3　深化节律视角

吕叔湘在《现代汉语单双音节问题初探》（1963）中开创性地讨论了语音与语法的关系，讨论涉及词和词的搭配以及其他问题，首次明确提出汉语语法组合与音节数有关的观点。张斌先生深化了这一观点，认为，“虚词的用与不用，有时须考虑音节的特点。例如‘事在人为’不说成‘事在于人为’，‘山不在高，水不在深’也不说成‘山不在于高，水不在于深’，这都属于可用而不用，并非该用而没有用。之所以不用，是因为适应节律的需要”②。又如“老李刚才从上海回来”和“老李刚从上海回来”，两句在语法分析上是一样的，可是前一句的“刚才”可以提到句首，后一句的“刚”却不能，这说明单音节词和双音节词在语用效能上并不完全一样，单音节词往往是受限制的。③

随着现代汉语虚词研究的发展，张斌先生对虚词研究方法进行了总结。早在 20 世纪 80 年代，张斌先生就提出从句法、语义、语用三个平面分析虚词。④“把虚词放在整个句子中加以分析，要防止把并非虚词的表义因素移植到虚词上边。”“研究现代汉语的虚词，应该像马建忠那样，注重区别虚词本身的作用和上下文表达的意义。”“注重区别虚词本身的作用与使用虚词的句子的整体意义，这不等于说只讲求概括，不注重分析；也不

---

① 张斌：《蕴涵、预设与句子的理解》，《世界汉语教学》2002 年第 3 期。

② 张斌：《“在”“于”和“在于”——读〈马氏文通〉一得》，《咬文嚼字》1998 年第 12 期。

③ 文炼、胡附：《汉语语序研究中的几个问题》，《中国语文》1984 年第 3 期。

④ 胡附、文炼：《句子分析漫谈》，《中国语文》1982 年第 3 期。

等于说只看到虚词与其他表意因素的区别，不注重虚词之间的细微差异。”[①] 他提出了考察虚词功能的方法即“加减法”，并举例说：语气助词“啊”可以用于疑问、陈述、祈使、感叹四种句子末尾，于是就认为疑问、陈述等语气是随着“啊”的添加而来的，这叫加法。用加法可以得出“啊”用在句末表示疑问、陈述语气的结论。我们也不妨使用减法，把疑问句中的“啊”去掉，句子往往仍旧表示疑问，把陈述句中的“啊”去掉，句子往往仍旧表示陈述，如此等等。用减法得出的结论是“啊”本身并不表示疑问、陈述等语气。把不用“啊”的句子与用“啊”的句子相比较，可以得出“啊”增添舒缓口气的结论。[②] 这种所谓的“加减法”实质在于它一反我国传统的做法，不是就“啊”本身来讨论它的词性和作用，而是把“啊”和句子一道研究，比较带“啊”和不带“啊”的句子在语法功能上的差别，由此分离出“啊”的性质来。

综上所述，张斌的“三个平面”的研究理论和研究方法，在现代汉语虚词研究上是一个引人注目的突破。

## 2.2 张斌虚词研究实践

张斌在虚词研究实践中，也同样成绩斐然，通过对典型语法现象的细致分析，提出了一些富有创建的看法，如方位词、量词的“名词附类说”等。

### 2.2.1 提出“以词的语法功能即首先表现在能否充当句子成分的标准划分实词、虚词，在分类和具体归类上的矛盾”

词分虚、实是中国传统语法学的一大特色。传统语法辨别虚、实依据的是词汇意义，结构语言学重句法分析，着眼于能否充当结构成分，依据的是句法功能。在虚词、实词划分标准问题上，汉语语法学界长期存在着分歧，综合起来大致有如下几种意见：（1）意义标准。如马建忠《马氏文通》

① 张斌：《〈马氏文通〉关于虚词的研究给我们的启示》，载范开泰编《20世纪现代汉语语法八大家——胡裕树张斌选集》，东北师范大学出版社，2002，第162~164页。

② 张斌：《〈现代汉语虚词词典〉前言》，载范开泰编《20世纪现代汉语语法八大家——胡裕树张斌选集》，东北师范大学出版社，2002，第169~170页。

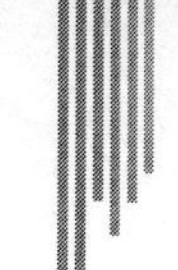



（1898）、王力《汉语语法纲要》（1946）、吕叔湘《中国文法要略》（1942）。（2）意义、形态、功能相结合的标准。如高名凯《汉语语法论》（1948）。（3）意义和功能标准分三种情况：a. 词类是根据词汇・语法范畴的分类，即根据词的意义和词的语法特点分类，注意到词的语法功能，但仍然偏重词汇意义在词类划分中的作用。如《暂拟汉语教学语法系统》（1955）、张志公《语法和语法教学》（1956）。b. 强调词的语法功能标准是划分词类的主要标准，词汇意义只是参考而已。如《中学教学语法系统提要》（1983）。由此可以看出，划分词类标准问题上已由词汇意义、语法特点相结合的标准逐渐过渡到词的语法功能是划分词类的主要标准了。c. 语法功能是划分词类的本质依据。《北京大学 1959 年五四科学讨论会讨论汉语实词分类问题的报告和发言》中朱德熙的发言[①]；朱德熙《语法讲义》（1982）、《语法答问》（1985）。（4）语法功能标准。如陈望道《文法简论》（1978）、胡裕树《现代汉语》（1962，1979，1981，1995）。张斌、胡裕树认为："语法上区分词类的目的是为了指明词的外部结构关系，说明语言的结构规律。因此，分类的基本根据是词的语法功能。""词的语法功能首先表现在能不能单独充当句子成分上边，能够单独充当句子成分的是实词，不能单独充当句子成分的是虚词。"[②] 汉语虚词、实词的划分标准，经历了从最初的词汇标准到词汇、语法功能双重标准，再到单纯的语法功能标准的发展历程。它反映了语法学界认识的深化，是一个很大的进步。

2000 年，张斌先生在《词类划分中的几个问题》中提出，以词的语法功能即首先表现在能否充当句子成分的标准划分实词、虚词，在分类和具体归类上有很多矛盾。他说：

第一，按照以主语、述语、宾语（或加上中心语）为标准划分虚实（朱德熙的《语法讲义》），区别词（非谓形容词）只能是虚词，而朱德熙的《语法讲义》、北大本的《现代汉语》教材及邢福义主编的《现代汉语》教材都把它列入实词，这就出现了矛盾。

第二，按照以能不能充当句子成分为标准划分虚、实，语气副词（难道、也许、究竟、幸亏、到底、简直、反正等）不能充当句法成分，却与

① 朱德熙的发言见《语言学论丛》（第四辑），上海教育出版社，1960。

② 胡裕树主编《现代汉语》（重订本），上海教育出版社，1995，第 284 页。

别的副词一样列入实词。

第三，拟声词和叹词（合称拟音词）难分虚实，它既不是亦虚亦实，也不是介于虚实之间，当做虚实之外的特殊词类，比较合适。

其实，以能否充当句子成分划分词类的理论在汉语语法学界的影响由来已久。马建忠（1898）虽然在理论上强调意义标准，但在具体的语法分析中主要用功能标准，黎锦熙（1924）更是提出让句子成分与词类一一对应，以实现的功能作为划分词类的标准。由于与汉语事实不符，容易导致词无定类，甚至汉语无词类的结论。胡裕树、张斌看出了黎锦熙功能观点的弊端，对词的语法功能做了新的解释："词的语法功能首先表现在能不能单独充当句子成分上边，能够单独充当句子成分的是实词，不能单独充当句子成分的是虚词。"①

现在，张斌先生看到自己原先提倡的以词的语法功能即首先表现在能否充当句子成分的标准划分实词、虚词，在分类和具体归类上的很多矛盾之处，看到了虚、实二分的难处。他又一次对语法功能做了新的解释："功能包括基本功能和连属功能，基本功能又可分为指称功能和陈述功能。""具有基本功能的词称为实词，具有连属功能的词称为虚词。"②"在句法结构中，虚词的功能可以概括为附着与连接。介词和时态助词附着于短语，语气词附着于句子。连词的作用是连接，结构助词也有连接作用，其中的'的'有时附着于词或短语，即构成'的'字短语。"③ 这里，我们可以看到，张斌先生依然坚持语法功能是划分虚、实的唯一标准，但对语法功能的解释已从句法功能拓展到语用功能。采取这个标准，张斌把代词划归实词，因为它具有指称功能。④

## 2.2.2 副词的界定

### 2.2.2.1 副词的虚、实归属

副词究竟应归入实词还是虚词，是语法界长期争论不休的问题。就副

① 胡裕树主编《现代汉语》（重订本），上海教育出版社，1995，第284页。

② 张斌：《现代汉语虚词研究丛书·总序》，《汉语学习》2001年第5期。

③ 张斌：《论关联成分》，载中国人民大学中文系编著《语言研究的务实与创新——庆祝胡明扬教授八十华诞学术论文集》，外语教学与研究出版社，2004，第5页。

④ 张斌：《现代汉语虚词研究丛书·总序》，《汉语学习》2001年第5期。

词自身的特点来看，它本身就是介于功能词和形容词之间的一个复杂的集，既具有实词的某些特点，比如可以充当句子成分，部分具有指代功能，有些还可以独用或成句；又具有虚词的某些个性特征，比如黏着、定位、虚化、封闭，个性强于共性，语法意义突出，词汇意义相对空灵等。黎锦熙、吕叔湘、朱德熙、《暂拟汉语教学语法系统》等认为副词应归入虚词，但这些学者所持的标准却又截然不同：一从意义出发，一从功能出发，或意义、功能兼顾。陈望道、胡裕树、黄伯荣、张静（胡裕树主编的《现代汉语》、张静主编的《现代汉语》和黄伯荣、廖序东主编的《现代汉语》）等主张应归入实词，其主要依据是副词可以充当句子成分。王力、郭绍虞则说它介于虚、实之间。后来，吕叔湘在《汉语语法分析问题》中谈到虚实划分有不少分歧，认为原因是对意义的虚实有不同的看法。于是他提出把词分为可列举的词类（又叫封闭的类）和不能列举的词类（又叫开放的类），按照这个标准，副词似宜列入实词。针对以上研究，张斌认为，按照以能不能充当句子成分的标准划分虚实，语气副词（难道、也许、究竟、幸亏、到底、简直、反正等）不能充当句子成分，却与别的副词一样列入实词，不免抵牾。似乎可以考虑把它们归入语气词，语气词再分出两个小类。一类出现在句末，另一类不出现在句末。两类词常互相搭配，如“的确……吗”“究竟……呢”。张斌还认为，皮尔斯（C. C. Pries）把副词分为两类，一类属功能词，如 very、quite、real 等；另一类属非功能词，如 there、here、always 等，重视的是两类词出现的不同位置，有其合理性。他采纳了皮尔斯的意见，从位置上考察汉语，认为：虚词都有定位的特点，名词、动词、形容词、代词等实词都是不定位的，可以出现在语句的前边、后边或中间。副词绝大多数能出现在句中或句首，只有极少数能出现在句尾，如“很”“极”“透”，通常还须加“了”。可以说，副词基本上是定位的，因此可以划归虚词。①

2.2.2.2. 关于副词和其他词类划界的问题

由于副词兼有实词、虚词的某些语法功能等原因，副词和形容词、副词和连词的界限都是词类划分中没有解决好的问题。像“高、低、远、近、大、小、快、慢”等词能修饰名词，也能修饰动词。根据词的组合能

① 张斌：《现代汉语虚词研究丛书 · 总序》，《汉语学习》2001 年第 5 期。

力判断，这些词应该归入形容词还是副词，或者两者兼类呢？语法学家的看法很不一致。张斌认为，“形容词修饰动词当属常规”。高、低、远、近、大、小、快、慢当属形容词，“‘偶然’，可以修饰名词，如‘偶然现象’，也可以修饰动词，如‘偶然知道’，应归入形容词，不是形副兼类的词”。[①] 此外，某些副词在复句中还可以起一定的关联作用，这就使有些副词与连词难以分清。有时连词和副词配合起来使用，如“虽然……也……”“即使……也……”“如果……就……”，这些起关联作用的副词“也”“就”之类究竟怎样与连词划界呢？赵元任称之为副词性连词，张志公认为仍是副词，吕叔湘则说“副词本来就是一个大杂烩”。张斌认为它们仍旧是副词，不是连词。“例如‘果然’，表示预期与事实相符，属副词。它常常出现在假设条件的复句中，有关联作用，但是假设条件的关系不靠它表示。正如副词‘就’可以用在因果、目的、假设条件等复句中，它本身并不表示诸如此类的关系。‘就’的基本功能是修饰动词或形容词，在复句中可以兼起关联作用。”[②]

### 2.2.3 连接词“的”的研究

对“的”字句法特点的热情关注，始于20世纪50年代末。范纪淹的《形名组合间“的”字的语法作用》[③] 对此做了很好的总结，同时比较熟练地运用结构主义语法学的印证方法，充分论述了形名组合用与不用“的”而在结构关系上所表现出的重大性质差别。说到“的”的研究不能不提到朱德熙的《说“的”》[④] 一文。文章运用美国描写语言学派的“分布”理论，通过比较，对现代汉语中最常用的语素“的”作了新颖独特的分析，认为同形的“的”存在三种不同的性质：的$_1$副词性，的$_2$形容词性，的$_3$名词性。朱德熙这篇论文的意义重点不在于对“的”字的句法功能性质的认识如何，而在于它对描写语言学研究方法的介绍与示范（尽管朱德

---

① 张斌：《〈现代汉语虚词词典〉前言》，载范开泰编《20世纪现代汉语语法八大家——胡裕树张斌选集》，东北师范大学出版社，2002，第170页。

② 张斌：《〈现代汉语虚词词典〉前言》，载范开泰编《20世纪现代汉语语法八大家——胡裕树张斌选集》，东北师范大学出版社，2002，第170页。

③ 范纪淹：《形名组合间“的”字的语法作用》，《中国语文》1958年第5期。

④ 朱德熙：《说“的”》，《中国语文》1961年第12期。

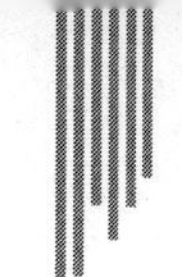



熙否认这一点)。文章“采用结构分析的路子，但并不拘泥于它的框架，而又考虑到语法意义的揭示和分析”[1]，是一种洋为中用的创造。围绕该文，60 年代最重要的一次语法问题讨论就此展开，并有多篇文章发表。如吕叔湘《关于“语言单位的同一性”等等》、陆俭明的《“的”的分和问题及其它》、言一兵的《区分“的”的同音语素问题》、季永兴的《谈〈说“的”〉》、黄景欣的《读〈说“的”〉并论现代汉语语法研究的几个方法论问题》等。后来朱德熙又写了《关于〈说“的”〉一文》对批评文章作了公开回答。

张斌也对“的”做了研究。在《论关联成分》一文中，张斌认为起连接作用的“的”是关联成分，那么，什么是关联成分呢？通常称为“关联词语”的语言单位，“并非词法范畴，属于结构成分之类，性质与句子的独立成分（插说）有些相似，称关联成分更恰当”。“关联成分不但应该包括复句使用的‘如果……就……’之类，在短语中出现的‘而、和、跟、同、与’等等，而且应该包括起连接作用的‘的’”。

“‘的’作为关联成分，表达前后词语有修饰与被修饰的关系。但用法却有多种。”第一，用在名词与修饰语之间，它的功能有两种：一是改变结构关系，如“读书”（动宾关系）与“读的书”（偏正关系）；二是不改变结构关系，但改变语用或语义关系。如“新书”与“新的书”都说偏正关系，但“新的书”预设书有新旧之分，突出了语用选择。又如“孩子脾气”与“孩子的脾气”，结构关系未变，但定语的描述性质变为领属关系，这属于语义的变化。第二，“‘的’用在动词（或形容词）与名词性修饰语之间，如‘他的来’、‘这本书的出版’之类，是主谓结构中插入了‘的’，变成了偏正结构，因而失去了独立成句的可能性。这种用法古已有之。‘作品的分析’、‘问题的解决’是另一种格式，不同于上述的格式。这种格式的修饰语是受事而非施事。‘的’的作用也并非改变原有的结构关系。加不加‘的’有时影响语义”。[2]

张斌关于“的”的研究的意义在于：(1) 借鉴朱德熙的研究方法，不

---

① 徐通锵、叶蜚声：《“五四”以来汉语语法研究述评》，《中国语文》1979 年第 3 期。

② 张斌：《论关联成分》，载中国人民大学中文系编著《语言研究的务实与创新——庆祝胡明扬教授八十华诞学术论文集》，外语教学与研究出版社，2004，第 6 ~7 页。

拘泥于“的”字语法特征的一般描写，而是把它放在特定的句法格式中讨论，与句法结构一道研究；（2）研究角度独到，把“的”字的句法研究和语义的、语用的研究结合起来，分析认识显得更全面、更深入。

### 2.2.4 方位词、量词的“名词附类说”

附类是带有虚词性的实词。什么是虚词性？虚词的功能是连接或附着。比如，连词的作用是连接，语气词附着于句末，介词、时态助词附着于词或短语，结构助词连接修饰语和中心语，“的”还有附着作用，即构成“的”字短语。[①] 所谓虚词性，也表现在“连接”或“附着”的作用上。“附类”不同于“次类”，“附类”主要着眼于它的虚词性，而“次类”则是对某类实词或虚词的再划分，是下位小类，如“时地名词”就是名词的次类。张斌将方位词、量词定义为“名词的附类”，正是着眼于它们既有名词的一般特点又位置固定，带有虚词性。把方位词、量词列入名词的附类就使得方位词、量词具有虚词性和方位词、量词并不是虚词这样两个方面的特点得到了全面而准确的描写和总结。

#### 2.2.4.1 *方位词的研究*

回顾汉语语法学史，方位词的研究经历了意义标准、意义和功能相结合的标准、功能标准这样三个阶段，研究的争论主要体现在两点：第一，名词前的方位词如何处理？张志公《汉语语法常识》和丁声树等《现代汉语语法讲话》认为，方位词是表示方位的词，方位词可以放在名词前后构成处所词。从他们的表述中，我们可以看出他们以意义为标准，疏忽了功能上的特点。吕叔湘、赵元任、张斌认为应“把名词前面的方位词与名词后头的方位词区别开来”，如果方位词用在名词前边的话，就以区别词来处理。[②] 虚词的附着是定位的。所以，“上半天”的“上”，“下半夜”的“下”，“前方”的“前”，“后代”的“后”等等都不是方位词，而是区别词。[③] 第二，由方位词和“边、面、头”构成的词语是方位词还是时间处

① 张斌：《论关联成分》，载中国人民大学中文系编著《语言研究的务实与创新——庆祝胡明扬教授八十华诞学术论文集》，外语教学与研究出版社，2004。

② 吕叔湘、饶长溶：《试论非谓形容词》，《中国语文》1981 年第 2 期；赵元任：《汉语口语语法》，商务印书馆，1979；文炼：《处所、时间和方位》，上海教育出版社，1984。

③ 文炼：《处所、时间和方位》，上海教育出版社，1984。

所词？赵元任、朱德熙从语法位置和功能两个方面来考虑方位词的范围，认为：合成方位词“上头、下边、里头、背后、当中”同时可以作处所词，“以前”是时间词，[①] 由“以、之”构成的双语素方位词也可以作为处所词或时间词。[②] 张斌认为，赵元任、朱德熙把处所名词和方位词的范围混在一起，方位词作为名词的附类这并不是因为它表示方位，重要的是它在功能上带有虚词性的表现——附着性。虚词附着于别的语言单位，当中不能再插入别的虚词。所以，“桌子上边”的“上边”，“教室外面”的“外面”，“抽屉里头”的“里头”，虽然表示方位，但都不是方位词，而是处所名词，因为当中都可以插入“的”。也就是说，“桌子上边”之类属名词修饰名词的偏正短语。而“桌子上”“长江以南”的“上”“以南”则是方位词。

方位词的虚词性体现为：附着在实词（词组）后边，组成方位短语，如：桌子上、三年之前。方位词的实词性体现为：方位词有时单用：方位词跟介词结合构成介词短语，如“往东走”、“向下跳”；方位词跟在名词后面构成处所名词，如“树上”、“屋里”、“地下”等等，单用时的功能同于名词。单用的方位词可以通过对举形式充当句子成分，如：“里应外合”（主语）、“上下一条心”（主语）、“一上（面）一下（面）”（谓语）。这是它的实词性。

2.2.4.2　关于量词的研究

量词的概念可以溯及黎锦熙的《新著国语文法》，书中第一次给量词命名，认为“量词的种类 = 国语的特点”，将有关量词的主要部分放在“名词的细目”章叙述，并明确说道：“量词就是表数量的词。”不过，“名词的分类”一节只提到特有名词、普通名词和抽象名词三类，“表数量的名词”并不算名词的一个小类，这无异于说是一种特殊的名词。这大概可以看做量词的名词“附类”说的开始。此后，吕叔湘《中国文法要略》、王力《汉语语法纲要》也持此观点。对量词的研究还包括以下四种观点：是实词中名词的一个次类（马建忠《马氏文通》，1898）；是一类实词（丁声树等《现代汉语语法讲话》）；是一类虚词（陈光磊《汉语词法论》，1994；范晓《三个平面的句法观》，1996）；不是词，只是构成数量词的语

---

① 朱德熙：《语法讲义》，商务印书馆，1982。

② 赵元任：《汉语口语语法》，商务印书馆，1979。

素（张志公《汉语语法常识》；张静《汉语语法问题》，1987）。回顾汉语语法学史，我们可以看到，附类说早已有之。不同的是早期的名词附类说是以意义为标准划分出来的，张斌的“名词附类”说是以功能标准划分出来的。比之语法学史上中早期的“名词附类”说，无论在立论角度还是高度上已然不同。

张斌将量词定义为“名词的附类”，包含两层意义：一、量词是词；二、量词带有虚词性。量词的虚词性体现为：附着于数词或代词，组成量词短语，如“这个”“那位”“一双”“三只”。但量词不同于一般意义上的虚词，量词的实词性体现为量词能单用，如“论只不论斤”，作主语时须重叠，如“个个身强力壮”。①

总之，张斌着眼于方位词、量词带有虚词性，不是一类独立的实词而有不同于一般意义上的虚词的实际情况，明确提出方位词、量词的“名词附类”说，这确是对方位词、量词的语法特点作出了全面描写和客观总结。方位词、量词词类归属由中早期意义标准时期介于虚实之间的定位到今天功能标准时期建立在对方位词、量词自身句法特点较为全面和深入研究基础上的“名词附类”的定位，这不仅是方位词、量词研究，同时也是汉语词类研究的一个发展和进步。

### 2.2.5 主持虚词研究项目

张斌主持完成了国家社会科学“八五”项目“现代汉语虚词的功能分析及分析方法研究”，该项目吸收了现代符号学、信息科学、认知科学的方法，用“封闭性”来划定现代汉语虚词的范围，从句法、语义、语用三个平面的角度来分析现代汉语虚词的功能，对现代汉语虚词进行了深入细致的研究，取得了重要的进展。张斌还主持完成商务印书馆重点项目《现代汉语虚词词典》，该书于2001年由商务印书馆出版。该书所收虚词，包括副词、介词、连词、助词（包括语气助词）、方位词，属封闭性词类，即可以列举的类别。量词和情态副词属半封闭性的。该书编制了“量词与名词搭配表”“情态副词与动词、形容词搭配表”，并列入附录。该书收词

① 张登岐：《张斌虚词“名词附类”说学习札记》，载张登岐《汉语语法问题论稿》，安徽大学出版社，2005，第137～145页。

丰富精当，释义准确全面，用例恰当实用，既有重要的学术参考价值，又有广泛的实用价值。张斌还主持完成了上海市教委博士点项目、由安徽教育出版社出版的《现代汉语虚词研究丛书》，该丛书由张斌和范开泰主编，共有张谊生《助词及相关格式》、齐沪扬《语气与语气系统》等 6 本。“要达到既能帮助人们深入地学习汉语，又能为语言科学研究工作者提供有益的启示的目的，必须把各类虚词分别作细致的描写，在此基础上加以解释，并总结出规律。这就是这一套丛书编定的主旨。”①

## 2.3　小结

综观张斌的虚词研究，我们可以发现，在理论上，张斌高屋建瓴，在虚词研究领域首倡“三个平面”理论，开拓虚词研究新视角。在研究方法上，采取多元论，在保留结构主义合理内核的基础上，吸收了现代符号学、信息科学、认知科学的方法研究虚词，对汉语虚词及其相关的语言现象进行多角度、多侧面的研究。在虚词研究实践中，注重语言事实，尽可能将句法、语义和语用三个平面联系起来研究，注意到了预设、节律对虚词使用的影响，在充分描写的基础上，力求总结出相应的规律，作出适当的解释。

① 范开泰编《20 世纪现代汉语语法八大家——胡裕树张斌选集》，东北师范大学出版社，2002，第 167 页。

## 第 3 章

# 张斌不同时期短语分类比较研究

西方传统语法注重词与句子的研究，突出词法的形态性、句子的逻辑性和表达的规范性，但短语研究缺失。我国早期的语法著作基本上都在西方传统语法的框架里，所以对短语也不重视，对短语的结构分类谈得非常少，不承认短语具有语法功能。如《马氏文通》没有谈到词与词的组合问题，《新著国语文法》虽然提到短语，但未对短语的结构作分类，不承认短语可以充当句子成分。

20 世纪 30 年代，结构主义语法传入中国，对汉语语法研究产生了影响。随着结构主义语法对汉语语法研究影响的扩大以及人们对汉语语法特点认识的不断深化，学者们加强了对短语的研究，表现为：第一，短语的结构分类由简入繁，如王力的《中国现代语法》将仂语分为 2 类；吕叔湘的《中国文法要略》将词和词的配合关系分成 3 类；丁声树等的《现代汉语语法讲话》将句法结构分为 5 类；《暂拟》将词组分为 4 类。胡裕树主编的《现代汉语》1962 年版将短语分为 7 类，1979 年版及以后的增订本、重订本分为 13 类，张斌主编的《现代汉语》（电大本、1988）分为 14 类，范晓分为 16 类（1996）。第二，短语的功能及功能分类被提了出来。吕叔湘、朱德熙的《语法修辞讲话》，丁声树等的《现代汉语语法讲话》是最早承认短语可以作句子成分的著作。70 年代后的语法著作、教材大多加强了对短语的探讨研究，注意到了短语的功能类别。第三，朱德熙在《语法答问》中建立了短语（词组）本位的汉语描写语法体系。

进入 1990 年代，随着理论研究的深入，短语在汉语中的重要性越来越得到普遍认同，短语研究从句法平面转向“三个平面”、功能、认知等领域，多平面、多角度的综合分析渐成趋势，短语分类研究越来越精密化、科学化。本书试图以张斌对汉语短语的分类实践透视半个多世纪以来现代汉语短语分类研究的发展轨迹。

## 3.1　短语名称的沿革

词与词的组合，现在一般称为短语，但作为同样的句法单位，也曾称为词组、结构。在语法学史上，还曾使用仂语、词结、兼词等术语指称短语或某些特定的语法结构。如果追根溯源，那么可以说，这些术语最初都是由英语语法术语“phrase”翻译而来。我们所能见到的、最早将“phrase”译为“仂语”的是严复，最早译为“短语”的是章士钊。由此可见，早期的“仂语”和“短语”只是用字的不同，本质上并无严格区别。后来的语法研究中，学者们在继承早期汉译术语的同时，也开始注重概念的科学性、严密性，从而有意识地在自己的研究和著述中选择一种术语，排斥其他术语。学者们认为，仂语、词组、结构、短语等术语的不同体现了对汉语短语的性质以及短语范围等的认识的不同。

表 3－1 说明语法史上有较大影响的学者或著述对“短语”概念的取舍(符号“＋”表示取，“－”表示舍)。

**表 3－1　短语名称及各家取舍**

<table>
<tr><th colspan="2">名称<br>著述</th><th>仂语</th><th>短语</th><th>词组</th><th>结构</th><th>词结</th><th>扩词</th><th>字群</th><th>读</th></tr>
<tr><td colspan="2">马建忠《马氏文通》</td><td></td><td></td><td></td><td></td><td></td><td></td><td></td><td>+</td></tr>
<tr><td colspan="2">金兆梓《国文法之研究》</td><td></td><td></td><td></td><td></td><td></td><td></td><td>+</td><td></td></tr>
<tr><td colspan="2">刘复《中国文法讲话》</td><td></td><td></td><td></td><td></td><td></td><td>+</td><td></td><td></td></tr>
<tr><td colspan="2">黎锦熙《新著国语文法》</td><td>—</td><td>+</td><td></td><td></td><td></td><td></td><td></td><td></td></tr>
<tr><td colspan="2">王力《中国现代语法》</td><td>+</td><td>—</td><td></td><td></td><td></td><td></td><td></td><td></td></tr>
<tr><td rowspan="3">吕叔湘</td><td>《中国文法要略》</td><td></td><td></td><td></td><td></td><td>+</td><td></td><td></td><td></td></tr>
<tr><td>《语法学习》</td><td>+</td><td></td><td></td><td></td><td></td><td></td><td></td><td></td></tr>
<tr><td>《汉语语法问题分析》</td><td>—</td><td>+</td><td></td><td></td><td></td><td></td><td></td><td></td></tr>
<tr><td colspan="2">张志公《汉语语法常识》</td><td>+</td><td>+</td><td></td><td></td><td></td><td></td><td></td><td></td></tr>
<tr><td colspan="2">丁声树等《现代汉语语法讲话》</td><td></td><td></td><td></td><td>+</td><td></td><td></td><td></td><td></td></tr>
</table>

续表

| 著述 | | 仂语 | 短语 | 词组 | 结构 | 词结 | 扩词 | 字群 | 读 |
|---|---|---|---|---|---|---|---|---|---|
| 胡裕树 | 初版本、修订本 | | | + | + | | | | |
| | 增订本、重订本 | | | + | | | | | |
| 朱德熙《语法讲义》 | | | | + | | | | | |
| 张斌 | | | + | | | | | | |
| 黄伯荣 | 初版本 | | | + | + | | | | |
| | 增订本 | | + | | | | | | |
| 《暂拟》 | | | | + | + | | | | |
| 《提要》 | | | + | | | | | | |

说明1：胡裕树，指胡裕树主编的《现代汉语》；黄伯荣，指黄伯荣、廖序东主编的《现代汉语》；张斌，指张斌主编的《现代汉语》《新编现代汉语》)。

说明2：经过半个多世纪的实践，现在仂语、词结、扩词等术语都不再使用了，真正还在使用当中，而且较有影响的只有短语、词组、结构三个，尤其是词组和短语。

说明3：50年代中期制定的《暂拟》中所说的词组，限于实词与实词的组合，把实词与虚词的组合称为“结构”。此后许多语法著述和语法教材都采用这种说法。如胡裕树主编的《现代汉语》初版本和修订本将实词与实词的组合称为“词组”，但将诸如“父亲的母亲”“讨论并通过”等分别称作“偏正结构”和“联合结构”，“词组”和“结构”并行。黄伯荣等主编的《现代汉语》也是如此。1981年7月，在哈尔滨召开“全国语法和语法教学讨论会”，会议的中心议题就是重新审视《暂拟系统》，制定了《“暂拟汉语教学语法体系”修订说明和修订要点》。1984年1月，源于《暂拟》又高于《暂拟》的《中学教学语法系统提要（试用)》（简称《提要》）公布试用。《提要》把在中学教学语法中使用多年的词组和结构统称为短语。短语这一名称开始流行起来。短语既包括实词与实词的组合，也包括实词与虚词的组合。将“词组”改为“短语”，并不只是简单的名称之变，它实质上反映了学界对“短语”这一级语言单位的一种新的认识，有人甚至将这一改变与当前语言学的发展趋势联系起来。胡裕树主编的《现代汉语》在增订本、重订

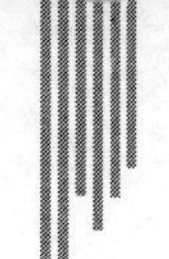



本中将“词组”和“结构”统称为“词组”，黄伯荣等主编的《现代汉语》，为了与中学教学语法取得一致，在增订本中将词组与结构改为“短语”（高等教育出版社，1991），张斌主编的《现代汉语》（中央广播电视大学出版社，1988）使用了“短语”这个名称。

## 3.2　张斌不同时期短语分类比较

关于短语的分类，吕叔湘的认识很有指导意义。他认为语言单位分类有“向下看”和“向上看”两个角度，“向下看”得出的结果是结构类，“向上看”得出的结果是功能类。张斌的汉语短语分类也正是着眼于这两个角度。

我们把张斌的短语分类研究分为两个时期：胡附（胡裕树）、文炼（张斌）时期，以胡裕树主编的《现代汉语》为例；张斌时期，以张斌主编的各种现代汉语教材为例。

### 3.2.1　短语的结构类别

我们以表 3 –2、表 3 –3、表 3 –4 说明张斌不同时期的短语结构分类。

**表 3 –2　胡附、文炼时期之短语结构分类（1962）**

| 分　类 | | | 名　称 |
|---|---|---|---|
| 广义的结构 | 词组 | 实词与实词的组合 | 偏正词组<br>联合词组<br>动宾词组<br>主谓词组<br>连动词组<br>兼语词组<br>同位词组 |
| | 狭义的结构 | 实词与虚词的组合 | “的”字结构<br>方位结构<br>介词结构<br>量词结构<br>偏正结构<br>联合结构 |

表3-3　胡附、文炼时期之短语结构分类（1979）

| 分　类 | 名　称 |
|---|---|
| 词组的结构类型 | 偏正词组 |
| | 后补词组 |
| | 动宾词组 |
| | 主谓词组 |
| | 联合词组 |
| | 同位词组 |
| | 连动词组 |
| | 兼语词组 |
| | 数量词组 |
| | 方位词组 |
| | 介词结构 |
| | “的”字结构 |
| | “所”字结构 |

资料来源：胡裕树：《现代汉语》（修订本），上海教育出版社，1979。

表3-4　张斌时期之短语结构分类（1988电大本）

| 分　类 | 名　称 |
|---|---|
| 短语的结构类型 | 主谓短语 |
| | 述宾短语 |
| | 述补短语 |
| | 定中短语 |
| | 状中短语 |
| | 联合短语 |
| | 方位短语 |
| | 量词短语 |
| | 同位短语 |
| | 连述短语 |
| | 介词短语 |
| | “的”字短语 |
| | “所”字短语 |
| | 比况短语 |

资料来源：张斌：《现代汉语》，中央广播电视大学出版社，1988。

根据表 3－2、表 3－3、表 3－4，我们做如下说明：

说明 1：①表 3－2 中的“方位结构”“量词结构”改称为表 3－3 中的“方位词组”“数量词组”，即对方位词、量词的认识由虚词到实词。这里有个认识的深化过程。张斌提出了方位词、量词的“名词附类说”，附类是带有虚词性的实词。②关于方位词组和偏正词组。方位词与“边、面、头”等构成的词语是方位词还是处所词，区别的方法是中间能否插入“的”。能插入“的”的是处所词，如“桌子上面”可以是“桌子的上面”；不能插入“的”的是方位词，如“长江以南”不能是“长江的以南”。所以，“桌子上面”是偏正词组，“长江以南”是方位词组。③关于述宾短语和述补短语。某些介词，如“在”“向”“于”“给”“自”等，当其附着在动词或其他词语后面，构成一个功能相当于动词的单位，它的后面带有宾语时，其结构类型是述宾短语而非述补短语。如“走向胜利”是述宾短语而不是述补短语。

说明 2：把实词与虚词的组合归入整个短语的范围之内，有一个发展过程。1962 年版的《现代汉语》把词组局限于实词与实词的组合（实词与虚词组合称为结构），1979 年版及以后的《现代汉语》将“词组”和“结构”统称为“词组”。1984 年《提要》出台后，将“词组”改为“短语”，实际上等于承认实词与虚词组合而成的短语的正统地位，张斌主编的《现代汉语》（中央广播电视大学出版社，1988）使用了“短语”这个名称。

说明 3：张斌主编的《现代汉语》中，除了不作出词组与结构区别，统称为短语外，将胡裕树主编的教材中偏正词组又分为“定中短语”和“状中短语”两类，又将上述连动词组和兼语词组合并为“连述短语”；另外还新添“比况短语”，共计 14 类短语。

说明 4：短语的结构分类总的趋势是由简入繁，更加精细化，这一点是很明显的。1962 年版分为 7 类，1979 年版及以后的几个版本的《现代汉语》分为 13 类，张斌主编的《现代汉语》（1988）分为 14 类。与 1962 年版相比，1979 年版（修订本）增加了后补词组、数量词组、方位词组（方位词组在初版本中列为名词的附类，附着在别的实词或词组后边，组成“方位结构”。在修订本中它与时间名词、处所名词一样属名词中的一小类）。

### 3.2.2 短语的功能类别

短语的功能类别首先要在承认短语可以充当句子成分的前提下才能进行划分。

黎锦熙的《新著国语文法》、刘世儒的《汉语语法教材》都不承认短语可以充当句子成分，认为一个句子成分一般都由一个词充当，在分析句子的时候，必须分析到一个一个单词，才能找到句子成分。

《暂拟》注意到了短语作句子成分的问题，认为短语可以作句子成分，但仅限于联合短语和主谓短语，偏正短语和述补短语是不能作句子成分的。[①] 受《暂拟》的影响，张斌在胡裕树主编的《现代汉语》初版本中（1962）没有从功能的角度给词组分类，在修订本（1979）中只是简单提了一下，认为词组从功能上“一般可分为名词性词组、动词性词组、形容词性词组等”。随着学界对词组研究的深入，增订本（1981）在“词组的结构类型”之后，专设“词组的功能类型”一节，“根据句法功能，词组可以分为名词性词组和非名词性词组等类型”。这里的“等类型”指的是“修饰性词组”，如表3－5所示。此后，张斌继续深入研究短语的功能分类。我们也以表3－5、表3－6、表3－7说明张斌不同时期短语的功能分类。

**表3－5　胡附、文炼时期之短语功能分类（1981增订本）**

| 分　类 | 名　称 |
| --- | --- |
| 词组的功能分类 | 名词性词组<br>非名词性词组<br>修饰性词组 |

资料来源：胡裕树：《现代汉语》（增订本），上海教育出版社，1981。

表3－5说明：①以名词为中心的偏正词组都是名词性的，有些以动词或形容词为中心的偏正词组，它们以名词或人称代词做定语，这样的词组也是名词性的，如“会议的召开”“动作的敏捷”“他的到来”。②修饰性词组的特点是不充当主语或谓语，但可以充当定语和状语。③如何证明

① 《暂拟》把词组局限于实词与实词的组合（实词与虚词组合称结构），只列了联合、偏正、动宾、主谓四类。

"会议的召开""动作的敏捷""他的到来"这样的词组是名词性的？显然，数量词是添加不上了。张斌在《名词和名词性单位的特征及其功能》一文中指出，"名词的特征是能与多数常用介词相结合，组成介词短语"，"名词性短语前边也可以用上介词"。①

**表 3－6　张斌时期之短语功能分类（1988 电大本）**

| 分　类 | 名　称 | |
|---|---|---|
| 短语的功能分类 | 名词性短语 | |
| | 非名词性短语 | 动词性短语<br>形容词性短语 |
| | 介词短语 | |

资料来源：张斌：《现代汉语》，中央广播电视大学出版社，1988。

表 3－6 说明：表 3－6 与表 3－5 比较大的区别体现为修饰性词组与介词短语的区别。①修饰性词组从概念上看，对词组类型没有限定；从所举的例子看，修饰性词组可以是介词词组，也可以是联合词组。而联合词组可以是名词性的、动词性的或形容词性的。很显然，在这里，张斌把联合词组归到名词性或非名词性的两个类型中，而独留介词短语作为一个独立的类型。②介词短语的功能类别值得注意。张斌认为介词短语的功能相当于副词，但又不完全相同，因为它有时可充当定语，如"对学生的奖励"。介词短语无法归入名词性短语、动词性短语、形容词性短语中的任何一类，它是特殊类型的短语。

**表 3－7　张斌时期之短语功能分类（2000 年）**

| 分　类 | 名　称 |
|---|---|
| 短语的功能分类 | 体词性短语 |
| | 谓词性短语 |
| | 加词性短语 |

资料来源：张斌：《简明现代汉语》，复旦大学出版社，2000。

① 张斌：《名词和名词性单位的特征及其功能》，全国高师现代汉语教学研究会第九届学术研讨会会议论文，2002。

表3－7说明：①谓词性短语包括动词性短语和形容词性短语。②根据词的语法功能，区分实词和虚词，同样，根据这个标准，可以对实词的下位成分再进行分类。一般有实词二分（体词和谓词）与实词三分（体词、谓词和加词）两种方法。短语从外部的语法功能进行分类，大致和实词相当，也可以分成体词性短语、谓词性短语和加词性短语。体词性短语的功能与名词功能相当，谓词性短语的功能与动词或形容词的功能相当，加词性短语的主要作用是修饰或限制其他语言单位，其语法功能大致与副词或区别词的功能相当。张斌2004年的短语分类是对1981年和1988年的分类的继承和发展，反映了张斌对短语内部认识的一种深化，是短语研究更加精密化和科学化的必然结果。

## 3.3 提出类固定短语

固定短语具有结构定型性及意义整体性的特点，包括成语、惯用语以及专名、专门用语几种，非固定短语是词与词的临时组合。现代汉语中还有些短语具有固定短语的结构形式，又兼有非固定短语的表意特点，它们是类固定短语。

类固定短语的提出，是张斌在现代汉语语法学史上的贡献之一。张斌在《固定短语和类固定短语》（1988）一文中提出：用汉语写的文章里，经常出现一些四字短语，从形式上看，很像成语，它们有固定的构造模式和特定的功能，这些模式往往是某些成语所采用的；可是它们常常是根据交际需要临时创造出来的，也就是说，在特定的成语模式中填入的成分一部分是临时的，它们的含义一般可以依照非固定短语的理解方式，即按照字面意义来理解。“从理解方面说，由于它们有比较固定的格式，即使对个别词义不甚了了，也能悟出整体的含义或功能。”“从使用方面说，四字格在汉语中有稳定、庄重的色彩，在论文中是经常使用的。”[1]

我们以例子[2]来说明：

---

① 文炼：《固定短语和类固定短语》，《世界汉语教学》1988年第2期。

② 例子见文炼《固定短语和类固定短语》，《世界汉语教学》1988年第2期；齐沪扬《有关类固定短语的问题》，《修辞学习》2001年第1期。

| 成语 | 仿造 |
| --- | --- |
| 莫逆之交 | 仰慕之心 |
| 犬马之劳 | 欢乐之情 |
| 从容不迫 | 酣睡不醒 |
| 守口如瓶 | 洁白如银 |
| 一知半解 | 一男半女 |
| 朝三暮四 | 丢三落四 |
| 不卑不亢 | 不痛不痒 |
| 顶天立地 | 昏天黑地 |
| 扬长而去 | 脱口而出 |

从上边的例子可以看出，仿造的成语的含义可以根据字面来理解，这一点跟一般短语相同。但是它们有特有的格式和功能，跟某些成语近似，张斌称之为类固定短语。对于类固定短语这种语言现象，语法学界也注意到了，比如刘叔新，但两人的看法不完全相同。

刘叔新用“准固定短语”[①] 来定义固定短语和非固定短语之间的语言单位。他认为这类短语之所以用了“准”字，是因为它们具有固定语的大部分主要特征，但词与词的凝聚力“不很强”。准固定短语的特点是：第一，组成成分只要不发生更换，整个结构就是固定的，即既不能改变诸成分的顺序，也不容许在其中插入别的成分，一旦插入了别的成分，就破坏了原意。第二，这个组合中总有一部分成分是不能替换的，例如根据“来历不明”，可以派生出“情况不明”“是非不明”等，“来历不明”就可以算准固定短语。

比较刘叔新和张斌的观点，可以看到，刘叔新只观察到了这类特殊短语形式上的特点：结构模式比较固定。张斌不仅观察到了这点，还认为从意义上看，可以从字面意义来理解。刘叔新的准固定短语中有一部分是双音节的。张斌的类固定短语原则上是指那些“四字格”的用语单位。刘叔新的准固定短语中，只有四字格的可算类固定短语。现在学术界大都采用类固定短语的说法。

---

① 准固定短语的提法见刘叔新《固定语及其类别》，《语言研究论丛》第 2 辑，天津人民出版社，1982；刘叔新《汉语描写词汇学》，商务印书馆，1990。

需要说明的是：第一，类固定短语是模仿成语的某些格式创造出来的，属于用词造句的范围，不同于修辞上的成语仿造。

第二，类固定短语从结构上看，一部分构成成分是固定的，近似于固定短语中的成语；一部分构成成分是自由的，又近似于非固定短语，它是人们创造性使用语言的表现，有些类固定短语随着使用频率的增加、使用人数的增多、使用范围的扩大等，也有可能逐渐凝固，进而取得固定短语的资格，正如张斌指出的："事实上一些凝聚力较弱的成语原也是由少数人创造，多数人使用，从而进入成语范围的。""成语和非成语的界限有时并不是十分清楚的。"[①]

张斌在《固定短语和类固定短语》一文中还区分了固定短语与非固定短语。他认为，汉语中的短语从构成成分的固定与否看，可分为固定短语与非固定短语两类。固定短语可以看做词的等价物，具有结构成分固定的特征，主要包括成语、惯用语、专名、专门用语几类。非固定短语是临时组合而成的，它的内部构成成分可以扩展。

我们以下面一组词来说明[②]：

| 固定短语 | 非固定短语 |
|---|---|
| 摆架子 | 摆桌子 |
| 吹牛皮 | 吹口琴 |
| 敲竹杠 | 敲大锣 |
| 开夜车 | 开汽车 |
| 喝西北风 | 喝青菜汤 |
| 坐冷板凳 | 坐靠背椅 |

从以上例子可以看出：固定短语与非固定短语的区别主要表现在两个方面："第一，从理解过程看，理解非固定短语的含义是在理解词义的基础上实现的"。[③] 也就是说，非固定短语的意义往往与它的构成成分的意义直接相关，理解了构成某一短语的词的意义（再加上对结构意义的理解）

① 文炼：《固定短语和类固定短语》，《世界汉语教学》1988 年第 2 期。

② 例子见文炼《固定短语和类固定短语》，《世界汉语教学》1988 年第 2 期。

③ 文炼：《固定短语和类固定短语》，《世界汉语教学》1988 年第 2 期。

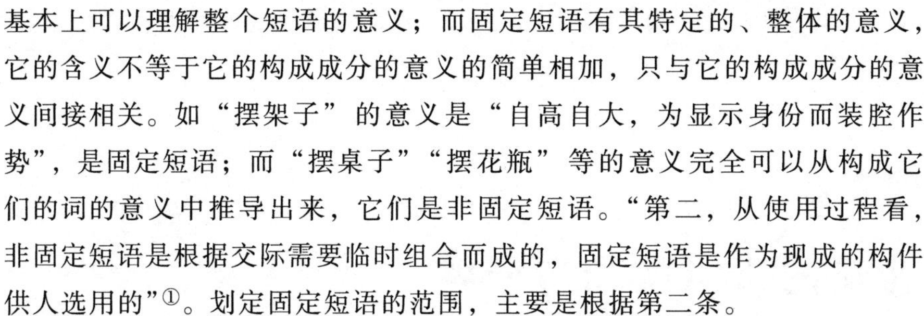
基本上可以理解整个短语的意义；而固定短语有其特定的、整体的意义，它的含义不等于它的构成成分的意义的简单相加，只与它的构成成分的意义间接相关。如“摆架子”的意义是“自高自大，为显示身份而装腔作势”，是固定短语；而“摆桌子”“摆花瓶”等的意义完全可以从构成它们的词的意义中推导出来，它们是非固定短语。“第二，从使用过程看，非固定短语是根据交际需要临时组合而成的，固定短语是作为现成的构件供人选用的”[1]。划定固定短语的范围，主要是根据第二条。

## 3.4　小结

从张斌不同时期的短语分类比较研究中，我们看到张斌的短语分类研究走过了这么一条路：名称上，从“词组”和“结构”到统称为“短语”；内容上，从“词组”指实词和实词的结合，“结构”指实词和虚词的结合，到“短语”既包括实词和实词的组合，也包括实词和虚词的组合；功能类上，从无功能分类（初版本、修订本）到作出功能分类；结构类上，从较简单分类（初版本，7 类）到较为精细的分类（张斌本，14 类）。短语类型上，从几种语言都具备的主谓、述宾、述补、偏正和联合（初版本）到独具汉语特点的兼语、连动（张斌本合称为连述短语）、比况短语等。

张斌提出的“类固定短语”是其在汉语语法学史上的贡献之一。

张斌的《与分类有关的几个问题》（1993）区分了实体类别、关系类别、特征类别和功能类、形式类、零形式等几个概念，分析了分类的基础和特征，为短语分类提供了理论依据，其中“特征类别”的提出为方位短语、量词短语、介词短语、“的”字短语、“所”字短语、比况短语的确立奠定了理论基础。

张斌的短语分类研究折射出了汉语短语分类研究的发展轨迹。

---

[1] 文炼：《固定短语和类固定短语》，《世界汉语教学》1988 年第 2 期。

## 第 4 章

# 张斌的析句观和句型观

句子分析方法的选择是基于对句子结构本质特点的认识，一定的析句法反映了析句者对句子的认识和他的句法观。审视张斌析句理论的发展轨迹，从采用成分分析法到改良成分分析法，从首创将句型研究与析句法联系起来的句型分析法到引导句法、语义、语用三个平面相结合的句子分析法，张斌析句方法的每一次变化都与整个汉语析句理论的发展密切相关。从张斌析句方法的变化中，可以透视出半个多世纪以来汉语语法学界析句理论的演变轨迹。

## 4.1 采用句子成分分析法

传统语法最先分析和发现词和句子这两级语言单位，长期在词、句上做文章，寻找“用词造句”“组词成句”的规律，注意力集中在词与词的关系、词的造句功能及词的分类上面。传统语法最先创造句子成分的名称，用主要成分和次要成分来“熔解”向心结构，把里面的中心词和非中心词的关系标示出来，进而发掘出词类与句子成分之间的对应关系。传统语法析句的步骤是先找出中心词，定为主要成分，后找出依附中心词的实词，找出次要成分，结果把一个句子并排分出多个成分。这种析句法就是通常说的多分法、成分分析法或中心词分析法。

我国传统语法学在析句问题上很长时间里都采用句子成分分析法（即中心词分析法）。第一部系统的语法著作马建忠的《马氏文通》（1898）用起词、语词、转词等术语分析句子成分；黎锦熙的《新著国语文法》（1924），仿造英语语法，把句子里的实词，一举划分为主语、述语、宾语、补足语、形容词性附加语和副词性附加语六个句子成分（这叫“句子

成分分析法”，也叫“中心词分析法”）。这种分析方法在黎锦熙与刘世儒合著的《中国语法教材》中进一步得到完善。新中国成立后全国第一个统一的教学语法体系《暂拟汉语教学语法系统》(1956)，把句子成分分析法发展到了一个新的高度。当时，全国语法学界的专家、学者通力合作，共同讨论，拟订了这个教学语法体系。胡附、文炼也都参加了 1956 年青岛语法会议的讨论，赞成采用句子成分分析法。会后，他们还承担任务，写文章阐述这个新的语法体系。① 句子成分分析法的主要优点在于重视词与词之间的构造关系，反映了句子构造某些方面的特点，主、谓、宾、定、状、补几大成分一举将句子分析得干干净净，基本符合人的语感。但是句子成分分析并不能很好地体现句子的结构层次，有人将“于福的老婆是小芹的娘”的“主、谓、宾”分析为“老婆——是——娘”，用这一分析结果来嘲笑句子成分分析法所主张的主要成分搭配意味语句间架结构基本建立的说法。

## 4.2　改良《暂拟系统》

结构语言学看出传统语法的漏洞，发现语言单位是“一个结构套着另一个，或是这个结构跟那个并列”，“除了并列结构可以由两个以上的成分组成之外，其他都是由两个成分组成的”。于是认为，“这种构造方式规定了分析句子的步骤：对并列结构采取‘多分法’，其他结构一律用‘二分法’”。五六十年代，国内外有学者开始借鉴结构主义学派的分析方法来分析汉语句子。结构主义语法的分析特点是：“注重结构分析，划分词类根据分布标准，确定主宾语根据位置先后（语序），分析句子采用层次分析法。”② 从而在汉语语法研究中形成一整套比较完整的形式分析方法。代表作品是丁声树等人的《现代汉语语法讲话》(1952)。在这之后，结构主义语法的理论和方法风靡一时。一段时间里，传统语法与结构主义语法并列，成分分析法和层次分析法共存，成了新中国成立后，“文化大革命”以前流行的两大析句法流派。

结构主义语法主张通过形式来谈意义，它的理论和方法比起传统语法有着明显的进步；但它的一个明显的缺陷是过分重视形式，单从结构去分

① 文章收于张志公《语法与语法教学》，人民教育出版社，1956。

② 胡裕树：《汉语语法研究的回顾与展望》，《复旦学报》1994 年第 5 期。

析语言而忽略意义，甚至回避意义，这显然是不足取的。相应的，层次分析法只能揭示句法结构内部的构造层次和“显性语法关系”即句法关系，不能揭示和句法结构相关的“隐性语法关系”即语义结构及其成分间的关系，不能用来分化歧义结构。

张斌、胡裕树看到了传统语法和结构主义语法的长短处，早在50年代，就开始探索把二者联系起来进行研究的新途径，1955年张斌、胡裕树出版了《现代汉语语法探索》，书中既不同意传统语法以意义为主要标准的研究方法，也不赞成结构主义语法单纯以形式为标准的研究方法，而是主张在传统语法的基础上尽可能多地吸取包括结构主义语法在内的新的语法研究的理论和方法，尽力做到“形式和意义相结合”。1962年，在《现代汉语》（1962年9月第一版）中改良《暂拟系统》。比如说：

（1）《暂拟系统》认为句子是由词组成的，句子成分由单词构成，这忽略了句法的本质——层次性。针对句子成分分析法无法显示语言结构的层次的缺点，《现代汉语》（第297页）规定：“定语、状语和补语可以用词组（包括偏正词组）来充当，析句时可以把它看做一个单位。”如：

| | 她 | 今天 | 穿了 | 一件 | （非常漂亮） | 的 | 衣服 |
|---|---|---|---|---|---|---|---|
| 1962年版： | 主 | 状 | 谓 | 定 | 定 | | 宾 |
| 《暂拟》： | 主 | 状 | 谓 | 定 | 状 | 定 | 宾 |

（2）针对中心词分析法强调“找中心”“找主干”，而“找中心”“找主干”有时与人们的语感有格格不入的缺点，《现代汉语》对动宾词组作了变通处理，动宾词组若在谓语部分，要看做两个成分（谓语和宾语），若在其他位置上，则只算一个成分。如：

| | 我 | 给你 | 讲讲 | （抓 | 特务） | 的故事 |
|---|---|---|---|---|---|---|
| 1962年版： | 主 | 状 | 谓 | 定 | | 宾 |
| 《暂拟》： | 主 | 状 | 谓 | 动 | 宾 | 宾 |

凡此种种，都属于“改良”。改良的与未改良的相比，也许确实合理一些，但基本上仍是“中心词分析法”，无法反映出语言本身的结构层次关系，因此，不仅旧的不足依然存在，而且产生了新的矛盾：第一，遇到

偏正词组和动宾词组，有时找中心，有时不找中心，失去了方法上的一贯性。第二，主、谓、宾三部分跟主谓句概念不相容，主谓相对有其坚实的逻辑基础。三分法破坏了这个基础，因而不易为人们接受；而且碰到补语出现在宾语后面的句子，如“我找了他三次”，划分为主谓宾三部分就有困难。第三，主谓宾三分法与层次分析法相矛盾。[①]

诚如胡附所指出的：“诸如此类的修改，不能说没有理由，但是如果在理论上缺乏一贯，在方法上调和折中，那就没有什么体系可言了。”[②] 华萍（邢福义）也说：“看来，在《暂拟系统》分析法的基础上用‘打补丁’的办法是很难建立起一套真正科学的汉语语法系统的。”[③] 这是一针见血的话，说出了症结所在。

## 4.3　首创句型分析法

1979 年，张斌、胡裕树率先在高等学校统编教材《现代汉语》（修订本）中推出“成分分析同层次分析相结合”的方法，即后来所称的句型分析法。句型分析法以层次分析法为主，吸收句子成分分析法的特点，区分句子分析和句法分析，既讲层次关系又讲成分搭配，以此来决定句型。句型分析法是和句型确定紧密联系在一起的。

### 4.3.1　采用句型分析法的理由

在《现代汉语》修订前，张斌写了《汉语句子分析的再认识》一文。在文中第一节，张斌说明他未采取层次分析法的理由主要是：第一，运用这种方法分析语句，有时会遇到难以解决的问题。例如，动词带双宾语（“给我一本书”）该怎么切开，兼语式（“请你谈谈”）如何二分，等等。第二，运用这种方法分析句子，句子的粗线条看不清楚。例如，“在暴风雨中干活是锻炼人的好战场”这个句子，找出它的粗线条“干活是战场”，马上就可以指出它的错误。采用层次分析的办法就不容易达到这个目的。

---

① 转引自史存直《句本位语法论集》，上海教育出版社，1986，第 263 ~ 271 页。

② 胡裕树：《有关句子分析的几个问题》，日本《中国语》1981 年第 1 期。

③ 华萍：《评〈暂拟汉语教学语法系统〉》，《中国语文》1981 年第 2 期。

在文中第二节，张斌指出成分分析法是建筑在找寻中心词的基础上的。成分分析法把主语、谓语看成句子的主要成分，定语、状语、宾语、补语看成连带成分，“连带成分定语、状语、宾语、补语并非对主要成分主谓而言，而是对名词或动词（形容词）而言。这样一来，就出现了这种情况：主语和宾语属于不同等级，但是它们都可以带定语。就是说，定语可以是主要成分的连带成分，也可以是连带成分的连带成分。状语、宾语、补语也有类似的情况”。[①] 成分分析法层次不清，并且把词法和句法搅在一起。

张斌在认识到层次分析法和成分分析法的缺陷后，明确提出句子分析的目的是找“句型”（即句子的结构类型），提出成分分析法和层次分析法二者相结合的句子分析方法即句型分析法。

### 4.3.2 如何确定句型

4.3.2.1 区分句子分析和句法分析

1. 句子分析的起点和终点问题。

句子分析既有起点即方法问题，还有终点即目的问题。“我们所说的句子分析是句子的语法结构的分析。句子分析的对象是句子，句子分析的结果是句型。”[②] 析句的起点当然是句子，这似乎没有疑义。但是，“句子”一词本身就是一个十分含糊的概念。[③] 张斌认为句子有两种：“一种是语言的句子，或者叫做抽象的句子；一种是言语的句子，或者叫做具体的句子。”[④] 抽象的句子“用在不同的场合，所指的客观对象可以各不相同。具体的句子则有所指称。这种指称意义有人称之为‘内容’。从抽象句子角度看，句子是形式和意义（狭义的）的统一体，可以认为：‘全句意义之外不能再有所谓内容。’从具体句子的角度看，可以认为句子存在着形式（form）、意义（meaning）和内容（content）的‘三位一体’（trinity）。”[⑤] 因此，可以这样认为，言语的句子与语言的句子二者主要的区别在于：从

① 张斌：《汉语句子分析的再认识》，转引自史存直《句本位语法论集》，上海教育出版社，1986，第266页。

② 张斌：《汉语句子分析的再认识》，转引自史存直《句本位语法论集》，上海教育出版社，1986，第269页。

③ 朱德熙：《汉语句法中的歧义现象》，《中国语文》1980年第2期。

④ 文炼：《关于句子的意义和内容》，《语文研究》1984年第1期。

⑤ 文炼：《关于句子的意义和内容》，《语文研究》1984年第1期。

意义上看，言语的句子既有意义，又有内容，语言的句子只有意义，没有内容；从结构上看，言语的句子既有句法成分，又有语用成分，语言的句子只有句法成分，没有语用成分。语言的句子是由言语的句子抽象概括出来的，舍弃了言语句子中的内容和语用成分。

句型分析法析句的起点十分明确，析句的“对象”是言语的句子。至于析句的终点问题，句型分析法明确地宣布：“句子分析的终点是确定句型。”①

2. 句子分析与句法分析是两种性质不同的分析。

成分分析法没有区分句子分析和句法分析，以致把句子分析和句法分析混为一谈，从而模糊了句法结构的层次性。张斌、胡裕树认为，“析句，包括句子分析和句法分析”②。

句法分析也就是短语分析，分析的对象是短语，分析的目的是找出词语间的结构层次和结构关系，分析的方法是层次分析法即按照层次切分的原则和标准，从大到小（也可以从小到大），顺次逐层找出句法结构或短语的直接成分并标明其句法关系，再用一定的图解法把分析的结果显示出来。

句子分析的对象是言语的句子，分析的目的是确定句型，分析的方法是“成分分析和层次分析”相结合的方法。分析句型应用的是句法分析的方法（直接成分分析法），得先排除非句法成分，如插说语、关联词语等等。此外，修饰语、倒装、省略不影响句型。③“句子分析不等于句法分析。关键是修饰语不影响句子的结构类型。句子分析是寻求句型，句法分析是寻求词语之间的关系，两者既有区别，又有联系。”句法分析是句子分析的补充，“句子里复杂的语义关系须通过进一步的句法分析加以阐明。句法分析的基础是词组的层次分析和结构关系的分析”。④ 确定句型之后，如果有必要，可以把句子当中的片段抽出来作句法分析，进一步寻求词语间的结构关系。这样就把层次分析法和成分分析法很好地结合起来，从而使析句更为科学。

#### 4.3.2.2　区分句子成分和句法成分

既然句子和词组是两个不同性质的单位，句子分析不等于句法分析，

---

① 胡附、文炼：《句子分析漫谈》，《中国语文》1982 年第 3 期。

② 张斌、胡裕树：《汉语语法研究》，上海教育出版社，1989，第 40 页。

③ 张斌：《汉语语法学》，上海教育出版社，2003，第 55 页。

④ 张斌：《汉语语法学》，上海教育出版社，2003，第 41 页。

那么句子成分也就不等于句法成分，句子成分和句法成分（词组成分）是属于两个不同平面上的东西。在析句中严格区分它们的性质是完全必要的。吕叔湘说，撇开语调和在句子身上的“零碎”（包括连词和其他关联词语、评注性的词语、语助词、叹词、呼语词等），“单就句子本身来分析，它的直接成分也只有主语和谓语这两样。宾、补、定、状不是句子的成分，只是句子成分的成分，离开句子没有主语、谓语，离开了句子仍然有宾、补、定、状。有名词就可以有定语，有动词就可以有宾语、补语、状语。不正是这样吗？”① 也就是说，第一，因为语调和这些“零碎”是句子特有的，而词组所没有的，分析句子就必须撇开语调和挂在句子上的“零碎”。语调和挂在句子上的“零碎”是非句型因素。第二，分析句子必须区分句子成分和句法成分。在一般的主谓句中，句子的直接成分是主语和谓语。宾语、补语、定语、状语，不是句子成分，而是句子成分的成分，它们可以离开句子而存在，是句法成分。

从表 4 - 1 中可以更直观地看到张斌对句子成分、句法成分和特殊成分的划分。

**表 4 - 1　张斌对句子成分、句法成分的区分**

| | |
|---|---|
| 句子成分 | 主语<br>谓语 |
| 句法成分[a] | 动词[b]<br>宾语<br>定语<br>状语<br>补语<br>中心语 |
| 特殊成分 | 全句修饰语<br>提示成分<br>独立成分 |

注：a. 句法成分是第一个层次（主语和谓语是句子的第一个层次上的两个直接成分）的下位成分。
b. 这里的动词指谓语中的动词。

① 吕叔湘：《汉语语法分析问题》，商务印书馆，1979，第 62 页。

4.3.2.3　*句型分析的步骤：言语的句子—语言的句子—句型*

句子分析的对象是言语的句子，分析的目的是确定句型。“从句子到句型不只是将具体的句子加以抽象，在抽象时必须舍弃一些东西。比方说，每个句子都有一定的语气，表达句子语气的主要手段的语调，有时还利用虚词或结构上的变化作为辅助手段……这就不但舍弃了语气，连某些词语和结构特点也舍弃了。”[①] 这就是说，分析句型得先排除非句法成分，如插说语、关联词语等等。此外，修饰语、倒装、省略不影响句型。[②] 也就是说，句型分析要经过两步抽象概括：第一步从言语的句子到语言的句子；第二步从语言的句子到句型。如：“据说，下一届的全运会要在咱们市举行呢!”

这是一个言语的句子，要把它归纳成句型，必须分三步走。

第一步，去掉句子中的非句法成分。语气成分“呢”（表示“不容置疑”）、独立成分“据说”（表示“消息的来源”），把这个言语的句子抽象为语言的句子：“下一届的全运会要在咱们市举行!”

第二步，去掉句子中的非句型成分。定语“下一届”、状语“要”“在咱们市”，状语是扩展成分，“扩展不影响句型”，剩下的成分是“句型成分”：“全运会举行。”

第三步，根据句型成分归纳句型。“据说，下一届的全运会要在咱们市举行呢!”这句话的句型是：单句—主谓句—动词谓语句。

可见，只有区分句法分析和句子分析才能建立具有抽象概括作用的句型系统。建立科学实用的句型系统正是从句法平面对句子进行分析的最终目的。

4.3.2.4　*以层次统领句型*

层次性是句子结构的本质特点，归纳句型就应体现出句子组成的自然层次来。句型的层次性体现在句型分析法的分析过程中。

张斌、胡裕树提出根据句子的语法结构来确定句型层次的办法。第一，从上位句型到下位句型，依次确定。第二，句子的整体如果是个偏正

---

① 张斌：《汉语句子分析的再认识》，转引自史存直《句本位语法论集》，上海教育出版社，1986，第 269 页。

② 张斌：《汉语语法学》，上海教育出版社，2003，第 55 页。

结构，它的类型由被修饰的中心部分来确定。这就是说，句型是层层确定的，先确定上位句型，再确定下位句型。不同层次的句型有不同的结构成分。句型分析的层次性与句型成分的层次性就此体现出来。句型分析的层次性体现在对非句法成分和非句型成分的排除上（如上文所述）；句型成分的层次性体现在句子成分和句法成分的区别中，体现在对不同层次的句型的归纳上。句子成分包括主语、谓语、全句修饰语、提示成分和独立成分，句法成分包括宾语、补语、定语、状语，也包括主谓句的主语、谓语。在确定句型的时候，第一步就排除了全句修饰语、提示成分和独立成分，剩下的有的是上位句型成分，有的是下位句型成分或更下位句型成分。如主语和谓语是主谓句这个上位句型的成分，宾语只能是动词谓语句这个下位句型的更下位句型的句型成分。例如“他去北京了”，在句型系统中我们可以从上位句型到下位句型，依次确定它的句型：单句—主谓句—动词谓语句—动宾谓语句。由此可见，句型成分的层次性是建立在词组可以充当句型成分的基础之上的，词组成分的逐层组合，形成了上下有序的句型系统。其特点是：

（1）句型是抽象的，有生成性的。句子分析是为了确定句型，而不仅仅是为了找句子成分。

（2）句型是成系统的、有层次的，也就是说，句型是层层确定的。

（3）每一层次的句型，都有它所特有的组成部分，句子成分的结合是有序列、有层次的。

（4）语气、语调、增添、扩展、省略等不影响句型的确定。

4.3.2.5　确定句型的原则

构成句子的因素是多方面的，其中有句法的，也有语义和语用的；并不是句子中所有的因素都对句型有影响。在确定句型的时候，只要指出哪些因素不影响句型，那么句型也就容易确定了。

（1）表示语气的成分（语气词、语调）不影响句型。例如“你去吗?”和“你去?”“你去!”句型相同。

（2）功能相同的词的替换不影响句型。例如“你读书”和“他看报”“我写文章”句型相同。

（3）扩展（增加修饰语）不影响句型。例如“他想起来了”和“慢慢地他想起来了”句型相同。

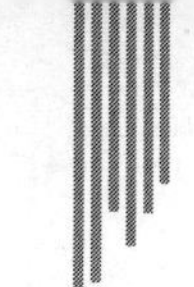



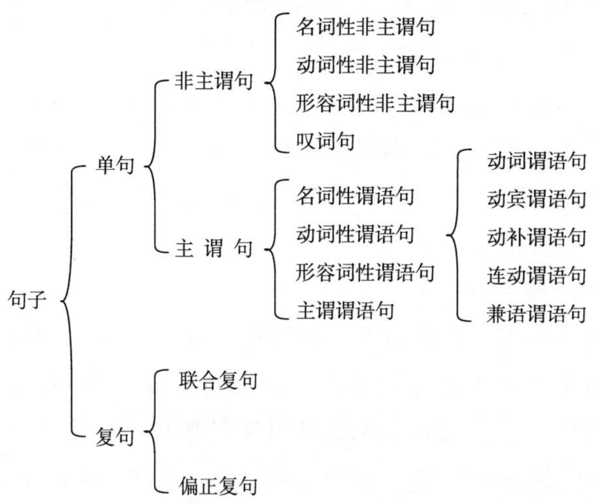


**图 4－1　张斌、胡裕树建立的现代汉语基本句型系统**[①]

（4）增添（独立成分、超层次成分）不影响句型。例如“天气就要热起来了”和“天气看起来就要热起来了”句型相同。

（5）省略和隐含不影响句型。例如“你去吗?”和“你去吗? 去”中的“去”句型相同。

（6）变换语序对句型的影响不能一概而论。例如“你哥哥走了吗?”和“走了吗，你哥哥?”属于同一句型，语用变换不影响句型。[②]

## 4.3.3　句型分析方法的三个关键点

### 4.3.3.1　区分句子分析和句法分析

张斌认为“析句，包括句子分析和句法分析”[③]，句子分析不等于句法分析。句子分析是寻求句型，句法分析是寻求词语之间的关系。句子分析的对象是言语的句子，句法分析的对象是短语，两者既有区别，又有联系。句法分析是句子分析的基础，“分析句子必须先进行层次分析”[④]，这

① 文炼、胡附：《文炼胡附语言学论文集》，商务印书馆，2010，第 294 页。

② 胡裕树主编《现代汉语》（增订本），上海教育出版社，1984；胡裕树：《如何确定句型》，《中文自修》1984 年第 4 期。

③ 张斌、胡裕树：《汉语语法研究》，商务印书馆，2003，第 40 页。

④ 张斌：《现代汉语语法十讲》，复旦大学出版社，2003，第 99 页。

一点正是句型分析法和句子成分分析法的主要差别。

4.3.3.2　修饰语不影响句型

“分析句子必须先进行层次分析”，但并不认为第一次的切分就能决定句子的结构类型。关键是修饰语不影响句型。“句子的类型是根据句子的中心结构来确定的”,① 所谓中心结构就是除去修饰语的结构。如：

（1）慢慢地你就知道了。

（2）他已经毕了业。

第一句第一次切分出修饰语“慢慢地”和中心语“你就知道”，属偏正结构，这不表示句子的结构类型。这个句子属主谓句，因为“你就知道”是主谓结构。第二句第一次切分出主谓结构，可以认定它是主谓句。第二次切分出修饰语“已经”和中心语“毕了业”，属偏正结构，可是谓语的结构类型是动宾，而非偏正。“如果要从理论上加以说明，可以认为所有的语言单位都带有修饰语，包括零修饰。也就是说，单个的名词属于名词短语（Np），单个的动词属于动词短语（Vp）”②。

4.3.3.3　析句和句型确定同时进行

析句和句型确定应该同时进行，否则，会出现如“昨天我们开了会”和“列子的愚公移山”这样两个语言片段，层次一样，直接成分之间的关系也一样，可是在用词造句上却不能同等看待这样的情况。句型分析法示例③：

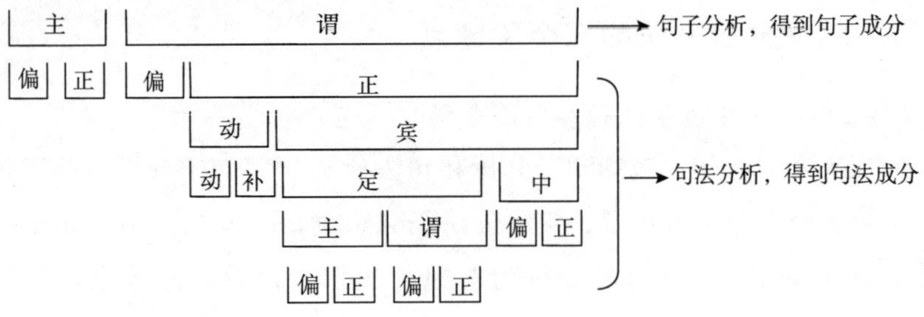


① 张斌：《汉语句子分析的再认识》，转引自史存直《句本位语法论集》，上海教育出版社，1986，第270页。

② 文炼：《谈谈句法分析和句子分析》，载《文炼胡附语言学论文集》，商务印书馆，2010，第283页。

③ 这个单句包含了常见的主、谓、宾、定、状、补等成分，同时具有短语充当成分的特点。例子引自颜迈《析句法理论和实践再审视》，《贵州教育学院学报》2001年第5期。

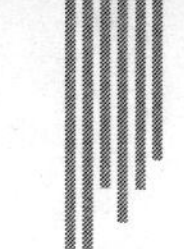



句型分析：单句—主谓句—动词性谓语句—动宾谓语句

说明：句法分析是句子分析的补充，“句子里复杂的语义关系须通过进一步的句法分析加以阐明。句法分析的基础是词组的层次分析和结构关系的分析”[①]。确定句型之后，如果有必要，可以把句子当中的片段抽出来作句法分析，进一步寻求词语间的结构关系。分析的方法是层次分析法即按照层次切分的原则和标准，从大到小（也可以从小到大），顺次逐层找出句法结构或短语的直接成分并标明其句法关系，再用一定的图解法把分析的结果显示出来。这样就把层次分析法和成分分析法很好地结合起来，从而使析句更为科学。

4.3.3.4　小结

张斌、胡裕树“在传统的句子成分分析法和层次分析法的基础上，又吸收了转换生成语法的长处，从生成的原理来看待句型，所归纳出的句型系统简洁、明了，系统性、实用性都很强，对句型教学和句型的学习掌握都十分方便。但是，我们也应看到，两位先生确定句型的原则主要是从消极方面入手的，而不是从积极方面入手的，否定方面谈得多，肯定方面谈得少。这既反映出两位先生的谨慎与严谨，也反映出了汉语句型研究的难点。我们认为，两位先生的句型中未将状语性成分（主要是介宾短语）列入句型成分，主要是考虑到了句型的科学性，将介宾短语做状语的句子（如‘把’字句、‘被’字句等）看成是句式而不是句型，即将这些句子看成是由别的句子变化而来的。因而，在他们的句型中几乎不存在交叉现象。但这种科学性是在牺牲某些汉语句型特点的前提下取得的”。[②]

### 4.3.4　析句观与句型建构

一般认为，句型是句子的结构类型，是句子的结构格局，不同的分析观和方法论建立的句型系统不同。

句子成分分析法论者譬如史存直认为结构语言学分析法不利于归纳句型，“句子成分分析法不但有层次，而且也能保持住句子的格局”[③]。他把

① 张斌：《现代汉语语法十讲》，复旦大学出版社，2003，第 41 页。

② 王明华：《二十年来汉语句型研究》，《浙江大学学报》2001 年第 4 期。

③ 史存直：《句子结构和结构主义句子分析》，《中国语文》1982 年第 2 期。

六个句子成分分成三个层次，第一层，主语、谓语；第二层，宾语、补语；第三层，定语、状语。并说："传统语法分析句子所以能维持住句子的格局而又能维持住句子的紧密结构，其关键就在于从全局观点设立了为数不多的几个句子成分……与此相反，层层二分法和分布理论既未充分考虑成分与成分之间的意义关联，又机械地一层一层分析下去，怎能不把句子的格局破坏或把结构搞得十分松散呢！"① 这里我们可以发现，句子成分分析法的层次观与层次分析法的层次观是不同的，区别在于句子成分分析法所认为的层次是连带成分不包含在基本成分之中，主要成分不包含次要成分。

结构语言学分析法论者如邢福义认为，"在重视层次分析的基础上建立现代汉语句型系统，是可能的"，句子成分分析法"把句子一分为六，把不同层次上的句子结构成分放到一个平面上来分析，结果抹杀了层次，不能科学地反映语言结构的真实面目"。② 张斌、胡裕树认为，要解决汉语句型问题，必须另辟蹊径，"从划分成分、配置成分到给句子寻找主语、谓语等等的循环中解脱出来，致力于分析句型、建立句型，把语法分析方法的研究同句型的研究联系起来，从而把句型的探讨提高到语法研究和教学中应用的地位上来"③。

乔姆斯基（Chomsky）曾经说过："语言学家的任务是制造一种装置（称为语法），假定事先已经以某种方式提供出一种语言的一些句子，这种装置就能生成该语言的所有合语法的句子。"④ 张斌、胡裕树借用乔姆斯基提出的"生成"（generate）的概念，认为研究和建立句型应"着眼于'生成'能力，而不是着眼于不必要的细致的描写。把一个句子先分成许多最小的单位，然后层层归纳，描写是细致的，可不一定是必要的，因为距离'生成'的目的还远。遇到句子，竭力去找中心词，把中心词和它的连带成分（连带成分还能带连带成分），加上各种术语，以为这就是句子的语法分析的全过程，结果往往层次不清，规律不明，更谈不上培养'生成'能力了"。"在归纳句型方面，单用层次分析法是不行的"，但"这决不是

① 史存直：《句子结构和结构主义句子分析》，《中国语文》1982年第2期。

② 邢福义：《论现代汉语句型系统》，《语法研究与探索（一）》，北京大学出版社，1983。

③ 张斌、胡裕树：《汉语语法研究》，商务印书馆，2003。

④ 转引自袁晖、陈炯《关于句型的确定》，《松辽学刊（社会科学版）》1987年第1期。

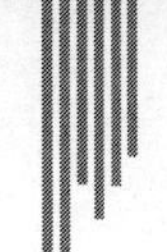



说讲格局就不必讲层次了”。[1]

中心词分析法（成分分析法）无力归纳出科学的句型，层次分析法不加以改造，就脱离了对生成能力的培养。“因此我们主张立足于成分分析，同时要吸取层次分析的长处”[2]。重视句型的研究，将句型研究和析句联系起来。

## 4.3.5　句型系统比较

4.3.5.1　纵比：初版本与修订本句型系统比较

与 1962 年初版本的句型系统相对照，可以看出，初版本中“能愿合成谓语”和“判断合成谓语”的说法与《暂拟系统》一致。修订本取消“能愿合成谓语”和“判断合成谓语”的说法，把词充当谓语和词组充当谓语合并起来，分别归并为“名词性谓语句”“动词性谓语句”“形容词性谓语句”和“主谓谓语句”，另设非主谓句及其下位类型。动词谓语句又分动宾谓语、动补谓语、连动谓语、兼语谓语、“把”字句和“被”字句等下位类型。谓语如果是偏正的，依中心部分确定句型，如“我已经读完了一年级课程”，属动宾谓语句。状语和定语不是句型成分，“超层次成分”（如“插入语”等）亦不是句型成分。修订本句型划分标准比较一致，句型系统安排比较合理，有层次性。如表 4 - 2 所示。

4.3.5.2　横比：各家单句句型比较

句型研究分歧较大的是单句句型，我们选择黄伯荣、廖序东本，《提要》，胡裕树本，张静本作一个简单比较。胡本、黄廖本和《提要》是根据结构，从上位句型到下位句型依次确定的。根据一个单句是否由主谓短语构成分为主谓句和非主谓句，然后再根据谓语的结构类型确定下位类型。张本则根据句子的基本成分确定句型，例如，主谓宾俱全的句子叫主谓宾句，没有主语的句子叫无主句。各家具体的单句类型见表 4 - 3。

① 文炼、胡附：《文炼胡附语言学论文集》，商务印书馆，2010，第 275、280 页。

② 张斌：《汉语句子分析的再认识》，转引自史存直《与张斌先生讨论语法问题》，载史存直《句本位语法论集》，上海教育出版社，1986，第 270 页。

**表 4－2　初版本与修订本句型系统比较**

<table>
<tr><th colspan="3">1962 年初版本</th><th colspan="3">1979 年修订本</th></tr>
<tr><td rowspan="9">主谓句</td><td rowspan="4">词充当谓语</td><td>动词谓语</td><td rowspan="4">主谓句</td><td colspan="2">名词性谓语句</td></tr>
<tr><td>形容词谓语</td><td colspan="2">动词性谓语句</td></tr>
<tr><td>能愿合成谓语</td><td colspan="2">形容词性谓语句</td></tr>
<tr><td>判断合成谓语</td><td colspan="2">主谓谓语句</td></tr>
<tr><td rowspan="3">词组充当谓语</td><td>联合词组</td><td rowspan="5">非主谓句</td><td colspan="2">名词性非主谓句</td></tr>
<tr><td>主谓词组</td><td colspan="2">动词性非主谓句</td></tr>
<tr><td>偏正词组</td><td rowspan="3">其他</td><td>应对语</td></tr>
<tr><td rowspan="2">其他</td><td>被动句、连动句、兼语句</td><td>感叹语</td></tr>
<tr><td>主谓宾语句</td><td>敬语</td></tr>
</table>

资料来源：张潜：《近百年来汉语句型研究概述》（下），《河北师范大学学报（社会科学版）》1998 年第 4 期。

**表 4－3　胡本、黄廖本、《提要》、张静本单句类型比较**

<table>
<tr><th colspan="3">胡裕树本</th><th colspan="2">黄伯荣、廖序东本</th><th colspan="2">《提要》</th><th colspan="2">张静本</th></tr>
<tr><td rowspan="4">主谓句</td><td colspan="2">名词性谓语</td><td rowspan="4">主谓句</td><td>名词性谓语句</td><td rowspan="4">主谓句</td><td>名词谓语句</td><td rowspan="4">形式类型</td><td>主谓句</td></tr>
<tr><td colspan="2">动词性谓语</td><td>动词性谓语句</td><td>动词谓语句</td><td>非主谓句</td></tr>
<tr><td colspan="2">形容词性谓语</td><td>形容词性谓语句</td><td>形容词谓语句</td><td>谓宾句</td></tr>
<tr><td colspan="2">主谓谓语</td><td>主谓谓语句</td><td>主谓谓语句</td><td>无谓句</td></tr>
<tr><td rowspan="5">非主谓句</td><td colspan="2">名词性非主谓句</td><td rowspan="5">非主谓句</td><td>名词性非主谓句</td><td rowspan="5">非主谓句</td><td>名词非主谓句</td><td rowspan="5">意义类型</td><td>动作句</td></tr>
<tr><td colspan="2">动词性非主谓句</td><td>动词性非主谓句</td><td>动词非主谓句</td><td>存现句</td></tr>
<tr><td rowspan="3">其他</td><td>应对句</td><td>形容词性非主谓句</td><td>形容词非主谓句</td><td>判断句</td></tr>
<tr><td>感叹句</td><td rowspan="2">叹词性非主谓句</td><td rowspan="2">叹词非主谓句</td><td rowspan="2">形容句</td></tr>
<tr><td>敬　语</td></tr>
</table>

4.3.5.3　横比：各家动词谓语句分类比较

我们选取以结构方式划分句型的、较有代表性而且影响较大的几家与胡本作比较，比较它们（主谓句的分类以及可否删去）主谓句的下位句型动词谓语句的分类。见表 4－4。

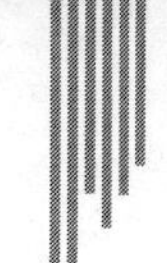



**表 4－4　各家动词谓语句分类比较**

| | 黄廖本《现代汉语》 | 吕叔湘《现代汉语八百词》 | 《中学教学语法系统提要》 | 邵敬敏《现代汉语通论》 | 张斌《简明现代汉语》 |
|---|---|---|---|---|---|
| 动词谓语句 | 把字句 | 及物动词句<br>不及物动词句<br>双宾语句<br>动词作宾语句 | 动词，无宾语<br>动词＋宾语<br>双宾语 | 动词谓语句 | 动词谓语句 |
| | 被字句 | 小句作宾语句<br>数量宾语句 | 动词作宾语 | 述宾谓语句 | |
| | 连谓句 | 宾语前置句<br>“把”字句 | 主谓短语作宾语 | 述补谓语句 | |
| | 兼语句 | 被动句<br>连动句 | 动词＋补语 | 连谓谓语句 | |
| | 双宾句 | 兼语句<br>补语句 | 判断句 | 兼语谓语句 | 述宾谓语句 |
| | 存现句 | 存在句 | 存在句 | 主谓谓语句 | 述补谓语句 |

## 4.4　小结

汉语句型的研究是伴随着汉语语法学的诞生而产生的，但在相当长的一段时间里并没有对句型、划分句型的原则、句型的特征在理论上进行深入的研究和探讨。张斌在构建“句子成分分析法和层次分析法”的句型分析法的同时，又吸收了转换生成语法的长处，从生成的原理来看待句型，形成了一套有关句型分析的理论：（1）句型是抽象的，有生成性的。句子分析是为了确定句型，而不仅仅是为了找句子成分。（2）句型是成系统的、有层次的，也就是说，句型是层层确定的。（3）每一层次的句型，都有它所特有的组成部分，句子成分的结合是有序列、有层次的。（4）语气、语调、增添、扩展、省略等不影响句型的确定。

张斌与胡裕树共同提出的句型分析法是对句型理论和析句方法的十分有益的探索。它区分句子分析和句法分析，主张用层次分析的方法析句，但并不认为第一次的切分就能决定句子的结构类型。关键是修饰语不影响句型。这是句型分析法和层次分析法的主要区别。同时，张斌、胡裕树认为，句法分析是句子分析的基础，分析句子必须先进行层次分析，这一点正是句型分析法和句子成分分析法的主要差别。

审视张斌析句理论的发展轨迹，我们可以把它分为两个时期四个阶段：第一阶段：20 世纪 50 年代参与《暂拟系统》的讨论：中心词分析法；第二阶段：1962 年胡裕树主编的《现代汉语》："改良的暂拟系统"；第三阶段：1979 年胡裕树主编的《现代汉语》（修订本）：句型分析法；第四阶段：80 年代《句子分析漫谈》、"三个平面"理论。前三个阶段为一个时期，在析句方法上，张斌走的是一条句子成分分析法和层次分析法相结合的路子。表面上看，1962 年版的《现代汉语》和 1979 年版的《现代汉语》的析句方法都是两种方法相结合，但实际上前者以句子成分分析法为主，还在传统语法的框框里打转，析句目的不明确。后者以层次分析法为主，结合句子成分分析法，另辟蹊径，明确区分句子分析和句法分析，明确提出句子分析的目的是确定句型，在析句方法上闯出了一条新路。第四阶段为一个时期，"三个平面"理论强调：分析句子，必须把属于语义的、句法的、语用的三种因素区别开来；任何单一平面的分析都是有价值的，然而又都是不自足的；只有作"三个平面"的综合透视，才能达到科学的认识和把握。第四阶段（"三个平面"理论时期）本书将在第 6 章做专门论述。

# 第 5 章

# 抽象性、生成性、递归性和“修饰语不影响句型”

张斌、胡裕树确立句型的原则主要从消极方面入手，这反映了其治学的谨慎与严谨，也反映了汉语句型研究的难点。在对张斌、胡裕树的句型确立原则的讨论中，林玉山（2007，1999）、陈炯（2001）对其进行介绍、评价，袁晖、陈炯（1987）解释、举例说明其正确性，陈昌来（1994）总结了多种非句型要素，提出六大句型成分不应存有句型成分和非句型成分之分，只有上位句型成分和下位句型成分之分。这些研究都是在默认其合理性的前提下进行的。这引发了本书的第一个研究动机：深究“修饰语不影响句型”的理论依据。以句型的抽象性、生成性和句法结构的递归性论证其理论上的合理性，同时指出其理论上的瑕疵。

在所能见到的论著、论文中，包括各种版本的语法学史，如林玉山《汉语语法学史》（1983）、龚千炎《中国语法学史》（1997）、邵敬敏《汉语语法学史稿》（修订本，2006）、陈昌来《二十世纪的汉语语法学》（2002）等，都认为张斌、胡裕树的句型分析法和句型理论起于 1979 年版的《现代汉语》（胡裕树主编）。本书说明张斌、胡裕树所主张的句型分析法和句型理论在张斌的《汉语句子分析的再认识》一文中已提出，时间是 1979 年版的《现代汉语》（胡裕树主编）出版前夕。[①]

对于修饰语是否影响句型，尤其是状语是否句型成分，语法学界分歧最大。这引发了本书的第二个研究动机：选取有代表性、影响较大的论

---

① 转引自史存直《与张斌先生讨论语法问题》，载史存直《句本位语法论集》，上海教育出版社，1986，第 263 ~ 271 页。

著、论文，横向比较他们对修饰语与句型构建的看法，指出：随着自然语言信息处理的运用，“修饰语不影响句型”这一理论受到了挑战，因为基于语料库的统计和分析表明，汉语最常见的句型是：状 + 主 + 状 + 谓 + 宾，这就是说，在真实的文本中，状语是句型成分。当句型统计结果排斥通过语言学知识、通过逻辑推理得出的结论时，我们应该如何分析这样的统计结果，如何把这个发现与原有的理论联系起来并从中获得新的观点和理论，如何对这个发现进行恰当的定性和解释？这是摆在我们面前的新课题。

## 5.1 “修饰语不影响句型”的理论基础

### 5.1.1 句型的抽象性

句型是对言语中的句子通过特定的方法进行抽象后所得到的模式，通常分两步走，第一步，从言语的句子到语言的句子；第二步，从语言的句子到句型。句型的确立绝非是对现有句子的一种模式分析，而是确立一种可以生成多种合乎语法的句子的动态机制。这里存在一个问题：确立的标准。

任何一种结构体，我们都可以从它的外部功能和内部结构两个角度考察。从外部功能出发，句子可以分为各种功能类型，如疑问句、祈使句之类，张斌、胡裕树称之为“句类”；从内部结构出发，可以将句子概括为各种结构类型，张斌、胡裕树称之为“句型”。张斌、胡裕树严格区分句型与句类：句型是从许多句子中抽象出来的，是根据句子的结构划分的。句型不同于句类，句类是根据句子的语气划分的。句类的区分，不是以结构而是以语气为标准的。“句类和句型是两个不同的语法概念：相同的句型可以属不同的句类，相同的句类可以属不同的句型。”①

既然句型是根据句子的语法结构来确定的，那么确立句型，建立句型系统，就必然坚持以结构定句型，这样才能保持句型系统自身的逻辑性。否则，就会出现像陈月明在《两部句型研究新著的得失》一文中指出的

① 文炼、胡附：《文炼胡附语言学论文集》，商务印书馆，2010，第 288 页。

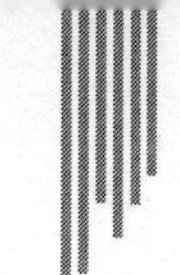



“李本[①]虽然也有系统性，但由于采用多标准，所以句型类之间的交叉现象比较严重”[②] 和邵敬敏在《汉语句型研究述评》一文中指出的“即使开始时只采用结构方式作为唯一标准，但它的内部却又同时采用不同的标准，同样也会造成句型系统的混乱。例如黄本[③]所列八种句型，便同时采用三种标准，致使它的分类缺乏系统性和逻辑性”。[④]

张斌从区分句法分析和句子分析入手，把句型严格限制在句子的结构类型上，提出“修饰语不影响句型”的句型确立原则。张斌认为“句子的类型是根据句子的中心结构来确定的”[⑤]，也就是以句子的中心结构定句型。所谓中心结构就是除去修饰语的结构，如：

（1）慢慢地你就知道了。

（2）你马上就知道了。

例（1）“慢慢地”修饰“你就知道”，中心结构是一个主谓结构，所以它属于主谓句；例（2）也是一个主谓结构，但它的修饰语是“零”。张斌后来做了新的解释：“如果要从理论上加以说明，可以认为所有的语言单位都带有修饰语，包括零修饰语。也就是说，单个的名词属于名词短语（Np），单个的动词属于动词短语（Vp）。”[⑥] 这里要注意区分句子分析和句法分析，从句子分析的角度看，“慢慢地你就知道了”是主谓句，从句法分析的角度看是偏正结构。

从张斌的析句体系看，主语作为一个整体，不找中心语，因此定语在区别句型中没有地位。也因此“句子的类型是根据句子的中心结构来确定的”可以理解为：主谓句的下位类型是根据谓语的结构划分的。这样宾语、补语两个成分就圈到了结构类型里面去了，句型的确定就以主、谓、宾、补四种句子成分的组合为依据。至于状语，有整个用在句中的（“你

---

① 李本指李临定《现代汉语句型》，商务印书馆，1986。

② 陈月明：《两部句型研究新著的得失》，《语文导报》1987 年第 11 期。

③ 黄本指黄伯荣、廖序东《现代汉语》（修订本），高等教育出版社，1991。

④ 转引自朱林清《关于汉语句型研究的若干问题》，《南京师范大学学报》1989 年第 1 期。

⑤ 转引自史存直《与张斌先生讨论语法问题》，载史存直《句本位语法论集》，上海教育出版社，1986，第 270 页。

⑥ 文炼：《谈谈句法分析和句子分析》，载文炼、胡附《文炼胡附语言学论文集》，商务印书馆，2010，第 283 页。

马上就知道了”)，有用在句首的（“慢慢地你就知道了”)，后者虽与全句发生关系，但整个句子仍属主谓句，可以看做主谓句的一种。谓语前边有状语，也不改变谓语的性质，因此，状语在区别句型中同样也没有地位。[①]例如：

(3) 哥哥回上海了。

(4) 昨天哥哥从北京回上海了。

例(3)是“主语+谓语+宾语”句型，例(4)也是“主语+谓语+宾语”句型，“昨天”“从北京”不影响句型，也不影响谓语的类型。

当然，句型的抽象程度有高有低，过高的抽象使其失去实用价值，过低的抽象又失之烦琐。句型的抽象应该能反映语言中的句子的基本结构面貌、结构框架，这里有个度的问题。

### 5.1.2 句型的生成性

“生成”这个术语是从数学中借用来的，指通过找出集合中各成分之间的有限的规律来说明无限的集合。在语言学界，生成观念最初来自19世纪的德国学者洪堡特（K. W. Humboldt)。他指出语言具有“把有限的手段作无限的使用”的特点，语言可以看做一种活生生的能力，说话者借助于这种能力产生和理解话语；而不应该把语言看做可以观察得到的、讲话或写作的产物。乔姆斯基继承了洪堡特的这一思想，认为现在语言研究应该回到洪堡特关于潜在能力是一个生成过程的系统这一观点上去。

乔姆斯基把“生成”的概念运用到语言分析中。他认为语言是句子的无限集合，而人的语言知识或语言能力可以设想为一套有限的规则系统。语法是对语言知识的陈述，因而也是一套有限的规则系统。这套有限的规则系统可以生成语言中无限的潜在句子，这就是语法的生成性。

乔姆斯基把语法看成生成句子的装置，句子的数目是无限的，但语法规则是有限的，每一条语法规则都联系着大量的语言现象。依据有限的语法规则可以造出人们在各种场合所需要的句子，如按照“述语+宾语”的

① 张斌、胡裕树：《汉语语法研究》，商务印书馆，2003，第259~260页。

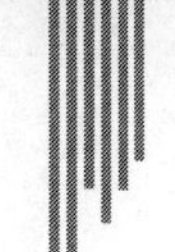



规则可以造出“学汉语”“看电视”“考大学”“去上海”“喜欢唱歌”等具体的句法组合。

张斌、胡裕树借用乔姆斯基提出的“生成”的概念，认为“人们在学习语言的过程中，掌握了语言规则，能说出无数的正确的句子，里边也包括许许多多从来没有听到过的句子，这就是‘生成’（generate）”[①]。“句子生成的基础是句子的格局，或称之为句型”。“把无限的句子归入有限的句型，必须具备两个条件：第一，掌握语言材料的功能替换关系；第二，掌握功能单位的配置原则。”[②] 归纳出有限的“句型”是为了“生成”无限多的正确的句子，包括从来没有听到过的句子。依据生成原理，以句子的结构方式为唯一标准，把句子分为单句和复句，单句又可分为主谓句和非主谓句两类，主谓句由名词性谓语句、动词性谓语句、形容词性谓语句和主谓谓语句构成，其中动词性谓语句又分为动词句、动宾句、动补句、连动句、兼语句五类。照这样一层一层地确认，句型就形成系统了（见图 4－1）。

它的特点是：（1）以主谓宾补四种句子成分组合为依据；（2）完全排斥状、定在句型中的作用；（3）确定句型采用单一标准，坚持以结构定句型。句型系统有层次性，分为“上位句型”和“下位句型”；（4）句型分析采用句型分析法，即把句型确定作为句子结构分析的目标，以层次分析法为主，吸收句子成分分析法的特点，区分句子分析和句法分析，既讲层次关系又讲成分搭配，以此来决定句型。后来张斌做了局部修改，认为“主谓谓语句”应根据其小谓语的性质分别归入“名词性谓语句”“动词性谓语句”“形容词性谓语句”中，成为它们的下位类型。

### 5.1.3　语言结构的递归性

句型的抽象性、生成性，其依据之一是语言结构的“递归性”。“递归”的概念来自数学，语言结构的“递归性”是指包含在句子里的某个（实）词可以不断地被以这个（实）词为核心的同功能的词组所替代，其

① 胡附、文炼：《句子分析漫谈》，《中国语文》1982 年第 3 期。
② 胡附、文炼：《句子分析漫谈》，《中国语文》1982 年第 3 期。

基本格局未变。如反复利用“定语 + 中心语”构成偏正结构这一规则，可以使“叔叔来了”这一组合的形式不断延伸，结构不断复杂化：

“叔叔来了”

“叔叔的叔叔来了”

“叔叔的叔叔的叔叔来了”……

这些句子都属于同一种句型。有了这种递归性，基本结构里的成分就可以扩展成非常复杂的结构，但作用仍然等于原先的那个成分。定语和状语等句子成分被视为非句型成分，对句子的格局不起作用。递归性保证了句法结构的可变化性，保证了人们思想表达的需要。递归性使得语言“富有组合上的弹性，能随表达的需要而屈伸自如”①。

语法结构递归性的特点使得它有很强的类比与生成能力，可以用有限的规则支配相对有限的词去造出数量上无限多、长度上不受限制的句子，从而实现人们的交际需要。同样，由于句子的语法结构所具有的递归性特点，会使基本结构里面的项扩展（组合）成非常复杂的结构，如果不加控制，就会造成无限的句型。例如，根据《暂拟系统》编写的《汉语知识》按照主、谓、宾、补、定、状的配置情况来说明句子的格局（句型），认为每增加一个句法成分（如定语、状语等），就会形成一种新的句型。“主语—谓语—宾语”是一种格式，“主语—状语—谓语”是另一种格式。在分析句子成分的基础上，它一共把句子分为三类 18 种，但是这 18 种句型只能覆盖一部分不太复杂的单句。这样发展下去，句型的数目将会多得难以计算，这自然不利于掌握语言的规律。可见，具体、细致的分析并不能建立科学而简明的句型系统。修饰语不影响句型的原则有效地限制了句型的数量。

### 5.1.4 “修饰语不影响句型”在理论上的瑕疵

张斌把像“把”字句、“被”字句、“对”字句等公认的、具有汉语语法特点的、结构上有特殊性的句子，看成一种句式，而不是结构上一种新的句型，那么，依据张斌的观点，句子分析的目的是归纳句型，句型确

① 叶蜚声、徐通锵：《语言学纲要》，北京大学出版社，1981，第 115 页。

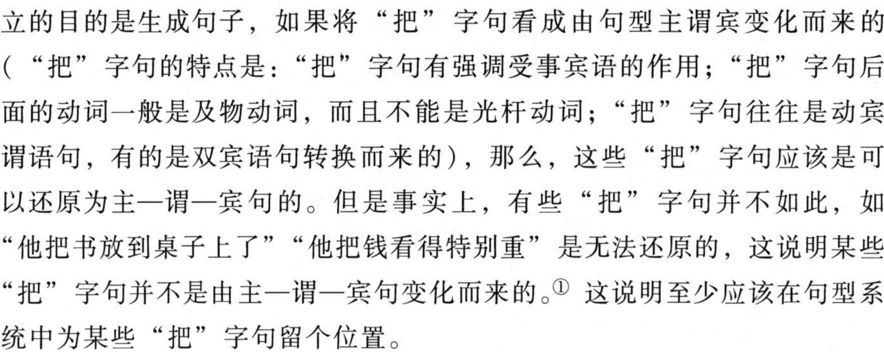
立的目的是生成句子，如果将“把”字句看成由句型主谓宾变化而来的（“把”字句的特点是：“把”字句有强调受事宾语的作用；“把”字句后面的动词一般是及物动词，而且不能是光杆动词；“把”字句往往是动宾谓语句，有的是双宾语句转换而来的），那么，这些“把”字句应该是可以还原为主—谓—宾句的。但是事实上，有些“把”字句并不如此，如“他把书放到桌子上了”“他把钱看得特别重”是无法还原的，这说明某些“把”字句并不是由主—谓—宾句变化而来的。[①] 这说明至少应该在句型系统中为某些“把”字句留个位置。

## 5.2 “修饰语不影响句型”提出的时间和出处

一般认为，张斌、胡裕树所主张的“成分分析和层次分析相结合”的句型分析法和句型理论最早出现于 1979 年版的《现代汉语》。之后，1982 年，张斌、胡裕树在《句子分析漫谈》中提出：句子生成的基础是句子的格局，即句型。把无限的句子归入有限的句型，必须具备两个条件：第一，掌握语言材料的功能替换关系；第二，掌握功能单位的配置原则。其后，1984 年，胡裕树在《如何确定句型》中进一步从反面提出确立句型的 6 条原则：①句中表示语气的成分不能影响句型；②句中功能相同的词替换不影响句型；③扩展不影响句型；④增添不影响句型；⑤省略和隐含不影响句型；⑥变换语序对句型的影响不能一概而论。

实际上，就目前所掌握的材料看，有关句子分析要讲句型、修饰语不影响句型等观点，张斌在《汉语句子分析的再认识》一文中就已提出，文章写于 1979 年版《现代汉语》修订前。[②]

在《汉语句子分析的再认识》一文中，张斌首先说明他过去在层次分析法和成分分析法之间摆动，感到左右为难的情况。接着明确提出句子分析的目的是找“句型”（即句子的结构类型）：“我们所说的句子分析是句子的语法结构的分析。句子分析的对象是句子，句子分析的结果是句型。”

---

① 王明华：《二十年来汉语句型研究》，《浙江大学学报（人文社会科学版）》2001 年第 4 期。

② 张斌：《汉语句子分析的再认识》，转引自史存直《与张斌先生讨论语法问题》，载史存直《句本位语法论集》，上海教育出版社，1986，第 263 ~ 271 页。

“如果不讲句型，不管格局，只论层次，那会形成什么情况呢？我们不妨把下列两个语言片段（一个句子，一个词组）进行层次分析，看看分析的结果：

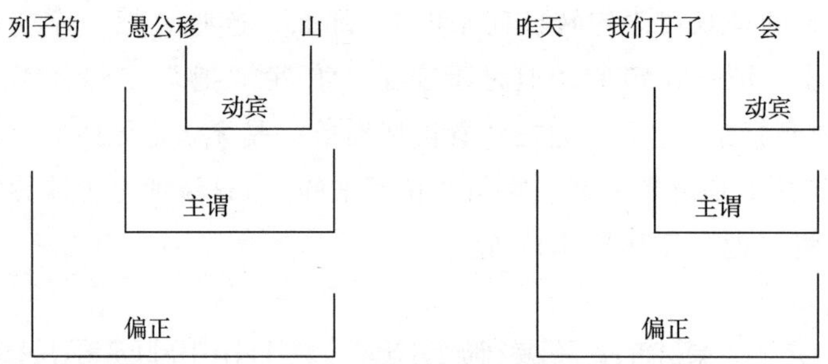


分析的结果是层次一样，直接成分之间关系也一样，可是在用词造句上我们不能把它们同等看待。所以，我们不能不讲句型。”①

那么，如何确定句型呢？“从句子到句型不只是将具体的句子加以抽象，在抽象时必须舍弃一些东西。比方说，每个句子都有一定的语气，表达句子语气的主要手段是语调，有时还利用虚词或结构上的变化作为辅助手段……这就不但舍弃了语气，连某些词语和结构特点也舍弃了。”“句子的类型是根据句子的中心结构来确定的。”② 所谓中心结构就是除去修饰语的结构。如：

（5）慢慢地你就知道了。

（6）你慢慢就知道了。

例（5）“慢慢地”修饰“你就知道”，中心结构是一个主谓结构，所以它属于主谓句；例（6）也是一个主谓结构，但它的修饰语是“零”。

这就是说，第一，句型是对具体句子的抽象，抽象过程中要排除非句型因素如语气、语调，甚至连某些词语和结构特点也舍弃了。第二，句子的整体如果是个偏正结构，它的类型由被修饰的中心部分来确定，修饰语

---

① 张斌：《汉语句子分析的再认识》，转引自史存直《句本位语法论集》，上海教育出版社，第 269～270 页。

② 张斌：《汉语句子分析的再认识》，转引自史存直《句本位语法论集》，上海教育出版社，第 269～270 页。

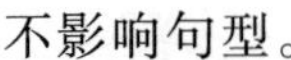

不影响句型。

张斌所认为的修饰语不影响句型，在胡裕树的《如何确定句型》一文中的提法是“扩展不影响句型”，实际上，二者是一回事。

最后提出成分分析法和层次分析法二者相结合的句子分析方法即句型分析法。

在文中，张斌还说明他未采取层次分析法的理由，并指出成分分析法的缺陷，而后提出“主张立足于成分分析，同时要吸取层次分析的长处”。“从道理上，它们（指成分分析法和层次分析法——笔者注）不应该对立，是可以融合起来的。”①

总之，这篇文章提出了句子成分分析法和层次分析法相结合的析句方法，提出了析句的目的是确定句型，修饰语不影响句型等句型确立原则。以此，笔者认为：张斌、胡裕树的句型分析法和句型理论的提出不是在1979 年版的《现代汉语》中，而是在此前张斌的《汉语句子分析的再认识》一文中。文章也提出了主谓宾三分。对于主谓宾三分，实际上，张斌也发现了它的难处，但这不在本书的讨论范围内。

## 5.3　各家对修饰语与句型构建关系的看法

我们选取影响较大、比较有代表性的、主要服务于教学的语法著作为样本作简单介绍。

**表 5－1　各家对定语、状语与句型构建的看法**

| 成分<br>著述 | 句型成分 | 定语 | 状　语 |
| --- | --- | --- | --- |
| A.《汉语知识》 | 主谓宾定状补 | 句型成分 | 句型成分 |
| B. 黄伯荣等 | 主谓宾 | 非句型成分 | 非句型成分 |
| C. 吕叔湘 | 主谓宾补 | 非句型成分 | 非句型成分 |
| D. 胡裕树 | 主谓宾补 | 非句型成分 | 非句型成分 |

① 张斌：《汉语句子分析的再认识》，转引自史存直《句本位语法论集》，上海教育出版社，1986，第 270 页。

续表

| 著述＼成分 | 句型成分 | 定语 | 状 语 |
|---|---|---|---|
| E. 张斌 | 主谓宾补 | 非句型成分 | 非句型成分 |
| F.《提要》 | 主谓宾补（状） | 非句型成分 | 状语对形容词谓语句句型有影响，而对动词谓语句句型没有影响 |
| G. 邵敬敏 | 主谓宾补（状） | 非句型成分 | 当状语修饰动词后以“状语 + 中心语”身份参加句子组织时，状语只是词组成分，不是句型成分，当状语修饰整个谓语时，则是句型成分 |

注：A. 张志公主编《汉语知识》；B. 黄伯荣、廖序东《现代汉语》；C. 吕叔湘《现代汉语八百词》；D. 胡裕树《现代汉语》；E. 张斌《简明现代汉语》；F.《中学教学语法系统提要》；G. 邵敬敏《现代汉语通论》。

从表 5 - 1 中可以看出：第一，句型成分通常有四种确定方案，第一种是把六大句子成分中的主、谓、宾看做句型成分，而不把定、状、补看做句型成分，如黄廖本；第二种是把主、谓、宾、补看做句型成分，定、状排除在外，如胡本和张斌本；第三种是把主、谓、宾、补看做句型成分，状语在某些情况下算句型成分，定语不算句型成分，如《提要》和邵敬敏本；第四种是六大成分都算句型成分，如《汉语知识》。可见，按句子成分的类别来确定句型成分有很大的分歧。第二，大多数人把定语看做非句型成分（只在名词性非主谓句、名词性谓语句中才是下位句型成分），分歧主要在于对“状语”的看法。除了以上几种观点外，李陆认为介词结构作状语算句型成分，其余不算[①]；邢福义、黄章恺的看法与《汉语知识》相同，认为凡状语都是句型成分。但即使承认状语是句型成分，处理时也有不同。《汉语知识》把状语同其他成分看成同一层面的句型成分，邢福义、黄章恺认为状语只是下位句型成分。邢福义认为句首状语在第三级，句内状语在第四、五级[②]；黄章恺认为状语不参与第一、二级[③]；范晓认为有“主状动”式谓语句，状语是句型成分[④]；陈昌来认为从理论上说，所

① 李陆：《〈区分句型的一个尝试〉读后》，《语言教学与研究》1979 年第 1 期。

② 邢福义：《论现代汉语句型系统》，载《语法研究与探索（一）》，北京大学出版社，1983。

③ 黄章恺：《现代汉语单句构造类型初探》，《宁夏大学学报》1983 年第 4 期。

④ 范晓：《动谓句的定型问题》，载范晓《三个平面的语法观》，北京语言学院出版社，1996。

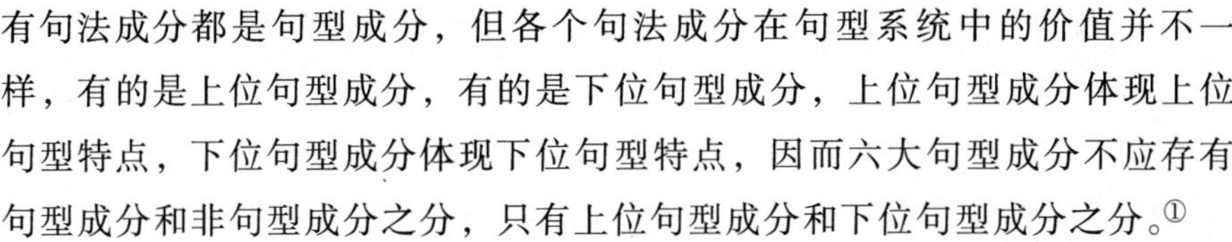

有句法成分都是句型成分，但各个句法成分在句型系统中的价值并不一样，有的是上位句型成分，有的是下位句型成分，上位句型成分体现上位句型特点，下位句型成分体现下位句型特点，因而六大句型成分不应存有句型成分和非句型成分之分，只有上位句型成分和下位句型成分之分。[①]

由此可见，人们对状语是否影响句型的看法有分歧，究其原因，正如邵敬敏所说：“观点分歧的关键在于根据向心结构扩展的原则推导出来的同功能替换原则是否适用于句型分析以及适应范围的大小。如果把补、状、定看做扩展成分，那么，主、谓、宾便是核心成分。问题是核心成分是否必定是句型成分，而扩展成分是否必定是非句型成分？”[②] 由于语法学家对如何确立句型、确立怎样的句型，目的、方法不一致，对修饰语是否影响句型看法不一致也就在所难免。

## 5.4　老问题新视角：基于语料库的句型研究方法

在上述的讨论中，我们发现，语法学家收集材料的方法是基于直觉或手工收集，研究句型的方法不外两种：一种是基于原则和参数的演绎推理，另一种是采用“实地方法”辨认句型的横聚合关系，两种方法都与语料分析无关。

90 年代以来，语料库的统计与分析从作为语言学辅助手段的边缘地位逐渐走向了主流，形成了一种基于实验和统计的语言研究方法，它给汉语语法研究带来了新思路，也带来了巨大的冲击。基于语料库的句型统计与分析的研究方法为修饰语是否影响句型的讨论提供了新的视点。

清华大学的罗振声等基于 25 万字左右真实语料的汉语句型自动分析和统计模型查清了汉语句型的基本状况，共统计出现代汉语的基本句型 191 种，列出了各种句型的模式结构，并对各种句型的出现频度作出了归纳和统计，其中使用频度最高的句型是：状 + 主 + 状 + 动 + 宾。而张斌恰恰就把状语当成非句型成分。

---

① 陈昌来：《试谈句型研究中的几个问题》，《烟台师范大学学报》1994 年第 4 期。

② 邵敬敏：《汉语句型研究述评》，载朱一之、王正刚选编《汉语语法研究的现状和回顾》，语文出版社，1987，第 194 页。

北京语言文化大学的赵淑华等建立了两个现代汉语句型语料库，即34万字的“北京语言文化大学现代汉语精读教材主课文句型语料库”和28万字的“小学语文课文句型语料库”。他们发现，传统上定语不是句型成分，确定句型时可以忽略定语。但在句型统计过程中，他们观察到：

> 某些句子中的定语同样也有区别句型的作用，甚至缺少了它句子便不能独立。不过，哪些句法成分可作句型成分，哪些句法成分不作句型成分，在句型系统的不同层级上不完全相同。定语和状语都有这种现象。比如在上位句型中定语可能不起区别句型的作用，它就不算句型成分，划分句型时可以忽略它。但在下位句型中，定语却可以起区别句型的作用，这时我们就不能忽略它。如“叶公看见了龙”、“他卖完了报”、“她写了字”都不能独立成句。如果各自加上定语，就完全不同：“叶公看见了一条真龙。”“他卖完了好大一叠报。”“她写了两个字。”对于这种句型，就应该把它的格式写成“主+动+‘了’+定+宾”。又如“有”字句，“那位姑娘有一双漂亮的大眼睛。”我们标注它的格式应该是“主+‘有’+定+宾”，因为这种句子里的定语是必不可少的。我们不能说“那位姑娘有眼睛”。其实这种句子并不表示领有，而是用“有……”来实现对主语的描述。全句意思是“那位姑娘的眼睛又大又漂亮”。①

当句型统计结果排斥通过语言学知识、通过逻辑推理得出的结论时，我们应该怎么办？由于“修饰语不影响句型”即定语、状语是非句型成分的主张导致所建立的句型不能与真实文本相对应，尤其是“状+主+状+动+宾”这种句型在张斌所建立的句型系统中找不到位置，是否就说明依据“修饰语不影响句型”所建立的句型过于抽象，仅停留在上位层次或者说明“修饰语不影响句型”与语言事实有较大差距，应该受到质疑？我们应该如何分析这样的统计结果，如何把这个发现与原有的理论联系起来并从中获得新的观点和理论，如何对这个发现进行恰当的定性和解释？这是摆在我们面前的新课题。

---

① 赵淑华、刘社会、胡翔：《单句句型统计与分析》，《语言教学与研究》1997年第2期。

# 第6章

# 张斌和“三个平面”理论

“三个平面”理论是当代语法学的理论热点之一，是张斌、胡裕树80年代初在一系列论著里提出的学术主张。“三个平面”的语法观认为，一个具体的句子总是句法、语义、语用的结合体，也就是包含着句法、语义、语用这三个不同的平面。“三个平面”既互相依存，又互相影响和制约，其中句法和语义是表里关系，或者说是显层和隐层的关系；句法、语义和语用是内层和外层的关系，或者说是信息和载体的关系。语法研究要以句法为基础，向隐层深挖语义，向外层探求语用。[①]

“三个平面”理论“既是语法的本体观，也是语法分析的方法论。说它是本体观，是因为句法、语义、语用是语法结构的有机组成部分，语法结构是三者共同作用的结果；说它是方法论，是因为语法分析必须从句法、语义、语用三方面着手，才有可能做到描写得充分和解释得充分”。[②] 这并不是说此前的汉语语法研究丝毫未涉及语义和语用的问题，但是有意识地把语义研究和语用研究纳入汉语语法研究之内，研究句法和语义、语用之间的各种复杂关系，并寻找其规律，是从张斌、胡裕树开始的。[③]

当然，“三个平面”理论并不意味着对其他语法研究方法、理论的排斥或取代。汉语语法分析的“三个平面”这一术语是张斌、胡裕树加上

---

① 胡裕树：《汉语语法研究的回顾与展望》，《复旦学报》1994年第5期。

② 岳方遂：《跨世纪的中国语法学》，《复旦学报》1998年第5期。

③ “三个平面”语法理论萌芽于胡裕树主编的《现代汉语》（增订本），上海教育出版社，1981，第337页。

的[①]，而“三个平面”的观念则是从符号学中借来的。符号学以形式语言（formal language）的符号为起点，自然不会考虑自然语言（natural language）中的语音、词法等问题。因此，它只是语法分析中一种观察问题的角度（perspective），而不是语法分析的全部。

## 6.1 符号学与“三个平面”语法理论

汉语语法研究中的“三个平面”理论，其直接的理论来源之一就是瑞士语言学家索绪尔和美国哲学家皮尔斯（Peirce）、莫里斯（Morris）的符号学理论。

索绪尔用符号来研究语言，他在《普通语言学教程》中确立了语言与符号的关系，指出语言是一种表达观念的符号系统，语言本身就是一种符号，有能指与所指两个方面。能指和所指是密切相关的两个方面，正如同一张纸的正面和反面。这一观点是对传统符号学的一大推进，也为语言学研究开辟了新的天地，作出了重要贡献。

美国的皮尔斯是现代符号学的奠基人之一，他认为与符号有关的因素除了 mark（相当于能指）、object（相当于所指），还有 exponent（解释者）。概念和意义的明确与否应该从效果上考察。符号的使用效果当然与解释者有关。皮尔斯与索绪尔的区别在于皮尔斯关注解释者，而索绪尔不考虑解释者的作用。皮尔斯的符号三元观与索绪尔的符号二元观明显不同，可以说，他的理论触及了索绪尔符号学的弱点。

美国哲学家莫里斯继承了皮尔斯的观点，不过分析得更为细致。他认为与符号相关的因素除了符号的表现形式（能指）、符号的对象（所指）、解释者之外，还有符号出现的条件（使用环境）、反应倾向（具体内容）与使用效果。皮尔斯和莫里斯的共同之处在于注重了主观的作用，不过莫里斯更注意到具体的客观环境，在《符号理论基础》（1938）一书中，莫里斯在分析符号有关要素的基础上，把符号学分为三个部分：句法学（syntactics）、语义学（semantics）和语用学（pragmatics）。语用学研究的是“符号和解释者的关系”。语义学研究“符号和其所指示的对象之间的关系”，句法学研究

① 见张斌给本书作者的信，2009 年 3 月 18 日。

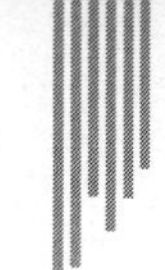



“符号相互间的形式关系”。[①] 后来莫里斯又在《符号·语言与行为》（1946）中指出：“当我们把这三种研究应用到语言上，就构成了语言科学的三个主要部分。”[②] 莫里斯对符号学的划分得到哲学家和逻辑学家卡尔纳普（R. Carnap）的支持。从莫里斯的论述中可见，符号学的三分局面和语言学三分的局面已初见端倪。

就语言学来说，自 20 世纪 70 年代初期开始，由于受到以乔姆斯基为代表的形式句法学派的刺激和哲学、逻辑学界探索“意义”的影响，更多的学者注重研究句子和语境，语言和社会、文化的关系。他们对语用学的兴趣骤见增长，不仅研究属于这一领域的具体课题，研究语用跟句法和语义的关系，而且许多学者已明确地把句法、语义、语用三个部分包含在各自创立的语法理论之中。这样，对语言结构作三个方面的观察和分析，不仅是语言学界的共识，更是语言学与逻辑学、符号学理论相通的基点。如美国学派的功能语法代表人物之一韩礼德在 60 年代末 70 年代初提出了语法、概念（语义）、交际（语用）三个研究平面，并且把这三个方面的研究综合成一个语言功能系统。20 世纪 80 年代以后，这种方法传到我国并开始指导汉语语法的分析和研究。1979 年台湾学者汤廷池发表了《语言分析的目标与方法：兼谈语句、语意、语用的关系》一文，尝试对句子进行语句（句法）、语意（语义）、语用的比较和分析。[③] 在大陆，张斌、胡裕树也在 80 年代初倡导把句法、语义、语用“三个平面”的分析方法引进汉语语法研究，引领了具有汉语特色的“三个平面”语法理论研究。[④]

尽管对于“三个平面”语法理论，语法学界仍有不同的认识，但就“三个平面”的内涵所指则基本达成了一致的意见，即：三个平面指的是语法上的句法、语义和语用三个平面，其中，句法平面研究符号与符号之间的关系；语义平面研究符号与客观事物之间的关系；语用平面研究符号与使用者之间的关系。显然，张斌、胡裕树提出的“三个平面”理论是受到莫里

---

① 转引自中国语用学研究课题组《语用学和中国语用学思想》，《浙江社会科学》1996 年第 6 期。

② 转引自邵敬敏《汉语语法的立体研究》，商务印书馆，2001，第 73 页。

③ 汤廷池：《语言分析的目标与方法：兼谈语句、语意、语用的关系》，载《亚太地区语言教学研讨会论集》，1979。

④ 见胡裕树主编《现代汉语》（增订本），上海教育出版社，1981，第 337 页；胡附、文炼《句子分析漫谈》，《中国语文》1982 年第 3 期。

斯符号学理论的直接影响的。当然，它对后者既有继承，也更有发展。它拓展了汉语语法研究的视野，深化了人们对语法问题的认识和理解，为语法研究开辟了一条新的途径。这主要表现在：

第一，符号学中的“语义”指“符号与现实对象之间的关系”，这实际上是属于词汇平面的范畴[①]，没有同句法结构发生联系。张斌、胡裕树的语义平面是与句法结构相关联的：“词义是词典中规定的，语义却是在句法结构中体现的，它反映的是客观事物之间的关系。”[②]“语义学和句子的语义分析不是一回事……析句时句法和语义是亲密相关的，从析句的角度讲语义，通常区别于词义。”[③]“我们讨论三个平面，着眼点是析句。”[④]

第二，符号学认为语用学要研究的是“符号与解释者之间的关系”，后来莫里斯修改了这一定义，指“研究符号的起源、应用与作用”。现在张斌引用了符号学的早期定义，认为“三个平面”中的语用要研究“语言使用者跟符号的关系”，即语言使用者和上下文的制约关系以及与句法结构体密切相关的语用因素，如焦点的移动、预设的作用、话题与述题、语气与口气、语用成分及非语用成分、上下文的制约与照应、省略与空位、发端句和后续句的特点、自足句和非自足句的区分，等等。

第三，“三个平面”理论强调三者既有区别又有联系，而并非符号学中互不相干的三个部分。“三个平面”指的是语法上的句法、语义和语用三个平面，完全统一在语法学的领域。而符号学的三大领域则涉及语言结构要素的各个方面，这正是“三个平面”的语法理论与符号学三大领域的根本区别。

第四，“三个平面”理论的精华是句子分析的方法。“三个平面”理论是在继承传统语法、结构主义语法、转化生成语法和格语法等的优点的基础上提出来的，同时还受到符号学和现代语义学、语用学的一些影响。继承传统语法的，主要是重视句法成分的分析，重视虚词和语序的研究，也重视句子格局和句型的研究。继承结构主义语法的，主要是重视形式化，提出“以句法为基础”，采用直接成分分析法、变换分析法、分布分析法

---

① 邵敬敏：《汉语语法的立体研究》，商务印书馆，2001，第77页。
② 张斌：《汉语语法学》，上海教育出版社，2003，第78页。
③ 张斌：《汉语语法学》，上海教育出版社，2003，第78页。
④ 张斌：《汉语语法学》，上海教育出版社，2003，第74页。

等一些较为严密的分析方法。继承转化生成语法的，主要是接受“生成”的观点。继承格语法的，主要是重视动词跟名词性成分之间的语义关系。在继承的基础上还有创新。“三个平面”理论启发人们运用新的思路和方法对句子作全方位、多角度的观察、描写和解释。“我们讨论三个平面，着眼点是析句。”①

## 6.2　析句法与句法、语义、语用分析方法

自 1898 年马建忠创立了现代意义的汉语语法学以来，汉语的语法研究，迄今不过百余年历史。在 80 年代之前的几十年间，我国的语法研究早期受传统语法的影响，重意义而轻形式。其后，受结构主义语法的影响，重视结构分析，但在具体实践中往往又忽略了意义，甚至回避意义。尽管这两种语法理论在指导描写汉语实际、建立汉语语法学方面的功绩远非后来的其他各种西方语法理论可比，但其自身无法克服的局限性也是显而易见的。张斌本人的研究很好地说明了这一点：从 50 年代参与《暂拟系统》的讨论，赞同采用句子成分分析法到 1962 年编写《现代汉语》（胡裕树）改良句子成分分析法，再到 1979 年《现代汉语》（修订本）中提出“成分分析法和层次分析法相结合”的句型分析法，1982 年《句子分析漫谈》一文进一步总结“句子分析的终点是确定句型，但确定句型并不等于完成了析句的全部任务。句子里复杂的语义关系须通过进一步的句法分析加以阐明”②，张斌总处在不断的探索中。

80 年代以后，随着转换生成语法、格语法、切夫语法、功能语法等传入中国，一些语法学家开始学习、借鉴、参考国外诸多语法理论，结合汉语实际，对汉语语法研究中的一些重大问题作出积极有益的探索。吕叔湘（1979）提到仅靠句法分析不足以说明动宾结构的多种语义关系；朱德熙（1980）提出显性语法关系和隐性语法关系；陆俭明（1980）提出语法结构关系和语义结构关系。这些探讨的一大特色就是把语义分析或语义关系引入句法结构分析中，相应的，析句方法经历了从成分分析法到层次分析

① 张斌：《汉语语法学》，上海教育出版社，2003，第 74 页。
② 胡附、文炼：《句子分析漫谈》，《中国语文》1982 年第 3 期。

法、成分层次分析法、变换分析法、语义特征分析法的嬗变。然而，在具体研究中学者们发现，汉语句法形式不仅与语义有对应关系，而且还与语用因素有对应关系。于是，1981 年，多视角的句法、语义、语用三个平面的分析方法被提了出来。几乎与此同时，朱德熙在《语法讲义》（1982）和《语法问答》中，提出可以从结构、语义、表达三方面考察主语和谓语，其实质，在于倡导对语言现象（包括语法现象）进行多视角的动态研究。可见，句法、语义、语用分析方法的提出，一方面得益于国外语言学理论的激发，另一方面，更为重要的是与国内学者们自觉的理论追求密不可分。

## 6.3 “三个平面”理论的提出与发展

### 6.3.1 胡附、文炼时期：提出句法、语义、语用三个平面的析句方法

汉语语法研究，由于受结构主义语法理论影响，在相当长一段时间里过分强调语言结构的描写研究——只描写语言，不考察言语；只分析句法结构，不考虑语用条件，因此基本上都属于语法研究的静态分析。直至 70 年代末，这种状况才出现了转机。吕叔湘在《汉语语法分析问题》中首先提出一个相当重要的课题：“研究句子的复杂化和多样化，可以说是在静态研究的基础上进行动态的研究，是不仅仅满足于找出一些静止的格式，而是要进一步观察这些格式结合和变化的规律。”[①] 语法研究必须静态和动态相结合这一指导思想，无疑开拓了人们的研究视野，推动了语法研究向纵深发展。

1981 年，张斌、胡裕树在胡裕树主编的《现代汉语》（增订本）教材中首次明确提出要区分句法、语义、语用三个平面的思想。该教材在讲到词组的结构类型时说：“具有选择关系的两个实词，依照一定的次序排列在一起，常常能表达某种句法关系。在这里，必须区别三种不同的语序：语义的、语用的、语法的。”[②] 教材要求区别的，是三种不同的语序：引起

① 吕叔湘：《汉语语法分析问题》，载吕叔湘《汉语语法论文集》，商务印书馆，1984，第 553 页。

② 胡裕树主编《现代汉语》（增订本），上海教育出版社，1981，第 337 页。

语义变化的语序，引起语用变化的语序，引起语法变化的语序。1982 年，胡附、文炼的《句子分析漫谈》一文，除了进一步讨论三种不同的语序外，还提出：虚词的作用也有语义、句法和语用的区别。将三个平面中的“语法”改为“句法”。如表 6－1 所示。

**表 6－1　胡附、文炼对三个平面的两种提法**

| 1981 年教材 | 语　义 | 语　用 | 语　法 |
|---|---|---|---|
| 1982 年论文 | 语　义 | 句　法 | 语　用 |

注：提法上“语法”改为“句法”，句法、语义、语用并列表明三者都属于语法研究的范围之内，逻辑上更严密了。顺序上“语义的、语用的、语法的”改为“语义的、句法的、语用的”意味着句法处于核心地位。范围上涉及对象由语序扩展到虚词乃至句子成分。对语用成分与非语用成分作了区分。

文章还论及主语、独立成分（插说成分）、提示成分（复指成分）等，指出必须区分一般主语（陈述对象）与话题主语（脱离句法控制的说话焦点）；独立成分和提示成分等都是语用的成分。这篇文章虽未明确提出三个平面的概念，也未对其作理论上的阐释和界定，但“三个平面”的基本框架已经初步形成。张斌、胡裕树的“三个平面”理论中最重要的一点，是引进了语用研究这一平面。①

（1）语序变化的三种不同情况：“客来了”和“来客了”的不同是句法上的，前者是主谓关系，后者是动宾关系；“你看我”和“我看你”的不同是语义上的，前者“你”是施事，“我”是受事，后者“我”是施事，“你”是受事；“你哥哥来了吗？”和“来了吗，你哥哥？”语序变换，属于语用上的（句法关系和语义关系完全相同）。后者是因为说话人情绪比较紧张，行为的本身最先浮现在意识里，所以先说出来。

（2）现代汉语的主谓谓语句都是由一般的主谓句转换而形成的。

我没有听到过这个故事。——这个故事我没有听到过。

他的身体健康。——他身体健康。

---

① 以下（1）到（4）转引自何伟渔《胡附、文炼的析句理论——为两位先生从事语法研究和教学四十年而作》，《上海师范大学学报》1989 年第 3 期，又见胡裕树主编《现代汉语》（增订本），上海教育出版社，1981。

我们对于这个问题有不同看法。——这个问题，我们有不同看法。

转换成主谓谓语句之后，主语大都是说话的起点，含有话题的性质。采用话题主语，正是语用上的需要。

(3) 有的句子里有独立成分、提示成分，这些都是语用成分，离开了句子，它们就失去了依托。语用成分不是句法成分，不跟别的成分发生句法关系。因此进行句法分析时，必须将独立成分、提示成分排除在外。

(4) 语气和口气纯属语用研究的范围。选用陈述语气、疑问语气，还是选用祈使语气、感叹语气，完全取决于使用语言的人。至于口气的肯定与否定，强调与委婉，活泼与迟疑，等等，那更是使用语言者的思想感情色彩的种种表达。

(5) 1982 年，胡附、文炼的《句子分析漫谈》一文，论及主语，独立成分（插说成分），提示成分（复指成分）等，指出必须区分一般主语（陈述对象）与话题主语（脱离句法控制的说话焦点）；独立成分和提示成分等都是语用的成分。

1985 年，胡裕树和范晓发表《试论语法研究的三个平面》的长篇论文，则标志着“三个平面”理论的全面形成。

这一理论一诞生就显示了强大的生命力和解释力，受到了汉语语法学界的高度重视，并很快成为热门话题。很多人或者就这一理论展开进一步的讨论，如范晓的《正确理解并处理静态和动态的关系》(1988)、文炼的《与语言符号有关的问题——兼论语法分析中的三个平面》(1991)、施关淦的《关于语法研究的三个面》(1991)、范开泰的《语法分析三个平面》(1993) 等。或者用这一理论作指导，多侧面地研究具体的语法问题，如张斌与邢公畹对句子意义的辩论，涉及如何证明与指称义不同的语用义这一问题[①]；《关于句子的意义和内容》[②] 主要讨论“狭义的句义”与“广义的句义”的区别，后者指“包括句子以外的因素所赋予句子的意义”，即“内容”；《关于汉语语序研究中的几个问题》[③] 则强调句法分析与语义分

① 文炼：《词语之间的搭配关系——语法札记》，《中国语文》1982 年第 1 期。

② 文炼：《关于句子的意义和内容》，《语文研究》1984 年第 1 期。

③ 文炼、胡附：《关于汉语语序研究中的几个问题》，《中国语文》1984 年第 3 期。

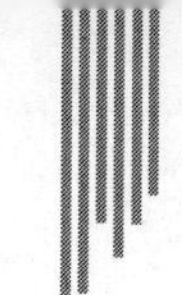



析、语用分析既有区别又有联系；邵敬敏《歧义分化方法探讨》[①] 提到的歧义分化方法有突破性进展：“通过预设与焦点的变化来分化语用平面的歧义，并引进隐含、空位、移位等新的观念。”更明确地提出分化语用平面的歧义问题的研究方法；张旺嘉《“把字结构”的语义及其语用分析》[②]与以往研究不同，进行了“把字结构”的结构调整、表意重心等语用分析，很有新意；王希杰、华玉明《论双音节动词的重叠性及其语用制约性》[③] 涉及语用条件对句法形式的制约。这些研究从各个方面丰富了“三个平面”理论。

### 6.3.2 张斌时期：丰富“三个平面”语法理论

90 年代，张斌的《与语言符号有关的问题——兼论语法分析中的三个平面》[④] 一文把语法、语义、语用三结合的研究进一步引向深入。他指出：

1. 传统的语法研究是平面的研究，只涉及句法和语义两维。从理论上讲，句法学可以撇开语义学和语用学进行研究，实际上句法关系都有意义的基础，通常所说的联合、偏正、主谓、述宾莫不如此。当然，有意义基础并不等于用意义作标准。主谓关系和述宾关系不但有意义基础，还有语义基础。典型主语不但有语义基础还有语用的依据，非典型主语如：主语是施事不是话题；主语是话题，而非施事；双主语，前者是话题，后者是施事，则是“比照典型主语略加变通来确定的”。由此可见，句子的意思是许多复杂因素的综合，光有句法研究是远远不够的。

2. 语义学和句子的语义分析不是一回事，要区分“意义”与“内容”，这是很有见地的。同时，他又指出：我们讨论三个平面，着眼点是析句。析句时句法和语义是紧密相关的。从析句的角度讲语义，通常区别于词义，表现为：

词义、词的语法意义都是在词典中可以注明的，都能体现在词的身

---

① 邵敬敏：《歧义分化方法探讨》，《语言教学与研究》1991 年第 1 期。

② 张旺嘉：《“把字结构”的语义及其语用分析》，《语言教学与研究》1991 年第 3 期。

③ 王希杰、华玉明：《论双音节动词的重叠性及其语用制约性》，《中国语文》1992 年第 2 期。

④ 张斌：《与语言符号有关的问题——兼论语法分析中的三个平面》，《中国语文》1991 年第 2 期。

上，语义却须在句法结构中体现。最能体现施事、受事之类语义关系的当属动词和名词的组合。例如“我看你”和“你看我”，都是主—谓—宾结构，两个“我”的词义也相同，可是语义不同，“我看你”的“我”是施事（动作行为的发出者），“你看我”的“我”是受事（动作行为的接受者）。又如“我吃完了饭”和“我喝醉了酒”，句型相同，层次和关系一样，可是前边一句可以变换成“饭被我吃完了”，后边一句不能变换成“酒被我喝醉了”。为什么？原因就在于这两个句子中的动词的补语在语义关系（语义指向）上截然不同，“完”是说明“饭”的（饭完了），“醉”是说明“我”的（我醉了）。因此这两个句子，句法分析的结果一样，而语义分析的结果不一样。可见，句法分析和语义分析是既紧密相连又互相区别的。

3. 句法分析和词义分析中讲词类，讲句法成分，讲句型，讲施事、受事等等，都还只是停留在对句子进行静态的分析或描写阶段，而语用分析则是偏重于表达的，是一种必需的动态分析。

在“三个平面”理论已经形成并逐渐走向深入的时候，张斌此文的目的在于：（1）强调语义研究的重要性，要注意句法和语义的区别与联系；（2）强调语用平面的存在，提醒人们研究句法时既要排除语用因素，同时又要加强对语用平面的研究，因为句法、语义和语用三者是既有联系又有区别的；（3）提出研究新视点：句子的合法度与信息量有关；发端句和后续句的特点、自足句和非自足句的区分也在语用平面的讨论范围中。

## 6.4 句法、语义、语用间的关系及语用平面研究内容

### 6.4.1 关于句法、语义、语用间的关系

尽管句法、语义、语用三分结构的历史在符号学中可以上溯到莫里斯或更前的美国哲学家皮尔斯，具体到语言学中也可以上溯到1970年前后，但是这三分结构的关系却是言人人殊，难求共识。在汉语语法研究中，随着研究的深入，对语用平面的地位和句法、语义、语用三个平面的关系也有种种看法，1992年4月在上海举行的第三届现代语言学研讨会的讨论中，也出现了七八种模式。可见，学者们虽然承认句子分析的句法、语义、语用平面，但具体认识

却有很大差异。[①] 我们着重介绍胡裕树的两翼模式和张斌的三维模式。

6.4.1.1　胡裕树的两翼模式

关于语法研究中要区分句法、语义和语用三个平面的思想是在胡裕树主编的《现代汉语》（1981 年增订本）中提出的，句法、语义和语用三个平面结合的思想是在 1984 年发表的文炼、胡附两位合写的《汉语语序研究中的几个问题》一文中提出来的。此后，胡裕树、范晓在《论语法研究的三个平面》[②] 一文中分别论述了句法平面、语义平面、语用平面，以及三个平面间的区别和联系。第一，句法、语义和语用各有各的内容，彼此相互区别，但又是密切联系着的，一个具体的句子，总是句法、语义和语用的结合体，也就是说，句子里总是包含着句法、语义和语用这三个不同的平面。一个具体的句子只有句法而没有语义和语用，或只有语义而没有句法和语用，或只有语用而没有句法和语义或三者缺一，就不成其为句子。所以，三个平面是互相联系、互相依存、互相影响、互相制约着的。在语法分析中，特别是在汉语语法分析中，应全面地、系统地把句法分析、语义分析和语用分析既界限分明地区别开来，又互相兼顾地结合起来。第二，分别对句法、语义、语用三个不同平面研究的主要任务、对象、范围、方法等作了探讨，并特别指出：语义平面要通过表层的句法关系，挖掘深层的语义关系；语用平面要在静态分析基础上进行动态分析。三者间的关系为两翼模式。如图 6－1 所示。

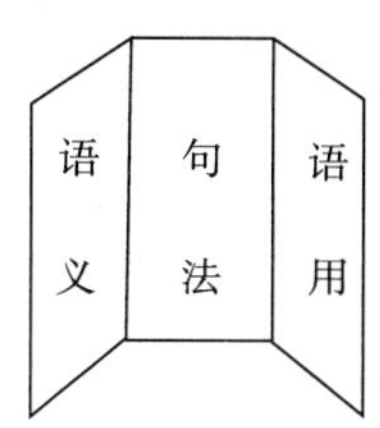


**图 6－1　胡裕树、范晓建立的句法、语义、语用关系两翼模式（1985）**

① 参看邵敬敏《汉语语法的立体研究》，商务印书馆，2000；颜迈：《三个平面的审视与融合语法的构想》，《河南教育学院学报》2007 年第 1 期。

② 胡裕树、范晓：《论语法研究的三个平面》，《新疆师范大学学报》1985 年第 2 期。张斌在《我的语法观》中提到：“1985 年胡裕树去新疆讲学，临行前我曾和他谈过这方面的看法，我们的意见比较接近，即认为语法分析应包括句法的、语义的、语用的三个方面。”（见《语言问题再认识》，上海教育出版社，2001，第 2 页。）

6.4.1.2　张斌的三维模式

1991年，张斌在《与语言符号有关的问题——兼论语法分析中的三个平面》一文中指出，语言符号有多重性质，可以采取不同的角度进行分析。通常所说的语法分析中的三个平面“其实应该理解为‘三维’，好比一个立体的长、宽、高”。并指出：“语法规律的描写，可以有不同的角度（句法的、语义的、语用的），但要达到的目的却是一致的，即别同异，辨正误”。①

语言单位有形式和意义，在语用中又有内容，三者并不在一个平面上。“形式和意义是一个平面的两维……当然，语法分析也可以是三维的，即同时进行句法的、语义的、语用的分析”②。可见，从本体上讲，形式（句法）、意义（语义）、内容（语用）并不是平行的三个平面，形式和意义是一个平面的两维，语用又是一维，但从方法上讲，语法分析可以是三维的，通常称之为三维模式（如图6-2所示）。两翼模式强调的是以句法为基础，语义和语用都是为句法服务，这反映了“三个平面”理论的早期思想，与它相比，三维模式有更强的立体交叉意识。③ 据此，范晓在《三维语法概述》中，强调了张斌的长、宽、高的“三维”理论，明确提出了“三维语法”的概念。

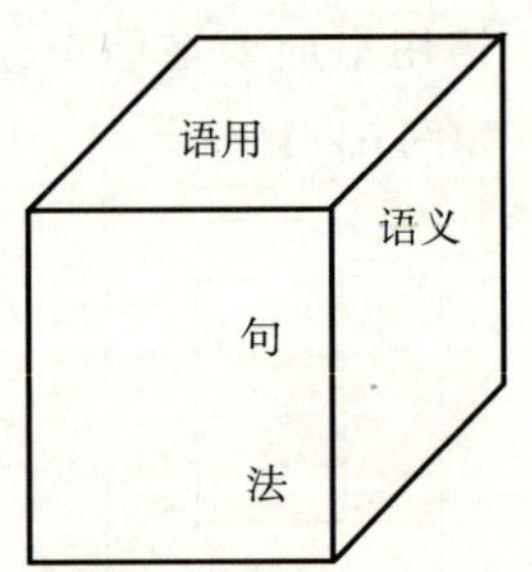


**图6-2　张斌建立的句法、语义、语用关系三维模式（1991）**

① 文炼：《与语言符号有关的问题——兼论语法分析中的三个平面》，《中国语文》1991年第2期。

② 文炼：《与语言符号有关的问题——兼论语法分析中的三个平面》，《中国语文》1991年第2期。

③ 邵敬敏：《汉语语法的立体研究》，商务印书馆，2000，第71~84页。

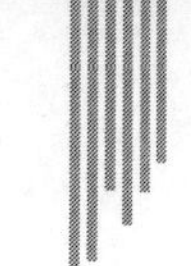



### 6.4.2　语用平面研究的内容

诚如施关淦所说：“三个平面的说法之所以有新意，之所以有那么多人对它感兴趣，就在于其中有个语用平面。”① “三个平面”理论凸显了语用平面的重要性。对句子语用平面的研究成了 80 年代以来汉语语法研究的新课题。

张斌、胡裕树认为：“分析句子时，分清了语用成分和非语用成分，才可以进行句法分析。”② 他们在稍后的关于句型确定的论述中，明确排除了语气、省略、添加、倒装等语用因素对句型确定的影响。此后，在对“三个平面”理论的阐述中，胡裕树、张斌、范晓、范开泰对句子的语用平面内涵和语用分析进行了详细的讨论。

#### 6.4.2.1　语用平面语用分析的内容

范晓、胡裕树两位认为与句法有关的语用因素主要有：（1）主题和述题。说话时根据表达的需要选择某个成分做主题，选择的主题不同，语用价值就有差别。（2）表达重心和焦点。一般来说，非结构中心在具体句子中往往是表达重心。焦点是直陈句所传递的新信息的核心、重点，一般位于句末的实词上。（3）语气。句子都有一定的语气，如陈述句、疑问句、感叹句、祈使句。（4）口气。句子可以有种种口气，如肯定与否定、强调和委婉等等。（5）评议性成分。添加在“句法—语义”结构上的带有评议性的词语，或表推测，或表说话者的主观态度、意见等。（6）句型或句式变化。在动态的具体句子中，借助于一定的语境，句型或句式会起某种变化，或省略某个成分而成为省略句，或移动某个成分的次序而成为移位句，这就是所谓变式句。③

范开泰认为：“语用分析包括话语结构分析——说话人如何选择谈话的出发点（话题），如何围绕话题来构成话语；交际过程中的心理结构分析——说话人如何选择话语的焦点，以突出交际的兴趣中心；交际过程中的信息结构分析——说话人如何安排从已知信息到新信息的传达方式；语

---

① 施关淦：《再论语法研究中的三个平面》，《汉语学习》，1993 年第 2 期。

② 胡附、文炼：《句子分析漫谈》，《中国语文》1982 年第 3 期。

③ 胡裕树：《汉语语法研究的回顾与展望》，《复旦学报》1994 年第 5 期。

气情态分析——说话人如何选用适当的语气、口气来表达自己对说话内容的态度、情感以及对听话人的态度、情感，还包括在一定的环境（谈话环境和社会环境）下所产生的言外之意的分析。"[①] 而在系统功能语法中，则着重研究句子的静态结构之外的各种动态表现与变化，提出了主题、述题、焦点、语气、口气、重音、韵律、省略、添加、倒装、易位、预设、蕴涵等一系列命题，从而把语用的研究同句法的研究结合起来。这些研究为张斌提出语用研究新视点提供了许多有益的借鉴。

张斌提出的语用研究新视点如下。[②]

1. 与信息量相关的句子合法度问题。

"传统语法也好，转换生成语法也好，都要研究句子的合法度……我们当然不能从句法的合法度去辨识句子的正误，一方面因为短语并非都可以构成句子，另一方面因为句子的灵活性远较短语为强……所以，句子的信息量成为许多语言学家所关心的问题，而信息量的多少不仅是语句本身的问题，还与接受者的条件以及说话的环境密切相关。这些正是语用学要研究的问题。"

2. 语用学既然是语言学的分支，它必须研究种种表达形式。

"例如句子的预设和隐含义的显示，焦点和疑问点的表达，发端句和后续句的特点，自足句和非自足句的区分……均在讨论之列。"

3. 英国的奥斯汀把句子分为有所述之言和有所为之言，是从语用角度区分的句类。他阐述的有所述之言和有所为之言的种种表达手段，包括语调、虚词、句法形式以及其他显性表达手段，值得我们参考。

从胡裕树、范晓、范开泰、张斌的阐述中，我们看到，他们在关于语用平面研究的范围认识上较为一致：(1) 语用分析着眼于语言符号与使用者之间的关系。(2) 语法学里的"语用"不是语用学，不是指所有的语用因素，而是指跟句法相关的语用因素。(3) 语用平面的语用分析主要包括句子语用结构的分析、句子语用成分的确定、句子语用变化的描写和解释。

6.4.2.2　语用分析是否包括指称和陈述

由于张斌认为讨论三个平面着眼点在析句，而且，句法、语义平面已

---

① 范开泰：《语用分析说略》，《中国语文》1985 年第 6 期。

② 张斌：《与语言符号有关的问题——兼论语法分析中的三个平面》，《中国语文》1991 年第 2 期。

多有研究，因而，在后续研究中，与句子句法结构相关的语用因素更受到重视，尤其是指称和陈述、定指和不定指、旧信息和新信息，在《汉语语法学》（1998）中给予了专门的讨论。这里，需要指出的是，胡裕树对语用的理解与朱德熙不同。张斌早期对语用的理解与胡裕树相同，指语言符号与使用者的关系，如话题、焦点、语气等，后期对语用的理解更为宽泛，还包括了朱德熙的观点，朱德熙的语用是指“指称”“陈述”。“指称”反映到语法上是体词性成分，“陈述”反映到语法上是谓词性成分。

## 6.5　与逻辑学、信息论相关的语用因素

语言的信息交流是一个编码—发送—传递—接收—解码的过程，正如王德春在《信息论、控制论、系统论与修辞》一文中提到的：“言语交际就是说写者用语言单位组成话语发出信息，听读者理解话语，接受信息。言语交际过程是信息的编码、传递和解码的过程。”[①] 胡裕树、宗廷虎在《把言语交际作为动态系统来研究——评刘焕辉〈言语交际学〉》一文中认为，“解码”过程就是“站在接受者的立场来探索理解和欣赏的规律”[②]。既要研究信息传递过程中的“编码”过程，又要研究信息传递过程中的“解码”过程。编码主要探究句子的生成，解码主要揭示句子的理解。编码与解码是两个相反的走向，其作业方法与目标不尽相同。但是，人们无论作何种研究，都必须从听话人的角度去理解和分析句子，因为只有听到说话人说了什么，才能知道说话人想说什么以及为什么这么说；只有理解了说话人的言辞，才能研究说话人的心理过程。过去人们研究语法，比较重视造句的问题，也就是如何组合的问题，即编码问题，对于信息结构的要素分析得不够细致。针对这种情况，张斌强调，信息类别的问题值得深入研究。“例如信息可以分为指称和陈述，有指称不必有陈述，有陈述必有指称，这只不过是静态的分析。从动态的角度考察，须考察指称如何变为陈述，而陈述又如何变为指称。再如哪类语言单位只宜于陈述，哪类语

---

① 王德春：《信息论、控制论、系统论与修辞》，《语文教学与研究》1985 年第 12 期。

② 胡裕树、宗廷虎：《把言语交际作为动态系统来研究——评刘焕辉〈言语交际学〉》，《南昌大学学报》1987 年第 S1 期。

言单位只宜于指称，都宜作细致的分析。信息又可以分为旧信息和新信息。旧信息又称已知信息。严格地说，旧信息不是真正的信息，不过是信息的‘引子’而已。但是，这种引子是不可少的。如果说出的话全是新信息，那么，人家什么也听不懂，等于白说。”还有“新旧信息如何安排、虚词对于信息安排起什么作用、新信息的重点（焦点）如何表示”，等等。[①] 他认为，从信息论、逻辑学的角度看，句子的分析涉及以下五个方面：（一）信息的类别；（二）信息量；（三）信息噪声；（四）预设与蕴涵；（五）显示和隐含。在这里，我们讨论信息类别问题、预设和焦点。

### 6.5.1 指称与陈述

指称和陈述原是一组哲学概念。朱德熙在 80 年代首次将指称和陈述用于汉语语法研究。朱先生把“指称”注解为“designations”，反映在语法上就是体词性成分，“陈述”为“assertions”，在语法上对应为谓词性成分。朱德熙运用这一对概念旨在说明谓词性成分作主语、宾语时，有一部分谓词会出现事物化。由谓词性成分充任的主语、宾语有两种类型，比如[②]：

| 指称性主语（A） | 陈述性主语（B） |
|---|---|
| 干净最重要 | 干干净净的舒服 |
| 教书不容易 | 大一点儿好看 |
| 游泳是最好的运动 | 天天练才学得会 |
| 他母亲病了是真的 | 先别告诉他比较好 |

| 指称性宾语（A） | 陈述性宾语（B） |
|---|---|
| 看下棋 | 觉得很舒服 |
| 喜欢干净 | 喜欢干干净净的 |
| 考虑参加不参加 | 开始写小说 |
| 研究自杀 | 打算自杀 |

---

① 文炼、胡附：《扩大语法研究的视野》，载《语法研究入门》，商务印书馆，1999，第 68 页。

② 例子见袁毓林编《20 世纪现代汉语语法八大家——朱德熙选集》，东北师范大学出版社，2001，第 127、130 页。

朱德熙说：“A 类格式里的主语称为指称性主语，B 类格式里的主语称为陈述性主语。在 A 类格式里，充任主语的谓词性成分本身虽然仍旧表示动作、行为、性质等等，可是跟谓语联系起来看，这些动作、行为、性质、状态等等已经事物化了，即变成了可以指称的对象。跟 A 类格式不同，B 类格式里的主语没有事物化。”“谓词性宾语也有这种区别……‘觉得、认为、希望、打算、开始、决定’等动词以及所有助动词后边的宾语只能用‘怎么样’指代，不能用‘什么’指代，在意念上表示陈述，不表示指称。‘觉得、认为、希望、打算、开始、决定’等动词的宾语只能用‘什么’指代，不能用‘怎么样’指代，在意念上表示指称。”“有的动词既能带指称性宾语，又能带陈述性宾语，例如上边举的‘喜欢’。”朱德熙还指出，有指称，不一定有陈述；有陈述，必有指称，他还论述了陈述可以转化为指称。表示陈述的谓词性成分加上“的”就可转化为指称了，如“开车—开车的”、“他写—他写的”、“吃了—吃了的”。[①]

张斌对指称的理解与朱德熙不同。首先，是定义不同。张斌认为：“从符号学的角度观察语言，人们首先考虑的是指称问题。”[②] 人类认识客观事物，从感觉开始，逐步形成概念，然后加以命名，这就是常说的指称，为了避免混淆，我们使用“称说”（refer to），被命名的事物一般也叫指称（reference）。其次，张斌认为，当人们运用词语进行交际时，指称有特定的内容（content）。例如“那儿来了一个人”中的“人”。有了内容的指称，即指称涉及的对象（referent）通常用“所指”来称呼，词典中的词是备用的（preparatory），它们的外延不明确，属于无指（no referential）。句子中的词由于有上下文或语境，有明确的外延，属于有指（referential）。词典中的词具有抽象性，即使是表示具体事物的词也是如此。这里所谓抽象是说它没有具体所指。词作为一个备用单位，在使用中才有所指。[③]

---

① 朱德熙：《指称和陈述》，载袁毓林编《20 世纪现代汉语语法八大家——朱德熙选集》，东北师范大学出版社，2001，第 127 ~ 130 页。

② 文炼、胡附：《扩大语法研究的视野》，载吕叔湘等著、马庆株编《语法研究入门》，商务印书馆，1999，第 65 页。

③ 文炼：《指称与析句问题》，《广播电视大学学报》2000 年第 4 期。

张斌认为，“朱德熙曾经正确地指出：有指称，不一定有陈述；有陈述，必有指称。他（指朱德熙——笔者注）还论述了陈述可以转化为指称”。但是，张斌同时指出：“在汉语里，指称也可以转化为陈述，如‘今天中秋’、‘他上海人’。值得注意的是：转化为陈述的指称，并不包含内容。”[①]“研究问题”“改善关系”“提高水平”是陈述，而“问题的研究”“关系的改善”“水平的提高”是指称。由陈述转变而来的指称要求有陈述，也就是说听话的人预测有后续的词语。[②] 最后，张斌认为，从动态的角度考察，还须考察指称如何变为陈述，而陈述又如何变为指称；哪类语言单位只宜于陈述，哪类语言单位只宜于指称以及指称和陈述搭配的情况。在《谈谈句子的信息量》[③] 一文中张斌分析了指称与陈述搭配的三种情况：

1. 既有指称又有陈述的句子，如典型的主谓句“天气多好啊!”、“他饿得两眼直冒金星”、“为我们今天的合作干杯!”，但句子中的指称和陈述有种种表现形式，如非主谓句：“多好的天气啊!”“饿得他两眼直冒金星”“为我们今天的合作干杯!”可见，指称不一定是主语，陈述也不一定是谓语。

2. 只有指称，没有陈述的句子，指称多由名词或名词性短语表示，如“钱!”“长江!”用指称构成的句子不必有陈述，人们自然地会把指称与所指联系起来，达到交流思想的目的。

3. 只有陈述，没有显性指称的句子，如：“到站了!”“太棒了。”用陈述性的词语构成的句子，必定有指称。例如“下雨了”作为句子，不必有主语，作为交际的实用单位（具体的句子），听话人必然要补上指称去理解，如“今天下雨了”“这儿下雨了”，等等。

总之，作为句子，有指称不一定有陈述，但是有陈述则必定有指称。陈述的指称或者是显性的，即用词语表示；或者是隐性的，即由语境提示。指称和陈述是从语用的角度说明的，不属句法结构的分析。比如“下雨”，从语用方面看，有陈述，隐含指称。从句法上看，它是个完整的句

---

① 张斌：《汉语语法学》，上海教育出版社，2003，第90~91页。

② 张斌：《句子的理解策略》，《中国语文》1992年第4期。

③ 张斌：《谈谈句子的信息量》，载文炼、胡附《文炼胡附语言学论文集》，商务印书馆，2010，第145~150页。

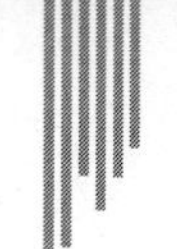



子，并没有省略什么成分。①

## 6.5.2　定指和不定指

有定和无定是对指称的进一步分析。词典中的词，无所谓有定与无定。词用在句子当中必有所指。有所指才能区分定指（identifiable）与不定指（non-identifiable）。定指是说话人预料受话人能够确定某一词语所指对象。说话人认为对方不能确定所指对象，属不定指。汉语里定指与不定指是语义的分析，跟句法没有联系。在英语里，用冠词“the”和“a”来区别定指与不定指。由于汉语的有定和无定没有形式上的明显标记，分析汉语中指称的有定性和无定性就变得格外困难。

### 6.5.2.1　张斌对有定、无定的理解

在汉语里，邓守信认为有定与无定是由说话人规定的，有定与无定的区别与词的位置有关，例如：

> 这里有人每天来看书。（“人”属有定）
> 这里每天有人来看书。（“人”属无定）

由此类推，报纸上常见的语句，如“一个美国记者对我说……”“一位权威人士当场表示……”，这里虽然用上了“一个”“一位”，也当属有定了，因为说话人规定了有定与无定，作者心目中已有所指，不过当时不便说明罢了。这与汉语中普遍把“这、那”看做有定的标志，把“一”看做无定的标志的说法产生矛盾。

范开泰提出既从说话者角度又从听话者角度来考虑有定、无定问题，把这组概念一分为二，即“有定”和“无定”是对说话者而言的。另外又引出了“定指”和“不定指”这组概念，认为这是对听话者而言的。

张斌认为必须从听话者角度确定指称的有定和无定，有定与无定的区分是为了说明言语行为的，言语行为涉及表达和理解两个方面，有定与无定不能不从理解方面来说明，对指称的共同理解不是指内涵相同，而是指外延一致。要使对话双方对指称的问题有一致的理解，起决定作用的是听话的一方。从听话人的理解来说，两句的“人”，都属无定，并认为在这

---

① 张斌：《汉语语法学》，上海教育出版社，2003，第 89 ~ 91 页。

个问题上陈平的说法是正确的："发话人使用某个名词性成分时如果预料受话人能够将所指对象与语境中某个特定的事物等同起来，能够把它与同一语境中可能存在的其他同类实体区分开来，我们称该名词性成分为定指成分。"[①]

6.5.2.2　不同意朱德熙"宾语倾向于无定"的看法

对于有定和无定在句中的表达方式，赵元任、朱德熙有这样的论断：在汉语里，主语倾向于有定，而宾语倾向于无定。许多语法书都举例来证明这种观点，如"客来了"和"来客了"，"雨下了"和"下雨了"等等。张斌认为，关于主语的论述是对的，因为赵、朱两位先生的主语就是话题，与其说主语倾向有定，还不如说话题倾向有定，话题是已知信息，自然不能是无定的。至于宾语，未必倾向无定，用特指、泛指、同指等充当宾语是常见的，它们都属有定。如：（1）祈使句的宾语常常是有定的。例如开会时主席宣布："开会了！"（2）专有名词充当宾语，当然属于定指。（3）人称代词充当宾语，通常是定指。（4）宾语带领属性的修饰语，多数是定指，如"我十分同意你的意见"。（5）宾语表示泛指的事物，应当归入定指，如"他真像个孩子"。

当然，主语也有表示不确定的事物的，如"人来了"中的"人"有时指未确定的人。这个"人"前边可以加"有"，有的语法书认为是"有人"的省略形式，也不无道理。[②]

6.5.2.3　小结

对有定、无定的认识是对信息类别认识的一种深入。和前面所谈到的其他信息类别问题一样，只有将有定、无定概念引进动态的话语交际中，引进语用的因素，才能合理地解释它。从张斌的分析中我们不难看出，如果把人类的话语交际行为作为一个系统看，也就是从传者编码和受者解码这样一个传播系统入手，问题的解决就要相对容易些。但这并不等于说有定、无定问题就完全解决了。比如有定、无定和已知、未知信息的关系问题。另外，寻找有定、无定的形式标志也是一个需要深入探讨的问题。语序似乎是一种重要标志，是否还有其他的？除了显性标志外，隐性因素又

---

① 文炼：《指称与析句问题》，《广播电视大学学报》2000年第4期。

② 文炼：《句子的解释因素》，《语文建设》1986年第4期。

是怎样影响有定、无定的？等等，都有待我们作进一步的研究。

### 6.5.3　旧信息、新信息和信息焦点

6.5.3.1　旧信息和新信息的概念

不同学科，信息定义有所不同。范开泰等认为：“已知信息是指已由环境或前面的话语提供了的信息，是说话人共同具有的知识，可以是听说双方有一致理解的背景知识、常识公理等，也可以是话语中前面部分已提到过的信息。未知信息是指不能从环境或前面的话语预测的信息。”[①] 根据人类的认知规律，人们在传递信息时总是习惯上从已知信息出发，而后引入未知信息。因而在正常情况下，张斌认为，“已知—未知”就成为一种最基本的信息结构模式。“关于信息安排，有两种公认的定式：第一，从旧信息到新信息；第二，须满足听话人要求的信息量。句子传达信息，通常是在旧信息的基础上传达新信息。旧信息在句子中常有词语表示，但也有些隐含在语境之中，如‘下雨了’、‘出太阳了’之类句子”。[②] 从理解方面看，即使是有词语代表的旧信息，它的指称意义仍旧要依靠语境或上下文才能获得。换句话说，张斌不认为存在单一已知或未知的信息片段，只不过是隐含了已知或未知信息罢了，而且，从句法分析上看，把“下雨了”“出太阳了”之类的句子当做省略了主语是不恰当的，因为它们都是完整的句子，不缺少什么成分。

从信息片段内部讲，除了已知、未知信息外，张斌还区分了附加信息和主要信息。

另外，信息结构不等于句法结构，但信息结构必须经由句法的承载才能实现。显然，我们在讨论信息结构时不能受传统句法结构的束缚，但完全抛开句法结构去谈信息结构也是毫无意义的。

用词语表示的旧信息，通常都出现在句首。汉语里，主谓谓语句的主语都代表旧信息。如“他胆子小”中的“他”。当然，新信息也可以出现在句首，如“谁来了”中的“谁”。[③]

---

① 范开泰、张亚军：《现代汉语语法分析》，华东师范大学出版社，2000，第 207 页。

② 文炼：《句子的理解与信息分析》，《语言研究》1991 年第 4 期。

③ 文炼：《句子的理解与信息分析》，《语言研究》1991 年第 4 期。

6.5.3.2　疑问句的疑问点是焦点

焦点的功能主要是指示新信息的所在。韩礼德（Halliday）认为，信息结构包括已知信息（given）和新信息（new），新信息的无标记位置在信息结构的末尾。夸克（Quirketal）等也认为，信息中心置于信息单元的末尾，是自然而然的事情，并称之为末端信息中心原则。张斌赞同这种说法，认为，陈述句通常是先说出已知信息（旧信息），在此基础上传达未知信息（新信息）。在语言链中，往往是新信息不断转化为旧信息。新信息的重点是焦点，通常出现在句末。但疑问句的焦点是疑问点，它是未知信息的中心。[①]“在问答中，疑问点暗示焦点，答句常常针对疑问点，而将旧信息省略。”[②] 确定疑问点是确定问句和答句焦点的关键。据张斌考察，特指问句、正反问句、选择问句和否定问句的疑问点在句内，疑问词、可供选择的并列项、连用的肯否定词语和否定词语都是疑问点的所在。这些句内疑问点在句内是可移动的，疑问点的位置就是焦点的位置。是非问的疑问点是由句外因素决定的，主要是预设或者用“是不是”句、“的是”句来帮助确定疑问点。

6.5.3.3　焦点的表现形式

张斌认为，焦点的表现形式有：

自然焦点，即焦点出现在句末。如“王冕死了父亲”的焦点是“父亲”。“王冕父亲死了”的焦点是“死了”。[③]

对比焦点，即用对比的方式指明焦点。如“这个人硬的不吃，软的也不吃”，“硬的”和“软的”都是焦点，这种焦点是用对比的方式来显示的，对比使得焦点可以处在句子中的不同位置。又如，“我今天不在家，明天在家”，“他北京到过，天津到过，上海没到过”。前句焦点在时间，后句焦点在地点。

标记焦点，用重读表示焦点或者用副词标记焦点。如“你找校长吗？他就是校长”，“就”用在焦点之后，指出焦点。“是他把窗户打碎的”，“是”用在焦点之前，指明焦点。[④]

---

① 文炼：《句子的理解与信息分析》，《语言研究》1991年第4期。

② 文炼：《句子的解释因素》，《语文建设》1986年第4期。

③ 张斌：《现代汉语十讲》，复旦大学出版社，2005，第213页。

④ 张斌：《汉语语法学》，上海教育出版社，2003，第93页。

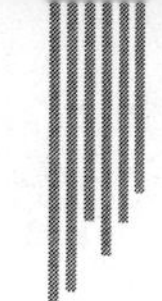



6.5.3.4 区分“表达重点”和“焦点”

（1）他读完了这本书。

（2）这本书他读完了。

在分析“这本书他读完了”时，张斌说，过去大家认为本句强调“这本书”，近年来许多论文都谈到汉语句子的重点在句末，就是说，重点在“读完”，看来似乎有矛盾，“其实句首的受事强调的是旧信息的重点，句末的重点则是新信息的强调之点，有人称之为焦点”①。

### 6.5.4 预设和语法解释

6.5.4.1 预设是理解句子意义的前提

张斌认为，句子的意义是由许多因素组成的。有些意义是句子本身表达的，有些意义是语境表达的。句子本身表达的意义有直接表达的，也有依据句子推断或分析出来的，后者包括预设。也就是说，从表现形式上看，预设没有直接表达出来，它隐藏在表达出来的语句的内层。预设不同于前提，前提是句外提供的条件，预设是依据句子分析出来的，是说话人对事物的认识或看法，听话人接受了这种看法才能正确理解句子的意思。“是说话人认定的双方可理解的语言背景，属语用范畴，通常用判断表示。”② 按此观点，自然语言是在一定语境中用于交际的，每当发话人说出话语或受话人理解话语时，对语境总持有某些设想。例如：“现在是七月，但下雪了。”这句话是以七月天气炎热，不应当下雪这一知识背景为先决条件的，发话者说出这一话语来表达自己的思想，或受话者正确理解这一话语，都必须从这一预设出发。只有这样，交际才能正常进行。“预设是理解句子的先决条件”③，“有些语言学家分析句子，常提到预设（presupposition），这是把句子的结构分析和句子存在的条件联系起来，对理解句子很有帮助的”④。

① 文炼、胡附：《汉语语序研究中的几个问题》，《中国语文》1984 年第 3 期。

② 张斌：《蕴涵、预设与句子的理解》，《世界汉语教学》2002 年第 3 期。

③ 张斌：《蕴涵、预设与句子的理解》，《世界汉语教学》2002 年第 3 期。

④ 文炼：《句子的理解与信息分析》，《语言研究》1991 年第 4 期。

6.5.4.2　预设的语法解释

许多语法现象宜用预设来解释，“我们的任务正是要根据句子结构去说明预设，而不是笼统地用‘语言环境’概括一切”①。

例一：“语法学界公认句末语气词‘了’表示新情况的出现，可是如何解释‘我早就报了名了’中的语气词‘了’呢？可以从主观预设来加以解释：说这句话的人，他预设对方并不知道他报了名，所以从听话人的角度上说，仍属新情况。如果不这样解释，句子中的‘早’就与‘新情况’不相容了”②。

例二：下列成对的句子，一正一误，也可以用预设加以解释。

（3）a. 路还远着呢。
　　 b. 路还近着呢。
（4）a. 时间还早着呢。
　　 b. 时间还晚着呢。
（5）a. 水还凉着呢。
　　 b. 水还烫着呢。
（6）a. 你把帽子脱了。
　　 b. 你把帽子戴了。

（3）、（4）、（5）句的特点是：句中用副词“还”，句末用“着呢”。语气上带点儿夸张，而且都含有某种预设。（3）a 句预设路程由远到近。这是对目的地而言，距离不断缩小。b 句预设由近而远，当然不合理。（4）a 句预设时间由早到晚。这里的“早”是指离规定的时间远，“晚”是指靠近规定的时间。时间不断流逝，只能是由早而晚，所以 b 句不合情理。（5）的 a、b 两句都能成立。把水加热，是由凉而烫。让热水冷却，是由烫而凉。a、b 两句反映了不同的情况，所以都合理。③（6）的 a、b 两句的句法结构相同，差别只在成对的反义词中各用了一个，听话的人心目中认定帽子是先戴后脱，所以觉得 a 句合乎情理。b 句如果说成“你把帽子戴好”

① 文炼：《句子的理解与信息分析》，《语言研究》1991 年第 4 期。

② 张斌：《论关联成分》，载中国人民大学中文系编《语言研究的务实与创新——庆祝胡明扬教授八十华诞学术论文集》，外语教学与研究出版社，2004，第 1 页。

③ 张斌：《现代汉语》，中央广播电视大学出版社，2003，第 371 页。

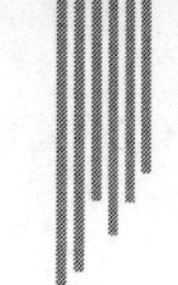



“你把帽子戴上”就行了。句末的表示新情况的“了”，对预设的暗示作用也是值得注意的。

例三：“不但……而且”的预设：

(7) 他不但学识丰富，而且品德高尚。

(8) 他不但品德高尚，而且学识丰富。

(9) 他不但能说汉语，而且能讲标准的普通话。

(10) 他不但能讲标准的普通话，而且能说汉语。

这些句子都用上了“不但……而且”，通常称为递进句。所谓递进，是说重点在后边的分句。这是就句子本身的含义来说的，其实，说话人心目中还有更深广的认识，那就是隐含在句中的预设。(7) 句预设学识丰富的人不一定品德高尚；(8) 句预设品德高尚的人不一定学识丰富；(9) 句预设能说汉语的人不一定会讲标准的普通话；(10) 句的预设不合事理，所以属病句。

例四：

(11) 他虽然用了50秒游完全程，但是得到了冠军。

(12) 他虽然用了50秒游完全程，但是没有得到冠军。

(13) 虽然他父亲是研究科学的，他却读了文科。

(14) 虽然他读了文科，他父亲却是研究科学的。

这些句子用上了“虽然……但是（却）”，通常称为转折句，意思是说后边分句不是顺着前面的意思说的，而是转入另一层意思。其实，这些句子都含有某种预设。(11) 句预设用50秒游完全程本不能得到冠军。(12) 句预设用50秒游完全程本应该得到冠军。(13) 句预设子承父业。(14) 句成了预设父承子业，当然不合乎情理，所以不这么说。①

(15) 他虽然十六岁了，但是仍旧像个孩子。

(16) 他虽然只有十六岁，却已经像个大人了。

① 张斌：《蕴涵、预设与句子的理解》，《世界汉语教学》2002年第3期。

（15）句的预设是：十六岁该算大人了。（16）句的预设是：十六岁还是个孩子。可见预设不是指客观存在的事实，而是指说话人所认定的事理。这种事理虽然属于主观认识，但总是通过一定的形式表达出来，因而使听者能够理解。[①]

例五：由于预设或蕴涵不确定引起的歧义：

（17）他胖了一点。

（18）衣服短了一点。

（17）句可以用在谈论朋友分别之后的情况的场合，也可以用在选择演员的场合。如果情况属前者，那么就有这样的预设：他原来比较瘦。如果情况属后者，那么就包含这样的条件：不胖才合乎标准，“他胖了一点”，言外之意是不够标准。（18）句可以出现在试穿衣服的时候，也可以出现在洗涤衣服之后。由于情况不同，含义也就有差别。[②]

从上边的分析可以看到，张斌把预设定义为一个句子所表达的判断的语用前提，受到语境以及认知经验的制约，与语言外部信息、交际双方的主观设想、心理预期、知识状态、共知信息、说（听）话人的某种能力以及客观世界的一般常识、客观规律、客观现实经验有联系。

有些学者认为词语也可以有预设，如“果然”预设事实与期望相符，“居然”预设事实与期望不符。再如“至多”与“至少”也有预设：

（19）他至多受到警告处分。

（20）至少须有大专学历。

“至多”和“至少”都预设事情有轻重、高低、多少等不同层级。（19）句预设处分有不同层级，用“至多”表示最大限度。（20）句预设学历有不同层级，用“至少”表示最小限度。因为层级是客观存在的，因此属语义范畴。张斌认为，这里选用“至多”或“至少”仍带有主观色彩。归根结底，属语用的选择。修辞上的用法更能说明预设的语用性质。[③]

---

① 文炼：《句子的解释因素》，《语文建设》1986 年第 4 期。

② 文炼：《句子的理解与信息分析》，《语言研究》1991 年第 4 期。

③ 张斌：《蕴涵、预设与句子的理解》，《世界汉语教学》2002 年第 3 期。

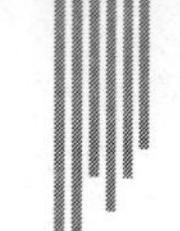



## 6.6　张斌“三个平面”观的意义

张斌提出的句子分析中存在句法、语义、语用三个平面的理论，对于语言动态研究具有极为重要的影响。它一方面突破了析句法的理论瓶颈，另一方面是语法学在当代发展的鲜明标志，更是对不同语法理论的继承与融合，并且“在继承的基础上有所升华，有所创新”①。比如，在句法平面，它是以结构主义描写语法为基础，吸取传统语法注重意义、注重成分分析、注重中心词的作用等优点，充分运用分布分析、对比分析、替换分析等方法，有效地揭示句子内部的结构层次和结构关系，并据此归纳出一定的句法结构类型和句型。在语义平面，它较多地吸取转换生成语法、格语法重视对短语内部语义关系的考察，重视对词的语义特征和语义指向以及语义搭配的分析，并通过替换分析揭示句法结构的异同，使句法结构的描写更加精密，分析更加细致入微。在语用平面，它较多地吸收传统语法重视对句子语气和表达功能分析的长处，并结合系统功能语法中对句子的主题、焦点和行为类型进行分析的优点，注意把句子的句法结构、语义结构同一定的语言环境、交际目的和表达功能联系起来，使语言和言语、动态和静态、描写性和实用性有机地结合到一起，从而丰富和完善了语法分析中形式和意义相统一的理论原则。

当然，对汉语语法研究来说，“三个平面”理论更多的是方法论层面的革新，其意义在于带领研究者从一个新的视角切入语法研究，并使研究逐步走向深入。

### 6.6.1　从吕叔湘的句法、语义研究上看张斌“三个平面”观的意义

张斌语法分析的三个平面，其着眼点体现出深广的学术文化视野，在他之前，国内很少有人有意识地研究句法和语义、语用之间的各种复杂关系，并寻找其规律，即使是给予张斌较多影响的吕叔湘也是如此。

20 世纪 30 年代，叶斯柏森主张形式和意义相结合的新传统语法学传

① 施关淦：《关于语法研究的三个平面》，《中国语文》1991 年第 6 期。

入中国。依据叶斯柏森的语法哲学精神，吕叔湘（1942）把语义分析引入句法结构分析中，在汉语语法学中第一次较全面地描写句子的语义结构及其构成，提出了汉语句法语义研究的补词说。[①] 今天看来，补词说与配价语法多有暗合之处。

吕叔湘认为叙事句“要把一件事情说清楚，必须说明这个动作起于何方，止于何方”，“在句法上把动作的起点称为‘起词’，把动作的止点称为‘止词’”，叙事句“既是叙述一件事情，句子的重心就在那个动词上，此外凡动作之所由起，所于止，以及所关涉的各方面，都是补充这个动词把句子的意义说明白，都可称为‘补词’。所以起词也可以称为‘起事补词’，止词也可以称为‘止事补词’，受词也可以称为‘受事补词’。可是所有的补词和动词的关系并非同样密切，起词和动词的关系最为密切，止词次之，其他补词又次之，如时间补词及方所补词和动词的关系就疏远得很，有它不嫌多，无它不嫌少”。[②] 从吕叔湘的论述中我们可以看出，补词说具有如下特点：①补词反映了动词与从属名词性成分之间的语义关系，相当于语义格。②各类补词跟动词的关系不一样，有亲疏之别，其说法类似于配价语法的必有成分和可有成分。③补词是语义成分，与主语和谓语不在同一层面上，各类补词和动词的关系跟主语和谓语的关系不对应。

在《从主语宾语的分别看国语句子的分析》（1947）一文中，吕叔湘从句法（语序）和语义（施受关系）两个角度着手考察确定主语、宾语标准，指出主语与动词的语义关系有多种而并不限于施事。

《汉语语法分析问题》（1979）进一步讨论与动词具有多种语义关系的名词性成分的句法安排。

毫无疑问，吕叔湘的动词中心观和补词说对张斌的“三个平面”理论的研究有启示意义。站在今天的角度比较 1940 年代的吕叔湘与 1980 年代、1990 年代的张斌的研究，首先可以看到，吕叔湘的分析笼统而模糊，缺少张斌的方法论意识，而且只有句法和语义两个方面，不及张斌、胡裕树有句法、语义、语用三个平面。其次，吕叔湘关于各类补词和主语的分别还不是很明确的，并没有明确指出各类补词是语义上的，相反，他认为起词

---

① 吕叔湘：《中国文法要略》，商务印书馆，1942，1982。

② 吕叔湘：《中国文法要略》，商务印书馆，1982，第 28、53 页。

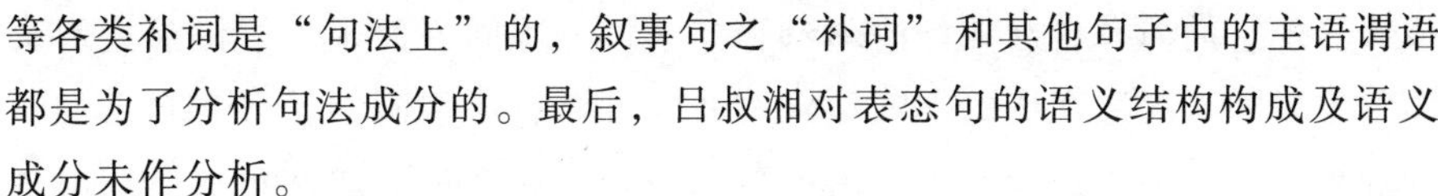

等各类补词是“句法上”的，叙事句之“补词”和其他句子中的主语谓语都是为了分析句法成分的。最后，吕叔湘对表态句的语义结构构成及语义成分未作分析。

总之，在理论自觉的程度上，吕叔湘不及张斌、胡裕树。从这点看，张斌、胡裕树“三个平面”观的理论意义是明显的。

### 6.6.2　从同时期及其后的语法研究看张斌、胡裕树“三个平面”观的意义

在与同期及后续的语法研究的比较中，我们发现，句法、语义、语用三个平面既区别又联系的分析观和形式与意义相结合、动态与静态相结合、描写性与实用性相结合的分析原则在汉语语法研究中已经初步确立，并受到高度重视。

例一：朱德熙在《语法讲义》里提出“主语和谓语的关系可以从结构、语义和表达三个不同方面来观察”①，到了《语法答问》里，提法更明确：“进行语法分析，一定要分清结构、语义和表达三个不同的平面。……这三个方面既有联系，又有区别，不能混为一谈。”② 邢福义提出两个“三角”的语法研究方法论，也主张对语法事实进行多角度描写。③

例二：70 年代末吕叔湘提出了“静态单位”和“动态单位”的说法④，90 年代初更进一步提出：关注动态研究，关注语义、语用的分析。⑤

例三：此后的二十几年里，汉语语法学界关于“三个平面”学说的讨论很热烈。⑥“三个平面”学说的面貌由朦胧而渐趋清晰。范晓《三个平面的语法观》（1996）、《现代汉语句子的类型》（1998），邵敬敏《现代汉语疑问句研究》（1996）等专著是明确运用“三个平面”学说开展研究的可喜成果。

胡裕树在《三个平面的语法观》序言中说，语法科学的研究，有着种种不同的学术流派，择其要者而言，有传统语法、结构主义语法和转换生

① 朱德熙：《语法讲义》，商务印书馆，1982，第 95 页。

② 朱德熙：《语法答问》，商务印书馆，1985，第 37 页。

③ 邢福义：《现代汉语语法研究的两个“三角”》，《云梦学刊》1990 年第 1 期。

④ 吕叔湘：《汉语语法分析问题》，商务印书馆，1979。

⑤ 吕叔湘：《对当前汉语研究的感想和希望》，《汉语学习》1991 年第 1 期。

⑥ 袁晖、戴耀晶：《三个平面：汉语语法研究的多维视野》，语文出版社，1998。

成语法。它们都有自己独特的理论和方法，在不同方面丰富了语法这门科学。但是随着语法理论的不断深入发展，可以看出不同学派各有自己的长处和短处。如果取长补短，作出更高的综合，那就有可能使语法研究出现新的面貌。“三个平面”的理论，就是在这种情况下提出来的。它不是模仿哪家学说，而是汲取各家的合理的内核作更高综合的一种新的理论和方法。《世界汉语教学》和《语言教学与研究》编辑部联合主办的语法座谈会的纪要说：“三个平面的理论，不仅拓宽了语法研究的领域，而且为深化语法研究指出了一条新路，可能给整个语法研究带来新的突破。”[①] 这反映了语言学界对“三个平面”理论的看法和评价。

陆俭明在《90 年代现代汉语语法研究的发展趋势》一文中指出：“在 90 年代将进一步对语法进行多角度、多方位、多层面的研究，特别是语法、语义、语用结合研究，看来这是一个发展趋势。”[②] “三个平面”的理论“对汉语语法的直接影响超过了结构主义以后任何西方语法流派的影响，使汉语语法学进入了一个新时期和新高度”[③]。“三个平面的语法观，扩大了语法研究的视野，是一种开放的大语法观。它启发人们运用新的思路和方法对汉语语法规律和现象作全方位、多角度的观察、描写和解释。在这种语法指导下所形成的分析方法已经正在展现出诱人的发展前景。”[④]

## 6.7 小结

张斌、胡裕树的“三个平面”观之所以受到汉语语法学界的高度重视，主要是因为它符合现代语言学发展的潮流，体现出语法研究指导思想上最根本的两点变革：①加强与句法结构密切相关的语义的分析，实质上就是要沟通语法形式与语法意义之间的联系；②加强句子进入交际场合以后的语用分析，实质上是强调在静态研究基础上进行动态研究。因此，这一理论一诞生就显示了旺盛的生命力和强大的解释力。

---

① 《世界汉语教学》和《语言教学与研究》编辑部：《语法讲座纪要》，《语言教学与研究》1993 年第 1 期。

② 陆俭明：《90 年代现代汉语语法研究的发展趋势》，《语文研究》1990 年第 12 期。

③ 刘丹青：《语义优先还是语用优先》，《语文研究》1995 年第 2 期。

④ 岳方遂：《跨世纪的中国语法学》，《复旦学报》1998 年第 5 期。

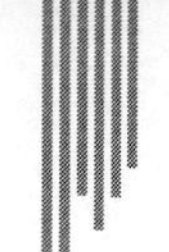



20 多年来，“三个平面”理论在句法、词法等方面得到运用，使语言研究面貌焕然一新，研究内容不断深化，并且引发出一系列与此相关的研究理论和方法。例如，“三个平面”理论促使语义平面独立，语义平面的相对独立需要语义分析方法，语义分析方法的需求促使配价语法研究成为一股潮流；再如，“三个平面”理论凸显了语用平面的重要性，有了语用平面，就顾及了语言的使用，这就改变了过去那种基本上只搞静态描写的片面做法，而代之以静态描写跟动态研究相结合的方法，有些过去引起争论的问题得到了更为合理的解释，等等。近期国内句法语义研究的兴起和功能解释语法的兴起就是句法、语义、语用“三个平面”理论的演化和发展。

尽管如此，我们也不能对“三个平面”理论存有过高的奢望，以为通过“三个平面”的研究，就能理解一个句子所蕴涵的全部信息，这是做不到的。正如卞觉非所说：“在一个句子中，不仅蕴涵着语言意义，而且繁复的历史文化信息也蕴涵于其中。这决非三个平面分析就能完全奏效的。在这个意义上说，语法研究三个平面的分析能达到的目标是相对有限的，充其量也只能揭示一个语句蕴涵的句法、语义和语用信息。对于语法研究而言，这是一项了不起的成就，可是这跟解释现实的目标仍然相距甚远。”① “三个平面”理论还存在着很多需要深入研究的地方，进一步深化和完善“三个平面”理论，在指导汉语语法研究以及对外汉语教学甚至自然语言的机器处理方面都有十分重要的意义。

---

① 卞觉非：《句子的分析与理解及其相关问题》，《南京大学学报》1995 年第 1 期。

# 第7章

# 张斌关于“三个平面”理论的实践

与理论和方法上的探讨相应，张斌具体的汉语语法研究也体现出一种多视角、多平面分析的大势。

综观张斌80年代以来的语法研究，发现他对各种语法理论的见解实际上无不与他对“三个平面”理论的深入研究和积极贯彻运用有关。正是在“三个平面”理论的指导下，运用多种有效的研究方法，张斌对许多具体语法问题提出了独到的见解。

## 7.1 动词的“向”

### 7.1.1 “向”的提出

通常认为，配价语法是法国的语言学家特思尼耶尔（Lucien Tesniere）最早系统地提出的（1959）。但事实上，早在1942年，吕叔湘在《中国文法要略》一书中就提出了动词中心观和动词的方向问题。

吕叔湘指出，汉语叙事句的中心是一个动词，“句子的重心就在那个动词上，此外凡动作之所由起，所于止，以及所关涉的各方面，都是补充这个动词把句子的意义说明白，都可称为‘补词’”。“一个动词除起词止词外，还可以有各种补词代表与此事有关的人或物”。[①] 这样，一个句子的中心是动词，句子中表示人或物的名词性成分都是补充或限制这个动词，都可以称为“补词”。吕叔湘的《中国文法要略》可以说是提

① 吕叔湘：《中国文法要略》，商务印书馆，1982，第53、42页。

出“动词中心理论的先声之作”。在同一著作中，吕叔湘还使用了“方向”一语来表示动词所涉及的角色。[①] 赵元任在《北京口语研究》(1948) 中也使用了同样的“方向”。遗憾的是这些研究都只是勾画了“动词中心观”和动词的“方向”的理论框架，没有从理论上予以概括。所以多年来，动词“向”的研究始终没有引起汉语语法学者的关注，在国内外始终没有产生应有的影响，远远不如特思尼耶尔影响大。到了 60 年代，语言学界在多年排斥和忽视语义研究之后，再次兴起语义研究的热潮，70 年代后，语义分析和语用—话语分析日渐成为语言学研究的热点，于是，如何解决句法结构和语义结构之间的关系必然也成为研究的热点。汉语语法研究追随世界语言学研究的潮流，提出了汉语语法研究的“三个平面”理论。“三个平面”理论促使语义平面独立，语义平面的相对独立需要语义分析方法，语义分析方法的需求促使汉语动词“向”的研究成为一股潮流。

### 7.1.2 “向”与动词再分类

随着语法研究的深入，许多学者认识到动词是句子句法语义结构的核心，从而倡导“动词中心说”。所谓“动词中心”是指在进行语法分析时以动词为中心的一种观点和方法。这种语法分析方法已成为当代多数语言研究者的共识。随着“动词中心说”影响的日渐扩大，学者们逐渐认识到，动词的再分类是推进语法研究的途径之一。因为不同动词小类，有不同的语法特征和语义特征，这些特征反映出不同的句式、句型、句类，同时动词小类研究也是动词全面描写的必然阶段，它对对外汉语教学和计算机处理自然语言来说尤其重要。

传统语法也重视动词的分类，但大多从意义角度，如《普通话三千常用字表》《汉语知识》《中学教学语法系统提要（试用)》等，80 年代后动词分类主要着眼于语法角度，这些分类既有传统语法的延伸和发展，也有新的分类角度。比如，对及物和不及物动词的再分类就是对传统语法动词研究的再发展。对及物和不及物动词的再分类是从带什么性质宾语的角度来区分及物和不及物的，但也正是宾语性质本身的不易确定带来了动词及

---

① 吕叔湘：《中国文法要略》，商务印书馆，1982，第 32 页。

物不及物区分的困难。随着人们对语言结构认识的深入和国外新的语言学理论的传播，语法学家们尝试运用“向”的理论给动词分类。朱德熙首先明确地把“向”的思想引进汉语语法研究。他在《“的”字结构和判断句》（1978）中首次明确提出汉语动词的“向”的概念，成功地用动词配价的观点分析动词性成分加“的”构成的“的”字结构的歧义指数问题。

“向”指动词的支配能力。引进“向”的概念来解释汉语语法现象的意义在于：“句子的基本语义结构是动词以及与它相联系的名词性成分构成的，所以研究动词和名词的搭配关系占着十分重要的地位”，“分析动词的‘向’对于搭配关系很有用处”。[①] 关于动词的“向”或“价”的理论，可以说是80年代以后“动词中心说”的最好体现。

### 7.1.3 张斌对“向”的理解与朱德熙不同

对动词的“向”各人理解并不相同，关键在于“向”的性质和确定“向”的具体方法上。朱德熙认为，能够跟一个、两个或三个名词性成分发生联系的动词分别是单向动词、双向动词或三向动词。例如“他来了”“来人了”的“来”是单向，而“他来客人了”的“来”是双向。“这把菜刀切肉”的“切”是双向，“这把菜刀我切肉”的“切”是三向的。[②] 从中可以看出朱先生确定动词“向”的标准是句法的，动词“向”是在具体的句子中确定的。

张斌对动词“向”的研究始于1982年。他的贡献在于指出与动词发生联系的名词性成分分为两种：一种是强制性的，另一种是非强制性的。[③] 其后又进一步指出，决定汉语动词“向”的是必有补足语和可有补足语，主张借用赫尔比希等人的省略法（即消元测试）和蕴涵测试（隐含测试）来区分必有成分和可有成分、区分可有补足语和自由说明语。[④]

张斌认为，“在语言学中这个概念所表示的是动词或形容词（在一些语言中还有名词等）的一种支配能力，亦即它们在句中对一定数量补足语

---

① 文炼：《词语之间的搭配关系——语法札记》，《中国语文》1982年第1期。

② 朱德熙：《“的”字结构和判断句》（上），《中国语文》1978年第1期。

③ 文炼：《词语之间的搭配关系——语法札记》，《中国语文》1982年第1期。

④ 文炼、袁杰：《谈谈动词的“向”》，载《汉语论丛》，华东师范大学出版社，1990。

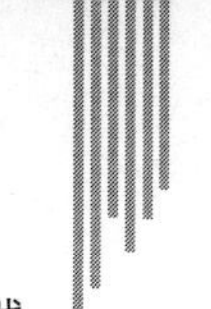



的要求”，“‘向’是就动词说明造句时的语义制约”，“决定动词‘向’的不仅有‘必有成分’，而且还有‘可有成分’（或称之为可有行动元）”。[①]他反对在具体的句子中确定“向”，主张区分“向”的必有成分和可有成分。他认为，动词“向”是由与它相联系的“强制性的名词性成分”决定的，而不是“能联系的名词性成分”，而且“向”是固定的而不是随句可变的。“他来客人了”的“来”仍旧是单向动词，它与“客人”有搭配关系，不与“他”相联系。单向动词要求与一个强制性名词成分发生关系，双向动词要求与两个强制性名词成分发生联系。比如，“死”是一价动词，只要求一个强制性的名词性单位与之同现：“一个人死了。”“死了一个人。”“挂”是二价动词，要求两个强制性的名词性单位与之同现：“他挂一幅画。”如果在“挂”后面加上一个“到”，那么“挂到”就变成三价了，要求三个强制性的名词性单位与之同现：“他把该幅画挂到墙上。”接着，张斌又发现，在汉语中，跟动词发生联系的成分不限于名词性成分，也可以是谓词性成分。[②] 如[③]：

同意/参加（宾语是动词）
同意/参加这次会议（宾语是述宾结构）
同意/大家都去（宾语是主谓结构）
同意/坐火车去（宾语是连谓结构）
同意/立刻参加（宾语是副词充任修饰语的偏正结构）

张斌还提到，“即使是同一形式的动词往往有不同的语义关系，这就产生所谓‘兼向’的问题”。例如：

动词“成”，作“成功”讲时是单向的：“事成了。”作“变为”讲时是双向的：“沙漠成绿洲。”

“兼向”现象给了我们启示：语义特征的不同会在配价上得到反映，而动词的“向”的不同，也一定会在语义上找出特征来。如：

---

① 张斌：《汉语语法学》，上海教育出版社，2003，第129、130、134页。
② 文炼、袁杰：《谈谈动词的“向”》，载《汉语论丛》，华东师范大学出版社，1990。
③ 转引自张斌《汉语语法学》，上海教育出版社，2003，第137页。

| A组 | B组 |
| --- | --- |
| 一行字在黑板上写着 | 他在黑板上写字 |
| 一幅标语在墙上贴着 | 他在墙上贴标语 |
| 纽扣在袖口上钉着 | 他在袖口上钉纽扣 |

对上述A、B两组句子的分析，如果从动词的配价角度入手，是可以揭示出两组不同的语义特征来的。A组的动词是双向的，具有〔-动作〕、〔+状态〕的语义特点；B组的动词是三向的，具有〔+动作〕、〔-状态〕的语义特点。[①]

总之，“动词具有‘向’，是动词在各种场合具体运用时所有的一种语义功能”[②]，动词的句法语义属性是动词本身所固有的属性。正因为如此，分析和描写动词的“向”对探讨语句的生成，对语句的分析和理解有着重要的理论意义。如张斌提出的句子的理解策略之一“词语提取策略”，其实就是抓住核心动词的句法语义属性来对语句中的其他成分进行合理预测，从而理解句子的含义；“词语预测策略”也是通过对核心动词的句法语义属性的把握来认识具体语句的构成及变化、隐含、省略。

## 7.2 关于句子的合语法度：搭配（同现）关系分析

### 7.2.1 区分词汇选择和语法选择：张斌与邢公畹的论争

邢公畹认为：“语法结构公式的正确性是和真实性相联系的，如果一个组合或一个句子缺乏真实性，也就是语法上不正确的。”[③] 就是说，词汇上不能搭配的说法如“吃床”“甜星”既然是不真实的，根本谈不上合不合语法。“名词1+动词+名词2”这个公式是从“小王修拖拉机”之类的正确句子抽象出来的，而不是从“小王吃拖拉机”“小王修理三角形”之类错误的句子抽象出来的。邢公畹指出，如果上述公式既概括了正确的句子，又概括了错误的句子，那是不合逻辑的。张斌不赞成邢公畹的观点，

---

① 齐沪扬：《现代汉语空间问题研究》，上海学林出版社，1998，第134页。

② 张斌：《汉语语法学》，上海教育出版社，2003，第131页。

③ 邢公畹：《词语搭配问题是不是语法问题》，《安徽师范大学学报》1978年第6期。

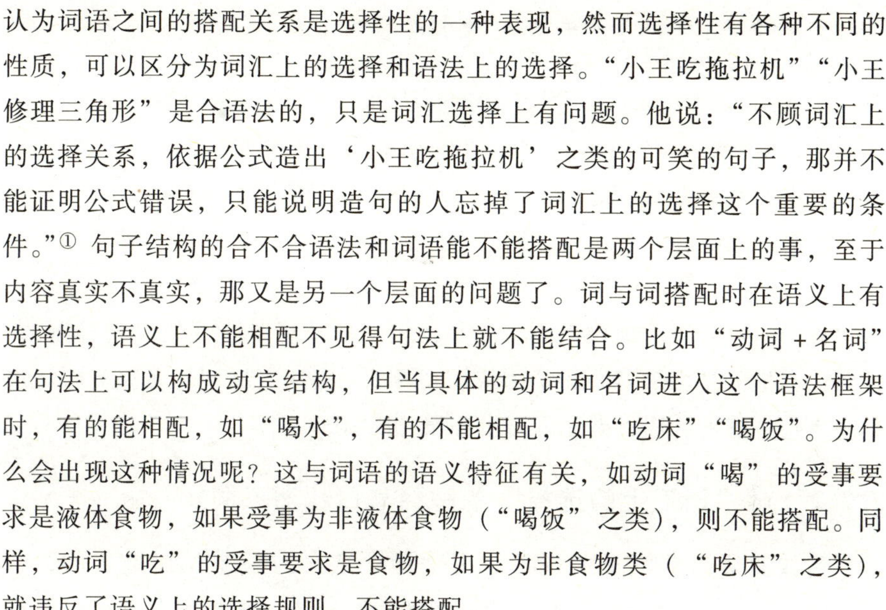

认为词语之间的搭配关系是选择性的一种表现，然而选择性有各种不同的性质，可以区分为词汇上的选择和语法上的选择。“小王吃拖拉机”“小王修理三角形”是合语法的，只是词汇选择上有问题。他说：“不顾词汇上的选择关系，依据公式造出‘小王吃拖拉机’之类的可笑的句子，那并不能证明公式错误，只能说明造句的人忘掉了词汇上的选择这个重要的条件。”① 句子结构的合不合语法和词语能不能搭配是两个层面上的事，至于内容真实不真实，那又是另一个层面的问题了。词与词搭配时在语义上有选择性，语义上不能相配不见得句法上就不能结合。比如“动词＋名词”在句法上可以构成动宾结构，但当具体的动词和名词进入这个语法框架时，有的能相配，如“喝水”，有的不能相配，如“吃床”“喝饭”。为什么会出现这种情况呢？这与词语的语义特征有关，如动词“喝”的受事要求是液体食物，如果受事为非液体食物（“喝饭”之类），则不能搭配。同样，动词“吃”的受事要求是食物，如果为非食物类（“吃床”之类），就违反了语义上的选择规则，不能搭配。

句法分析和语义分析是有区别的。如：

（1）A请（领导/帮助）B从事……

这一类句子，属兼语式。它的特点是第一个动词的主语是A，第二个动词的主语是B，B兼作第一个动词的宾语。如果从语义上分析，有两种可能：一种是A和B都是第二个动词的施事，另一种是只有B是第二个动词的施事。例如“我请他吃饭”，可能是我和他一块儿吃，也可能只有他吃。究竟表达的是哪种意思，要根据别的条件才能确定。我们不能把句法分析当做语义分析，认为“吃”的施事只可能是“他”。又如：

（2）A和B是C

这种句式包含不同的语义关系，常见的有：

（3）A和B是学生（工人/教师……）

（4）A和B是同学（同乡/同事……）

① 文炼：《词语之间的搭配关系》，《中国语文》1982年第1期。

(5) A和B是兄弟（父子/夫妇……）

(3) 可以理解为：A是学生，B也是学生。(4) 可以理解为：A是B的同学，B也是A的同学。(5) 可以理解为：A是兄，B是弟，如此等等。这里的区别是由学生、同学、兄弟所代表的概念来确定的。

如果不顾隐含意义，只看到语句的表面形式，可能产生两种毛病：一是把有区别的句式混同了，例如只看到例(3)、(4)、(5)相同的一面，而忽视了它们之间的细微差别。二是词汇上的选择除了受语义选择制约，还要以有指称（即内容）可能为依据。可见，搭配（同现）关系分析，应体现出句法搭配、语义搭配、语用搭配的区别。

### 7.2.2 对“词汇上的选择”的解释与吕叔湘不同

吕叔湘认为词汇上的选择是由“词汇意义的限制”而造成的，如“甜星”“吃床”之类。“‘甜’所属的类和‘星’所属的类是可以组合的，‘吃’所属的类和‘床’所属的类也是可以组合的，咱们不听见‘甜星’‘吃床’那是因为受词汇意义的限制”。词汇上的选择属词汇问题而不是语法问题。[①] 张斌认为，其一，词汇上的选择受词义范围的制约，同时又常常要以有指称可能为依据。“吃”和“床”为什么不能搭配？因为“吃床”不能有所指称；如果有所指称，也就能搭配了。其二，理论上讲，词汇上的选择和语法上的选择是不同性质的选择，实际上有些搭配问题从一个角度分析是词汇选择问题，从另一个角度分析是语法上的选择问题。词汇上的选择除了“吃床”“甜星”一类，还有一类，例如“我们一定要努力克服骄傲”，“克服”和“骄傲”不能搭配也是词汇上的选择。“这里所说的词汇上的选择不同于——‘吃床’‘甜星’之类。‘吃床’的问题可以从指称意义上加以说明，而‘克服骄傲’只能从语言习惯上加以解释。这种习惯如果找出规律的话，那就只能从实词的次范畴之间的关系来说明，而这样实际上已经是语法上的说明了。”[②]

---

① 吕叔湘：《语言和语言学》，《语文学习》1958年第2期。

② 文炼：《词语之间的搭配关系——语法札记》，《中国语文》1982年第1期。

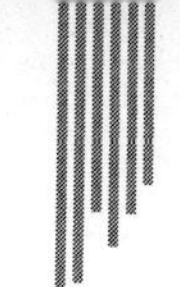



### 7.2.3　句子的合法度与信息量有关

“三个平面”理论认为，讨论一个句子的合语法或不合语法，应该从三个不同的平面进行综合分析：一是句法上词语间结合得妥当不妥当，二是语义上词语搭配得合理不合理，三是语用上词语安排得适切不适切。凡符合妥当、合理、适切三个条件的句子，可以说是一个合法的、较好的句子；反之，可能是一个不合法的句子或是一个有语病的句子。①

在此基础上，张斌从信息论的角度提出，句子的合法度与信息量有关。而信息量的多少不仅是语句本身的问题，还与接受者的条件以及说话的环境密切相关。② 如果我们对别人说“你有一双手”，人家会感到莫名其妙，因为这句话没有提供任何新信息。如果对一个失去谋生希望的人说“你有一双手”，他能理解你的意思。可见句子表达意思，要有一定的信息量。信息量不够，句子的结构虽然完整，它的合语法度仍可怀疑。有些句子给人家的印象是语意未完，原因往往在于此。比如有人说：“我有一个朋友。”你一定想听下去，这句话不宜句断。当然，信息量的多少不仅是语句本身的问题，还与接受者的条件以及说话的环境密切相关。一个句子如果只出现指称，提供的信息量显然不够，通常由语境（包括上下文）加以补充，例如“钱!”离开了语境，这个独词句的含义很不明确，可以有多种理解。主谓句中的主语表示指称，字面上可以有所指，如“鲁迅是《阿 Q 正传》的作者”，也可以无所指，如“他是这篇小说的作者”。在具体的语境中，无所指的当然也成为有所指了。谓语表示陈述，不论是抽象的句子还是具体的句子，在表达和理解方面，有一些基本的要求。不同类型的谓语又有所不同。动词性谓语句的基本要求是提供时间信息。如：

他起床（?）
他起床了。

前一句缺少时间信息，不成句。后一句句末有“了”，表示出现新情

① 胡裕树、范晓：《试论语法研究的三个平面》，《新疆师范大学学报》1985 年第 2 期。

② 文炼：《与语言符号有关的问题——兼论语法分析中的三个平面》，《中国语文》1991 年第 2 期。

况，属已然。

再如：

他被校长批评了。

我把他打了。

特殊句式在表达方面还有特殊的要求。上例中的“把”字句和“被”字句除了要有时间信息之外，还须有结果信息。[①]

## 7.3 语序研究

语序是一种重要的语法形式，或者说是一种重要的语法手段。任何语言的语法都有个语序问题。语序不仅是表示语法结构、语法意义的形式，也是言语表达或修辞的手段。由于汉语是一种非形态语言，很多语法意义要通过语序来表示，句子类型也往往要通过语序来表示，所以汉语的语序比一些印欧语的语序更为重要。关于语序的一系列问题，早在50年代有关主宾语的讨论中就已经有过争论和研究。当时大多数人重视语序，主张凭语序来决定主宾语，即认为名词在动词之前分析为主语，在动词之后分析为宾语。80年代以来，有关语序问题的研究日益得到重视，汉语语序的研究取得了不少成果，出现了大量的研究语序的专题文章，举办了有关语序问题的专题学术讨论会[②]。张斌的研究成果主要体现在论文《汉语语序研究中的几个问题》[③] 一文中，详述如下。

### 7.3.1 受事宾语在一定条件下可以位于动词前

有人认为汉语的语序比较固定，即主语在谓语之前，宾语和补语在述语之后，修饰语在中心语之前。有人却认为汉语的语序有一定的灵活性，如谓语可以出现在主语之前，修饰语出现在中心语之后。其实，汉语的短

---

① 例子和说明转引自张斌《谈谈句子的信息量》，载范开泰编《20世纪现代汉语语法八大家——胡裕树张斌选集》，东北师范大学出版社，2002，第414～418页。

② 这次会议上的一些观点可参看朱景松《关于语序的几个问题——第五次语法学修辞学学术座谈会发言摘要》，《语言教学与研究》1995年第3期。

③ 文炼、胡附：《汉语语序研究中的几个问题》，《中国语文》1984年第3期。

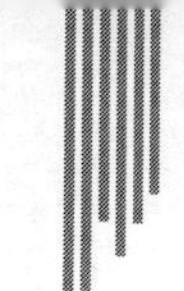



语的语序是固定的，而句子的语序有一定的灵活性，句子语序的灵活性表现在哪些方面有不同的看法。宾语一般在动词之后，这是普遍的看法。但在宾语能否前置的问题上，存在着不同的意见。有的认为宾语不能置于动词之前；有的认为宾语不仅可以置于动词之前，而且还可以置于主语之前（句首）；有的认为宾语在一定条件下可以置于动词之前，但绝不能置于动词前面的主语之前（句首）。张斌认为在一定条件下也是可以改变顺序的。这个条件指的是：①宾语是个疑问代词，常同副词“都”“也”等配合；②宾语前边有“一”，后边有表示否定的副词“不”或“没，没有”；③有些宾语不是疑问词，但全句是列举的形式，分句中的宾语也能用在动词之前。以上三种，有一个共同的特点，那就是有遍指的意味，同时宾语是被强调的。在这种情况下，宾语用到动词前面，只是改变了宾语的位置，没有改变动词和宾语之间的结构关系。由此可见，受事宾语在一定条件下是可以位于动词之前的，并不是所有位于动词之前的名词性成分都是主语。[①]

### 7.3.2 “汉语的短语的语序是固定的，而句子的语序有一定的灵活性”

在汉语语法学界，有所谓“语序固定”论。语序固定论者认为形态变化丰富的语言语序灵活，汉语缺乏形态变化，所以语序比较固定。但也有“语序灵活”论。语序灵活论者认为汉语结构成分的语序比较自由，可根据表达需要灵活变动。

这两种看法表面上是对立的，但也不是完全不相容的。如果语序没有相对的固定性，那语序也就没有规律可言；如果语序没有灵活性，那语序在运用中就变成僵化的教条。上述两种看法实际上着眼点不同，张斌认为，“持前一种看法的人，把语序限制在语法结构的范围之内，从词组成分的位置来看，说汉语语序比较固定当然是有根据的。持后一种看法的人所说的语序却超出了句法结构，说汉语语序有灵活的一面也不是出于臆断”[②]，“汉语的短语的语序是固定的，而句子的语序有一定的灵活性”[③]。

---

① 胡裕树主编《现代汉语》（重订本），上海教育出版社，1995，第 350 页。

② 文炼、胡附：《汉语语序研究中的几个问题》，《中国语文》1984 年第 3 期。

③ 张斌：《现代汉语语法十讲》，复旦大学出版社，2005，第 5 页。

### 7.3.3 “语序包括语法的、语义的、语用的”

张斌认为，语序也称词序，语序和词序是同一个概念。张斌所说的语序不是具体的词的排列次序，而是指语法单位的排列次序，也指结构成分的排列次序，如词序、词组序、分句序、句子序、句群序、句法成分序、句子成分序等。他指出：以“我找他”“他找我”为例，说明汉语的语序改变了，词语之间的关系也变了，原来的主语变成了宾语，原来的宾语变成了主语，这一说法是不妥当的。张斌认为，这里讲的语序改变，是指具体的词的位置的更换，在“A 找 B”这个序列里，“A”代表有生名词，“B”代表人或事物的名词。“我”和“他”既可代入“A”，也可代入“B”。代入的具体名词不同，不能说明语序（作为句法手段的语序）有了改变。这个例子说明的是词语之间施受关系的改变。[①] “我找他”中，“我”是施事，“他”是受事，“他找我”中“他”是施事，“我”是受事。句法关系并没有变，这里的语序改变是语义上的。“你哥哥来了吗?”和“来了吗，你哥哥?”有不同的色彩，后者是因为说话人的情绪紧张，行为本身最先浮现在意识里，所以先说出来。这种语序的类别是语用上的，是为了在交际过程中适应具体环境的需要而产生的。只有像“客来了”和“来客了”，“雨下了”和“下雨了”的差别，才属于句法上的。句子是以句法结构为基础的，但句子并不等于句法结构，句子往往在句法结构的基础上有所增添（如增添外位成分、独立成分），有所变化（如倒装、省略）。这种变动有的跟语义有关，有的跟语用有关。如果仅仅把语序限制在句法结构范围之内，许多现象自然是不可能解释清楚的。

“语序所表达的有的属于语义，有的属于语法，有的属于语用”[②]，张斌、胡裕树以“三个平面”的观点研究语序，在之前和同时期所有有关语序性质的研究中，无疑是最富于开创性的，奠定了语序在语言学中的重要地位，对汉语语序的深入研究无疑具有极为重要的指导意义。

### 7.3.4 限制语序的因素

关于限制语序的因素，张斌、胡裕树还提到：1. 名词的位置与动词的

① 文炼、胡附：《文炼胡附语言学论文集》，商务印书馆，2010，第 56 页。

② 胡附、文炼：《句子分析漫谈》，《中国语文》1982 年第 3 期。

性质有关。比如“我们”“讨论”“问题”有三种语序可以选择，而“我们”“讨论”“怎么干”却只有两种语序可供选择。所以，“逐个地研究动词，加以归类，找出语序安排的规律来，这大概是大有可为的”①。在国内，张斌、胡裕树是较早尝试通过动词的分类说明语序问题的学者，他们的研究使国内的汉语研究者看到了一个研究汉语语序的新视角，意识到汉语动词的分类对说明汉语的语序规律的重要性。正是在这种观念的影响下，80 年代以来，汉语语法研究的一个重要成果就是对动词、名词进行下位分类的研究，动词和名词小类的划分更多地注意到动词和名词的小类和语序之间的依存关系，出现了一系列从动词、名词特征（小类）角度研究汉语语序问题的文章。2. 语序的安排与虚词的使用有关。在这方面，过去的一些语法著作已注意到了，可是，有关实词的次序安排与虚词使用的关系，现在似乎反而不如《马氏文通》那样重视。看来，过去的语法著作中，还有许多值得继承的内容。② 3. 单、双音节对语序有影响。实际上，“刚”类和“刚才”类的差异只是活动能力的差异，而此类活动能力差异是由音节引起的。双音节形式的活动能力明显高于单音节，这已有定论，而且已被看成汉语的一大特点。

### 7.3.5　语序反映时间顺序并没有抓住汉语语序的最一般趋势

有些学者解释汉语的语序，是立足于句外要素，如逻辑要素、心理要素，等等。戴浩一曾从逻辑角度解释汉语句子的时间顺序。他认为两个句子相连的时候，首句表示的条件、发生的时间总是在先，如“我吃过饭，你再打电话给我”。又认为表达动作和目的时，先说动作，再讲目的。如“我们开会解决问题”。还认为在比较句中，总是先作比较，再说明结果。如“你比我高”……并把此类现象称为“临摹性”。③ 徐通锵提出，汉语是“一种典型的语义型语言”，汉语句法单位的排列次序是“根据思维之流来安排”的，比如“我跑到操场上”和“我到操场上跑”这两句语序上的差异就反映了“思维之流”中“跑”和“到操

① 文炼、胡附：《文炼胡附语言学论文集》，商务印书馆，2010，第 57 页。

② 文炼、胡附：《文炼胡附语言学论文集》，商务印书馆，2010，第 58 页。

③ 转引自张斌《现代汉语语法十讲》，复旦大学出版社，2005，第 279 页。

场上”这两个行为的先后词序的不同。并由此提出汉语语法是“语义句法”。[①] 戴浩一的“临摹性”是徐通锵提出语义句法的重要原因之一，那么，如何看待临摹性问题呢？张斌认为，正如戴浩一所说，比起英语来，汉语的语序更接近客观事理的先后顺序。从广义上说，事理的顺序属于逻辑的范畴。当然，戴浩一所说的只是一种倾向，不是严格的规律。正因为如此，相反的语言事实并不罕见。例如，“我走进屋里，饭菜已经摆好了。”“为了解决问题，我们正在开会。”“权大于法还是法大于权？”其实，按事情发生顺序安排语句是许多语言共有的现象，倒是那些具体语言特有的语序安排值得重视，包括功能解释。[②] 由此可见，张斌认为，语序反映时间顺序并没有抓住汉语语序的最一般趋势。我们认为，徐通锵以此为依据，认为汉语语法是语义语法，似有商榷的余地。

总之，张斌、胡裕树强调多角度考察说明汉语语序形成的制约因素，这些因素包括语义的、句法的和语用的，而且语义、句法、语用三种因素之间是相互区别相互联系的。汉语的语序是在多种因素的共同作用下形成的，用一种单一的原则没有办法来说明汉语的语序问题。“不要把语序看做一种自足的手段，必须联系许多方面加以考察，才能得出切合实际的结论。”[③]

## 7.4 主语和话题

### 7.4.1 主语和话题的关系

主语和话题是现代语言学中的两个基本概念，二者的关系研究是一个重要课题，也是一个热门话题。从马建忠在《马氏文通》中引进西方传统语法模式以来，汉语语法学者开始讨论句子的主语、谓语、名词、动词。1968 年，赵元任在主语之外又引入话题这一概念，使得本来就没有解决的主语问题更加复杂化。

---

① 徐通锵：《语义句法刍议》，载《80 年代与 90 年代中国现代汉语语法研究》，北京语言学院出版社，1992。

② 文炼：《谈谈汉语语法结构的功能解释》，《中国语文》1996 年第 6 期。

③ 文炼、胡附：《汉语语序研究中的几个问题》，《中国语文》1984 年第 3 期。

赵元任认为，在汉语里，把主语、谓语当做话题和说明来看待，比较合适。赵元任的这种主语话题等同说在汉语语法界，特别是汉语结构语言学中的影响很大。如朱德熙在《语法讲义》中认为：“说话人选来作主语的是他最感兴趣的话题，谓语则是对于选定了的话题的陈述。”① 朱德熙的这种观点和赵元任的主语话题等同说是一致的。李临定也持主语话题等同的观点，并且比赵元任和朱德熙更为彻底。他认为主语是这样的成分：“它是位于句子前边的起话题作用的名词或相当于名词的成分”。主语“有较大的概括性，有不稳定性，它和谓语之间的关系松散、笼统，它的形式特征贫乏”。由此，李临定得出了主语的“实际语法地位就不那么重要，我们的语法分析也就不必过多的注重它了”的结论。②

张斌、胡裕树不同意赵元任、朱德熙等的主语话题等同说，他认为主语和话题性质不同，话题是属于交谈功能的概念，主语属于句法关系的概念，在表层语句中作为语用概念的话题与句法概念的主语不是完全重合或对应的。但他们又同时承认主语和话题常有重合的情形——“名词性谓语句、形容词性谓语句的主语是话题，也就是陈述对象。”③

例一：“在汉语里，通常所讲的主语有两种：一种是以语义为基础的主语，另一种是以语用为基础的主语。我们管前一种叫主语，管后一种叫话题主语。”④（这里的话题主语也就是张斌后来所说的话题或主题。）“必须区分一般主语（陈述对象）与话题主语（脱离语法控制的说话重点）。”如“知道这件事的人不多”一句中的“知道这件事的人”是一般主语，而“这件事知道的人不多”一句中的“这件事”是话题主语。这两个句子中，后一句的“这件事”移至句首是为了突出说话的重点，由于语用的需要而作出的安排。⑤

例二：在《试论语法研究的三个平面》一文中，胡裕树、范晓（1985）认为主语和话题是不同的概念，再次对主语和话题进行区分。他们举了两个例句：

---

① 朱德熙：《语法讲义》，商务印书馆，1982，第 96 页。

② 李临定：《主语的语法地位》，《中国语文》1985 年第 1 期。

③ 张斌主编《现代汉语》，中央广播电视大学出版社，2003，第 329 页。

④ 文炼、胡附：《文炼胡附语言学论文集》，商务印书馆，2010，第 362 页。

⑤ 胡附、文炼：《句子分析漫谈》，《中国语文》1982 年第 3 期。

(1) 我读过《红楼梦》了。

(2)《红楼梦》我读过了。

按照句法分析,(1)中“我”是主语,(2)中《红楼梦》是主语;按照语义分析,(1)中“我”是施事,(2)中《红楼梦》是受事;从语用上分析,“我”和“《红楼梦》”都是话题。

由此他们得出结论,语法分析如果单讲句法分析和语义分析,也还是不完善的,还要同步地进行语用分析。他们认为,“主题(主题又称话题——笔者注)是语用分析中的重要概念。它跟主语、施事属于不同平面。主题、主语与施事是可以独立并存的概念。主语是属于句法关系的概念,它是与谓语相对而言的,是一种句法成分;主题是交谈功用上的概念,是交谈双方共同的话题,是句子叙述的起点,常代表旧的已知的信息,它是与评论相对而言的,是一种语用成分”①。

### 7.4.2 确定主语和话题的操作程序

张斌、胡裕树区分了主语和话题的不同性质,认为主语是句法层面的概念,话题是语用层面的概念。此观点有助于我们区分句法上的主语和语用层面的话题,对于二者的关系的解决也有一定的积极意义。同时,他们不仅只是把主语和话题作为两个不同层面的概念范畴来区别对待,而且提出了确定句子的主语和话题的操作程序。

在如何确定主语上,张斌提出:“主语以语义为基础,不能理解为施事和受事为主语选择的范围。语义关系,在动词谓语句中表现为动词和名词性成分之间的关系,包括与动词有关的施事、受事、工具、时间、处所等等。动词前边如果出现这些项目中的一项,就可以充当主语。例如,‘台上坐着主席团’的主语是‘台上’,‘今天来了客人’的主语是‘今天’。当然,动词前边的名词性成分如果带上介词,那么就和动词一起成为动词性成分了,所以不是主语选择的对象。动词前边的名词性成分如果不止一个,主语的选择就有一定的次序,通常的顺序是:(1)施事,(2)受事,(3)工具,(4)处所,(5)时间。例如:‘我不认识这个字。’‘我这

① 胡裕树、范晓:《试论语法研究中的三个方面》,《新疆师范大学学报》1985年第2期。

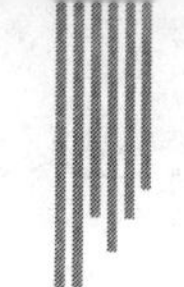



个字不认识。’‘这个字我不认识。’三个句子的主语都是‘我’。末句的‘这个字’是由于语用的要求提到句首的，所以是话题主语。又如‘今年世界上有几件大事’和‘世界上今年有几件大事’中的主语都是‘世界上’。”①

这一段关于主语的说明，从句法上规定了几点：

第一，在动词谓语句中，主语的位置在动词前边。

第二，主语前边不带介词。也就是说，介词结构不充当主语。

第三，主语常常是名词性成分。如果动词前有若干个名词性成分，则按照“施事—受事—工具—处所—时间”这个先后顺序来选择、确定主语。对于句首时间名词、处所名词能否充当主语这一问题，张斌提出采用“提升”的办法来处理这种情况，例如“下午我们开会”的“下午”不充当主语，但当“我们”不出现时（“下午开会”），则提升“下午”为主语。对于采用这种“提升”办法的原因，张斌作了说明：句子当中与动词发生联系的名词，有的必须用介词，有的不能用介词，有的可用可不用。名词加上不同的介词就与动词发生不同的语义关系，而用不用介词，又影响到它与动词的句法关系。如果把介词当做名词与动词之间的结构关系的标记，那么，用不用介词，应该看做区分句法成分的一个重要依据。这就是介词结构不充当主语的理由。如果认为可加而不加介词的名词是处于“能量转换”的地位，那么，依据一定的条件来确定它们的身份也是讲得通的。这就是在句首的时间、处所名词有时充当主语的根据。②

我们不妨把以上三点看做主语的句法特征。它分别从语序、虚词（使用与否）、语言单位的功能三个角度作了明确的规定。

在如何确定主题上，张斌以动词性谓语句为例说明之。

1. 典型主语，例如：

（1）他//在大学毕业了。
（2）外国朋友//喜欢来中国旅游。 } 施事兼话题

① 张斌：《汉语语法研究》，商务印书馆，2003，第 260～261 页。

② 张斌：《汉语语法研究》，商务印书馆，2003，第 37 页。

(3) 自行车//骑走了。
(4) 电灯//修好了。
(5) 这把钥匙//用来开房门。
(6) 明天//是小王的生日。
} 主语是话题而不是施事

(7) 谁//打破了玻璃?
(8) 什么人//打来了?
} 主语是施事而不是话题

2. 非典型主语，例如：

(9) 这个字//我不认识。
(10) 这种事//他最有办法。
} 话题先出现，然后出现施事

张斌得出结论：话题有两个特点：第一，在句首出现；第二，它表示的是定指的事物。“谁”和“什么人”是不定指，所以不能看做话题。“这个字”和“这种事”可以称为话题主语，它后边出现的是谓语。谓语是主谓结构，其中的“我”和“他”是施事主语。话题主语也称为大主语，施事主语为小主语。①

《简明现代汉语学习指导书》② 进一步为话题的识别提供了一个操作模式。

“谁/什么 + 怎么样/是什么” = “话题 + 陈述”

左边模式中的前项、后项是被陈述与陈述的关系，能回答这一模式的句子就是“话题 + 陈述”的结构。

整个分析把语用的话题、句法的主语、语义的施事等三者之间的关系条分缕析地呈现出来，表现出它的全面、细致、合理和可操作性。不过，既然主语不等于话题，两者的定义就应该有区别，然而就像所有谈主语、话题的文章一样，教材并没有解决定义问题。

### 7.4.3 小结

自从赵元任把话题概念引入汉语语法研究后，台湾的汤廷池、曹逢甫

---

① 张斌：《现代汉语》，中央广播电视大学出版社，2003，第 329 页。

② 本书系张斌主编《现代汉语》（中央广播电视大学出版社出版）配套的辅助教材，同时配套的还有《现代汉语精解》。

也较早就主语和话题的关系问题进行了讨论。在汉语主语和话题的关系方面，赵元任认为主语和话题是等同的，二者完全重合；汤廷池、曹逢甫认为主语和话题性质不同。大陆对这一问题并未引起足够的重视。1981 年胡裕树主编的《现代汉语》，首先在大学教科书中引进“话题”的概念，开展话题与主语关系的研究。自《现代汉语》引进话题概念后，大陆涉及话题的讨论和著述逐渐增多。如朱德熙、范开泰区分了主语和话题，徐烈炯、刘丹青的《话题的结构与功能》是集中讨论话题，特别是汉语话题的专著。

张斌、胡裕树研究的主要意义是，第一，批评对以赵元任为代表的“主语话题等同说”的观点。第二，开拓研究新视角，主张从三个平面的角度分析主语、话题问题。三个平面的区分是：主语属于句法平面，施事受事等属于语义平面，话题陈述（说明）属于语用平面。

# 第 8 章

# 句子模式和句子理解策略

句子理解策略只存在于我们的心理中，只有在理解具体的句子模式时才能成为我们直接观察到的规则、数据。如果这些策略具有共通性而不断地在使用者的群体中萌生，这就形成稳定的心理认知模式。本章的任务之一在于指出句子形式与句子理解策略间的密切关系。

## 8.1 汉语句子理解的认知研究

语句理解策略的讨论始于 1959 年语言学家乔姆斯基对传统语言学习理论的批评，他认为儿童在语言获得过程中不是语言输入的被动接受者而是积极的产生和创造者。由此激起了许多研究者对儿童获得语言过程中所使用策略的普遍关注。美国心理学家贝沃（T. G. Bever）在 20 世纪 60 年代首先使用“理解策略”（comprehension strategy）一词来解释人的理解过程，它的意思是“人在理解中不是使用了所有的程序，而是可以找到某种捷径或窍门”，后来，心理语言学家斯洛宾阐述了句子理解的实质，认为理解策略是儿童先天的普遍能力，但这种普遍能力不是乔姆斯基所说的先天的语言知识而是儿童先天的分析加工机制，这种机制以人脑的物质活动为基础。而（表层）语法信息既然不是先天存在于儿童的大脑里，那么它就是这种分析加工机制从环境中不断归纳和提炼语言规律而得到的。之后，有关句子理解有哪些具体策略的研究大量涌现。

在我国最早开展对汉语句子的认知研究是心理学界的缪小春等，他们以汉语为实例对句子理解中的句法策略和语义策略进行研究。缪小春等（1984），陈永明、崔耀（1994，1995），江新、荆其诚（1999）等人的实

证研究结果虽然在关于详尽词汇（即语义）信息起作用的时间点、句法和语义加工的关系、从句法系统中得到的输出表征数量等方面存在不同的理论预期，未取得一致的意见，但是对句子理解问题在三个方面取得了比较一致的看法：（1）读者对句子的表征是随着句子的展开而逐渐增加的；（2）在句子加工的每一个时间进程上，均会产生暂时的句法结构，并对其后的续接成分作出预期；（3）读者很快利用详尽的语义信息以达到正确的分析。这就是句子理解理论的研究成果。

吸收国内外认知心理学界句子理解理论研究的已有成果，在语言学界，张斌"首先提出了理解句子的策略"①。张斌认为，句子的理解策略的研究和通常所说的句子分析不是一回事，虽然它们的关系十分密切。句子分析是把已经完成的句子加以解剖，使用的材料主要是书面语言；句子的理解策略的研究是从听话的角度考察接收信息的过程，探讨人们如何逐步懂得全句的意思。这种策略当然也适用于书面语言，不过，我们不把句子当做一次出现的整体符号，而看做一种动态的符号串，一个符号接一个符号显示出来，使接收信息的人逐步理解，直到达到目的。句子分析和句子理解策略的研究，它们的着眼点不同，但是后者以前者为基础。张斌的目的似乎是想把句子分析和句子理解密切联系起来，最终归纳出理解策略的类型，从而建立起一套理解汉语的心理认知模式。

## 8.2　句子的理解因素

句子的理解就是根据句子信息来建立意义。因此，句子理解的过程可以理解为句子意义建立的过程。

对句子理解的认识有个发展的过程，在西方，20 世纪 60 年代，人们受结构主义的影响，认为理解是绝对静止的语言解码过程。到了 60 年代末，语言学家们认识到理解是动态的，它还受到接受主体个体经历的影响。70 年代，语用学创立，它认为话语的理解必须考虑交际主体（包括表达主体和接受主体）和交际环境，必须通过研究语境进而研究话语的理解。话语的指示信息是理解的关键。格赖斯提出的会话含意学说和合作原

① 范开泰、齐沪扬主编《语言问题再认识》，上海教育出版社，2001，第 388 页。

则，区分了语言意义和话语意义，并将交际主体和语境纳入研究范围。拉塞罗·安他勒区分了句子的形式、意义和内容，认为句子的理解有两种：一种是通过句子的形式理解句子的意义；另一种是在理解句子意义的基础上进一步理解句子的内容。[①] 为此，张斌提出，句子的理解包括两个方面：一是句内因素（包括词义、句法结构、语义、层次、语气和口气等），二是句外因素（包括预设、社会意义、暗示含义、联想意义等）。在句子内层诸因素中，语法是核心，它是分析和理解一个句子所蕴涵的句法、语义和语用信息的基础，也是分析与理解句子的凭借，所有研究工作都必须从这儿开始。句子外层因素是语境。它不仅指与上下文相关的语境，还延伸到与使用者相关的因素如预设、社会意义、暗示意义、联想意义等。言语交际中对话语意义的理解超出了话语的语言意义，牵涉话语的言外之意和对表达主体的意图或动机的理解以及接受主体的语言水平、心理状态、文化背景等。可以说话语意义是在特定语境中得以确认的意义。

## 8.3 句子和句子理解策略

### 8.3.1 语义组合方式和词语提取策略

诚如上文所指出的，句子的意义并不是词义和句法结构的简单相加。但是在一些简单句中，特别是简单的动词谓语句中，词 + 句法结构 + 语调→句子，这个简单的公式是能够说明句子意义的。这种情况下，人们可以运用词语提取策略，利用动词的格框架，把词义（动词的意义）和语义（动词与名词性成分的关系，主要是施受关系）融为一体，从而掌握全句的意思。

安德森（Anderson，1980）在他的认知心理学中曾经举过一个例子，很好地说明了词语提取策略在句子理解中的运用。在《人猿泰山》这部小说中，泰山说："Jane fruit eat"（珍妮水果吃）。虽然这句话不合乎英语语法，但人们仍能理解它。这是因为，在这句话中提到了"一个人"（珍

① 转引自张斌《现代汉语语法十讲》，复旦大学出版社，2005，第 273 ~275 页。

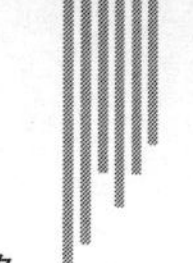



妮），“吃”和“能吃的食物”（水果）。而读者能够认识到，在能吃的东西与能吃东西的人之间存在一种关系，所以能够建构起一个命题，用隐函数表示为：意义 = 吃（珍妮，水果），从而理解了这句话，这一理解过程就是利用了动词“吃”的句法语义属性来完成的。

词语提取策略其实就是抓住核心动词的句法语义属性来对语句中的其他成分进行合理预测，从而理解句子的含义。这是一种简便的策略，幼儿初学语言常运用这种策略。但是在许多情况下，这种策略不是自足的，须有其他条件作补充。

### 8.3.2　汉语结构特点与词语预测策略

不同民族的认知特点必然对语言表达产生影响。作为理解的策略，词语预测同样具有民族语言的特点。

从句子在话语中的功能角度来划分，可以分为发端句和后续句。这样，听到“因为”“如果”“虽然”等话头的句子，以及“关于、至于、对于”引导的句子就知道必有相应的后续句。指示代词引导的句子往往也是发端句。听到发端句，预测后续句，这是较常见的现象。发端句促使听话的人预测，预测的内容虽不十分确定，但有一定的范围。①

从信息类别考察，信息可分为指称和陈述。在具体交谈中，出现指称，不一定有陈述；出现陈述，必定有指称。由陈述转变而来的指称要求有陈述。如“研究问题”“改善关系”“提高水平”是陈述，而“问题的研究”“关系的改善”“水平的提高”是指称。当听到由陈述转变而来的指称时，要求有陈述，也就是说听话的人预测有后续的词语。②

句子信息也可分为附加信息和主要信息。句子中必定有主要信息，但不一定有附加信息。附加信息出现，必然跟着出现主要信息。有些词专用作附加信息，如非谓形容词和副词。有些短语也属附加信息，如介词短语。名词性短语用作附加信息的如“大规模（生产）”、“小范围（实验）”、“高速度（运行）”、“长时间（鼓掌）”等等。

动词分为带宾语动词和不带宾语动词。能带宾语的动词，有的是必须

---

① 文炼：《句子理解策略》，《中国语文》1992 年第 4 期。

② 文炼：《句子理解策略》，《中国语文》1992 年第 4 期。

带的，有的是可带可不带的。在我们的经验中，听到必带宾语的动词时，就能作出预测了。这实际上也是通过对核心动词的句法语义属性的把握来认识具体语句的构成及变化、隐含、省略。

词语预测策略是以图式理论为心理学基础的。在心理学中，图式指学习者原有的知识结构。当汉语的特点形成图式分布在头脑中的时候，在句子理解过程中，新输入的言语信息在头脑中已经存在的各种图式的帮助下能够作出预测，从而完成对言语的理解。由于图式集合了关于汉语特点的具体构成的知识，它能为人们理解言语材料提供一种积极的准备状态。当图式被激活后，人们对即将要叙述的内容便会产生一种预测。当预测同言语材料内容一致时，图式将促进对材料的迅速理解。相反，当图式的预期同实际描述不一致时，图式将阻碍对材料的理解。例如，看到这样的句子“因为下雨……”便可以激活我们头脑中因果关系句的图式：“因为……所以……”，并由此预测后续句是“所以……”。但不相关的图式之间就没有这种预期作用，如紧接着这个因果关系句子后面的会是什么样的句子，就无法预期。

### 8.3.3 “板块”与尝试组合策略

前面谈到研究句子理解策略时，考察的句子不是一次出现的整体符号，而是动态的符号串，一个符号接一个符号显示出来，听话的人也是边听边分析，逐步理解。听话的人在特定的语境下，听了前面一部分词语后，往往就可以预测整个句子将按什么模式展开，然后按照模式的格式去理解每一块成分。如果根据语境和已出现部分还不足以对整个模式作出精确判断的话，我们往往把前面的块暂时储存着，采取“延迟选择”的策略，在听到更多的词语时再作判断。比如先出现语言单位 A，再出现 B，人脑里的图式对新信息进行加工，提出预测，即认为 A 和 B 有某种句法关系。也可能认为 A 和 B 没有直接关系，于是让 A 储存在短时记忆里，等待 C 的出现。C 出现之后，图式又重新作出预测，或拆散已经组合的 AB，或将游离的 A 跟 BC 组合，等等。如①：

① 例子引自张斌《句子的理解策略》，《中国语文》1992 年第 4 期。

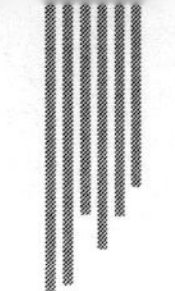



我的家在东北松花江上。

“我的家”组成一个板块，“在东北”组成第二个板块。出现“松花江上”的时候，拆散第二个板块，让“东北”与“松花江上”组合，然后与前边的“在”组合。

双方尽了最大努力。

“双方”成一个板块，“尽了”与“最大”不能组合，自成板块。“努力”出现，先与“最大”组合，再与“尽了”组合。

为什么知道“尽了”和“最大”不能组合？那是因为语义分析的介入，在这里句法加工可以提出多种可能的分析，语义和语用信息在这些可能的分析中作出判断，有些分析遭到拒绝，另一些分析则得到继续加工。

这个例子很好地说明了：(1) 在句子加工的每一个时间进程上，均会产生暂时的句法结构，并对其后的续接成分作出预期；(2) 听话人很快利用详尽的语义信息以达到正确的分析；(3) 句法分析和语义分析是紧密结合的。句法分析的最终结果要受到语义因素的影响，同时语义的作用表现在对每个短语甚至每个词的分析上，而不是在确定整个句子结构之后再进行。

### 8.3.4　句子模式和模式对照策略

长期使用某种语言的人，脑子里储存了各种各样的句子模式。第一种是语气模式，如疑问句、陈述句等；第二种是结构模式，如主谓句、非主谓句等等；第三种是特征模式，通常称为句式。这些模式作为已有的知识结构储存在脑中，当接收的部分信息和已有的经验有一致的地方时，就可以利用已有的经验来推断新句子的含义，这就是模式对照策略。比如儿童在学习语言的过程中会发现，像“甲问乙”“某同学踢足球”这样结构为 NVN 的句子是很常见的（NVN 即名词—动词—名词这种结构），长时间之后，他会“领悟”到第一个名词往往是向第二个名词发出动作的人。在以后理解句子的时候他总倾向于将第一个名词当做施事。如果发现儿童使用这种规则来理解句子，这时我们说此儿童掌握了这种句子理解的策略。

这实际上也是图式在起作用。理解时图式对输入的材料的加工有所选择。某一图式一旦被有关线索激活，就会为信息的加工储存提供一种框架。例如，当我们听到："你把这杯酒……"我们头脑中"把"字句的图式就会被激活，句子不用说完，只要出现在特定的语境中，听话的人就能明白。模式对照策略能节省我们很多时间。

## 8.4 小结

关于句子理解策略的研究大多以英语等印欧语系的语言为研究材料，而以汉语句子为材料的研究比较少，在中国，对汉语句子理解策略的研究始于80年代，至今只有20多年的历史。在语言学界，有关句子理解策略的研究少之又少，张斌是第一个提出句子理解策略的学者（1992）。他研究了句子理解涉及的各种因素，探讨了某些句子模式与理解策略间的关系，试图建立起句子模式与理解策略间的通道，以期更快速、准确地理解句子。他归纳出的理解策略的类型即"词语提取策略""词语预测策略""尝试组合策略"和"模式对照策略"，为语言学界参与语言交际习得的研究、参与计算机自然语言理解的研究，开了理论研究的先河。[①]

① 范开泰：《胡裕树、张斌先生评传》，载范开泰编《20世纪现代汉语语法八大家——胡裕树张斌选集》，东北师范大学出版社，2002，第4页。

## 第9章

# 语法学视角下的诗句结构特点的描写与解释*

格律诗的语言结构早已为历代评论家所发现，只不过他们多详于描写而疏于解释。张斌的独到之处在于，从语法学的视角描写诗歌语言结构特点和语义组合方式特点并作出功能解释，同时，在语法学和接受美学的双重关照下阐释格律诗的理解特点。

毋庸讳言，在语法学范畴内开展诗歌句子的接受、理解、解释及句子的信息结构的研究绝非易事，因为这方面的理论成果极少，可以继承的东西微乎其微。张斌借鉴接受美学以及人工智能领域内的自然语言理解的研究，研究格律诗的言语结构及理解接受，提出："作品（指格律诗）的意义包含在作品的词句中，但读者并非只能被动地从作品文辞中去理解和欣赏。读者在理解作品时发挥能动作用，这就是理解的第三个层次。"② "读者的感受与作者的意向趋于一致，于是产生共鸣。在这个前提下，读者也可以有所创造。由于作品的语句常有意义的不确定性，也由于作品之中每有'意义空白'，读者便能根据自己的经验予以补充。"③ 在格律诗严格的范式下，张斌既不夸大，也不忽视接受者在接受过程中的主观能动性，融接受美学中的"接受意识""期待视野""意义空白"等概念于一体，探索诗歌接受的途径，开辟了语法研究的新视点。

---

* 本章根据张斌《汉语语法学》第153～180页改写。

② 张斌：《汉语语法学》，上海教育出版社，2003，第154页。

③ 张斌：《汉语语法学》，上海教育出版社，2003，第157页。

## 9.1 格律诗的语言结构

句子的意义不但与词义、语义、句法结构有关，而且与语境（包括说话人和听话人）有关。在交际中，发送信息的一方对语句有所选择，接受信息的一方也有所选择（理解方面的选择）。根据交际的目的，反复运用某种形式，这就形成稳定的认知结构。认知结构只存在于我们的心理中，只有当它最终表现为语言成分的组合时，才能为我们所直接观察。格律诗的认知结构包括四个认知要素：（1）字数，即每句所包含的音节数，分为五言和七言两种；（2）押韵，在偶句末尾位置，用相同或相近的韵母构成音色节律；（3）对仗，一句之内上下两个分句要求语义、结构对称；（4）平仄，运用汉语声调的优势构成有规则的音高节律。格律诗的语言结构是格律诗认知结构在语言层面上的投射。

### 9.1.1 时地 + 景物 + 情意

诗人写景抒情，或由景生情，或寓情于景，或情景交融，手法不一。但是在全诗的结构上有一种倾向，即须点明时间和处所，可以是明显的，也可以是隐含的；在开头点明比较常见。例如：

“春眠不觉晓，处处闻啼鸟。”——孟浩然《春晓》（先说时间，再说处所）

“红豆生南国，春来发几枝。”——王维《相思》（先说处所，再说时间）

“故人西辞黄鹤楼，烟花三月下扬州。”——李白《送孟浩然之广陵》（先说处所，再说时间）

“床前明月光，疑是地上霜。”——李白《静夜思》（第一句暗示时间和处所，第二句补充说明时间，即秋天）

“葡萄美酒夜光杯，欲饮琵琶马上催。”——王翰《凉州词》（“夜光杯”暗示处所，第二句暗示时间）

提供时间和处所正是为理解内容提供语境，使读者在理解意义的基础上理解其内容。张斌认为句子有两种：一种是语言的句子，或者叫做抽象

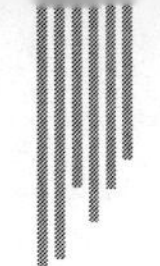



的句子；另一种是言语的句子，或者叫做具体的句子。抽象的句子用在不同的场合，所指的客观对象可以各不相同。具体的句子则有所指称。这种指称意义有人称之为内容。抽象句子没有内容，即没有思想、感情和具体的信息内容。有了时间和处所，抽象的句子才能跟一定的语境或某些现实联系起来，才能在言语交际中使用。

### 9.1.2 “有所述” + “有所为”

诗句与交际中使用的任何词语或句子一样，是跟具体现实相联系的，有具体的指称和陈述。例如：

晨起动征铎，（陈述，理解时须补上指称。根据下文，指的是旅客）

客行悲故乡。（有指称，又有陈述）

鸡声茅店月，（有指称，无陈述）

人迹板桥霜。（有指称，无陈述）

——温庭筠《商山早行》

从另一角度说，句子可以区分为有所述之言（a constative utterance）和有所为之言（a performative utterance）。以上诗句都是“有所述”的句子，这种句子的作用是传达信息使对方理解。而“有所为”的句子通常是言谈的重点。在格律诗中，这类句子多用疑问或祈使的语句表示，往往出现在末联，这正符合先有所述，然后才有所为的一般规律。例如：

白日依山尽，黄河入海流。

欲穷千里目，更上一层楼。

——王之涣《登鹳雀楼》

末联用祈使语气。

春眠不觉晓，处处闻啼鸟。

夜来风雨声，花落知多少？

——孟浩然《春晓》

末联用疑问语气。

### 9.1.3 连接和照应

诗歌中很少用关联词语连接，大多用意合法。意合法是传统的句法观察角度，重视意义因素。张斌认为意合法指的是不用关联词语表示因果、假设条件等逻辑关系，这类关系的确定，往往需要推理得出。例如：

露重飞难进，风多响易沉。——骆宾王《在狱咏蝉》

每句都隐含因果关系。

春水船如天上坐，老年花似雾中看。——杜甫《小寒食舟中作》

隐含条件关系，“春水”是“船如天上坐”的条件，“老年”是“花似雾中看”的条件。

再如：

人间四月芳菲尽，山寺桃花始盛开。
长恨春归无觅处，不知转入此中来。

——白居易《大林寺桃花》

第一句和第二句，第三句和第四句都含有转折意味，虽然不用关联词语，我们完全可以体会其中的含义。

格律诗每联中的上下句意思相连，隔句的意思大都相关，这就是所谓照应。照应是诗歌语言精练的一种表现。例如杜甫的《春望》，第一联“国破山河在，城春草木深”，说明“国破，城空”。第三句“感时花溅泪”照应“国破”，第四句“恨别鸟惊心”照应“城空”。第三联“烽火连三月”是“感时”的原因，“家书抵万金”说明“久别”的后果。

了解格律诗的认知结构模式就能在脑中形成格律诗结构的图式，更好地预测诗歌内容的发展，从而为理解具体诗歌提供一种框架，一种积极的准备状态。如写景抒情的诗篇通常开头是地点、时间，然后描写景物，最后是抒发情意；从信息角度上看，从有所指到有所述再到有所为，等等。

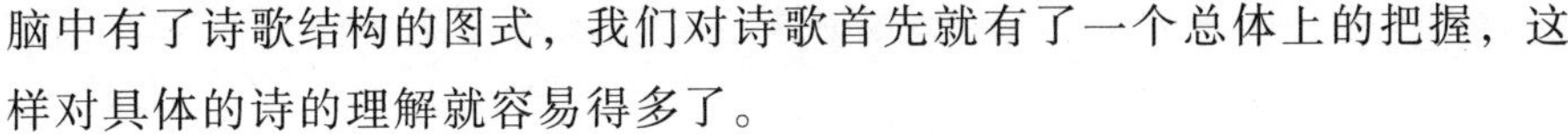

脑中有了诗歌结构的图式，我们对诗歌首先就有了一个总体上的把握，这样对具体的诗的理解就容易得多了。

## 9.2　格律诗的理解

张斌吸收叶斯柏森的观点，认为在语言活动中要区分表达（expression）、隐含（supression）和印象（impression）。表达是字面的意义，隐含是没有说出来、包含在语句中的意义，印象是听话的人从作品中获得的联想意义，是接受者的理解选择，这种选择必须以表达作为依据，而理解常常与表达有距离，症结往往在隐含方面。[①] 依此，张斌把格律诗的理解模式分为两个层级：表达为第一层级，隐含和印象为第二层级。

### 9.2.1　表达

第一层级主要对格律诗的词义、语义、句法关系、层次结构等表达层面的语言符号进行直感把握，把诗句的可能性空间加以具体化展开，从而在读者意识中形成文本的完整形式。格律诗在诗歌诸体中，体制上要求最为严格，其范式经过历代诗人的发展、揣摩，显得尤为细密。就话语组合方式而言，它的特点表现如下。

9.2.1.1　*话题占重要地位*

西方有人把语言分为"以主语居显要地位的语言"（subject prominent language）和"以话题居显要地位的语言"（topic prominent language），认为汉语属于后者。张斌认为，尽管对这种说法有不少争论，但是，无论如何，汉语的格律诗是体现了话题占重要地位的。

格律诗中有些句式很难分出主语（subject）和谓语（predicate），但是能区分话题（topic）和陈述（comment）。下边诗句的开头部分是话题，后边部分是陈述。

> 香雾//云鬟湿，清辉//玉臂寒。——杜甫《月夜》
>
> 归客//村非远，残樽//席更移。——杜甫《过南邻朱山人水亭》

---

① 张斌：《汉语语法学》，上海教育出版社，2003，第 153 页。

青//惜峰峦过，黄//知橘柚来。——杜甫《放船》

迟日//江山丽，春风//花草香。——杜甫《绝句》

春水//船如天上坐，老年//花似雾中看。——杜甫《小寒食舟中作》

当然，我们并非以此证明格律中的句子都不能分析出主语和谓语，事实上大量诗句的结构类型与散文相同，但是，上述句式却是散文罕见的，它们只宜分析出话题和陈述。

话题在诗中分句内话题和句外话题。句内话题如上所述，句外话题指题目，有些诗题目就是话题，因此，我们可以通过理解题目来理解诗句和全诗的主旨。例如，“夜半钟声到客船”（张继《枫桥夜泊》）一句，曾经引起争论：有人说是指夜半钟声送到了客船，有人认为是说夜半钟声之中到了一条客船。其实，题目已指明“夜泊”，就是说，船是停泊了的，当然只能采取第一种解释。之所以引起争论，是忽视题目所提供的话题的缘故。又如“鸡声茅店月，人迹板桥霜”（温庭筠《商山早行》），它的话题已经在题目中点明，那就是“早行”。只有结合话题来理解，才能理解诗句所表达的意境。

一些诗歌也常常包含了话题链。如：

山下问童子，（问）

言师采药去。（答）

只在此山中，（答，前边隐含“到哪儿采药去了?”）

云深不知处。（答，前边隐含“山里什么地方?”）

——贾岛《寻隐者不遇》

四句诗是由话题链贯串的，但是末两句的话题隐而不现，让读者去体会出来，这正是诗歌语言精练的表现。[①]

9.2.1.2　格律诗句法上的特点

格律诗在句法方面的特点表现为：

第一，名词性短语单独成句或名词性成分并列成句。这种句式多见于

① 张斌：《汉语语法学》，上海教育出版社，2003，第169~171页。

五言诗里，它的作用在描述事物，提供抒情叙事的背景，有时也渲染一种气氛，以引起共鸣。

第二，对仗。律诗的第二联和第三联（颔联和颈联）要求使用对仗，即平仄相对，词义虚实相应。可以利用这个特点来判断诗句的句法关系。如“鹤巢松树遍”，“巢”是动词还是名词？可以利用下句“人访荜门稀”，两相对照不难看出，“巢”是动词，“鹤巢松树遍”是主谓宾结构。对仗有时也用来叙述事理的承接或因果的推论。例如王维的“山中一夜雨，树杪百重泉”，叙述雨后的景色。司空曙的“乍见翻疑梦，相悲各问年”，描写久别重逢时的心情。上句和下句是事理的承接。

第三，特殊句式。用奇特的语序写成诗句，打破汉语散文语序的一般规律。比如“香稻啄余鹦鹉粒”说明作者看到的是香稻，然后才联想起鹦鹉啄余稻粒的情景。如果写成“鹦鹉啄余香稻粒”就不能表达作者的思想了。这就是说，特殊句式无规律可寻，却有理据可依。

第四，诗歌句式。按照一般规律来衡量，句子已属完整，可是后边有补充修饰性的字眼，这在散文中是见不到的。例如：

> 云霞出海//曙，梅柳渡江//春。——杜审言《和晋陵陆丞早春游望》

五言诗中有些句子前四字在意义上已经自足了，再补上一个名词，或动词，或形容词，突出作者对景物的深切感受。再如：

> 永夜角声悲//自语，中天月色好//谁看？——杜甫《宿府》

七言诗的前五字在意义上已经自足，再补上一个两字主谓结构，使诗意更进一层。

第五，一般来说，格律诗的语音停顿能反映结构层次。五言诗的停顿是 2—3，七言诗的停顿是 2—2—3，都反映了意群和层次的划分。但是，除了常规，还有变式，如：古树老——连石，急泉清——露沙（温庭筠《处士卢岵山居》）；病——知新事少，老——别故交难（崔涂《南山旅舍与故人别》）。所以，在分析诗句的层次结构时，不能完全依靠语音停顿。

### 9.2.2 隐含和表达

第二层级是隐含和印象层面。隐含是没有说出来、包含在诗句中的意义。张斌认为，从理据方面看，即使对词句全都了解，未必能尽合作者原意。这是因为理解常常与表达有距离，症结往往在隐含方面。研究语言，可以从表达方面分析，也可以从理解方面分析，要做到殊途同归，必须研究隐含问题。通常认为隐含是一种语义现象，它不同于省略，省略是一种句法现象。语义上的隐含成分，虽然不能在句子中出现，但是可以用词语指称，诸如施事、受事、时间、处所、工具等，都用词语表示。诗句中的隐含通常指场景、角色、情感、意志等等，也就是接受美学所说的文本的潜在结构中的“不确定性”和“意义空白”。这种“不确定性”和“意义空白”将在读者的阅读和接受中得到填补与实现，促使读者去探寻意义，这种结构被称为“召唤结构”，它会强迫读者去领会文本。

印象是听话的人从作品中获得的联想意义，是接受者的理解选择。这种理解选择不仅是诗句本身的问题，还与接受者的条件以及说话的环境密切相关。“说话者的条件”即接受美学中提及的“期待视野”。作品意义的生成就是在“召唤结构”与“期待视野”的互动中生成的。同一部作品之所以会被不同时代的不同读者甚或是同一时代的同一读者作出不同的解释，就是因为作品自身的“召唤结构”（即隐含）为接受者的多种理解提供了可能，在此基础上，再加上读者自身的“期待视野”，于是就形成了见仁见智、多元解读等现象。

张斌借鉴接受美学的研究，提出：“读者的感受与作者的意向趋于一致，于是产生共鸣。在这个前提下，读者也可以有所创造。由于作品的语句常有意义的不确定性，也由于作品之中每有‘意义空白’，读者便能根据自己的经验予以补充。”① 从语法学的角度看，诗歌中的“意义空白”体现为以下两点：

第一，多义和歧义。词义、句法结构等方面都可能存在着多义和歧义。如：“读书破万卷，下笔如有神。”（杜甫《奉赠韦左丞丈二十二韵》）

---

① 张斌：《汉语语法学》，上海教育出版社，2003，第 157 页。

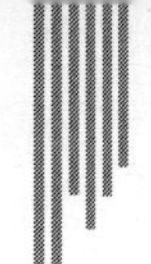



其中的“破”有人认为是“突破”，有人认为是“破损”，有人认为是“一语道破”的“破”，即彻底了解。这些解释都行，因为主旨都在说明博学。“请君莫奏前朝曲，听唱新翻杨柳枝”（刘禹锡《杨柳枝词》）。其中的“翻”有人认为是“创作”，有人认为是“按原曲调谱写”，这里有歧义。读者可以各持己见，但必须有这样的共识：作者的意图是提倡文学创新。①

从张斌的举例说明中，我们发现，接受美学属于美学范畴，从美感的实际出发，它特别强调接受者在接受过程中的再创造，即其主观能动性的发挥，这一点与日常交际中的言语接受有着本质区别。降低作者及其话语在意义上的规定性，强调接受者的主观能动性，这在语法研究中是难以接受的。张斌注意到了这一点，强调词义的多元解读是有限制的，它要服从于语句的整体意义，服从于文本的规定性。

第二，暗示和联想。暗示和联想都与读者对作者的认知有关，与读者的“期待视野”有关。这里所说的“期待视野”，是指由读者的文学阅读经验所构成的某种定式或先在结构。包括读者从已阅读的作品中获得的经验、知识，对不同文学形式与技巧的熟悉程度，以及读者个人的生活经历、文化修养、欣赏水平和艺术趣味，等等。这些因素化合成一种机制，一种期待，一种对艺术的要求与判断尺度。如：“千山鸟飞绝，万径人踪灭。孤舟蓑笠翁，独钓寒江雪。”（柳宗元《江雪》）字面写景，其中暗示渔翁的孤傲，由此可联想到作者当时被贬永州的心情。②

## 9.3　小结

诗歌理解活动中的言语接受就其性质来说，当是介于审美和自然语言理解之间的东西，隐含和印象层面中的理解接近接受美学，但不可抹杀作者意图和文本意义方面的规定性；表达层面中的理解接近自然语言理解，但已不是字面意义的简单复原，不能完全否定接受者的再创造。

---

① 张斌：《汉语语法学》，上海教育出版社，2003，第 157 页。

② 张斌：《汉语语法学》，上海教育出版社，2003，第 157 ~ 158 页。附注：本章例子全部选自张斌《汉语语法学》。

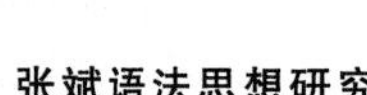



事实上，接受美学属于美学范畴，从美感的实际出发，它特别强调接受者在接受过程中的再创造，即其主观能动性的发挥，因而它认为，在接受者那里，文本的意义是模糊的、不定的，作者是无关紧要的。这一点与日常交际中的言语接受有着本质区别。取消作者及其话语在意义上的规定性，片面夸大接受者的主观能动性，这在语法研究中是难以接受的。张斌既不夸大，也不忽视接受者在接受过程中的主观能动性，吸收叶斯柏森和接受美学的观点，结合自己对诗歌语言结构特点和语义组合方式特点的研究，在语法学范畴内探索诗歌接受的途径，开辟了语法研究的新视点。

# 第 10 章

# 节律制约句法及诗歌节奏的表现形式

张斌的节律研究包括三方面的内容:(1)继承前人研究成果,提出节律对虚词使用有影响,对语序安排有影响。(2)节律使得“走向胜利”是述宾短语,而不是述补短语,在语音层次和句法层次不一致时,这种分析实际上是对语音层次的关照。(3)诗歌的节奏层不仅仅是传统所认为的音步,还包括韵律短语、句子。张斌的研究进一步表明节律对句法的制约,节奏表现形式对句子的生成和理解的影响。陈昌来认为张斌对汉语语句节律的研究“从汉语语法学史来看具有开拓价值”[①]。史有为称,在“三个平面”理论的基础上进一步引进节律这一语音平面,“正式把语音放进了大语法的范畴”[②]。评价极是。

## 10.1 节律研究简单回顾[③]

在语法学范畴内讨论音节、节奏对句法的影响始于《马氏文通》。《马氏文通》提到:(1)“之”字参否与音节奇偶有关。不论是“名+名”结构,还是“静+名”结构,大致来说,“语欲其偶,便于口诵”,总于合成双音、四音为宜,因此“单+单”或“双+双”一般不需加“之”字,“双+单”或“单+双”就需加“之”字。但马建忠并没有机械地以单双

---

① 陈昌来:《二十世纪汉语语法学》,学海出版社,2002,第 597 页。

② 史有为:《多元·柔性·主体——80~90 年代语法研究大势之我见》,《世界汉语教学》1991 年第 12 期。

③ 本小节内容部分参考徐静、杨锡彭《汉语节律研究综述》,《南通大学学报》2005 年第 3 期。

音节定“之”字参否，也考虑了意义和结构的因素，如两单相连，若要强调意义，也可加“之”字，两双相连，若是“静＋名”则不加“之”，若是“名＋名”，则需加“之”字。可见，他的观察非常仔细，他的见解也是灵活、通达的。(2) 在讨论“易之以羊”和“以羊易之”两种句型时，提出“转词介以‘以’字置于止词之后者，盖止词概为代字，而转词又皆长于止词”。这就是说，如果动词的宾语是代词，而介词的宾语又较长的话，那么就要采用［(V＋代)(以＋NP)］的格式。以成分的长短定语序，体现了节律对语序的影响。①

其后，郭绍虞在长篇论文《中国语词之弹性作用》(1938) 中提到：(1) 复音词的特性及其与汉语节律的关系：“复音语词以二字连缀者为最多，其次则三字四字。二字连缀者成为二音步，三字连缀者成一个单音步、一个二音步，四字连缀者成为两个二音步。中国文学之得有一种特殊的韵律者，即因语词的音缀，适合这种配合的条件。”(2) 诗文中的语词大都可以根据音节的需要随意节取，或单或双，原有的意义不变。或者是为对仗工整而补足音节，或者为节拍的协调而缩减音节。比如《诗经·小雅》中有“何草不黄”“何草不玄”，“玄”“黄”即《周南·卷耳》“我马玄黄”之意。“不可分析的复音语词，待到用入文辞，也可随意节取”，在语词的弹性中见证了节律的修辞作用。②

之后，林焘也认识到节律与句法有互相制约的作用。在《现代汉语补语轻音现象反映的语法和语义问题》(1957) 一文中分别考察了现代汉语趋向补语、可能补语、程度补语和少数结果补语中轻音现象所反映的语法和语义问题，发现语音格式的不同对语法和语义有直接的影响。指出“动词和非轻音补语在意义上的不同决定于语法作用的不同，非轻音补语和轻音补语在意义上的不同决定于声音的不同。这种现象最足以说明语音和语法以及语义之间的密切关系，也正可以体现我们绝对不能把语言的这三方面割裂开来孤立地进行研究”③。林焘在另一篇文章《现代汉语轻音和句法结构的关系》(1962) 中对轻读成分的附着现象及相关结构进行研究，指

① 转引自冯胜利《汉语韵律句法学》，上海教育出版社，2003，第2页。

② 郭绍虞：《中国语词之弹性研究》，《燕京学报》1938年第24期。转引自徐静、杨锡彭《汉语节律研究综述》，《南通大学学报》2005年第3期。

③ 林焘：《现代汉语补语轻音现象反映的语法和语义问题》，《北京大学学报》1957年第3期。

出，在分析语法层次时，除非有特殊的理由，不应该把由结构轻音构成的语音层次任意打乱。……像“们、的、地、得、了、着、过”等语法成分永远轻读，正是划分层次的标志。考虑到轻音在语法结构中的作用，“动词 + 在/到/给”应该分析为一个直接成分，其结构关系跟“动词 + 下/进/来”一样，是述补结构。至于“院 · 里、墙 · 上、年 · 下”等“名词 + 方位词”结构，考虑到语音、意义和结构的各个方面，不应该分析成偏正结构，而是可以看成名补结构。①

吕叔湘继续探讨节律与句法的关系。在《现代汉语单双音节问题初探》（1963）一文中指出：（1）现代汉语中单音节的活动受到一定的限制，结果是倾向于双音节化，语音段落 2 + 2 远远多于 1 + 3 或 3 + 1。（2）单双音节影响词语的结构。三音节段包括 1 + 2 和 2 + 1 两种组合类型和结构类型的关系，单音节动词与双音节名词的组合一般是述宾结构的短语，双音节动词与单音节名词的组合一般是名词性短语。同一个三音节段，如“描图纸”，念成“描/图纸”是动宾，念成“描图/纸”是偏正。双音节的词要求在它后边跟它搭配的词也是双音节，可以是述宾关系，也可以是偏正关系，如“扫扫/街道”是动宾，“严重/事故”是偏正。②

## 10.2　张斌的节律研究

### 10.2.1　节律对虚词、语序、句法的影响

#### 10.2.1.1　节律对虚词使用的影响

“虚词的用与不用，有时须考虑音节的特点。例如‘事在人为’不说成‘事在于人为’，‘山不在高，水不在深’也不说成‘山不在于高，水不在于深’，这都属于可用而不用，并非该用而没有用。之所以不用，是因为适应节律的需要。”③

① 林焘：《现代汉语轻音和句法结构的关系》，《中国语文》1962 年 7 月号。

② 载黄国营编《吕叔湘选集》，东北师范大学出版社，2002，第 290 ~ 315 页。

③ 张斌：《“在”“于”和“在于”——读〈马氏文通〉一得》，《咬文嚼字》1998 年第 12 期。

10.2.1.2　节律对语序安排的影响

语句中单双音节的使用是受到限制的，有些句法合法、语义合理的句子不合节拍的要求就不能成立。例如人家问“贵姓”，可以回答“姓李”，也可以回答“欧阳”，但不能单说“李”；有些双音词如“加以”“进行”“大力”“逐步”后面必须接双音词，不能接单音词。[①] 有些单音词不能在句首出现，比如作为副词的“刚”，而“刚才”可以在句首出现。[②]“老李刚才从上海回来”和“老李刚从上海回来”，两句在语法分析上是一样的，可是前一句的双音词“刚才”可以提到句首，后一句的单音词“刚”却不能，“刚”类和“刚才”类的差异只是活动能力的差异，而此类活动能力差异是由音节引起的。双音节形式的活动能力明显高于单音节，这已有定论，而且已被看成汉语的一大特点。又如，“上海制影片厂”改成“上海电影制片厂”，因为改后的节奏是“2+2+3”，符合汉语七言的节奏。[③]

10.2.1.3　介词

“在”“向”“于”“给”“自”等常常与前面的单音节动词连用，如“走向”“写在”“生于”“寄给”等等。“走向胜利”音步上的切分是“走向/胜利”，句法上则应是“走/向胜利”。同语音上构成一个双音节音步暗合的是，介词“在”“向”“于”“给”“自”等常常与前面的单音节动词固定为常用的组合。为此，张斌提出：某些介词，如“在”“向”“于”“给”“自”等，当其附着在动词或其他词语后面，构成一个功能相当于动词的单位，它的后面带有宾语时，其结构类型是述宾短语而非述补短语。[④]

试比较：

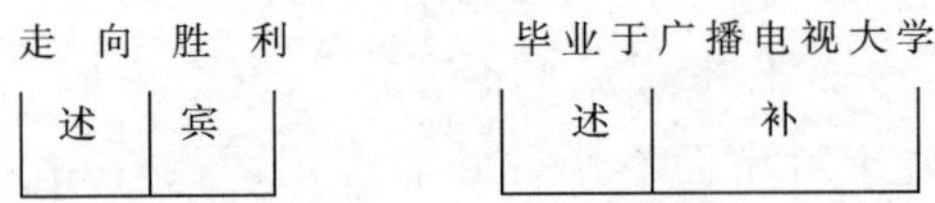


也就是说，类似于“写在”“等于”“在于”“生于”“走向”“寄给”

① 胡裕树主编《现代汉语》，上海教育出版社，1995，第18~19页。

② 文炼、胡附：《汉语语序研究中的几个问题》，《中国语文》1984年第3期。

③ 张斌：《现代汉语语法十讲》，复旦大学出版社，2005，第6页。

④ 张斌主编《现代汉语》，中央广播电视大学出版社，2003。

等非理据的组合原本只是句法结构上的关联，由于节律尤其是双音化导致的结合，张斌把它们当做词来处理，通常称它们为句法词。此外由于双音节动词和介词“在”“向”“于”“给”“自”等构不成一个双音节音步，因此，“（生命）在于运动”是述宾短语，而“毕业于广播电视大学”是述补短语。因此可以说“在”与“于”结合的成立一定程度上是节律使然。

类似于“走向胜利”这种语音层次与句法层次不一致的例子启发我们对句法结构进行再认识。张斌的分析方法实际上是在句法结构中语音层次和语法层次不一致的时候，在分析语法层次时，对语音层次的关照，体现了节律对句法的制约。

### 10.2.2　节奏表现形式及其对句子生成和理解的影响

“节律即节奏的规律。”① 张斌以汉语格律诗为例说明汉语节律的特点。这一点与后来冯胜利的实证研究不谋而合。冯胜利以现代汉语“无义字串”和单音节“并列结构”研究汉语的节律格式，发现其与古代诗歌的节律格式若合符契，从而证实古代诗歌的节律格式的确反映了汉语节律的自然属性。因为古代诗歌的节律格式不可能脱离汉语的自然属性，它必须植根于自然语言的节律特征，是对自然语言节律特征的规范化、格式化。同时，这种规范化的格式在节律上具有强制性，压倒了结构，基本上不受句法干扰。② 因而，张斌以古代诗歌的节律格式探讨汉语节律的特点是有实证依据的。

#### 10.2.2.1　什么是节律

“节律即节奏的规律。什么是节奏？简单地说，指的是事物有规律的重复和变化。单有重复而无变化，或者单有变化而无重复，都不能构成节奏。寒暑代迁，朔望交替，这是自然界的节奏；秋收冬藏，晨兴夜寐，这是人类社会的节奏。自然界的节奏是客观存在的，人们力求发现它的规律，以便于适应和利用。人类社会的各种节奏有客观的基础，同时常伴有

① 张斌：《现代汉语语法十讲》，复旦大学出版社，2005，第 288 页。

② 吴为善：《汉语节律的自然特征》，《上海师范大学学报》2003 年第 2 期。

主观的安排。语言方面的节奏属于后者。”①

“语言节律的客观依据主要体现在两个方面，一是构成节奏时有特定的可供选择的要素和方式，二是在安排节奏时要考虑到某些选择限制。”②这种限制“首先是民族语言特点的限制”。汉语诗歌和西诗一样都有节奏，区别在于西诗的节奏偏在声上面，中文诗的节奏偏在韵上面，这是由于文字构造不同。西方文字多复音，一字数音时各音的轻重自然不能一致，西文诗的音节就是这种轻重相间的规律，西方诗的节奏在音节轻重相间上见得最明显。中文字多单音，每字的音都是独立的，看不出轻重的差别。因此用汉语写诗，不能像印欧语那样利用词的重音来表现节奏。可以用音高构成节奏即配置平仄，可以用音色构成节奏即押韵，可以利用音长（包括停顿）构成节奏即安排音步。实际上，汉语词没有固定的长短和轻重，其长短是诗歌吟咏时受节奏模式制约，通过人为地拉长调子产生的，一旦离开节奏模式，也就无所谓长短。张斌所称的“利用音长（包括停顿）构成节奏，即安排音步”应该是指吟诵时在双数音节上的拖长、加重、停顿，由此而形成的节奏。另外，不同的语体对节奏的选择也有不同的要求，如格律诗须押韵，散文则须避免用韵。在旧体诗歌中，近体诗的平仄安排有一定格式，即所谓律句，古体诗则避免使用律句。

10.2.2.2　*格律诗节奏的表现形式*

格律诗基本的节奏单位以双音节为主，节拍是节奏的单位。我国古代文论家已注意到不同长度的节拍有不同的特点，张斌引用《文心雕龙·章句》和《文镜秘府论》指出：第一，四音节语段有显著特点，它给人以稳定感，所以被广泛采用。第二，字数相同的语段要避免频繁出现。语段字数有奇有偶，相间使用才能相得益彰。双音节单位与单音节单位相比，多具有稳定和独立的特点，两个双音节单位用在一起，这个特点表现得更为突出。第三，对四音节语段及成对的三音节语段的特殊的偏爱，体现了人们对视听稳定感的要求。这种要求必然转化为对节奏表现形式的追求。③

通常的看法是，格律诗的基本节律单元以双音节为主，格律诗节律的

① 张斌：《现代汉语语法十讲》，复旦大学出版社，2005，第 288 页。

② 张斌：《现代汉语语法十讲》，复旦大学出版社，2005，第 288 页。

③ 张斌：《现代汉语语法十讲》，复旦大学出版社，2005，第 290 ~ 291 页。

“抑”和“扬”主要是双音节之间平仄字调构成的。平仄的运用，使得汉语诗歌受到更多的规范。在诗歌创作的长期实践中，节奏运用大致形成如下规律：“在律诗中，每两个音节（即两个字）构成一个节奏单位；因为五言和七言都是奇数，最后一个音节自成一个节奏单位。”[①] 王力认为，从节奏的角度来看，诗律中字的平仄“一三五不论，二四六分明”这两句口诀基本上是正确的，因为单数位置的音节不在节奏点上，所以可以不论；双数位置的音节在节奏点上，所以需要分明。[②] 同时，由于后边的“三字尾”在处理上有一定的灵活性，实际上第六字并不一定分明。如图所示：

×× \\ × × \\ × × \\ ×

张斌的贡献在于指出[③]：(1) 节奏并不局限于韵文，还包括散文。(2) 格律诗的“抑”和“扬”同时也覆盖双音节以上节奏层（如韵律短语、句子），即在上下句之间、韵律短语之间也能形成节奏。(3) 构成节奏的形式除了押韵、平仄、音长、停顿外，还有语调的抑扬、音列的长短配合等。(4) 节奏的形成是利用声调“平”和“仄”的对立，在音步和音步之间、上句和下句之间的相应节奏点上构成平仄交替，“由不稳定到稳定，不断变化，不断反复，然后产生平衡的效果”[④]。平衡有两种不同的表现形式[⑤]：

一种是对称形式如对仗，它包括上句和下句。

上句不用韵，末了音步由三音节构成，是不稳定节拍，下句用韵，节奏焦点再出现三音节，于是转为稳定。两个三音节音步虽然不是连续出现，但因为都在节奏焦点的位置，所以效果与连续出现的相同。这里，形成节奏的是两个三音节，而且，没有连续出现。

另一种是不对称形式，仍包括上句和下句。

(1) 上句属不稳定成分，下句则使不稳定变为稳定。如上句句调上扬，下句句调下抑，一扬一抑构成稳定，把“问”和“答”，“因”和“果”，“起”和“承”作为上下句的例子俯拾皆是。(2) 上句仄声收尾，下句平声收尾，平声字较仄声字更能使声音延长，使人感到语气充满，一

① 陈少松：《古诗词文吟诵研究》，社会科学文献出版社，1997，第 40 页。

② 王力：《诗词格律》，中华书局，1979，第 34 页。

③ 张斌：《现代汉语语法十讲》，复旦大学出版社，2005，第 291 ~ 294 页。

④ 张斌：《现代汉语语法十讲》，复旦大学出版社，2005，第 292 ~ 293 页。

⑤ 张斌：《现代汉语语法十讲》，复旦大学出版社，2005，第 292 ~ 293 页。

仄一平构成稳定。(3)利用节奏焦点的奇偶搭配也能达到平衡，如上下句节奏焦点都是奇音步互相配合以达到平衡：“山，快马加鞭未下鞍。惊回首，离天三尺三。”(毛泽东《十六字令》)(4)上句节奏焦点是奇音步，下句节奏焦点是偶音步，由奇而偶也是一种平衡形式：“帘外雨潺潺，春意阑珊。……梦里不知身是客，一晌贪欢。”(李煜《浪淘沙令》)(5)上句由两个奇音步组成已经是一种稳定格式，下句再接上一个三音节或四音节，将稳定格式加以延伸，达到平衡：“云笼月，风弄铁，两般儿助人凄切。”(马致远《双调·寿阳曲》)

同样，散文整散结合，节律铿锵；“问句与答句交替使用，可以形成节奏”；“上下句交替使用，也可以形成节奏”；“长短句安排得恰当，这也能形成节奏”。“如果在句末恰当安排抑扬交替的字眼，更可以增强节奏感。”①

10.2.2.3　节奏表现形式对句子生成和理解的影响

节拍的组合方式和变化方式，从声音和意义两方面决定了汉语诗歌节奏，并且通过对诗歌节奏的控制，控制汉语诗歌形式本身。和西方诗歌声音单位相比，节拍之所以独特，是因为它既是对诗歌声音单位的划分，同时也是语义单位的划分，声音节奏和意义节奏是统一的。声音节奏指句中由语音停顿而划分的段落，意义节奏指的是诗句内部由意义停顿而划分的意群，也就是一个诗句内部词语的组合层次情况。中国古典诗歌以两个音节为一个节拍或称音步、音顿，在五言、七言成为古典诗的主流以后其声音节奏和意群分别为二二一和二二二一，图示如下：

五言诗的声音节奏、意群安排是：× × \\ × × \\ ×

七言诗的声音节奏、意群安排是：× × \\ × × \\ × × \\ ×这里，节律组合倾向非常明显，即排列次序是双数音节段在前，单数音节段在后，排斥相反的次序。因为汉文学语言有一种根深蒂固的偶行趋势，双音节、双节奏、骈俪和对仗等偶行给人以平衡对称、稳定和谐之感。而三字头和一字头均为奇数音节，显然打破了这一规律，节拍与意群不一致，一则读来不顺使人感到句式异常，二则节拍形成的定式或多或少会干扰对诗句意义的正确把握。因此诗人一般不轻易使用三字头和一字头的句式，尤

① 张斌：《汉语语法学》，上海教育出版社，2003，第150～153页。

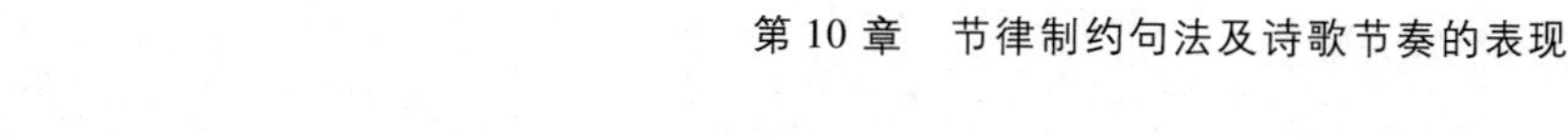



其是三字头。

但是，节拍与意群毕竟是两种不同的要求，“节拍（这里指声音节奏——笔者注）与意群通常是吻合的，但也有例外”[①]。随着格律的渐趋烦琐，节拍和意群出现矛盾更是难以避免。为适应近乎苛刻的格律规则，不能不在尽可能大的范围内对句法加以变通。韵律要求是外在的强制性的，而汉语句法又是灵活而富有弹性的，于是就有了冒春荣所说的“唐人多以句法就声律，不以声律就句法”[②]。如：

> 古树老连石，急泉清露沙。——温庭筠《处士卢岵山居》
> 病知新事少，老别故交难。——崔涂《南山旅舍与故人别》

从结构上看，内部直接成分不是 2 +3 或 2 +2 +3 结构，而是 3 +2 或 1 +4 结构，但在音步上（读法上）却表现出很强的一致性。以上两句诗，意群划分一是 3 +2，一是 1 +4，都是单音节在前，双音节在后，即“古树老 \\ 连石，急泉清 \\ 露沙。”“病 \\ 知新事少，老 \\ 别故交难。”但是受汉语节律模式的影响，读法上都表现为 2 +3 组合。又如：

> 不见乡书传雁足，唯看新月吐蛾眉。——王涯《秋思赠远》

意群划分（即结构上）是 2 +5，即“不见 \\ 乡书传雁足，唯看 \\ 新月吐蛾眉。”但在音步上依然是 2 +2 +3。

节奏表现形式对句子生成与理解的影响在格律诗中体现为格律诗独特的句法特点。这种打破常规的句式妙在并不否定原有的节奏，恰恰是在肯定固有格式中才显示它的特点的。这种变化是在遵循固定格式之中的变化，诗句的节奏和意群有合有分，诗歌更有韵味。当然，声音节奏形成的定式或多或少干扰了读者对诗句意义的正确。关于节律对诗人的制约，节律与句法的关系以及诗歌句法的特殊性，钱锺书曾有一段生动而精彩的议论：

> 盖韵文之制，局囿于字数，拘牵于声律，卢延让《苦吟》所谓：

① 文炼：《汉语语句的节律问题》，《中国语文》1994 年第 1 期。

② 转引自陈玉兰、骆寒超《论句法就声律传统对古诗今译的意义》，《浙江学刊》2012 年第 4 期。

“不同文、赋易，为著‘者’、‘之’、‘乎’。”散文则无此等禁限，“散”即如陆龟蒙《江湖散人歌》或《丁香》绝句中“散诞”之“散”，犹西方古称文为“解放语”（oratio soluta），以别于诗之为“束缚语”（oratio ligata，vincta，astricata）。尝有嘲法国作者谨守韵律云：“诗如必被桎梏而飞行，文却如大自在而步行”（Besonders die Franzosen fliegen nur gefesselt，gehen aber ungebunden zu Fuss）；诗家亦惯以足加镣、手戴铐而翩翩佳步、僊僊善舞，自喻惨淡经营（‘Tis much like dancing on ropes with fettered legs；He that Writes in Rhimes，dances in Fetters；Un poète est un homme qu'on oblige de marcher avec grace les fers aux pieds；Seine mit Fesseln beladenen Hände und Füsse bewegt er zum leichten anmutigen Tanze）。韵语既困羁绊而难纵放，苦绳检而乏回旋，命笔时每恨意溢于句，字出乎韵，即非同狱囚之锒铛，亦类旅人收拾行幐，物多箧小，安纳孔艰。无已，“上字而抑下，中词而出外”（《文心雕龙·定势》），譬诸置履加冠，削足适屦。曲尚容衬字，李元玉《人天乐》冠以《制曲枝语》，谓“曲有三易”，以“可用衬字、衬语”为“第一易”；诗、词无此方便，必于窘迫中矫揉料理。故歇后、倒装，科以“文字之本”，不通欠顺，而在诗词中熟见习闻，安焉若素。此无他，笔、舌、韵、散之“语法程度”（degrees of grammaticalness），各自不同，韵文视散文得以宽限减等尔。①

## 10.3 小结

节律，尤其是节奏，对于自然语言生成的研究有极重要的意义。要实现句以上单位的自然语言的生成及理解，就必须将节律问题纳入语法研究范畴。启功曾说，研究汉语语法不能不管对偶和平仄，不能不问骈文与诗歌。新时期以来，语法研究呈现多元格局，节律研究受到重视。张斌《汉语语句的节律问题》的发表，被史有为称为“正式把语音放进了大语法的范畴”。从吕叔湘的单双音节影响短语结构到张斌的诗歌中的节奏表现形式影响句子的生成与理解，汉语节律研究踏踏实实地向前迈了一大步。

① 钱锺书：《管锥编》第一册，中华书局，1979，第149~150页。

# 第11章 张斌关于语言单位的辨识和再分类

汉语语法研究的一个重要问题就是语素、词、短语、句子的界定。张斌十分重视语法单位的辨识及其再分类。他从结构语言学的基本原则出发并结合汉语实际，对语素、词、短语、句子的辨识和再分类方法以及各层次单位间的相互关系做了细致讨论，并由此推演出关于汉语语法的进一步思考。

## 11.1 语素的辨识

### 11.1.1 反对以“字”分析词的结构

在我国的传统语文学及早期的语法研究中没有“语素”（morpheme）这个术语。“语素”这个术语出自美国描写语言学派。布龙菲尔德（1980）认为：语言包括两个习惯层次。一个层次是音位的……组成了语言的音系。另一个层次包括形式—意义习惯……这些习惯组成了语言的语法和词汇。形式—意义层次上的最小单位就是语素。[①] 依据布龙菲尔德对语素的定义，汉语语法研究中对语素通常的定义是：最小的音义结合的语言单位。对于汉语中最小的音义单位，传统语法学以“字”称之。《马氏文通》以后，汉语语法学者注意到“字”与基本语法单位的区别，开始探索“字”与“词”的关系，且大都采用“字”来分析词的

① 布龙菲尔德：《语言论》，商务印书馆，1980，第453页。

结构。这种状况一直持续到20世纪50年代前期，虽然其间陈望道（1947）提出“语素”、曹伯韩（1947）提出“词素”、吕叔湘（1947）提出区分“最小的表现单位”和“最小的意义单位”，但都没有引起足够的重视。在这个阶段，字与构词以及词之间的区别一直受到语法学家的关注。针对当时语法研究中以“字”为基础讨论语法的现象，张斌、胡裕树指出：“一般语法书谈‘字和词’，总是从字谈到词，以字为基础来谈词。其实这是颠倒的说法，我们应当以词为中心来谈字，说语言是怎样用文字记录下来的，一个词写下来用了几个字。”必须纠正把字当做构词成分的错误看法，应当把词分为单词、复合词、派生词，把构词成分分为词根、词头、词尾、词腹等，在构词法的分析中，不能同时用“字”来代表音节单位和构词词腹，否则，不用说不能把字从语法中排除出去，倒是非借助它不可了。①

20世纪50年代后期，“词素”这个术语逐渐在语法研究中得到认同，并且逐渐得到普遍使用。受美国结构主义语言学的影响，吕叔湘（1958）、朱德熙（1961）以为，采用“语素”这一译名更符合汉语实际。1979年，吕叔湘的《汉语语法分析问题》出版，“语素”作为morpheme的译名，其内涵逐渐为更多的人所了解，“语素”这个名称也逐渐得到普及，成为大多数语言研究专著或大学教材用以指称最小音义结合体的术语。② 当然，“词素”“语素”并非定于一尊，一些学者指出：“在需要特别区别不同的概念时，‘词素’仍是有用的术语。”③

## 11.1.2 语素识别的“双向替代”和“单向替代”

常见的汉语语法学著作或者给语素下定义，或者对语素加以说明，大都是以布龙菲尔德的说法为依据的。归纳起来看，对语素的理解包括两层意思：第一，语素是最小的语法单位，即不可切分的语音语义结合体；第二，语素作为语言结构的材料，必定能在不同的词中出现。根据这个定义识别语素，通常采用“替换法”（substitution）。汉语语素的识别一向采用

① 胡附、文炼：《现代汉语语法探索》，上海东方书店，1955，第41~42页。

② 杨锡彭：《汉语语素论》，南京大学出版社，2003，第1~8页。

③ 张清源等编《现代汉语知识词典》，四川人民出版社，1990，第200~201页。

陆志韦的“同形替代法”。张斌把“同形替代法”的应用进一步明确为：“用已知语素（例如能单说的单音节语素）进行双向替换。……不能在替换时偷换同形异义的语法单位。”[①] 例如：

| | |
|---|---|
| 花灯 | 花灯 |
| 龙灯 | 花色 |
| 油灯 | 花环 |
| 绿灯 | 花烛 |

左边用与“花”同功能的“龙、油、绿”替换，在替换的过程中，“灯”以同样的意义与“龙、油、绿”组合，组合后的结构关系与“花灯”相同。但仅仅替换“花”只是单向替换，既替换“花”也替换“灯”才是双向替换，如此，才可以确认“花灯”是两个语素的组合。在替换过程中应注意不要用同形异义的语法单位。

双向替换法根据语素的定义，把语素识别方法具体化、形式化，明确提出了检验最小音义结合体的标准，这就避免了用训诂式的方法来识别语素。[②] 事实上，当我们在判断“花”和“灯”是否各为一个语素时，似乎并不需要经过上述替换。这是因为分析对象是我们的母语，并且“花”和“灯”结合面很宽，出现频率很高，人们十分熟练把握了“绿灯、油灯”“花环、花烛”等形式，所以能够很快地完成替换过程。我们遇到的问题是，当我们把布龙菲尔德的语素定义应用于汉语研究，也有扞格不入的情况。怎么办？例如，双音节词分为单纯词和合成词，“琵琶、欷歔”是单纯词，“蝴蝶、蟾蜍”“骆驼、蜘蛛”也归入单纯词，它们的结构关系一样吗？张斌如是说——

| | | | | | |
|---|---|---|---|---|---|
| 琵琶： | 琵__ | __琶 | 欷歔： | 欷__ | __歔 |
| | ? | ? | | ? | ? |

上述语言片段中的“琵”“琶”“欷”“歔”不能用任何已知语素替

① 张斌：《汉语语法学》，上海教育出版社，2003，第 11 页。

② 杨锡彭：《汉语语素论》，南京大学出版社，2003，第 40 页。

换，所以它们都不是语素，“琵琶”“欷歔”各是一个语素。[①]

| | | | | | |
|---|---|---|---|---|---|
| 蝴蝶： | 蝴__ | __蝶 | 蟾蜍： | 蟾__ | __蜍 |
| | 蝴？ | 粉蝶 | | 蟾宫 | ？蜍 |
| | 蝴？ | 彩蝶 | | 蟾酥 | ？蜍 |

替换的结果说明，“蝴蝶”是一个语素，“蝶”也是一个语素。“蟾蜍”是一个语素，“蟾”也是一个语素。“蝴”和“蜍”都不是语素，它们不表达意义，但是有区别意义的作用。

“骆驼、蜘蛛”既不能双向替换，也不能单向替换，但情况又不同于“琵琶、欷歔”，因为“驼峰”“蛛网”可以双向替换，由此证明“驼”和“蛛”都是语素。[②]

张斌分析的结论符合普遍的认识，其创新之处在于提出单向替换之后的非语素具有“区别意义的作用”。张斌（1999）指出：“语音学把话语连续体加以切分，得出的是区别意义的单位，语法学把语段加以切分，得出的是表达意义的单位。这是一般的认识。在汉语里，把语段加以切分，不但可以得出表达意义的（即音义结合的）单位，而且可以得出区别意义的单位。”区别意义本身也是一种意义，只不过不是单独表达意义而已。词义的差异是通过区别意义的成分来区别的，尽管它们在任何其他复合形式中都不出现，但它们也是有意义的，它们的意义就是区别意义。[③]

## 11.2 词和短语的切分

### 11.2.1 区分词与非词的依据和标准

什么是词？这是一个东西方学者研究、讨论了许多年至今依然悬而未决的问题。索绪尔似有先见之明，早在20世纪初就预言道：“对词下任何

① 张斌主编《现代汉语》，中央广播电视大学出版社，2003，第165页。

② 张斌：《汉语语法学》，上海教育出版社，2003，第11～12页。

③ 范开泰编《20世纪现代汉语语法八大家——胡裕树张斌选集》，东北师范大学出版社，2002，第6～10页。

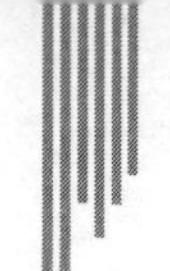



定义都是徒劳的。”① 吕叔湘也指出：“汉语的词在形式上无从分辨”，“词的定义很难下，一般说它是‘最小的自由活动的语言片段’，这仍然不十分明确，因为什么算是‘自由活动’还有待于说明”。② 尽管如此，中西方学者从来就没有停止过探索。

张斌认为研究什么是词，通常考虑两个问题：第一，给词下定义的问题；第二，如何从成片语言中分析出词来的问题。他分析过去有关词的性质的讨论中存在的问题以及过去有关如何从成片语言中分析出词来等问题的研究中存在的问题后，提出换个角度来考虑词的性质。③

张斌提出一个值得思考的问题：词是不是口语中自然存在的语言单位？通过同印欧语相比较，作者发现，“词不是语言中的自然单位，而是人们在书写时的一种规定”，汉语的词与非词之所以难以确定，“问题就出在我们缺个分词连写的标准”。④ 因此张斌以为划分词的标准在于书面语言的分词连写。既然没有公认的分词连写的习惯，讨论词与非词的界限也就始终得不出结论。也就是说，词的基础在口语当中，可是划分的标准却是书面语的分词连写的约定。

### 11.2.2　短语的切分取决于语义及构造层次

由于汉语在书面上不实行分词连写，词的界限不能凭借书写方式来加以确定，因此在语段的切分中必须注意避免跨段切分。比如汉语中的许多四字成语，人们念的时候总是在当中稍作停顿（或延长）：一言//难尽、打草//惊蛇、无穷//无尽。这样以双音节划分层次既符合我们的语音习惯，也能反映成语的结构层次。可是像“一衣带水、今非昔比、打抱不平、无所适从”之类的成语，有人也主张切分为“一衣//带水、今非//昔比、打抱//不平、无所//适从”，张斌以为不妥。“一衣、今非、打抱、无所”虽然由于语音习惯看起来两个音节结合紧密而构成一个音步，其实却属于不同的层次构造。也就是说，“一衣、今非、打抱、无所”这样的单位其实并不存在，理解“一衣带水、今非昔比、打抱不平、无所适从”的

---

① 索绪尔：《普通语言学教程》，商务印书馆，1980，第 36 页。

② 吕叔湘：《汉语语法分析问题》，商务印书馆，1979，第 17 页。

③ 张斌：《汉语语法学》，上海教育出版社，2003，第 18 页。

④ 张斌：《汉语语法学》，上海教育出版社，2003，第 20 页。

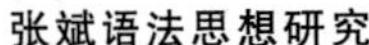



意义要依据下列的层次：

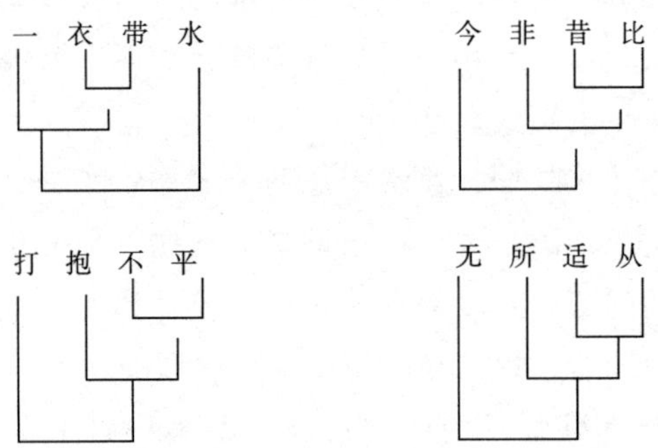


可见，汉语的音步对切分语法单位有重要的参考作用，但语法单位的切分毕竟取决于语义及层次构造。由此，张斌提出短语切分应遵循三条原则：

第一，任何一个被切分出来的部分（直接成分）都必须是音义结合的语言单位（词或短语），要有一定的意义，表达一定的内容。

第二，切分出来的直接成分的相互搭配，须符合结构规律。

第三，切分要符合原意，即切分出来的各部分组合起来不能改变原来的意思。

### 11.2.3 张斌论词和短语的界限问题

#### 11.2.3.1 短语和词的区别

语言单位中常常引起较大争议的，主要是双音节复合词与由两个单音节词构成的短语之间的划界问题。张斌认为，短语和词的区别表现在两个方面：第一，结合的程度不同。词的结合程度比较紧，构成词的各语素之间不能插入其他成分。第二，表达的意思不同。词表达的意思往往不是单纯的几个语素意义的相加，而是融合在一起表示一种与其相关的特定的含义。因此它表达的意义是固定的、凝结的、不可分割的。构成短语的词与词的组合是临时的，表达的意义不是融合在一起，也不是固定的、凝结的和不可分割的。[①]

① 张斌：《简明现代汉语》，复旦大学出版社，2002，第68页。

#### 11.2.3.2　张斌谈同形替代法和扩展法

对于短语和词的划界方法，汉语语法史上曾出现“意义鉴定法”“同形替代法”“扩展法”等几种不同的判别方法。这些方法在区分短语与复合式合成词方面有一定的作用，但也都存在着局限性。如黎锦熙、王力的意义鉴定法是指根据语言单位表示的是简单概念还是复杂概念来确定，表达简单概念的是词，表达复杂概念的就是短语。黎锦熙《新著国语文法》、王力《中国现代语法》中的有关论述，都是用这种方法来区分复合词和短语的。这种方法主观随意性强，只能作为一种补充手段，在一定范围内发挥作用，这已成为共识。至于同形替代法，也叫功能鉴定法，指的是，要判别一个语言单位是词还是短语，可以将该语言单位中的一个组成成分试着用另一个同形式的成分替换，如果替换后的语言单位仍能成立，就说明原来的语言单位的组合不是很紧密，它是短语；相反，如果替换后的语言单位不能成立，就说明原来的语言单位结合得很紧密，它是词。“词”是同形替代法的最后产品。[①] 张斌认为，同形替代法的运用是有限度的。同形替代法分析出来的词，几乎全是单音词，这个方法不容易得到复合词。对于复音的单词（如馄饨、馒头、玻璃、葡萄）和派生词（如桌子、木头等），“它虽然有用处，但复音的单词与仂语的界限本来就比较明显，识别它们并无多大困难。因此，同形替代法也就没有多少实用的价值，它并不能帮助我们解决词和仂语的界限问题”[②]。

张斌推崇的是扩展法。所谓扩展法，就是在中间嵌词的方法。可以嵌进某个词的，就是短语，反之，则是词。对于扩展法的实质，王力曾作过以下论述：

> “马”是一个字，同时也是一个词，“马车”是两个字，同时也是两个词。它们合成一个仂语。“车子”是两个字，但它们只算是合成一个词，不能合成一个仂语。咱们有一个标准，可以分清词和仂语的界限：凡两个字的中间还可以插得进别的字者，就是仂语，否则只是个单词。“马车”是仂语，因为它是“马拉的车”；“车子”是单词，

① 陆志韦：《北京话单音词词汇》，人民出版社，1951，第 13 页。

② 胡附、文炼：《现代汉语语法探索》，商务印书馆，1990，第 51 ~ 52 页。

因为它不是“车的儿子”。[①]

正如陆志韦指出的，“马车”不一定是“马拉的车”，比如可以说“牛拉了一辆马车”。可见，运用扩展法来鉴别词与短语必须有一定的限制：一是扩展前后基本结构不变，二是扩展前后基本意义不变。

张斌指出：譬如“马车”二字，王力把它看做仂语，因为可以把它说成“马拉的车”。如果我们把它当做一个单词看待，也不能算错，而且在习惯上是很自然的。把“马车”当做仂语或单词，不同的是对它的内部结构的看法，相同的是都把它看做一个意义的单位。在《汉语语法学》中，张斌进一步分析了一些偏正结构、动宾结构和动补结构在运用扩展法上遇到的麻烦，提出像“羊肉”（买三斤羊肉/这是羊肉，不是狗肉）、“白花”（一种药/一种花）是词还是短语，要根据语言环境来确定。[②]

### 11.2.4 赞同短语词的提法

语素、词、短语之所以难以辨识和难以互相区分，是因为“语言是一种开放性的系统，开放性系统的特点之一是存在当中现象”[③]，因而各层次语言单位之间存在或此或彼的纠葛往往是正常的，吕叔湘（1979）提出，在词和短语之间存在着“短语词”的现象：“大树”可以扩展为“大 de 树”，因此“大树”可以叫做“基本短语”，“大 de 树”可以叫做“扩展了的短语”。而“大干”“高举”之类不能作类似的扩展，因此可以称之为“短语词”。[④] 张斌也举了一系列例子说明，“无论是从什么角度考虑词的定形，不能不承认短语词的存在。也就是说，词和短语之间有中间单位”[⑤]。

张斌不仅赞同提出短语词的概念，而且为语法单位的辨识作了原则性的指导：

---

① 转引自胡附、文炼《现代汉语语法探索》，商务印书馆，1990，第 52 页。

② 张斌：《汉语语法学》，上海教育出版社，2003，第 21～22 页。

③ 张斌：《汉语语法学》，上海教育出版社，2003，第 16 页。

④ 黄国营编《20 世纪现代汉语语法八大家——吕叔湘选集》，东北师范大学出版社，2002，第 135～136 页。

⑤ 张斌：《汉语语法学》，上海教育出版社，2003，第 21 页。

第一，80 年代以前，学者们大都认为，汉语和西方语言一样，语法单位之间存在着明显的界限，类和类之间没有过渡带，因此分析时往往采取“一刀切”的方式。张斌认识到由于汉语缺少发达的形态，许多语法现象就是渐变的，而不是顿变的，类和类之间往往存在着“当中现象”。因此，分析的时候不能采取“非此即彼”的方式，而要有适度的弹性。第二，以前的语法研究，把语言看成可以离散的实体而加以规格化、标准化的处理。这种处理以穷尽无遗作为目标，努力寻求一种理想的非此即彼的切分和分类系统。不论是划分词类还是分析句子，不论是层次分析还是中心词分析，所采用的大都是这种处理方法，人们也常为那些处理不完的“例外”而绞尽脑汁或争论不休。张斌从语言事实中，从离散方法的不自然性和难以处理的实际中，开始认识到语言是一个连续体，语言单位和词语类别只是连续体的一种暂时处理。为此，提出不必陷入不必要的勉强分类中去，而应当对存在的纠葛作细致的说明和解释。张斌对词及短语词的认识符合当代科学的发展趋势。

## 11.3　张斌的句子性质和分类观

### 11.3.1　表述性是句子的本质特征

给句子下定义是件非常难办的事，“研究英语结构的人会碰到两百多种对于句子所下的定义”[①]。“中国语言学家给句子下的定义也有几十种，几乎是一家一说，甚至一家数说”[②]。例如：

赵元任《汉语口语语法》说：“一个句子是两头被停顿限定的二截话。”[③] 他注重的是语音停顿。

黄伯荣、廖序东主编的《现代汉语》说：“句子是能够表达一个相对完整的意思并且有一个特定语调的语言单位。”[④] 他们比较看重意义和语调。

---

① C. C. 弗里斯：《英语结构》，邵荣芬、何乐士译，商务印书馆，1964，第 11 页。

② 张静：《汉语语法问题》，中国社会科学出版社，1987，第 423 页。

③ 赵元任：《汉语口语语法》，商务印书馆，1979，第 41 页。

④ 黄伯荣、廖序东主编《现代汉语》，高等教育出版社，1996，第 298 页。

张静主编的《新编现代汉语》说："句子是由词或词组按照一定语法规则构成的、具有一个语调、表达一个完整意思的独立的语法单位。"[①] 他比较强调语法意义和语法形式。

朱德熙《语法讲义》说："句子是前后都有停顿并且带着一定的句调表示相对完整的意义的语言形式。"[②] 胡裕树主编的《现代汉语》认为："句子是语言的基本运用单位……表达一个完整的意思。""句子的特点在于它是人们用来交流思想的语言的基本运用单位。""一个句子不仅具有一定的结构成分和结构方式，为了适应具体环境中的交际需要，它还必须有特定的语调。……每个句子都带有特定的语调，表示某种语气；句子和句子之间有较大的停顿。"[③] 他们两人把停顿、意义和语调结合了起来。

张斌主编的《现代汉语》认为句子的特征是具有表述性。"句子是人们交流思想的基本语言单位。"判断一个语言单位是不是句子不在于它的长短、繁简，而在于它起不起交际作用。比如，"当心"是一个词，词典上注明它含有留神或小心的意思。当有人看到地上滑，说一声"当心！"的时候，它就是句子了。这是因为：第一，"当心"作为一个词，它有意义，但是无指称。"当心"作为句子，或者指称路上滑，需要小心，或者指称别的什么意外情况，应该多多留神。它叙述的事情跟客观现实有特定的联系。第二，"当心"作为一个词，它不表示任何主观意识。作为句子，它包含了说话人的目的、意图之类。句子的这两个特点可称之为表述性，"表，指的是表达客观现实；述，指的是陈述主观意图"。[④]

站在今天的视角审视以上几家对句子特征的研究，无论是从停顿的角度认识句子、从逻辑的角度认识句子、从意义的完整性认识句子、从结构的独立性认识句子、从句调认识句子，或者几个角度结合起来认识句子，都存在着一个共同的局限性：忽视句子的交际功能。朱德熙和胡裕树（代表张斌早期）虽然强调句调（狭义的语调）是句子的重要表现形式，但没

---

① 张静主编《新编现代汉语》，上海教育出版社，1979，第78页。

② 朱德熙：《语法讲义》，商务印书馆，1982，第21页。

③ 胡裕树主编《现代汉语》（重订本），上海教育出版社，1995，第313～314页。

④ 张斌主编《现代汉语》，中央广播电视大学出版社，2003，第315页。

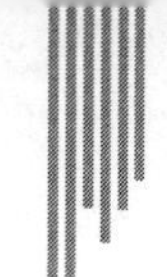



有明确提出句子的本质特征是表述性。

确定一个语言片段是不是句子，不外是看句子的内部结构和形式标志，看句子的外部功能和表义特点。张斌对句子特征的认识反映了当前学术界对句子的认识水平。

### 11.3.2　张斌谈句子分类

当学者们把根据句子的结构特点、语气、谓语性质、句子成分的多少、词组的样式、结构的繁简以及在句群中的作用和地位等不同角度进行的分类都称为句型的时候，张斌和胡裕树（1979）从区分句法分析和句子分析入手，把句型严格限制在句子的结构类型上，并区分了句型和句类。

#### 11.3.2.1　句型

句型就是句子的结构类型。句子的结构类型可以从大到小，层次辨认，这就是句子分析。（句型系统见图 4－1。）

根据句子结构是否相互包含将句子分为单句和复句，这是句子的第一层次划分，然后单句又依据结构、功能等标准进行下位分类，复句依据分句间的意义联系等再划分，这是最常见的汉语句子分类方法，也是以结构分析建立起来的句子分类系统，在现行的句子分类中处于主导地位。

#### 11.3.2.2　句类

句子分为陈述句、疑问句、祈使句和感叹句，一般语法书都认为这是根据句子的用途或使用目的来划分的。依照这个标准划分出陈述句、疑问句、祈使句和感叹句，无法说明疑问句可以不表示疑问、感叹句目的在于祈使等语言现象。例如：

（1）（母亲对孩子：）七点钟了。（陈述句，用途是祈使，催孩子起床。）

（2）（饮食店里的顾客对服务员：）能给我点酱油吗？（疑问句，用途是祈使，要求服务员拿酱油。）

张斌认为句子的使用目的或用途只是划分句类的基础，划分的标准是句子的语气，表达语气的基本手段是语调，此外还有语气词、语气副词、插说成分以及句子成分的语用变化等。这个看法目前成为语法学界的共识。疑问句的研究是现代汉语句类研究的重点。关于疑问句的类别，学术界的看法并不统一。张斌认为，疑问句分类的主要依据应该是相互区别的疑问形式特点，即疑问句结构的形式标志，以做到形式与意义相结合。[①]

11.3.2.3　句式

句型是结构类别，句式是特征类别。根据句子结构所表现出的显著特征，可以分出各种句式，如："把"字句、"被"字句、连动句、兼语句、双宾句、存现句，等等。这些句式在结构方面都有其独特之处，在句法、语义、语用上各有不同的特点。

对句式的认识和理解，张斌概括得比较完善，很有代表性。他认为"语言单位的类别可以分为实体类别、关系类别、特征类别"，"特征类别是实体类别或关系类别中的特殊类"，"任何类别都包括一个一个的对象，类是一般，个体对象是单一。单一归入一般，总要舍弃一些特有的属性。在舍弃的内容中，也可能还有并非只是个别对象所具有的东西，于是，可以把它们归纳为一类，这就是特征类别。"[②] 在此基础上将上述"把"字句等看做动词性谓语句下的特征类，并且明确指出有人认为"把"字句与动词谓语句的归类有矛盾，其实是误解。动词谓语句是一般的类，而"把"字句、"被"字句则属特征类别。显然离开了动词性谓语句即无所谓"把"字句、"被"字句。特征类别的前提是它必定隶属于某一大类，否则就会把出现"把"、"被"的任何句子都当做一大类，那就无法说明结构规律了。[③]

张斌把"着眼于句子结构上的某种特殊性或标志而划分出来的句子类别，叫做句式或特殊句式"[④]。就句式的概念运用及所指而言，将句式定位在"结构的特殊性、标志性"比较科学，也与实际使用情况相吻合。

---

① 林裕文：《谈疑问句》，《中国语文》1985 年第 2 期。林裕文是林祥楣、胡裕树、张斌三人合写文章时用的笔名。

② 张斌：《现代汉语语法十讲》，复旦大学出版社，2005，第 54 页。

③ 文炼：《与分类有关的几个问题》，《汉语学习》1993 年第 3 期。

④ 张斌主编《新编现代汉语》，复旦大学出版社，2002，第 404 页。

#### 11.3.2.4　句子的新分类

吕叔湘是对张斌语法研究影响较大、指导较直接的学者。吕叔湘指出："一般讲语法，到句子为止，句子是最大的语法单位，因此句子只有结构分类，没有功能分类。其实这也是一种老框框。若干句子组成一个段落，句子和句子之间不仅有意义上的联系，也常常有形式上的联系，比如这、那等指代词，首先、其次、总之等关联词语，这些都应该算是语法手段。所以，按句子在段落里的功能来分类，不是不可能。"[①]

吕叔湘又指出，"要是按一个句子在一组句子里的地位和作用，也就是按功能来分类"，那么，句子可以分为始发句、后续句和终止句（即"一段结尾的句子"）；并且认为，这样分出来的句子类别，"在语法上是有区别的"。"比如始发句里不大能用你、我以外的指代词，不大能省略主语和宾语。后续句多数是承上句，可也有启下句，比如首先或第一或一方面开头的句子都有启下的作用，而用其次或第二或另一方面开头的句子则是承上句"，"在两个人或几个人对话的时候，除第一个说话的人的第一句话一定是始发句外，别人的话即使是第一句也不一定是始发句，也可能是接着别人的话说的。问话不一定是始发句，答话却一定是后续句。一段结尾的句子可能有标志，但是不一定有"。[②]

张斌做了进一步的研究，把始发句称为发端句，认为发端句有两种：自足的发端句和不自足的发端句。自足的发端句不要求出现后续句，如"请坐！""你难道不懂这个道理？"不自足的发端句要求出现后续句，如"下了雨……""中国人民站了起来……"

后续句也有两种，一种是独立的句子，另一种是小句。独立的后续句最典型的是对问题的回答，非独立的后续句主要是带有"而且""但是""所以"等承接性的连词的小句。

此外，张斌对句子分类进行了新探索。张斌对句子的类别有许多新的看法，在《句子种种——谈谈句子和语境的关系》[③] 中区分了具体的句子和抽象的句子、使信息储存的句子和使信息反馈的句子、自足句

---

① 吕叔湘：《汉语语法分析问题》，商务印书馆，1979，第 53～54 页。

② 吕叔湘：《汉语语法分析问题》，商务印书馆，1979，第 53～54 页。

③ 文炼：《句子种种——谈谈句子和语境的关系》，《中文自修》1986 年第 6 期。

和非自足句，这主要是着眼于从语境的角度、信息角度来看待句子的结果。

1. 区分具体的句子和抽象的句子

张斌认为句子有具体的句子和抽象的句子两种存在形态。抽象的句子是指脱离具体语境跟现实不相联系的孤立存在的句子，具体的句子是指跟一定语境或某种现实相联系的句子。区别具体的句子和抽象的句子，对认识句子的性质和特点、对理解和运用句子都有积极的意义，有利于判断句子的合语法和不合语法。从句子分析来看，分析抽象的句子只要分析其句法结构和语义结构就可以了，而分析具体的句子还要在句法分析和语义分析的基础上，进一步分析句子的语用平面才能完成。

2. 区分使信息储存的句子和使信息反馈的句子

按句子传递信息的目的可以把句子分为使信息储存的句子和使信息反馈的句子。感叹句、陈述句是使信息储存的句子，疑问句、祈使句是使信息反馈的句子。

### 11.3.3 张斌谈短语和句子的区别

句子的表述性和特点，往往体现在语调上。因而有人认为词或短语加上一定的语调就是句子。这种认识把短语和句子的质的差别，理解得过于简单化了。构成句子的要素，最明显的是语调，但这只是必要条件之一。短语和句子有下列区别①：

第一，句子有语气，可以分为陈述、疑问、祈使、感叹等四类。短语没有这种类别。

第二，句子可以有独立语，短语没有。

第三，句子的主语有时后置（来了吗，你哥哥?），宾语有时前置（我哪儿也不去）。短语中有主谓短语，没有谓主短语；有述宾短语，没有宾述短语。一句话，短语的语序比较固定，句子的语序比较灵活。

第四，“从抽象句子的角度看，句子是形式和意义（狭义的）的统一体，可以认为，全句意义之外不能再有所谓‘内容’。从具体句子的角度看，可以认为句子存在着形式（form）、意义（meaning）和内容（content）

① 张斌主编《现代汉语》，中央广播电视大学出版社，2003，第326～327页。

的‘三位一体’(trinity)”[①]。具体的句子在使用过程中同一定的语境相联系，它有所指称，其指称意义有人称之为内容。词和短语不直接与客观现实相联系，它们没有指称意义，没有内容。如“他”有第三者义，但作为具体句子的“他!”不但有第三者义，还具体指某个人。又如“今天星期日”这个句子，它有确定的含义，一年之中，我们可以把这个句子使用五十几次，每次的内容都不相同。内容是说话环境给句子所增加的意义，它不等于词义，也不等于词义的简单相加。这是词和短语无法具有的，它只能存在于具体的句子中。

除了内容这个指称意义外，时间因素也是成句的重要条件。例如，“鸡叫”属主谓结构，但不是主谓句。有人问，“什么东西在叫?”回答说：“鸡叫。”这才是句子，它带上了陈述语调。这里的“鸡”必有所指，这里的“叫”有特定的时间规定。

此外，句子还具有社会文化意义、联想意义和暗示意义。这也是短语所不可能有的。

## 11.4　张斌的复句观

### 11.4.1　否定语音停顿标准，提出以结构标准区分单、复句

现代汉语单句复句的划分是复句理论的一个核心内容，两者的区分问题历来是困扰语法界的一个难题。所以吕叔湘在《汉语语法分析问题》中说：“单句复句的划分是讲汉语语法叫人挠头的问题之一。”[②] 尽管如此，绝大多数学者还是认为现代汉语存在单句和复句的区别。典型的单句复句之间一般不存在区分困难的问题，看法不一致的主要是下面几种类型的句子（见表 11－1)。[③]

① 张斌：《现代汉语语法十讲》，复旦大学出版社，2005，第 272～273 页。

② 黄国营编《20 世纪现代汉语语法八大家——吕叔湘选集》，东北师范大学出版社，2002，第 181 页。

③ 参考邓福南《汉语语法专题十讲》，湖南人民出版社，1980，第 153 页。

表 11-1 单、复句划分中有争论的几种句子类型

| 句子种类 \ 体系 例句 | 黎锦熙《新著国语文法》 | 王力《中国现代语法》 | 吕叔湘《语法学习》《语法修辞讲话》 | 张志公《汉语语法常识》 | 丁声树《现代汉语语法讲话》 |
|---|---|---|---|---|---|
| 他走过去，把门打开 | 单句 | 复句 | 复句 | 灵活看待 | 复句 |
| 他们爱祖国，爱人民，爱正义，爱和平。 | 单句 | 复句 | 灵活看待 | 灵活看待 | 复句 |
| 大家很累，可是很愉快。 | 单句 | 复句 | 复句 | 复句 | 复句 |
| 战士们放下包袱就走。 | 单句 | 紧缩复句 | 倾向复句 | 单句 | 单句 |
| 他越说越高兴。 | 单句 | 紧缩复句 | 未说明 | 单句 | 单句 |
| 我不知道他往哪儿去了。 | 原列为复句，后列为单句 | 单句 | 单句 | 单句 | 单句 |

从各家对单、复句的区分来看，分歧比较大，主要原因是各家采用标准不同。对此，1957 年，语法学界曾热烈地讨论过，各家都提出了划分单、复句的标准，综合一下，主要有以下四个：1. 结构；2. 意义关系；3. 语音停顿；4. 连词。以下是对各家单、复句划分标准的比较（见表 11-2）。[①]

表 11-2 单、复句划分标准比较

| 划分标准 \ 著述 | 黎锦熙《新著国语文法》 | 王力《中国现代语法》 | 吕叔湘《语法学习》《语法修辞讲话》 | 张志公《汉语语法常识》 | 丁声树《现代汉语语法讲话》 |
|---|---|---|---|---|---|
| 语音停顿 |  | ①++ | ①+ | (+) | ①++ |
| 结构 | ②+ | ③+ | ③+ | ②+ | ②+ |
| 意义关系 | ①+ | ②+ | (+) | ①+ | ③+ |
| 连词 | ③+ | (+) | ②++ | (+) | (+) |

说明：++为特别重视，①②③为标准的顺序，空白为根本没提及，(+)为可有可无。

① 参考邵敬敏《汉语语法学史稿》，上海教育出版社，2006，第 181 页。

这些标准都各有所长，但是，它们都有一个共同的局限，即任何标准都不能一贯到底。再说，这些标准哪些是主要的，哪些是次要的？什么情况下是主要的，什么情况下是次要的？不同的标准不吻合怎么办？这些都是棘手的问题。

单、复句的划界，任何一种标准都不能一贯到底，这是客观的东西，但是这并不等于说单句、复句浑然一体。近年来，对单、复句划界标准的看法，已逐渐趋于统一，目前基本得到公认的是结构类别标准。

而这个标准，张斌早在 50 年代的《现代汉语语法探索》一书中就已提出。张斌否认语音停顿是单、复句划分的一个重要标准，因为单句也可以有语音停顿，另一方面，复合句也不必非有停顿不可。例如“你上哪儿我也找得着！”“你有力气你搬吧！”句中虽然没有停顿，但是我们仍以把它们看做复合句为宜。这里每一句都包括不止一个分句，每个分句都有自己的主语和谓语。“必须肯定：简单句和复合句的主要区别在于组织的不同而不在于有没有停顿。”[①] 显然，张斌对单、复句区分标准的研究是走在时代前沿的。

## 11.4.2　复句的分类区别基础和标准

张斌认为，复句的分类区别基础和标准、复句划分的基础是分句间的三种关系，标准是关联词语。

复句通常分为联合与偏正两大类，下边再分出若干次类。张斌认为这些次类之间的关系并非平列的。分句和分句之间的关系可以从不同角度说明：有事理关系（如“并列”和“连贯”），有逻辑关系（如“因果”和“条件”），有心理关系（如“递进”和“转折”）。所以，像“小王着了凉，生病了”从事理角度观察是连贯关系，从逻辑角度分析是因果关系。

对具体复句来说，分句间的关系有显性关系和隐性关系之分。如“小王着了凉，生病了”这个复句如果加上不同的关联词语，就由隐性变为显性：“小王因为着了凉，所以生病了”是因果关系；“小王着了凉，于是生病了”是连贯关系。于是，张斌提出依据显性关系分类，但并不否定隐性

---

① 胡附、文炼：《现代汉语语法探索》，商务印书馆，1990，第 141 ~ 142 页。

关系。分句间的三种关系是复句分类的基础，但并不是标准，复句的类别是以关联词语为标准的。有些复句缺少关联词语，可联系语境（包括上下文），补上恰当的关联词语，作为归类的依据。双重标准不可取，双重依据却是经常采用的。下图说明四种复句（因果、假设、转折、让步）采取的是双重基础。当然，标准只有一个，即关联词语。

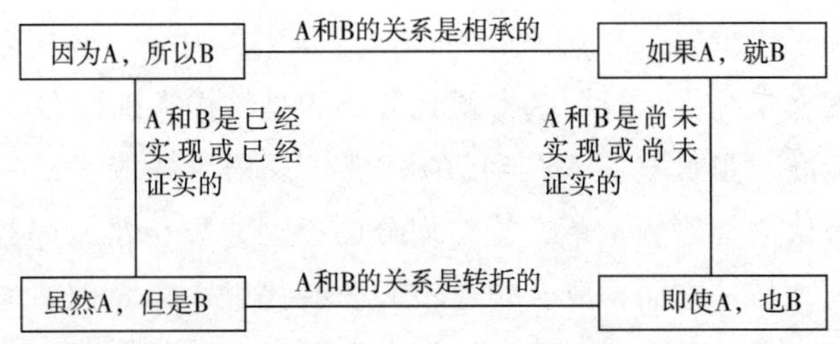


注：引自张斌《汉语语法学》，2003，第57页。

需要说明的是，如果“句子没有关联词语，必须通过一定的关联词语去理解，而这特定的关联词语是由语境提供的”①。如果语境不能明确提供关联词语或可以提供不同的关联词语，则分句间就可能表达一种模糊关系，此时复句的类别划分难免有弹性。

① 张斌：《汉语语法学》，上海教育出版社，2003，第57页。

# 第 12 章

# 张斌的教材编写实践和教学语法思想

吕叔湘曾经说过："一门课程教学的成功，在很大程度上决定于所用的教材。"[①] 他又说："评价一种教材的优劣，主要看它的时代性和针对性。"[②] 吕叔湘所说的时代性指的是教材能体现科学的新成果。科学是不断发展的，高等学校的教材应当反映当时的研究水平，这大概是新的教材不断出现，旧的教材不断翻新的主要原因。然而，教材既不是某门学科成果的全面记录，也不是专家个人研究成果的展示，它要关照学术研究创新性与稳定性的关系，关照教学目的、教学对象和教材编排间的关系等。一句话，教材的编写（本章专指语法部分）有一定的规定性，这个规定性受制于教学语法的特性。

所谓教学语法（又叫学校语法）是和理论语法（又叫专家语法）相对而言的。理论语法主要是对语法问题进行专门的探索与研究，揭示语言中尚未被认识或认识不够的语法规则，探讨语法的研究方法和理论。如王力的《中国语法理论》、朱德熙的《语法答问》等。教学语法是在语法教学中使用的语法学及其语法书，是按照不同层次的教学要求而制订的语法系统。一般来说，教学语法大多是规定性的，而理论语法大多是描写性的。教学语法往往会沿用旧的术语和体系，采用已有定论或折中的说法，因而多接近于传统语法。理论语法大多刻意求新，显示作者的观点，所以往往借助于新的语法理论。理论语法具有较高的学术价值，但传播的范围有限，教学语法具有较强的实用价值，但较少创新和发展，二者各有自身的

---

① 转引自张斌主编《新编现代汉语》，复旦大学出版社，2008，前言。

② 转引自张斌主编《新编现代汉语》，复旦大学出版社，2008，前言。

价值，相辅相成。

中学教学语法的主要任务是向中、小学生传授基本语法知识，进行规范化的语言教育，教育学生学好、用好母语：写得正确、说得正确、用得正确。比如我国20世纪50年代中期和80年代初期分别制订的《暂拟汉语教学语法系统》和《中学教学语法系统提要（试用）》就是典型的教学语法。

大学《现代汉语》教材（语法部分）里的语法既不是严格意义上的理论语法，也不同于中学里所学的教学语法——大学《现代汉语》的语法部分既反映了编写者的语法观，又考虑到同中学语法体系的衔接、学生的接受程度及实用价值，是一种折中的语法。我们所要讨论的张斌的教学语法就是这样一种折中语法，既有张斌的语法观，又与《暂拟汉语教学语法系统》或《中学教学语法系统提要（试用）》有衔接；既注重规范性和实用性，吸取已有的人们认可的科研成果，又在取材上、用例上、分析方法上、术语使用上凸显自己的理论主张；既有创新性又有稳定性。

本章以胡裕树主编《现代汉语》（张斌是语法部分的主编）、张斌主编《现代汉语》（电大本）为样本，讨论张斌的教材编写特点和教学语法思想。

## 12.1 张斌编写的现代汉语教材（语法部分）简介

1. 中央广播电视大学教材《现代汉语》（中央广播电视大学出版社，1988，1996，2003）配有辅助教材《现代汉语学习指导》。该辅助教材从学生的实际需要出发，突出自学指导，对主教材的重点、难点作了比较详细的分析，对有些内容的学习要求、学习方法，作了适当提示。另外，对教材涉及的一些有争议的问题也作了专门的论述。同时还有一本《现代汉语精解》（张斌主编，上海文艺出版社，1987）解答疑难问题。

2. 上海普通高校“九五”重点教材《语法分析与语法教学丛书》（张斌主编、齐沪扬等编著，华东师范大学出版社，2000）包括《现代汉语实词》（方绪军）、《现代汉语虚词》（张谊生）、《现代汉语短语》（齐沪扬）、《现代汉语句子》（陈昌来）、《现代汉语语法分析》（范开泰、张亚军）。该丛书采用综述、评论、提出新看法兼顾的编写体例，即对每个语法问题，先是介绍过去有关的研究成果，评论过去研究中存在的问题，接着对相关问题提出自己的看法，并且在每个章节留有需要进一步注意解决

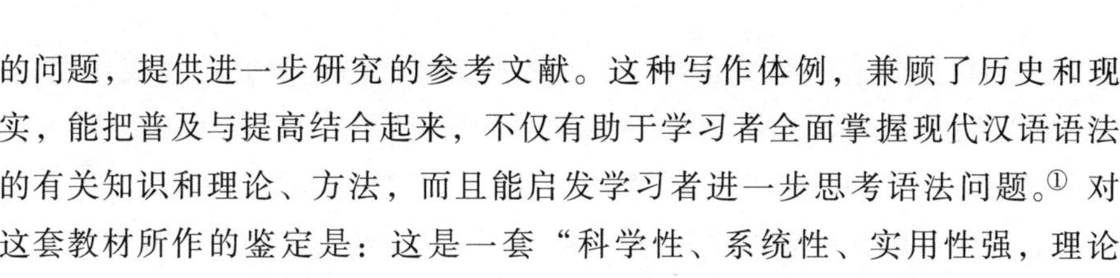

的问题，提供进一步研究的参考文献。这种写作体例，兼顾了历史和现实，能把普及与提高结合起来，不仅有助于学习者全面掌握现代汉语语法的有关知识和理论、方法，而且能启发学习者进一步思考语法问题。[①] 对这套教材所作的鉴定是：这是一套“科学性、系统性、实用性强，理论新、方法新，质量高”，“定位恰当，切合需要，适应面广”的著作。[②]

3. 普通高等教育“十五”国家级规划教材《新编现代汉语》（张斌主编，陈昌来等编写，复旦大学出版社，2002）。全书 582 页，语法部分占了 237 页。词类系统颇具特色，把现代汉语中的词分成 3 个大类、5 个次类、14 个小类。该书获上海市哲学社会科学优秀成果一等奖、上海市教学成果一等奖等。配套教材《现代汉语教学参考与训练》（张斌主编，齐沪扬、张谊生、陈昌来副主编，复旦大学出版社，2002）。

4. 大学文科基础课重点教材《简明现代汉语》（复旦大学出版社，2004），张斌主编，编写者陈昌来、胡范铸、齐沪扬、尤敦明、张斌、张谊生，本书为《新编现代汉语》的简编本。全书保留了《新编现代汉语》的主干与精华，具有知识结构新颖、鲜明的时代性与针对性等特点，但也删除了部分例句和细节，使全书更加简明扼要。

5. 全国高等教育自学考试指导委员会组编的教材《现代汉语》（语文出版社，2000）。

6. 胡裕树主编的《现代汉语》（语法部分的执笔人是上海师范学院的张斌，北师大的杨庆蕙，复旦大学的胡裕树），张斌是语法部分的主编。

## 12.2 《现代汉语》胡裕树本（语法部分）个案研究

### 12.2.1 教材编写体现语法研究的新成果

胡裕树主编的《现代汉语》成书于 1962 年，是教育部组织北京师范大学、南京大学、华东师范大学、上海师范大学、上海教育学院和复旦大学六所院校协作编写的。张斌参与撰写该书的语法部分。该书是我国高校

① 范晓：《介绍一套现代汉语语法教材》，《世界汉语教学》2001 年第 3 期。

② 转引自范晓《介绍一套现代汉语语法教材》，《世界汉语教学》2001 年第 3 期。

现代汉语课程的第一部统编教材，也是张斌进行语法研究的代表作之一，自 1962 年出版以来，不断吸取语法学界的研究成果，经历了 1979 年 9 月修订本第二版，1981 年 7 月增订本第三版，1987 年 6 月第四版，1995 年 6 月重订本第五版，内容体系日臻完善，在语法学界尤其是语法教学领域受到极大欢迎，曾荣获上海市社会科学优秀著作奖。在香港和台湾有重版本和繁体字本，在韩国有翻译本，在国内，直至 2005 年，已再版 41 次，其普及之广可想而知。

与 1962 年的初版本相比较，其后的修订本、增订本、重订本的内容的变化主要表现为①：

1. 逐渐加强理论联系实际的内容。如分析虚词用法，讲解语法错误，包括成分残缺、搭配不当、语序失宜、结构紊乱，等等。特别是重视了语法上近义结构的分析，如“谁是张老三?”（主语是“谁”） “张老三是谁?”（主语是“张老三”）等，启发学生关注同异问题。

2. 借用现代语言学的一些方法，如运用直接成分分析法把语段层层切分，用替换法划分语素，同时用分布分析法把语素分为定位的和不定位的，成词的和不成词的。也使用变换方法说明句式的变换和应用。

3. 在句子分析方面，由单纯注重句法结构的分析逐渐扩大到语义分析和语用分析。例如“都”是副词，在句法上用作状语。在“参加会议的都来了吗?”中，“都”的语义指向在前。在“会场里都来了些什么人?”中，“都”的指向在后。又如“都”和“全”常常可以通用，可是在“事情的经过谁都知道”中，“都”不能换成“全”。“事情的经过我都知道了”，“都”重读时，可以换成“全”；“都”轻读，是“连我也知道”的意思，不能换成“全”。诸如此类的语义分析在教材中间有叙述。再如讲疑问句时，初版本指出它的用途是提问，后面的版本指出它有时表示祈使。如请求人家做某件事，可用疑问句的形式表示。这些都属语用的分析。

此外，在划界标准、归类问题、短语问题、句子分析方法问题、主宾语的确定问题等方面，也都有所发展，难于尽述，可参看《胡裕树主编

① 文炼、胡附：《文炼胡附语言学论文集》，商务印书馆，2010，第 366 页。

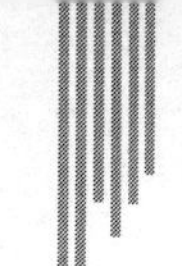



〈现代汉语〉不同版本比较研究》[①]。

目前流行的汉语语法学史方面的著作，如林玉山《汉语语法学史》、马松亭《汉语语法学史》、龚千炎《中国语法学史稿》（修订本改名《中国语法学史》）、董杰锋《汉语语法学史概要》、邵敬敏《汉语语法学史稿》、朱林清《汉语语法研究史》、陈昌来《二十世纪的汉语语法学》等都对胡裕树本《现代汉语》语法部分设专章或专节进行介绍，并对其在汉语语法史上的地位和价值都给予了很高的评价，特别是在 1979 年修订和 1981 年增订以后，书中提出的新语法思想更是在国内外引起强烈的反响，引起了学者们的热烈讨论。邵敬敏的《汉语语法学史稿》说："该书多次修改，尤其是语法部分改动更大，但是总体框架还是在传统语法体系和结构主义语法体系之间平衡，每次修订都或多或少地向结构主义语法倾斜。该教材语法体系在 80 年代初被公认为理论上最有创见，思想上最为解放，在科学性方面比较有影响的汉语语法教学体系，不仅在语法教学界，而且在汉语语法学界也很有影响。"[②]

### 12.2.2　教材编写体现编者的语法观

与其他注重与中学的语法教学衔接，在体系方面尽可能靠近《暂拟系统》或《提要》的教材相比，张斌编写的语法部分的教材更着眼于培养学生分析语言的能力，兼顾打好从事语言研究工作的基础，在取材方面力求吸取汉语语法研究的新成果，在理论方面，也间有阐述。其理论创见表现为：

1. 在析句方法上提出"修饰语不影响句型"。大学教材里的析句方法，大体说来主要有三种。第一种是继承了《暂拟系统》的中心词分析法，特点是遇到偏正结构要找出中心词，让它充当句子成分。第二种是层次分析法，特点是把句子层层切分，从大到小辨认直接成分。第三种是被称为"成分分析法和层次分析法相结合"的方法。张斌提出的句型分析法也是"成分分析法和层次分析法相结合"，特殊之处在于把句子归入句型系统中的某一类，各种修饰成分都不影响句型。例如分析"忽然天边升起了太

① 李岩松：《胡裕树主编〈现代汉语〉不同版本比较研究》，硕士论文，内蒙古大学，2006。

② 邵敬敏：《汉语语法学史稿》，上海教育出版社，2006，第 285 ~ 286 页。

阳”，按照《暂拟系统》，这是个单部句（非主谓句）。按照层次分析或者其他学者（如黄伯荣）的“成分分析法和层次分析法相结合”的方法，第一层切在“忽然”后边，整句属偏正结构。按照句型分析法，因为修饰语不影响句型，自然归入主谓句。

2. 句子分析和句型确立同步进行，尝试建立句型系统。1979 年，张斌、胡裕树率先在高等学校统编教材《现代汉语》（修订本）中推出“成分分析同层次分析相结合”的方法即后来所称的句型分析法。句型分析法以层次分析法为主，吸收句子成分分析法的特点，区分句子分析和句法分析，既讲层次关系又讲成分搭配，以此来决定句型。同时，还提出了建立句型系统的构想。句型分析法是和句型确定紧密联系在一起的。张爱民在《汉语句型研究概说》中指出：“胡附、文炼先生的句型观是吸收了句子成分分析和层次分析的精华，同时又继承了传统句型分类的合理的内涵，并接受了生成语法的科学理论之后而形成的。因此，这种句型观既有科学性，又有实践性，对于汉语句型研究的发展具有重要意义。”① 王明华在《二十年来汉语句型研究》中指出：“……两位先生的句型中未将状语性成分（主要是介宾短语）列入句型成分，主要是考虑到了句型的科学性，将介宾短语作状语的句子（如‘把’字句、‘被’字句等）看成是句式而不是句型，即将这些句子看成是由别的句子变化而来的。因而，在他们的句型中几乎不存在交叉现象。但实事求是地说，这种科学性是在牺牲某些汉语句型特点的前提下取得的。”② 饶长溶在《谈谈胡裕树主编〈现代汉语〉（修订本）的析句方法》（1983）一文中认为：“用这种结合法分析句子，既能定成分，又符合句子构造的层次。它不求一个词同一个句子成分互相对应，不强分基本成分和连带成分，它自始至终贯彻层次的观点……顺情合理，有条不紊；较容易理解，也不难接受。”③ 现在的一般语法教科书析句时大都用成分分析和层次分析相结合的方法，张斌、胡裕树的《现代汉语》（修订本，1979）无疑起了榜样的作用。

3. 提出句子分析“三个平面”的学说，即句法的（syntactical）、语义

① 张爱民：《汉语句型研究概说》，《徐州师范学院学报》1994 年第 3 期。

② 王明华：《二十年来汉语句型研究》，《浙江大学学报》2001 年第 4 期。

③ 饶长溶：《谈谈胡裕树主编〈现代汉语〉（修订本）的析句方法》，第一届“现代汉语语法学术讨论会”论文，1981。

的（semantical）与语用的（pragmatical）分析（增订本，1981）。教材在讲到词组的结构类型时说："具有选择关系的两个实词，依照一定的次序排列在一起，常常能表达某种句法关系。在这里，必须区别三种不同的语序：语义的、语用的、语法的。"[①] 教材要求区别的，是三种不同的语序：引起语义变化的语序，引起语用变化的语序，引起语法变化的语序。教材虽未明确提出"三个平面"的概念，也未对其作理论上的阐释和界定，但"三个平面"的基本思想已经萌芽。这一新的研究思路，为汉语语法研究注入了新的活力。这一思想被概括为"三个平面"的语法理论。80 年代中期逐渐成为汉语语法研究的热点课题，90 年代以来运用这一理论研究汉语语法的论著数量众多，是国内语法学界影响较大的理论之一。这一理论也受到海外汉学界的热切关注。

4. 引进"话题"的概念，开展话题与主语关系的研究。1981 年胡裕树主编的《现代汉语》，在大学教科书中首先引进"话题"的概念，开展话题与主语关系的研究。《〈现代汉语〉使用说明》（1981 年版）认为通常所讲的主语有两种：一种以语义为基础，另一种以语用为基础。《〈现代汉语〉使用说明》将前一种称为"主语"，将后一种称为"话题主语"。这里所谓的"话题主语"，也就是后来胡裕树、张斌等明确称为话题（或主题）的东西。

自《现代汉语》引进话题概念后，国内涉及话题的讨论和著述逐渐增多。如朱德熙（1982）、范开泰（1985）较早区分了主语和话题；集中讨论话题特别是汉语话题的专著，是徐烈炯、刘丹青（1998）的《话题的结构与功能》。

此外，《现代汉语》还提出句内意义与句外意义，并论述句子形式、意义和内容的关系；揭示"选择性与次范畴"的内在联系；区分词汇上的选择与语法上的选择等。这些问题也都引起了学界的讨论。

胡裕树本除主教材外，还有辅助教材《〈现代汉语〉使用说明》，该辅助教材内容有课程说明和各章节说明，"思考和练习"提示以及十几篇专题论述。这些内容，对指导学生掌握各章节的重点、难点，加深对重要内容的理解和掌握，作用很大。

---

① 胡裕树主编《现代汉语》，上海教育出版社，1981，第 337 页。

### 12.2.3 教材编写注重与中学语法教学体系的衔接

12.2.3.1 张斌参与《暂拟汉语教学语法系统》的制订和讨论

新中国成立之前，虽然出版了一些语法书，也有少数学校开设语法课，但是语法这门学科并未得到应有的重视。1951 年《人民日报》发表《正确地使用祖国的语言，为语言的纯洁和健康而斗争!》的社论，阐明了正确使用语言的意义和语法的重要作用。同时指出："我们还只有很少的人注意到这个方面，我们的学校无论小学、中学或大学都没有正式的内容完备的语法课程。"在使用《暂拟系统》以前，"语法教学一直是不理想的"。很多地区采用黎锦熙先生《新著国语文法》的系统，有的地方则使用吕叔湘先生的《中国文法要略》《语法修辞讲话》的系统，有的地方使用王力先生《中国文法理论》的系统，还有的地方使用中国科学院《现代汉语语法讲话》的体系。然而，无论哪一家的体系，效果都不是很理想的，说它们不够理想，表现在有些时候各家有各家的术语，各家有各家的说法，例如"我是客人"这类句子中的"是"，就被称为动词（赵元任、丁声树）、同动词（黎锦熙）、系词（王力）等，而"客人"则相应地被称为"宾语""补足语""表语"等，这种分歧让学的人无所适从，而且"学的时候有相当大的难度，学过以后用处又不大"。广大语文教师和学生都热切希望有一个经过选择、综合以后能够得到大家支持的协调的语法体系出现。1956 年秋，中学语文实行"汉语"、"文学"分科教学，制订一个统一的语法教学体系更是迫在眉睫。《暂拟系统》就是在这种客观迫切需要的情况下产生的。张斌参与了《暂拟系统》的制订和讨论。制订《暂拟系统》的时候遵循了两个原则：第一个原则是尽可能地使这个体系能把几十年来我国语法学者的成就融汇起来，凡是各家体系相同的东西就采纳，有争议的，斟酌选择一种最易为大家接受的说法，或者另外提出新的处理办法。所以这个"综合性的"体系，实实在在是一个不同于其他任何一家的新体系。第二个原则是尽可能地使这个体系的内容（从立论到术语）为一般人，特别是中学语文教师所熟悉。由于遵循了这两个原则，这个新体系大家并不觉得太陌生，比较容易接受，并很快得到推广，在中学语文教学中沿用了近 30 年，在语法教学中发挥了重大的作用。

全面介绍和系统阐述这个系统的主要著作有：①《语法和语法教

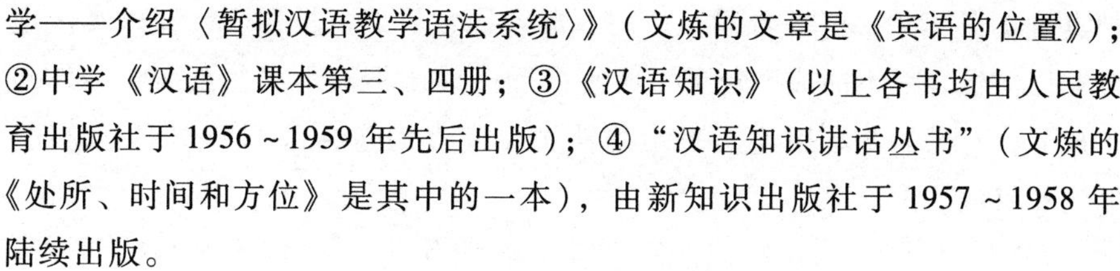

学——介绍〈暂拟汉语教学语法系统〉》（文炼的文章是《宾语的位置》）；②中学《汉语》课本第三、四册；③《汉语知识》（以上各书均由人民教育出版社于 1956～1959 年先后出版）；④“汉语知识讲话丛书”（文炼的《处所、时间和方位》是其中的一本），由新知识出版社于 1957～1958 年陆续出版。

1956 年制订的《暂拟汉语教学语法系统》吸收了当时语法研究的成果，为大家所接受。成就之一就是给中学的语法教学提供了一个可以共同遵循的“纲领”，它为学校语法教学提供了一个统一的、有一定实用价值的语法教学体系。同时，它还催生了大学语法教科书的编写、出版，为大学语法教学提供了一个基本的依据。究其原因是中学教育和大学教育是教育发展的两个不同阶段，中学语法学习是大学学习的基础，大学的语法学习是在中学语法学习的基础上的提高、升华。因此语法学家们一方面注意与《暂拟系统》的衔接，另一方面又有所突破、有所创新，有“节制”地表达自己的观点。这里，影响较大的有：杨欣安等主编的《现代汉语》（1956～1958），北京大学汉语教研室编的《现代汉语》（1958～1960，1962），胡裕树主编的《现代汉语》（1962）。

12.2.3.2　《现代汉语》（初版本）对《暂拟系统》的吸收和超越

胡裕树主编的《现代汉语》初版本采用了《暂拟系统》的不少观点，比如分析句子基本采用的是中心词分析法，认为主语部分的中心词是主语，谓语部分的中心词是谓语，同中心语相对的是它的连带成分，如果谓语是个动词，它可以带上宾语，主语、谓语、宾语的连带成分是定语、状语和补语，并且也把趋向动词、能愿动词、判断词列为动词的附类，用了能愿合成谓语，判断合成谓语的提法等。

但跟《暂拟系统》相比还是有较大不同的。表现为：

1. 词类问题。

（1）词的划分标准、副词的问题。

《暂拟系统》划分词类的标准是“词汇·语法范畴”。它说：“词类是词根据词汇·语法范畴的分类。具体些说，就是词类是根据词的意义和词的语法特点来划分。”[①] 并指出：“实词能作句子成分，并且能够作句子。实词

① 张志公：《语法和语法教学》，人民教育出版社，1956，第 12 页。

都具有实在意义，包括名词、动词、形容词、数词、量词、代词六类。虚词在任何场合都不能成为句子、回答问题。虚词不表示实在意义，不作句子成分，它们的基本用途是表示语法关系。虚词包括副词、介词、连词、助词和叹词。”①

《现代汉语》（1962）以词的语法功能作为划分词类的唯一标准。“词的语法功能首先表现在能不能单独充当句子成分上边，能够单独充当句子成分的是实词，不能单独充当句子成分的是虚词”，“实词的不同语法功能表现在词和词的组合能力上边。哪些词可以和哪些词组合；怎样组合，组合起来表示什么关系；哪些词不能同哪些词组合；这里表示出实词的不同类别”，“虚词的不同语法功能表现在它同实词或词组的关系上边，能同哪些实词或词组发生关系，发生什么样的关系，这里表现出虚词的不同类别”②。显然，张斌对词的分类的基本依据是词的语法功能。根据这一标准，张斌将名词、动词、形容词、数词、量词、副词、代词归为实词，将连词、介词、助词、语气词、叹词、拟声词归为虚词，共13类。

**表12－1　张斌对词的分类**

| 著作 | 划分标准 | 具体划分 | 副词问题 | 词类数目 |
|---|---|---|---|---|
| 《暂拟系统》 | 词汇·语法范畴 | 实词：名词、动词、形容词、数词、量词、代词<br>虚词：副词、介词、连词、助词、叹词 | 虚词 | 11 |
| 《现代汉语》（1962） | 词的语法功能 | 实词：名词、动词、形容词、数词、量词、副词、代词<br>虚词：连词、介词、助词、语气词、叹词、拟声词 | 实词 | 13 |

（2）取消《暂拟系统》的动词、形容词的名物化用法，取消了附类的说法。

2. 在词组划分上，《暂拟系统》有重叠的复指和称代式复指。张斌认

① 张志公：《语法和语法教学》，人民教育出版社，1956，第12页。

② 胡裕树主编《现代汉语》，上海教育出版社，1962，第254、317～331页。

为这两者的性质很不相同。前者能离开句子独立存在，宜与一般的词组同等看待，可称其为同位短语。后者如“青春，这是多么美好的时光啊!”宜定为提示成分。《现代汉语》还创立了“连动词组”和“兼语词组”。

3. 不采取合成谓语的说法。《暂拟系统》的“合成谓语”理论与该系统中动词“附类”（另外，还有名词“附类”）的建立有密切的关系。所谓“附类”，按《暂拟系统》的说法就是“都带有或多或少的虚词性”。动词的“附类”（包括“判断词”“能愿动词”“趋向动词”）如“是、应该、愿意、起来、下去”等等，在句法上与一般动词是不能平起平坐的。这些词如果作谓语，只能和句中的名词或动词或形容词合起来一同作谓语，构成“合成谓语”。张斌、胡裕树对这种“合成谓语”表示怀疑。“例如：‘天气是会好起来的’既属判断合成谓语，又属能愿合成谓语，还可以归入趋向合成谓语。谓语一经合成，就用不着再进行分析，却也失去了析句的意义。再说，像‘应该做的事情’中的‘应该做’，‘组织起来的农民’中的‘组织起来’又不能称之为合成谓语，词与词的关系还得另行说明。为此，我们不采取合成谓语的说法”[①]，把《暂拟系统》的“合成谓语”和“附类”另作处理。

4. 在析句方法上，《暂拟系统》认为句子由词组成，句子成分由词充当。《现代汉语》教材则注意到了句子成分经常由词组充当，部分地分清了句子的构成成分和词组的构成成分，也就是一定程度上注意到句法的本质属性——层次性。《现代汉语》规定：“定语、状语和补语可以用词组（包括偏正词组）来充当，析句时可以把它看做一个单位。”动宾词组若在谓语部分，要看做两个成分（谓语和宾语），若在其他位置上，则只算一个成分。[②]

12.2.3.3　结语

《暂拟系统》实行三十多年后，张斌评价说：

> 《暂拟汉语教学语法系统》（简称《暂拟系统》）基本上是综合各种流派、各种讲法的产物，编者曾经多次征求各方面的意见，大多数人持肯定态度。它的确体现了当时汉语语法研究的水平，例如在词类

① 张斌、胡裕树：《汉语语法研究》，商务印书馆，2003，第 251 页。

② 胡裕树主编《现代汉语》，上海教育出版社，1962，第 297 页。

问题上，分类不单纯以意义作为标准。在析句方面，根据汉语的特点，不让词类和句子成分一一对当，以免出现词有定类和入句辨类的矛盾。又如名词和动词后边列有附类，反映了汉语的一个特点：有些实词带有虚词性。目前通行的几种高校教材，虽未列附类，但是在名词后边特提方位词，在动词后边特提趋向动词、助动词和判断动词，实际上是继承了《暂拟系统》的说法。……当人们通过实践对某种有影响的语法系统提出愈来愈多的指责的时候，正说明我们的科学研究在不断发展。①

随着语法教学经验的积累，语法研究新成果的不断涌现，《暂拟系统》也不断地受到专家和一线语文教师的批评，尤其是采用句子成分分析法分析单句更是被诟病。1981 年 7 月，“全国语法和语法教学讨论会”在哈尔滨召开，会议对《暂拟系统》展开了热烈的讨论，共同商定了《暂拟汉语教学语法体系修订说明和修订要点》，确定了对《暂拟系统》的修订原则。在这个基础上，又经过六次修改，于 1984 年 1 月公布了《中学教学语法系统提要（试用）》(简称《提要》)。

新制定的《提要》，以《暂拟系统》为基础，吸收新的研究成果，提出了三方面的修改意见：①删减；②改换；③增补。删减，就是把《暂拟系统》中那些偏于繁细或不当的内容删去或简化。如舍弃了《暂拟系统》中的一些说法，如动词、形容词名物化，合成谓语，宾语前置，等等。改换，就是把《暂拟系统》中某些不大确切或前后不协调的讲法修改或换个说法。如把词组改称短语，把双部句、单部句改称主谓句、非主谓句，等等。增补，就是增加一些比较成熟的研究成果，同时增加一些语法教学的实用性内容。如短语的功能类别、句子的框式图解、句群的分析，等等。《提要》最大的特点是：①强调了短语的地位和作用，②单句分析采用“句子成分分析法和层次分析法相结合”的分析方法。此后，中学语文教材便按它来讲授语法知识了。由于 1958 年秋已经中止汉语、文学分科教学的尝试，中学早已不进行系统的语法教学，再加上语文教育改革，中学“淡化语法”，《提要》的影响远不如《暂拟系统》。

① 文炼：《语法教学 40 年》，《语文建设》1995 年第 5 期。

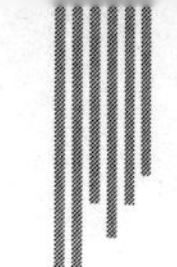



## 12.3 《现代汉语》电大本（语法部分）个案研究

教学语法是按照不同层次的教学要求而制定的语法系统。电大本与胡裕树本的教学对象和教学目的不同，因而在教学内容的取舍、教材的编排上就有自己的特点。下面我们就从时代性和针对性入手，说明张斌电大本教材语法部分的编写特点和以学生为主体的语法教学观。

### 12.3.1 时代性：吸收新的科研成果

所谓时代性指的是教材能体现科学的新成果。科学是不断发展的，高等学校的教材应当反映当时的研究水平。张斌主编的《现代汉语》电大本的内容安排的时代性的特点是在与其他版本的比较中体现的。

1. 知识结构新颖。

第一，一般的现代汉语教材都是“语音”“文字”“语汇”“语法”“修辞”共五章，张本有六章，增加了“语言运用”一章。这一章，从语言与交际、语言与信息、语言与文化这三个角度，把语言放在人类社会活动、人的交际和文化的大背景中加以论述，从而使人们在掌握语言基础知识的同时，懂得如何进一步用好语言。这样编写，在日益重视语言交流的现代社会中更显出重要意义。

第二，该书的语法部分除了常见的章节以外，还单列了“句型”“句式”和“句类”三个小节，从而体现了编者“三个平面”的语法思想。全书信息量大、知识结构新颖，较好地反映了近年来现代汉语语法研究的最新成果，具有鲜明的时代性和教学针对性。

第三，行文的取舍也体现了张斌的匠心所在。虽然“修饰语”“独立语”“口气”等不影响句型，但它们可以帮助理解句子。张斌给予这些部分充分的重视，在教材中首次把“修饰语”“独立语”和句子的主要成分放在一起，并作了详细的介绍。另外，也是第一次为“口气”独辟篇章，进一步完善了析句的内容。

第四，“单句的分析”部分，从句法、语义、语用三个层面讲述，对“新信息和旧信息”“指称和陈述”“定指和不定指”“焦点和疑问句”等的介绍，引进了语用学研究的最新成果，在同类同时期教材中鲜见。

2. 学术观点不断翻新。

与他执笔的胡裕树版本的语法部分相比，内容上有一些变化，具体如下：

第一，词类划分依据的比较。张、胡都以“语法功能”作为划分词类的依据，认为语法功能既指词与词的组合能力，还指词充当句法成分的能力。张斌在“词类”一节中关于汉语词类划分的标准的论述“语法上划分词类是为了说明用词造句的规律，自然应该以词的结构功能为标准”，“意义不是划分语法上的词类的标准，但是意义是词类的基础，基础不等于标准”①，言简意赅、一语中的，将汉语词类分析中长期以来纠缠不清的功能和意义的关系揭示得既透彻又明白。

第二，实词与虚词的下位分类比较。张斌版本在实词和虚词之外，还增加了一类特殊词类，称之为拟音词，包括拟声词和叹词。胡版本仍然采用两分法，把汉语的词类先分为实词和虚词。在词类下位的划分上，张本将区别词从形容词中独立了出来，胡裕树版本没有这么分。胡裕树版本和张斌版本明确提出划分实词下位分类的标准是词与词的组合能力，划分虚词下位的分类标准是虚词与实词或短语的关系。张斌版本在实词下位分类中先是分出了体词、谓词和加词，体词包括名词、数词和量词，谓词分为动词和形容词，加词包括区别词和副词；虚词下位先分为关系词和辅助词，关系连词包括连词和介词，辅助词包括助词和语词。

第三，短语的分类比较。张斌采用了“短语”这一术语，胡裕树版本则沿用了“词组”这一名称。两个版本都注意到了短语的两种类型，另一种是结构类型，另一种是功能类型。在结构类型分类时都注意到了短语的层次性。在对短语的功能类型进一步分类时，胡裕树版本将其分为名词性词组和非名词性词组，张斌版本将其分为体词性短语、谓词性短语和加词性短语。

第四，关于句型、句类、句式。胡裕树版本中出现了“句类”“句式”和“句型”的概念。张斌版本中对于“句型”“句类”和“句式”都有明确的定义和分类。句子的结构类型被称为句型。着眼于句子结构上的某种特殊性或标志而划分出来的句子类别，就叫做句式或特殊句式；还认为句

① 张斌主编《现代汉语》，中央广播电视大学出版社，2003，第268页。

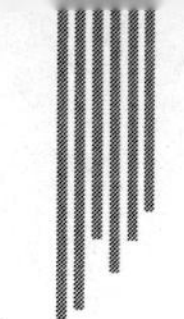



类有广义和狭义之分，广义的句类是句子类型的简称，狭义的句类专指句子的语气类型。而且还明确地指出，句子的语气类型即句类是从句子语用平面给句子所作的重要分类。

在具体的下位划分上，胡裕树版本将主谓句分为名词性主谓句、动词性主谓句、形容词性主谓句和主谓谓语句。张斌版本把主谓短语作谓语的句子分属于名词性谓语句、动词性谓语句和形容词性谓语句。

第五，关于给定语和状语下定义。以往的教科书曾经从修饰语本身或中心语的性质来判断定语和状语，可是语言事实证明单凭修饰语本身或中心语的性质是难以确定定语和状语的，所以在相当长的一段时间里，许多教科书（包括 1988 年版的电大现代汉语教材）都回避正面给定语和状语下定义。张斌在 2003 年版《现代汉语》中吸收语法学界的研究成果，增补了关于定语与状语的定义。“定中短语、状中短语都是由修饰语和中心语构成。这种短语如果是名词性的，它的修饰语叫定语。如果是非名词性的，它的修饰语叫状语。”① 从短语的整体语法功能来给短语内部的修饰语下定义，不仅符合汉语实际，而且较之以往的各种定义都更科学合理。

第六，句子分析方法。张斌版本与胡裕树版本的主要区别在于，把“句子的语义分析和语用分析”单列成一小节，增加了句子的语义、语用分析的分量，形成句法、语用和语义三个平面的句子分析方法。

第七，复句部分，张斌区分了分句间的事理关系、逻辑关系和心理关系以及显性关系和隐性关系，认为复句分类，事理关系、逻辑关系、心理关系是基础，关联词语是标准。

### 12.3.2　稳定性：“如何处理好先进性与稳定性的问题”

教材不是某门学科成果的全面记录，它必须保持一定的稳定性。如何处理好保持教材内容的稳定性与吸收学科研究新成果这一对矛盾，是任何一部教材的编写者都必须面对的难题。张斌主编的《现代汉语》在前言中以大半的篇幅讨论这一问题，并就“如何处理好先进性与稳定性的问题”提出了三条原则：“第一，学术界提出的新见解、新观念，如

---

① 张斌：《现代汉语》，中央广播电视大学出版社，2003，第 300 页。

果尚未经考验或不易为大多数学者接受的，我们暂不采用。”“第二，有些说法曾经被广泛采用，科学家已经证明它们不够严密，或者不切实际，而且有比较好的说法代替，这些新的说法又为大多数专家所认可，并应用于有影响的高校教材之中，经多年使用，效果很好的，我们必定采用这种较科学的说法，放弃旧的说法。”“第三，有些概念有不同术语，我们采用最通行的说法。”① 此外，张斌在“语法概说”一节中进一步指出：“如何博采众长，如何利用最新研究成果，这正是语法教学系统的主要问题。”②

### 12.3.3 针对性：面向成人教育，突出自学指导

所谓针对性，应该是指定位准确、切合需要，根据不同对象作不同的编排。张斌主编的《现代汉语》教材与胡裕树主编的《现代汉语》教材学习对象不同，张本面向成人教育，胡本是全日制普通高等院校的应用教材。对象不同，编排也有所不同。张斌的突出特点是面向成人教育，突出自学指导。

1. 具体实用。

张斌对许多语言运用中常见的语法现象和语法学习中的疑难问题，都有针对性地作了精辟的分析和解释。宏观说明和微观阐述相结合，描写语言现象和解释语言现象并重，使学生知其然，更知其所以然。

例如，语法部分关于某些重点或疑难词语用法的辨析（如“几个副词的用法”“几组代词的用法”“几个介词的用法”“几个连词的用法”“几组词的用法分析”“词类的辨析和词性的辨识”等）和对一些语言事实区别的描写、语言现象分析方法的介绍、语法分析注意点的提示，乃至语法错误及其成因的剖析（如“三类词的区别”“数词短语和量词短语”“短语和合成词的区别”“层次分析的原则”“划分词类应注意的几个问题”“析句时应注意之点”“句子中常见的语法错误”）等，都是指导学生语法学习、解决语言运用中经常遇到的实际问题的非常具体实用的内容。

---

① 张斌主编《现代汉语》，中央广播电视大学出版社，2003，前言，第1页。

② 张斌主编《现代汉语》，中央广播电视大学出版社，2003，第265页。

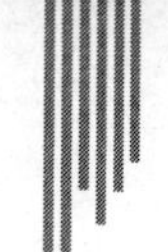



再如，张斌的《现代汉语》除主教材外，也有辅助教材《现代汉语学习指导书》。该辅助教材从学生的实际需要出发，对主教材的重点、难点作了比较详细的分析，对有些内容的学习要求、学习方法，作了适当提示。另外，对教材涉及的一些有争议的问题也作了专门的论述。

2. 指导自学。

教材不仅注重语言分析方法的传授，同时还十分注意语言学习方法的介绍。例如，在全书开篇的“绪论”部分，张斌就分四点介绍了现代汉语的学习方法；在语汇和语法等章节，也都有专题介绍学习方法，其中不乏对学生学习现代汉语具有很强指导意义的论述。例如，“绪论”中关于语言规律的论述：“讲规律，常常要辨明对错，这是合理的。但是，语言在不断发展，语言事实又十分复杂，所以有时会出现中间现象。中间现象的存在并没有否定规律，只是对已有的规律加以补充；因此，在分类时出现两可的情况是允许的，出现两难的情况也不足为奇。只要我们正确对待一般规律、个别情况、特殊用例，就是切合要求的。”①

又如在“语法概说”中引导学生注重语言事实的分析，避免在术语上纠缠：“语法上的区别有两种，一种是名称术语的区别，另一种是语言事实的区别，虽然这两种区别密切相关，但毕竟不是一回事。……学习语法，重要的是了解语言事实的区别。名称术语固然要懂得，但千万不能在这上面纠缠。”②

再如，随着社会的快速发展和交流的日益频繁，一些新兴语法格式和用法的出现有加快的趋势，如何对待语言运用中新兴的语法格式和用法，如何判断误用与创新的界限，是语言运用中经常要遇到的问题。张斌在“语法概说”一节中提出的“不提倡在正式场合使用，不反对在非正式交际环境中出现。总之，让时间去考验”的处理原则，对学生正确对待此类语言运用问题，具有很强的指导意义。这些都是指导学生语言学习的金玉良言。

3. 妥善处理理论研究与语法教学实践的关系。

比如，用扩展法区分词和短语能收到一定的成效，但遇到“鸭毛”

---

① 张斌：《现代汉语》，中央广播电视大学出版社，2003，第 10 页。

② 张斌：《现代汉语》，中央广播电视大学出版社，2003，第 266 ~ 267 页。

“牛奶”“鸡腿”“死棋”之类的偏正结构，或者遇到“鞠躬”“理发”“平反”“出丑”之类的动宾结构，或者遇到“证明”“推迟”“看见”“放大”“缩小”之类的动补结构就会出现麻烦。电大教材认为：“如果单纯从语法教学方面考虑，宜采取简便的方法，即认为未隔开时是词，隔开时是短语，对偏正、动宾、动补结构同样处理。”①

又比如，用框式图解分析短语，可以从小到大，也可以从大到小，电大教材选择从大到小的分析方法。教材强调：“从目前的教学实际来看，似乎采取从大到小的方式为好。理由有三：第一，从小到大的分析，须先确定基本的语言单位，而汉语里确定词与非词的界限，有时会遇到困难。从大到小的分析，可以避免这个麻烦。第二，从小到大的分析，必须分析到最大的层次才可以结束，这样不免烦琐。从大到小的分析，可以适可而止。第三，复句的层次分析都是从大到小的，短语和复句的分析宜采取统一步骤。”②

总之，张斌本《现代汉语》电大教材在编写过程中极为注重学生的主体地位，以学生为本，立足于汉语，吸取现代语言学的理论和方法，引导学生注重语言事实的分析，以解决学生在汉语语言分析中的实际问题，使学生通过知识的积累，能力的培养，更深入地理解现代汉语规范化的意义，并能自觉地为此努力工作。

## 12.4 语法研究针对语法教学

张斌的语法教学思想不仅体现在教材编写中，还体现在他对语法教学的研究中。张斌在《汉语语法学·序言》中说：“我从事汉语语法的教学和研究近50年，出发点是区别同异，辨识正误，旨在实用。”③ 这个“实用”既指解决汉语语言分析中的实际问题，也包括适应语法教学的需要。张斌的语法研究包括三个方面：第一个方面是语法事实的研究，或者叫做用例的研究。第二个方面是语法理论的研究，重在理论的探索，大到方法

① 张斌：《现代汉语》，中央广播电视大学出版社，2003，第266~267页。
② 张斌：《现代汉语》，中央广播电视大学出版社，2003，第266~267页。
③ 张斌：《汉语语法学》，上海教育出版社，2003，第1页。

论，小到具体的理论、方法。这两个方面可以合并为理论语法。第三个方面就是语法教学的研究。张斌的语法研究是和语法教学紧密联系在一起的，他的语法研究往往就是针对语法教学的，对语法教学相当重视。例如，在体现其三十年研究成果的《汉语语法研究》（1989）中，收集了关于语法教学研究的三篇论文，在其集大成之作《汉语语法学》（1998）一书中，用了两小节谈语法教学和语法学习，足见张斌对语法教学研究的重视。张斌对语法教学的看法举例如下：

第一，教学大纲、教材和教师是进行语法教学需要先行解决的问题。

1. 教学大纲。系统的语法教学也好，重点分散的语法教学也好，须有详细的教学大纲。大纲的主要内容应该是语言事实的描写或解释。“语法系统”的纲要之类可以拟订，但不能以此代替大纲。

2. 教材。一本好的语法教材要处理好几种关系。一是知识的稳定性和新的科研成果的吸收的关系。教材总是要利用现成的科研成果；科研成果在不断涌现，教材也应不断修改补充。但是，未经考验的新理论、新方法不宜轻率地引进教材。二是汉语的特点和一般语言学理论的关系。立足于汉语，吸取现代语言学的理论和方法，以解决汉语语言分析的实际问题。通行的语言学理论大都是从印欧语言中归纳出来的，有的不完全适用于汉语。比如时态，汉语并不限于用动词的变化形式来表示。“他走了”是过去式，“我走了”是未来式。“谁开门?”与“谁开的门?”的时态不同，用“的”表示。如果套用西方的理论，常常会捉襟见肘。三是引导学生注重语言事实的分析，避免在术语上纠缠。培养区别同异、正误的能力，以提高听说读写的水平。四是宏观说明和微观阐述相结合，描写语言现象和解释语言现象并重，使学生知其然，更知其所以然。五是一般规律与特殊现象的关系。①

3. 提高教师素质。一本较好的教材，如果教师水平较差，不一定能使学生得益。教材有缺点，高水平的教师可以弥补。就汉语语法教学来说，提高教师水平包括两个方面，一是知识的更新，二是教法的重视。教学方法也是一门科学，不但有一般的方法，还有语法课程本身的方法，要注意这方面的问题。

---

① 本段综合了张斌《语法教学 40 年》和张斌主编《新编现代汉语》前言部分的内容。

第二，怎样跟学生讲语法。

1. 培养学习兴趣，遵循认知规律。

2. 注重语言的整体性。句子的语音、词义和语法是互相关联的。句法分析只不过是一种局部解剖，在具体运用时还得有整体观念。如：

（1）他们都知道了。

（2）他们什么都知道了。

（3）他们都知道什么？

要准确了解（1）的意思，必须知道句子的重读所在。如果重读“都”，意思是“他们都知道”。如果重读“他们”，意思是“连他们也知道”。（2）增加了“什么”没有歧义。（3）把“什么”的位置移于句末，又产生了歧义：一种理解为疑问，另一种理解为反诘。究竟如何理解，要根据全句的语调来决定。①

3. 正确处理语法系统和语法教学的关系。学习语言要讲求区别，语法上有两种区别，另一种是名称术语的区别，一种是语言事实的区别。两种区别有关联，但毕竟不是一回事。有些人不懂语法上的名称术语，可是他能掌握语言事实上的区别，即区分对和错、同和异。进行系统的语法教学，使学生掌握语法上的名称术语，为的是更好地了解语言事实，能自觉地运用语言规律，解决实际问题。所以，中学语法教学，不宜过多地讲授语法知识，过多地把时间花在体系的探讨、术语的选择、界限的辨识上，重点应放在语言事实的辨识上，放在如何提高学生的听说读写能力上。例如分析“屋里有人”，把“屋里”称作主语或状语不是最重要的问题，而指明“屋里”是定指，而“人”是“不定指”则是重要的，它不同于“人在屋里”。体系的说明规定统一的术语，对管理教学秩序有其作用，但是不能本末倒置，把语言事实的说明放在次要地位。最为关键的是，术语是手段，语言事实的分析才是目的。例如，“你知道他是什么地方的人呢？”和“你知道他是什么地方的人吗？”是不同的问句，它们的区别可以用“什么”表示疑问或虚指来说明，也可以用特指问和是非问的区别来说明，还可以用“呢”和“吗”的区别来说明。这里用上一些术语，更能概

---

① 张斌：《汉语语法学》，上海教育出版社，2003，第224页。

括地精确地说明规律。

4. 培养区别同异、正误的能力，以提高听说读写的水平。

例如，“多”“少”“多少”这组词的区别，要注意功能差异。[①]

（1）今天来参观的人很多（少）。

（2）这里多（少）了几块钱。

说明：“多”和“少”相对，兼属形容词和动词。

（3）家里来了十多位同学。

说明：“多”用在数词后边，表示余数，“少”没有这种用法。

（4）公司打算招收多少职员？

说明：这儿的“多”是助词，“多少”是疑问代词，问数量。

（5）在旧社会，多少人忍受饥寒的痛苦。

（6）今天是好日子，你多少喝一点吧！

说明：像其他疑问代词一样，“多少”也可以不表示疑问。“多少”修饰名词，含义倾向于“多”；修饰动词，含义倾向于“少”。

再如“买一斤鱼”和“买一斤的鱼”，有没有“的”，意思不同。“故事的背景说明”和“故事背景的说明”，“的”的位置不同，意思也两样。[②] 诸如此类的差别，都应该使学生能够辨别。

---

① 例子选自张斌《现代汉语》，中央广播电视大学出版社，2003，第 297 页。

② 例子选自张斌、胡裕树《汉语语法研究》，商务印书馆，2003，第 232 页。

# 第 13 章

# 张斌语法思想的来源

## 13.1　张斌语法研究的学科基础

### 13.1.1　索绪尔、莫里斯符号学理论对张斌语法研究的影响

现代符号学理论最早出现在瑞士语言学家索绪尔的《普通语言学教程》(1916) 一书中。20 世纪 60 年代，符号学作为一门独立学科兴起于法国、美国、苏联。60 年代末建立了符号学研究的统一战线，成立了“国际符号学协会”，并出版发行了国际性的学术刊物《符号学》。目前，符号学正以强劲的发展势头向各个学科渗透，产生了诸如社会符号学、法律符号学、电影符号学、音乐符号学、宗教符号学、心理符号学、建筑符号学、服装符号学、广告符号学等多个部门的符号学，显示出应用符号学研究的勃勃生机。汉语语法研究无疑也受到了符号学思想的巨大影响。例如，80 年代以来在汉语语法研究中产生重大影响的“三个平面”理论，其直接的理论来源之一就是瑞士语言学家索绪尔和美国哲学家皮尔斯、莫里斯的符号学理论。当然，对汉语语法研究来说，现代符号学理论并不意味着对其他语法研究方法、理论的排斥或取代，更多的是方法论层面的革新，其意义在于使研究者从一个新的视角切入语法研究，并使研究逐步走向深入。

本书试图以索绪尔“能指与所指”理论、莫里斯的“句法、语义、语用三部门”理论为例，探讨现代符号学理论在汉语语法研究中的作用。

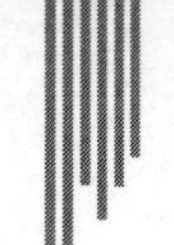



13.1.1.1　索绪尔符号学理论及其影响

现代语言学之父、瑞士著名语言学家索绪尔在他的《普通语言学教程》中提出语言是一种音义结合的符号系统，它的形式是声音。语言符号的意义由一定的声音形式表达出来，反过来，一定的声音形式表达一定的意义。索绪尔认为："语言符号连接的不是事物和名称，而是概念和音响形象。"[①] 符号由能指和所指两部分组成。所指就是概念，能指是声音的心理印迹，或音响形象。在论及能指和所指的关系时，索绪尔明确指出："语言实体是只有把能指和所指结合起来，才能存在的，如果只保持此要素中的一个，这一实体就将化为乌有。"[②] 能指和所指两者"彼此呼应同时又互相对立"，索绪尔用了两个生动的比喻来说明这一问题："语言还可以比作一张纸：思想是正面，声音是反面。我们不能切开正面而不同时切开反面；同样，在语言里，我们不能使声音离开思想，也不能使思想离开声音。"[③]"语言符号就像水，水是氢、氧的结合物，但分开了考虑，两者都没了水的特征。"[④] 语言符号的能指和所指就是这样一个难解难分的对立统一体。

索绪尔对能指和所指的区分以及二者的密不可分的观点，对汉语语法研究的启示表现在以下两个方面：

1. 帮助我们明晰汉语语言符号（包括文字）的特点，区分了词的形式、意义和内容。

张斌指出语言符号的能记是声音，所记是意义（索绪尔的"能指"、"所指"，张斌称为"能记""所记"）。但是"形式"并非在任何情况下都指语音形式，它可以转化。张斌以词为例说明之。"例如'我'的声音是'wo'，意义是自己，但并没有确指某一具体对象。在具体运用时。'我'或者指张三，或者指李四，这里体现出符号的转化。就是说，原有的语言

① 文炼：《与语言符号有关的几个问题——兼论语法分析中的三个平面》，《中国语文》1991 年第 2 期。

② 文炼：《与语言符号有关的几个问题——兼论语法分析中的三个平面》，《中国语文》1991 年第 2 期。

③ 文炼：《与语言符号有关的几个问题——兼论语法分析中的三个平面》，《中国语文》1991 年第 2 期。

④ 文炼：《与语言符号有关的几个问题——兼论语法分析中的三个平面》，《中国语文》1991 年第 2 期。

符号（声音和意义的结合）变成了能记，而所指的具体对象成为它的所记。这里的所记有人也称之为意义，为了与前者的意义相区别，可以称之为内容（content）。”[①] 这就是说，在言语环境下，一个词有它的语音形式，有它的意义，还可以有所指。如表 13 - 1 所示。

**表 13 - 1　言语中的词的能记和所记**

| | 声音 | 意义 | 内容 |
|---|---|---|---|
| 语言中的词 | 能记 | 所记 | |
| 言语中的词 | 能记 | | 所记 |

到了文字状态下，符号又体现出另一种转化：原有的语言符号（声音和意义的结合）变成了所记，而书写形体成为它的能记。如表 13 - 2 所示。

**表 13 - 2　文字状态下的能记和所记**

| | 声音 | 意义 | 文字 |
|---|---|---|---|
| 口语中的词 | 能记 | 所记 | |
| 书写的词 | 所记 | | 能记 |

区分言语的词的形式、意义和内容至少可以解释两个问题：第一，区分词典中的词和具体句子中的词，词典中的词只有声音和意义，没有内容，具体句子中的词才有内容。第二，拟音词的归属问题。拟音词的归属问题一直是汉语词类划分中争论的焦点，张斌认为，拟音词应该单列一类。拟音词的特殊性在于它既不是亦虚亦实，也不是介于虚实之间的。词是声音与意义的结合，这里的意义具有概括性。概括是对单一而言，词在使用之中，概括才能转化为单一。给词分类，不是拿具体句子中的体现单一含义的词作为对象，而是拿具有概括意义的词作为分类的对象。拟音词的特殊就在于缺乏概括的意义，只有具体的用法。比如人们争论《木兰诗》中的“唧唧”是叹息声，是促织（蟋蟀）的鸣叫声，还是机杼声，这只是具体内容（content）的争论，而不是词义（meaning）上的分歧。

① 文炼：《与语言符号有关的几个问题——兼论语法分析中的三个平面》，《中国语文》1991 年第 2 期。

也就是说，一般的词具有形式和意义，同时也可以有内容；拟音词只具备形式和内容，没有概括的意义。正因为如此，词典给拟音词的解释，只能是举出用例。如《现代汉语词典》中的“唧唧”条的说明是“形容虫的叫声等”，这里的“等”是绝不可少的。

2. 帮助我们区分句子的形式、意义和内容。

符号在语言系统中，既可以指词，也可以指词与词组成的句子乃至篇章。这样，句子的形式便是由若干个“能指”组成的“语音链”，而句子的意义则是由若干个“所指”组成的“意义链”。索绪尔并没有讨论“内容”问题，因为，他认为“内容”并不属于语言学研究的范围。索绪尔之后，安特勒在“形式”和“意义”之外，又加上了“内容”一项；不过，他认为“内容”并不是句子的一部分，它跟语言无关，但是，只有通过它才能理解直接现实，或者反映对直接现实的思想。显然，他的看法跟索绪尔是一脉相承的。张斌发展了索绪尔和安特勒的观点，把句子分为两种：“一种是语言的句子，或者叫做抽象的句子；另一种是言语的句子，或者叫做具体的句子。抽象的句子……用在不同的场合，所指的客观对象可以各不相同。具体的句子则有所指称。这种指称意义有人称之为内容，从抽象句子角度看，句子是形式和意义（狭义的）的统一体，可以认为全句意义之外不能再有所谓‘内容’。从具体句子的角度看，可以认为句子存在着形式（form）、意义（meaning）和内容（content）的‘三位一体’（trinity）。”①

至于什么是内容，张斌认为，具体的句子在使用过程中同一定的语境相联系，它有所指称，其指称意义可称之为内容。内容是说话环境给句子所增加的意义，它不等于词义，也不等于词义的简单相加。这是词和词组无法具有的，它只能存在于具体的句子中。如“今天星期日”这个句子，它有确定的含义，一年之中，我们可以把这个句子使用五十几次，每次的内容都不相同。从这个角度说，抽象的句子不过是用来作为具体交际时的工具，它是为表达指称意义（内容）服务的。抽象句子和具体句子的关系是形式和意义的关系。除了内容这个指称意义外，句子还具有社会文化意义、联想意义和暗示意义。（表 13 - 3 与表 13 - 4 说明索绪尔、张斌对句子

① 张斌：《汉语语法学》，上海教育出版社，2003，第 272 ~ 273 页。

的形式、意义和内容的不同理解。)

**表 13－3　索绪尔对句子形式、意义、内容的理解**

<table>
<tr><td rowspan="2">索绪尔<br>(1916)</td><td>能指←→能指←→能指……</td><td>形式</td></tr>
<tr><td>所指←→所指←→所指……</td><td>意义</td></tr>
</table>

**表 13－4　张斌对句子形式、意义、内容的理解**

<table>
<tr><td rowspan="3">张斌<br>(1991)</td><td></td><td>声音</td><td>意义</td><td>内容</td></tr>
<tr><td>抽象的句子</td><td>能记</td><td>所记</td><td></td></tr>
<tr><td>具体的句子</td><td colspan="2">能记</td><td>所记</td></tr>
</table>

区分句子的形式、意义和内容，区别具体的句子和抽象的句子，对认识句子的性质和特点，对理解和运用句子，对判断句子的合语法和不合语法，对解释句子的自足与否，对解释语序的“固定”与“灵活”都有积极的意义。从句子分析来看，分析抽象的句子只要分析其句法结构和语义结构就可以了，而分析具体的句子还要在句法分析和语义分析的基础上，进一步分析句子的语用平面才能完成。

13.1.1.2　莫里斯的符号学理论和影响

索绪尔分析符号，指出能记和所记是密切相关的两个方面，正如同一张纸的正面和反面。他认为言语活动中的主要部分是语言，而言语是次要的，主张语言研究应该是纯粹的语言符号系统，所以不考虑解释者的作用，不考虑在具体的语言环境中体现的具体内容。美国哲学家皮尔斯认为符号的有关因素除了 mark（相当于能记）、object（相当于所记），还有 exponent（解释者）。他第一个提出符号过程中的三要素（媒介、对象和解释），并根据符号三要素的相互关系建立了“符号的三合一分类方法”。他认为概念和意义的明确与否应该从效果上考察，符号的使用效果当然与解释者有关。皮尔斯符号学理论的意义在于将指称对象引入关于符号的定义，这无疑是对索绪尔二元符号模式的一大改进。皮尔斯符号学理论更重要的意义还在于它关心产生意义的生活背景，而不仅仅停留于符号本身。

受皮尔斯“符号的三合一分类方法”影响最深的莫过于美国哲学家莫里斯。莫里斯继承了皮尔斯的观点，不过分析得更为细致。他认为除了符

号的表现形式（能记）、符号的对象（所记）、解释者之外，还有符号出现的条件（使用环境）、反应倾向（具体内容）与使用效果。皮尔斯和莫里斯的共同之处在于注重了主观的作用，不过莫里斯更注意到具体的客观环境。

莫里斯对符号学最大的贡献是基于皮尔斯的符号三项说提出的关于符号学三部门，即语形学、语义学和语用学的理论。他在《符号·语言和行为》一书中指出，符号涉及三个方面的关系，即“符号对符号的关系、符号对对象的关系、符号对人类的关系”。这三种关系表明了符号意义的三个方面或三维（dimension）。莫里斯把符号对符号的关系称作“MF”，即“意义的形式方面或形式意义”；把符号对对象的关系称作“ME”，即“意义的存在方面或存在意义”；把符号对人类的关系称作“MP”，即“意义的实用方面或实用意义”。这样，符号的意义就是这三个方面或意义的总和：M = ME + MP + MF。适应于符号过程的三项关系，莫里斯认为符号学分支学科应由 syntactics（语构学或语形学或句法学）、semantics（语义学）和 pragmatics（语用学）三部分组成。语用学研究“符号和解释者之间的关系”，语义学研究“符号和其所指示的对象之间的关系”，语形学研究“符号相互间的形式关系”。莫里斯“不仅重申了索绪尔的意义即关系的这一著名论断，而且将这种关系具体化为三维关系，即文本与所指之间关系，既有文本内词、句、段和篇的脉络关系，还有文本与读者之间的关系，可以涵盖语言交际中的一切关系”①。

莫里斯对符号学的划分彻底改变了语言学传统问题的研究视角，在学术界得到了比较广泛的认同，研究产生了巨大影响，拓宽了对语言学等学科的研究视野。莫里斯关于符号学的研究成果对汉语语法研究有着重要的意义，它是汉语语法句法、语义、语用三个平面“理论”的直接源头。

“三个平面”理论中，语法研究有三个层面：句法平面、语义平面、语用平面。句法平面研究符号与符号之间的关系；语义平面研究符号与客观事物之间的关系；语用平面研究符号与使用者之间的关系。显然，张斌、胡裕树提出的“三个平面”理论与莫里斯的符号学理论是一脉相

① 转引自廖春红《试析莫里斯符号学的意义观》，《北方论丛》2006 年第 4 期。

承的。

“三个平面”理论认为，句法平面讲的是显层结构（或表层结构），是对句子进行句法分析，研究句中的词语与词语（即符号与符号）之间的关系。句法分析的对象是句法结构，词、短语、句子都是句法结构单位。在句法平面，主要分析句法功能、句法成分、句法层次和句法关系。语义平面讲的是隐层结构（或深层结构），对句子进行语义分析，研究句中词语与客观事物（符号与内容）之间的关系。三个平面的语义是指跟句法相关的语义，并不包括一般所说的语义学所包含的所有语义因素。专指语法领域中语义平面的意义，主要有：动核结构、动词的价（向）、名词的格、语义指向、歧义、词的语义特征、语义的选择限制和虚词的功能等。语用平面是对句子进行语用分析。语用研究的是句中词语与使用者（符号与人）之间的关系。研究语用，也就是研究人怎样运用词语组成句子相互进行交际。三个平面中的语用指的是跟句法有关的语用因素，不包括一般所说的语用学中谈到的所有语用因素，同句法有关的语用因素主要有：主题和述题、表达重心和焦点、语气、口气、评议性成分、句型或句式的变化等。[①]

“三个平面”理论在汉语语法研究中显示了强大的生命力和解释力，比如，它深入地揭示了词语的组合搭配规律，有效区分了语言中的同义结构和歧义结构，初步建立了科学的汉语析句系统等。此后的二十几年里，汉语语法学界关于“三个平面”学说的讨论很热烈。[②] 很多人或者用这一理论作指导，多侧面地研究具体的语法问题，或者按自己的理解对它作深入的探讨。比如，范晓《三个平面的语法观》（1996）、《现代汉语句子的类型》（1998）、邵敬敏《现代汉语疑问句研究》（1996），等等。

莫里斯的三分法，尤以语用学的提出最具特色。“三个平面的说法之所以有新意，之所以有那么多人对它感兴趣，就在于其中有个语用平面”[③]。有了语用平面，就顾及了语言的使用，这就改变了过去那种基本上只搞静态描写的片面做法，而代之以静态描写跟动态研究相结合的新

① 林玉山、吴晓芳：《论张斌、胡裕树的语法思想》，《福建师范大学学报》2007 年第 3 期。

② 袁晖、戴耀晶：《三个平面：汉语语法研究的多维视野》，语文出版社，1998。

③ 施关淦：《再论语法研究中的三个平面》，《汉语学习》1993 年第 2 期。

局面。由此，至少解释了以下几种语法问题：区分主语、主题和施事，解决了之前的主语、宾语之争；认为产生歧义的原因有句法的、语义的、语用的，主张区分句法歧义、语义歧义和语用歧义，并认为各种语境是消除歧义的方法；主张对省略、移位现象区分不同平面的相关现象；等等。

## 13.1.2　信息论、系统论、心理学等学科对张斌的影响

13.1.2.1　张斌的语法研究受到信息论的很大影响

美国科学家香农（Claude Elwood Shannon）于 1948 年出版的《通信的数学理论》是信息论正式诞生的标志。它从理论上阐明通信系统的数学模型和度量概率信息的公式，为概率信息的定量研究提供了理论根据。20 世纪 70 年代以来，信息论突破狭义的范围，发展成为一门研究语法、语义、语用信息的科学。张斌认为，语言是传达信息的，因此我们可以从信息论的角度考察语言。信息的传达首先是编码与解码的问题，这又包括两个方面，一是结构要素，二是结构方式。过去我们研究语言，着重在结构方式，结构要素则简单化了。影响句子意义的要素有句内因素，还有句外因素。句内因素包括词义、语义、层次关系、句法关系、语气、口气等。句外因素包括预设、社会意义、暗示意义、联想意义等。其次是信息噪声的问题，主要的表现是歧义。张斌研究了歧义产生的原因、歧义的类别、消除歧义的方式，等等。再次是信息量的问题。张斌研究了动词的“向”（valency）。动词的“向”对理解句子意义的限制，其实是信息量的问题，但问题远不止于此，更多的规律有待发现。此外，还研究了信息类别的问题，如旧信息和新信息的表示法、焦点的表示法、指称和陈述的区分和转化，等等。

13.1.2.2　张斌的语法思想也受到系统科学理论的影响

系统论思想在索绪尔的《普通语言学教程》中就已出现，他认为，语言是个系统，是个价值系统，强调对立统一，强调一切语言现象必须在相互联系中去研究。索绪尔认为把一项要素简单地看做一定声音和一定概念的结合将是很大的错觉，他反复强调语言是一个价值系统，而“任何要素的价值都是由围绕着它的要素决定的”。[①] “语言是形式，而不

① 索绪尔：《普通语言学教程》，商务印书馆，1985，第 118 页。

是实体"[①]，这就是说，语言价值并不决定于心理实体和声音实体，而是由关系决定的。[②] 他把语言单位放在语言的系统里，加以考察和比较，通过它们之间的区别、对立来确定它们的价值，然后再研究它们之间形成的关系。他的这种观点，正是对历史比较语言学"原子主义"错误的批判，有助于揭示语言各平面中成分间对立统一的关系。

20 世纪 40 年代末产生的系统科学是以系统及其机理为对象，研究系统的类型、性质和运动规律的科学。包括系统概念、一般系统理论、系统理论分论、系统方法、系统方法的应用五个部分。系统科学的具体要求有重要的方法论意义，它促进了现代科学的整体化趋势。张斌认为，任何语言都是一个系统，而且是一个复杂的系统。所谓复杂是指系统之中有子系统，甚至子系统中还包括子系统。研究系统，不但要探讨子系统的特点，还须描写子系统与子系统之间的关系。我们着重描写了汉语语音系统、语法系统等等，但是对于各子系统之间的关系未能仔细探讨。比如，汉语音节奇偶对语法有影响，语法书中大都不曾提及。这方面宜加强引导。[③]

受系统论的影响，张斌探讨过：(1) 切分（把整体分成部分）和划分（把大类分成小类）；(2) 认定语言属非封闭系统，因此要探讨外部因素对内部因素的影响、内部因素的相互影响。特点是许多中间现象的存在，必须加以说明，例如实词的附类、类固定短语的描写和解释。

13.1.2.3　心理学对张斌语法研究的影响

心理学对语法学的影响不在规律的说明，而在现象的解释。30 年代的结构主义语言学用行为主义、心理学来解释言语行为，把言语活动归结为"刺激—反应"的公式。1962 年版的《现代汉语》（胡裕树主编）所附习题大都属于反复训练、模仿析句之类，目的在于加强刺激，以养成正确的语言习惯。这都直接间接受上述学说的影响。60 年代的转换生成语法从认知心理学的观点来解释言语行为，认为学习语言不是一个单纯模仿、记忆的过程，而是一种创造性的活动，强调掌握有限的规则，用以产生无限的

① 索绪尔：《普通语言学教程》，商务印书馆，1985，第 169 页。

② 索绪尔：《普通语言学教程》，商务印书馆，1985，第 164 页。

③ 张斌：《汉语语法学》，上海教育出版社，2003，第 93～94 页。

句子。1979 年版的上海本《现代汉语》教材（胡裕树主编）明确提出析句的终点是归纳句型。90 年代，吸收国内、国外认知心理学界句子理解理论研究的已有成果，在语言学界，张斌“首先提出了理解句子的策略”①。在《句子的理解策略》一文中，研究了“各种理解因素在不同的情况下所起的不同作用”，从而归纳出理解策略的“类型”和“模式”来。文中归纳的四种类型“词语提取策略”“词语预测策略”“尝试组合策略”和“模式对照策略”，为语言学界参与语言交际习得的研究、参与计算机自然语言理解的研究，开了理论研究的先河。②

13.1.2.4　张斌的语法研究还直接或间接地受其他学科的影响

例如“生成”“递归”来自数学，张斌用生成说明句型确立的依据，用语言结构的递归性的观点来说明句型确立的原则：修饰语不影响句型。又如动词的“向”（或称为“价”，valency）的问题，这个术语其实来源于化学，不少学科（如数理逻辑、生物学）都曾借用。张斌借用这个术语，目的在于说明动词的支配功能（governing function）。尽管语法学者对“向”的理解还不一致，无论如何，引进“向”的概念来说明汉语语法现象，特别是说明句法和语义之间的复杂关系，实践已经证明是有效的。

## 13.2　张斌语法研究的语言学理论基础

### 13.2.1　索绪尔的结构主义语言学理论对张斌的影响

13.2.1.1　区分语言和言语两种研究对象

索绪尔在《普通语言学教程·绪论》中提出，为了认识语言学“真正的、唯一的对象”，建成一门真正的语言科学，在一定程度上必须先“净化”研究对象，这样才能彰显其性质和地位。语言和言语的提出是他净化研究对象的第一步。索绪尔的著名公式是：言语活动 = 语言 + 言语。通过

① 范开泰等：《张斌先生传略》，载范开泰主编《语言问题再认识》，上海教育出版社，2001，第 388 页。

② 范开泰：《胡裕树、张斌先生评传》，载范开泰编《20 世纪现代汉语语法八大家——胡裕树张斌选集》，东北师范大学出版社，2002，第 8 页。

对语言和言语的划分他得出结论：语言是言语的活动事实的混杂的总体中一个十分明确的对象，是言语活动的社会部分，个人以外的东西，“语言科学不仅可以没有言语活动的其他要素，而且正是没有这些要素掺杂在里面，才能够建立起来”[①]。

索绪尔还认为，“句段关系”可以适用于语言结构的各个层次：从词的内部构造到句子成分甚至整个句子。但是认为“句子”与“句段”分别属于不同的范畴，“在这里有人会提出异议：句子是句段的最好不过的典型，但是句子属于言语，而不属于语言；由此，句段岂不也是属于言语的范围吗?”[②] 他认为，二者的区别是“一切按正规的形式构成的句段类型，都应该认为是属于语言的，而不属于言语”[③]。而由个人说话即兴发挥的句子属于言语。由此，我们可以进一步认为，句子的内容是无限丰富的，而句子的结构模式，即索绪尔所说的“句段”类型是有限的。现代语法学中的语法规则的生成性、抽象性、递归性指的正是这个意思。张斌、胡裕树建立的句型系统，张斌的“修饰语不影响句型”的理论主张正是建立在这个规则之上的。

借鉴索绪尔的语言与言语的理论和安特勒对形式、意义、内容的区分，张斌在现代汉语语法研究中作出了如下三种区分。

1. 区分了语言（抽象）的句子和言语（具体）的句子。他认为，句子有两种：一种是语言的句子，或者叫做抽象的句子；另一种是言语的句子，或者叫做具体的句子。言语的句子与语言的句子二者主要的区别在于：从意义上看，言语的句子既有意义，又有内容，语言的句子只有意义，没有内容；从结构上看，言语的句子既有句法成分，又有语用成分，语言的句子只有句法成分，没有语用成分。语言的句子是由言语的句子抽象概括出来的，舍弃了言语句子中的内容和语用成分。从句子分析来看，分析抽象的句子只要分析其句法结构和语义结构就可以了，而分析具体的句子还要在句法分析和语义分析的基础上，进一步分析句子的语用平面，如主题、述题、新信息、旧信息、焦点、独立成分、省略、倒装、追补，

① 索绪尔：《普通语言学教程》，商务印书馆，1980，第37页。

② 索绪尔：《普通语言学教程》，商务印书馆，1980，第172页。

③ 索绪尔：《普通语言学教程》，商务印书馆，1980，第173页。

等等，只有这样，句子分析才算完成。实际上，从句子的理解角度看，主题、述题、新信息、旧信息、焦点、独立成分、省略、倒装、追补等语用因素也正是句子理解的关键。

2. 区分主语和话题。多年来，有人把主语和话题等同起来。结果，介词短语也被说成可以作主语了，主谓谓语句也大量增加了。其实，这是两个很不相同的概念：主语是句法术语，属于语言，话题是语用术语，属于言语。它们处于不同的平面。分析语言的句子，根本用不上话题这个术语。此外，像“说明”“主题”“述题”“新信息”“旧信息”“焦点”之类也一概用不上。分析言语的句子，则要弄清话题跟主语之间的关系，话题跟其他句法成分之间的关系。话题在多数情况下跟主语是重合的，但我们在说话题时是从语用角度来说的，在说主语时，则是从语言、句法的角度来说的，二者所处的平面不同。

3. 区分句法分析和句子分析。“句法分析即短语分析。短语是备用单位，句子是使用单位，它们的属性不同”，“短语的语序固定，句子的语序较灵活。有些成分（如话题、插说等），句子中有，短语中没有”。[①] 句法分析分析的是语言，着意于寻求词语间的结构和关系，句子分析分析的是言语，既可着意于寻求句型，也可在句法、语义分析的基础上，进一步做语用分析。

13.2.1.2　语言是音义结合的符号系统

索绪尔认为，语言是一种音义结合的符号系统，声音是形式，意义由一定的声音形式表达出来。语言符号中形式与意义之间的关系难解难分，对立统一。

此后，形式和意义相结合的原则成了语言研究的通则，语法研究自然也不例外。在语法研究中，张斌非常强调形式和意义以及两者的统一，他指出，“语法意义必须有语法形式的表现，离开了语法形式无所谓语法意义。语法意义和语法形式的统一体是语法结构，它是语法学唯一的研究对象”[②]。他提倡的语法研究中的“三个平面”理论把“形式和意义相结合”作为必须遵循的指导性原则之一。

---

① 张斌：《我的语法观》，载《语言问题再认识》，上海教育出版社，2001，第 2 页。

② 张斌、胡裕树：《汉语语法研究》，商务印书馆，2003，第 160 页。

13.2.1.3 共性和个性的关系

根据索绪尔系统论的思想，张斌认为，研究语法一方面应该注意具体语言的民族特点，另一方面也应该注意语法的一般的共性。“并且要把特点放在共性的一般位置上去考察，去理解。只有这样，我们的普通语言学理论才能不断丰富，不断得到充实”。[①] 50年代初期，曾有人认为汉语没有词的类，也有人认为词的分类在汉语研究中没有什么重要性。张斌从索绪尔的语言符号的价值决定于语言系统的整体性质，“单位的价值”只能在系统的对立关系中才能确定的原则出发，主张词类是语言中客观存在的类，是语言自身表现出来的类。尽管不同的语言可以有不同的词类，但汉语有词类的区别是肯定的，区分词类在语法研究中的重要性也是肯定的。在此基础上，他深入研究汉语词类的特点，提出划分词类的合理标准。这种标准今天看来仍然是行之有效的。

再如，20世纪80年代到90年代，对汉语特点的强调可以说达到了顶峰。重视对汉语语法特点的探讨是需要的；但是如果光注意汉语的特点，不考虑语言的共性，不利于对汉语的深入研究，更不利于通过汉语研究对现代语言学理论作出反馈。针对如何研究汉语语法的特点这一问题，张斌指出，首先要有正确的指导思想，就是要正确认识语言语法的共同性与特殊性关系。“正确的态度是要既重视特殊性（特点），又要重视一般性（共性）”[②]，“要把特点放在共性的一定位置上去考察，去理解”。[③] 即要把汉语的民族特点纳入语言的一般性、共同性中，透过语言的共同性和一般性来认识和描述汉语的语法特点。正是在以上原则和思路的指导下，作者分析了汉语语法的特点，认为：“缺乏严格意义的形态变化，这是汉语同印欧语言的根本差别，由此产生一系列其他特点。”[④] “第一，语序是汉语里的重要语法手段。第二，汉语词类和句法成分的关系是错综复杂的。第三，在现代汉语里，音节多寡影响语法形式。第四，简称是很多语言中都有的现象，但是现代汉语里的简称不但数目多，并且有它的特点。第五，

---

① 张斌、胡裕树：《汉语语法研究》，商务印书馆，2003，第133页。

② 张斌、胡裕树：《汉语语法研究》，商务印书馆，2003，第132页。

③ 张斌、胡裕树：《汉语语法研究》，商务印书馆，2003，第132~133页。

④ 张斌、胡裕树：《汉语语法研究》，商务印书馆，2003，第275页。

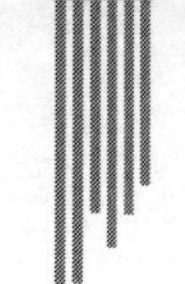



汉语里有丰富的量词和语气词。"[①] 这些认识已被写入《中国大百科全书·语言文字卷》，反映了汉语语法学界在20世纪80年代对汉语语法特点的认识水平。

### 13.2.2　美国结构主义学派分析方法对张斌语法研究的影响

索绪尔之后就没有一个统一的结构主义学派，而是分为三派：一派是以叶耳姆列夫为代表的哥本哈根学派，重视理论构建；一派是马泰修斯创立的重视语言功能研究的布拉格学派；一派是重视描写程序的美国描写语言学派。其中以美国的描写语言学派影响最大。

以布龙菲尔德为领袖的美国描写语言学派把人类的言语行为看成一种单纯的刺激—反应过程，认为语言知识完全是通过环境刺激在学习中获得的，语言意义的主观性比较大，因而反对从意义的角度对语言进行研究，他们主张语言研究"必须从语音形式开始而不是从意义开始"[②]。他们认为，理论语言学的主要任务就是发明一套分析方法，凭借这套方法，可以对语流进行分解，辨别各个平面上的基本单位，确定它们的功能、类别和组织方式，最后得到一个由低层次到高层次的分类系统。对于美国描写语言学派来说，确定上述任务并且建立一套行之有效的分析方法，有一个由不自觉到自觉的发展过程。一般将这一学派分为前后两期，前期的代表人物有鲍阿斯（Boas）、萨丕尔（Sapir）和布龙菲尔德（Bloomfield），以布龙菲尔德的影响为最大。后期的代表人物主要有哈里斯（Z. Harris）、霍克特（C. Hockett）、派克（K. Pike）、布洛克（B. Bloch）等，又称后布龙菲尔德学派（Post – Bloomfieldians）。在对待理论语言学研究目标等问题上，后期的态度比前期明朗，在具体描写方法上，后期建立的模式也比前期精确和全面，并且"尽可能地形式化"。[③]

总的来说，与索绪尔的结构主义语言学相比，美国结构主义语言学的最大贡献在于总结了一整套语言描写和分析的方法，创造了语言结构分析的替换法、直接成分分析法、分布分析法、变换分析法，把语言学变成了

① 张斌、胡裕树：《汉语语法研究》，商务印书馆，2003，第 275 ~ 277 页。

② 布龙菲尔德：《语言论》，袁家骅、赵世开、甘世福译，商务印书馆，1985，第 197 页。

③ 转引自徐志民《欧美语言学简史》，学林出版社，2005，第 262 页。

一门实践性很强的科学。半个多世纪以来，这些方法逐渐被汉语语法学者所运用，并取得一定的成果。例如，为了从语段中切分语素，采用了“替代分析法”；为了确定词组的结构层次，采用了“直接成分分析法”；为了给词分类，给词组分类，采用了“分布分析法”；为了识别多义、歧义的语言单位，采用了“变换分析法”；等等。

张斌同样从这些方法中受益，并且有所发展。就句子分析方法来说，正如陆俭明所说：“我们运用的层次分析当然是从美国描写语言学中吸取借鉴来的，但又有所不同。美国描写语言学运用层次分析，只讲切分，不讲定性，即只要求指明每一层面上的直接组成充分，不要求指明那直接成分之间的语法关系；我们则不但讲切分，还要讲定性。”① 经过中国语法学家的努力，中国版的“直接成分分析法”已经改头换面，除了重视“词类”和“层次”两个要素以外，也很重视成分组合以后所产生的结构关系。实际上，它整合了传统语法的析句方法即句子成分分析法和结构主义的析句方法即层次分析法，成为“成分分析法和层次分析法相结合”的句子分析方法。

为了更进一步看清楚张斌的句型分析法，我们通过比较，以一标准例句说明之。②

（1）张斌、胡裕树的句型分析法：

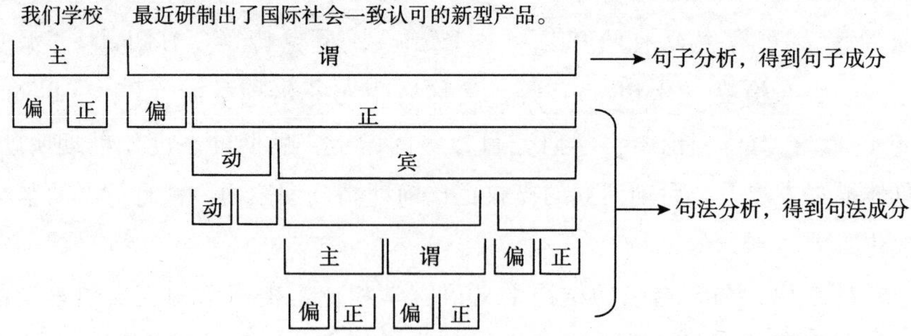


① 陆俭明：《八十年代中国语法研究》，商务印书馆，1993，第27页。

② 例句转引自颜迈《析句法理论与实践再审视》，《贵州教育学院学报》2001年第5期。

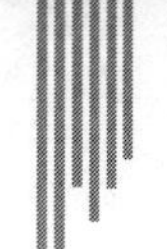



（2）黄伯荣、廖序东的分析法：

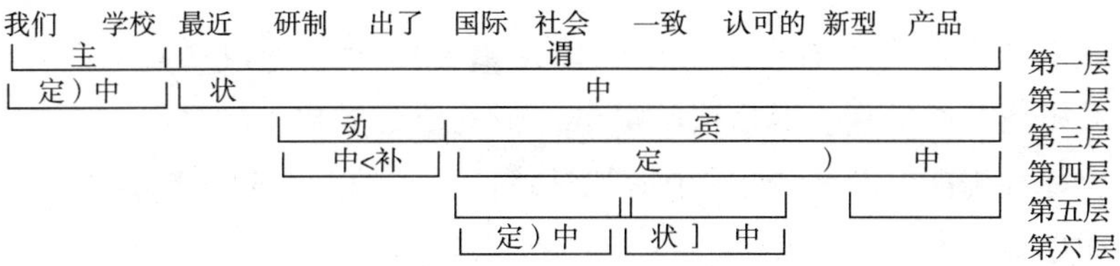


（3）《中学教学语法系统提要（试用）》的分析法：

（我们）学校‖［最近］研制〈出了〉（国际社会一致认可的新型）产品。

可以看出，张斌、胡裕树的析句方法与《暂拟系统》是不同的。《暂拟系统》以词为句法单位，要求一举找出句中各部分的中心词，然后确定句子成分。张斌、胡裕树的析句法不以词为唯一的句法单位，句子成分可以由词或词组充当。析句时，除多项并列结构用“多分法”外，其他一律用“二分法”，分析到一个词为止。这样，也就没有必要采用“主语部分”和“谓语部分”这两个术语了。确定句型之后，如果有必要，可以把句子当中的片段抽出来作句法分析，也就是某些语法书上所讲的词组（短语）分析。句法分析是句子分析的补充。

张斌、胡裕树与黄伯荣、廖序东析句方法的区别在于张斌、胡裕树提出：（1）区分句子分析和句法分析；（2）句子分析的目的是确定句型而不是找寻词语间的关系；（3）修饰语不影响句型。例如“幸亏他没有来”，第一层切分是主谓关系，而不是偏正关系。

在这个问题上，张斌进一步指出，直接成分分析法虽然方法简便，层次清楚，但如果不区分句法分析和句子分析，就会或增加非主谓句的数量，或混淆不同结构的差异。张斌把句型归纳看做句子分析的目标，把“成分分析法和层次分析法相结合”的句型分析法作为单句分析的一种方法，并进而归纳了句型的特点：第一，句型有上位下位之分；第二，句法结构是句子的基础，但它们并不相等，不能认为短语加上了语调就可以成为句子，分析句型应用的是句法分析（直接成分分析法）的方法，得先排除非句法成分（如插说语、关联词语等）和不影响句型辨识的因素（修饰语、倒装、省略等）。

### 13.2.3 乔姆斯基的转换生成语法

如果说，索绪尔语言学说的提出是语言学史上哥白尼式的革命，那么，乔姆斯基的转换生成语法的提出，则是语言学史上的又一次划时代的革命，即乔姆斯基革命。[①] 乔姆斯基对结构主义的一系列原理提出了挑战，其实质性贡献在于：

第一，提出以探索人的语言能力作为语言学研究的主要目标，提出“转换生成”语法理论。

“乔姆斯基指出，描写语言学的各个流派，所注意的是整理事实……他们强调事实的全面，观察的仔细，方法的客观以及对语言的某些特点（如分布、替换）的描写的精确。”[②] 然而，乔姆斯基关心的不再是某个具体语言内在规律的描写和分析，他关心的是整个人类语言，特别是人的语言机制（language faculty）和语言的习得，因此他特别重视对种种语言现象的解释，强调语言研究的最终目的是要对语言现象进行充分而又合理的解释，提出以探索人的语言能力作为语言学研究的主要目标。所谓的语言能力大致表现为以下几个方面：（1）能造出和理解数量无限的句子，其中包括从来没有听到过的句子；（2）能辨认哪些句子是合语法的、可以接受的，哪些句子是不合语法的、不可以接受的；（3）能辨认句子的结构；（4）能察觉歧义现象；（5）能辨别同义或释义的现象。转换生成语法的目的就是要建立一种语言模式以反映人们具有的这种语言能力。这种模式由一系列规则组成。同时，乔姆斯基提出，人类语言的普遍规则应该是高度概括的，极为简单明了的，因而是极具生成能力的，他把数学的“生成”的概念运用到语言分析中。他认为语言是句子的无限集合，而人的语言知识或语言能力可以设想为一套有限的规则系统。语法是对语言知识的陈述，因而也是一套有限的规则系统。这套有限的规则系统可以生成语言中无限的潜在句子，这就是语法的生成性。张斌吸收乔姆斯基的生成学说建立了现代汉语的句型理论。张斌说：“对于研究和建立句型，我们认为‘生成’（generation）的概念是可以借来一用的。人们能够创造许许多多的

① 冯志伟：《现代语言学流派》，陕西人民出版社，1999，第206页。

② 徐志民：《欧美语言学简史》，学林出版社，2005，第272页。

句子，能够听懂许许多多的句子，包括从来没有听到过的句子，这就是生成。归纳句型，是着眼于‘生成’的能力，而不是着眼于不必要的细致的描写。”[①] 在早期的“转换生成语法”理论中，转换力量太大，生成能力也太大。乔姆斯基作了修正，提出了一些限制条件：（1）转换只能改变形式，不能改变意义。（2）选择性规则，根据词语的搭配关系，对词汇进行选择性的限制。（3）严格的次范畴规则，对动词进行进一步的分类，限定动词出现的语境。[②] 张斌的《词语之间的搭配关系》一文显然受到了转换生成语法的影响，而且更进一步提出要区分词汇上的选择和语法上的选择。

第二，创建了以句法分析为核心内容的转换生成语法。

索绪尔的兴趣集中在语音和音位上，对词法不够重视，对句法更为漠然。

乔姆斯基之前的美国结构语言学界，热门领域是音位分析和语素分析，至于句法研究，虽然较之以前，有了一些进步，比如，提出了结构层次的概念（structural hierarchy），用于说明和分析“老男人和女人”（old men and women）一类的结构歧义现象。特别是布龙菲尔德之后的学者还发展出替换、扩展、紧缩乃至概率统计等一整套直接成分分析方法。后来，哈里斯又提出了变换分析法（transformational analysis）。但局面没有打开。真正的句法研究的繁荣是乔姆斯基创立转换生成语法学以后的事情了。

因为追求的是充分解释句子在人脑中是如何生成的，因此乔姆斯基主张把语法研究的范围限于句子结构，不涉及其他认知系统，只着重讨论句子的构成规则和转换规则在生成上下文中的作用，即语言在思想里的表现。经过以乔姆斯基为首的美国转换生成语法学派近 30 年的努力，句法分析进入了蓬勃发展时期，分析对象、分析手段、分析目的以及句法分析在整个语言研究中所占的地位，都发生了巨大的变化。句法分析在语言研究中占据着一个极其重要的地位，句法分析应该以语言能力为主要研究对象等思想成了当代语言学家的共识。

第三，把语义研究引进句法结构分析中。

---

① 胡附、文炼：《句子分析漫谈》，《中国语文》1982 年第 3 期。

② 徐志民：《欧美语言学简史》，学林出版社，2005，第 283 页。

索绪尔的著名论断是：语言是形式，不是实体。他区分“语言”和“言语”，认为语言学家应该研究抽象的语言系统。布龙菲尔德完全赞同索绪尔对语言和言语、共时和历时的严格区分，对索绪尔确认的语言学的主要任务，即“就语言和为语言”而研究语言结构内单位之间的关系也深表赞同。[①] 他认为“处理意义必然会招致麻烦”[②]，对语义研究持非常悲观的态度，认为“关于意义的叙述是语言研究的薄弱环节，并且这种情况将持续下去，直至人类知识大大超越现在的水平”。[③] 乔姆斯基虽然在某种程度上反对布龙菲尔德的语言观，但在重形式、轻意义这点上跟布龙菲尔德是一脉相承的。乔姆斯基把语义研究引进句法结构分析中去，提出句子的“深层结构”和“表层结构”一对范畴，以揭示句法成分之间的语义关系（如施事、受事、系事、与事、工具、处所、时间，以及语义指向、语义特征、语义限制、语义选择等）是有个发展过程的。

1957 年乔姆斯基的第一个语法模式只有三个组成部分：短语结构部分、转换部分、形态音位部分，没有涉及意义。1965 年的第二个语法模式里增加了语义部分，但语义部分只有深层结构这一个输入，经过转换的表层结构对意义毫无影响。到了 70 年代，乔姆斯基把语义部分的输入改成了两部分：深层结构和表层结构。70 年代中后斯，乔姆斯基对语义又有了新的看法，他指出，语义实质上包含着好几个层次，在语法中只能处理与逻辑相应的一些语义问题，因而应该看重研究如何分析句子的逻辑形式的问题。[④]

在乔姆斯基不断修正自己理论的同时，转换生成语法学派也开始分化，并相继形成了“格语法”“生成语义学”“切夫语法”“系统语法”等理论，这些理论动摇了乔姆斯基“句子句法”的基础，促使语法研究重心从句法学转到语义学、语用学。以至于乔姆斯基也改变原来的观点，在 1999 年的一次在线访谈中表示，普通语言学必须包括语用学。

转换生成语法对汉语语法研究的意义不仅仅在于为分析汉语语法提供了一条新的分析方法，还在于打开了人们的眼界，看到了形式和意义之间

---

① 徐志民：《欧美语言学简史》，学林出版社，2005，第 253 页。

② 转引自徐志民《欧美语言学简史》，学林出版社，2005，第 251 页。

③ 布龙菲尔德：《语言论》，商务印书馆，1980，第 167 页。

④ 参阅徐烈炯《管辖与约束理论》，《国外语言学》1984 年第 2 期。

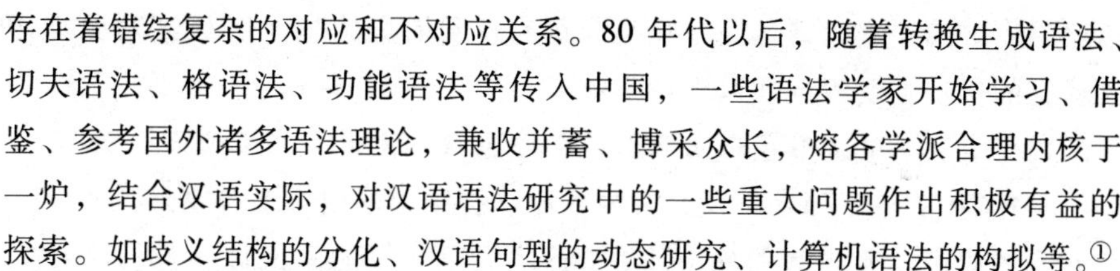
存在着错综复杂的对应和不对应关系。80 年代以后，随着转换生成语法、切夫语法、格语法、功能语法等传入中国，一些语法学家开始学习、借鉴、参考国外诸多语法理论，兼收并蓄、博采众长，熔各学派合理内核于一炉，结合汉语实际，对汉语语法研究中的一些重大问题作出积极有益的探索。如歧义结构的分化、汉语句型的动态研究、计算机语法的构拟等。[①]

总的来说，乔姆斯基的转换生成语法的兴起，在国际语言学界产生了巨大的影响，虽然在汉语语法研究上没有取得多少实际成效，但它对语言形式化研究的反拨、对语言研究传统模式的挑战，还是给了汉语语法研究许多启示的。比如，张斌“三个平面”理论，在语义平面，它较多地吸取转换生成语法、格语法重视对短语内部语义关系的考察，重视对词的语义特征和语义指向以及语义搭配的分析，并通过替换分析揭示句法结构的异同，使句法结构的描写更加精密，分析更加细致入微。

### 13.2.4　小结

从索绪尔到布龙菲尔德，从布龙菲尔德到乔姆斯基再到多元理论时期，现代语言学的发展也从语言的内向型研究（形式和结构的描写）逐步转向语言的外向型研究（内容和功能的阐释），由此启迪我们必须从语法、语义、语用的层面来研究语言，做到结构与功能结合、描写与解释并重、宏观与微观并举。只有这样才能促进现代汉语语言学的健康发展。

## 13.3　国内语法学家对张斌语法研究的影响[②]

### 13.3.1　方光焘对张斌语法研究的影响

方光焘是著名的普通语言学家，也是一位汉语语法学家。他对汉语语法研究如何摆脱模仿的、不科学的现状，如何开创科学的汉语语法研究的新局面，提出过许多精辟的见解。新中国成立后，在一系列的论文或提纲中，他就汉语语法研究发表了许多有价值的看法。“他的语法学说是汉语

① 邵敬敏：《汉语语法学史稿》，上海教育出版社，2006，第 279～284 页。

② 本节参考林玉山《论张斌的语法思想》，《福建教育学院学报》2007 年第 10 期；林玉山、吴晓芳：《论张斌、胡裕树的语法思想》，《福建师范大学学报》2007 年第 3 期。

语法学史上的宝贵财富之一，在当今仍有现实的意义”①。方光焘对张斌语法研究的影响主要表现在以下两点。

13.3.1.1 坚持形式和意义相结合的原则，提出“广义形态”论

早在20世纪三四十年代，方光焘明确提出语法研究要遵循形式和意义相结合的原则。方光焘明确表示：“我反对以句子的意义做骨架，去建立中国文法的体系。”“研究文法决不可以意义为出发点。”②“我们必须遵守意义和形式相结合的原则。我反对只凭意义不问形式的研究，同时也反对单靠形式不讲意义的分析。就我个人的理解来说，‘结构’一词所指的，应该是具有一定的外部形式标志（包括形态的和句法的），表达一定语法意义的语言构造。一个结构可以说是语法意义和语法形式的统一体。”“只有依靠结构分析，我们才能从相同的结构中概括出共同的语法意义，也只有依靠结构分析，我们才能在不同的结构中寻找出不同的语法意义。”“从结构分析入手是研究语法的必要步骤。只要一抛开结构，我们的语法研究就会堕入魔道中去。”③ 方光焘认为，语法学的对象是形式，而不是意义。语法学中的同一性应当指形式上的同一，而不是意义上的同一。在他一生的学术活动中，他一贯反对根据意义来研究语法。他提出了语法研究的程序：“凭形态而建立范畴，凭范畴而构成体系。”④ 几十年来汉语语法的发展证明这一论断是科学的。张斌继承方光焘30年代提出的“广义形态”论，在50年代的词类大讨论中提倡“广义形态”论，并有所发展，对汉语形态学作了较深入的阐述，提高了汉语词法的研究水平。同时，张斌吸收了方光焘根据形态研究语法的观点，较早地提出了语法研究兼顾形式和意义（1960），一生始终坚持建立语法范畴必须从形式到意义，而不是从意义到形式。

13.3.1.2 一贯重视方法原则的探讨

方光焘高度重视语法研究的方法、原则、体系，反对罗列现象，就事论事。他认为，方法的探索是20世纪语言学的特色，新的有效方法的介绍一定能对汉语语法研究起推动作用。他身体力行，早年，他介绍索绪尔语

① 引自《方光焘语言学论集》，商务印书馆，1997，第1页。

② 方光焘：《建设与破坏》，载《中国文法革新论丛》，中华书局，1957，第125页。

③ 方光焘：《关于古汉语被动句基本形式的几个疑问》，《中国语文》1961年第10期。

④ 方光焘：《体系与方法》，载《中国文法革新论丛》，中华书局，1957，第52页。

言学理论；晚年，他介绍叶尔姆斯列夫的学说，介绍美国的结构主义语言学说，介绍乔姆斯基的转换生成语法学说。他运用分布的学说来描写现代汉语中的“的”，他批评只研究“表层语法”而忽视“深层语法的研究方法”（他讲的“表层语法”“深层语法”根据的是霍克特）。他赞赏朱德熙《说“的”》是认为“只要对记述语言确有成效，我们可以尝试，可以采用”。“我们采用的不是结构主义的语言观，而是它的方法。只要不搞生搬硬套，从汉语实际考虑，就完全可以采用一些新的方法”。“朱德熙声明用了结构主义的方法。这样的尝试，是值得学习的”。[①] 对于乔姆斯基的转换理论，他也充分肯定，“我们应当接受这种转换理论，而且要研究怎样用于汉语”。[②] 他直呼“二十世纪语言学的倾向是不断探求新的方法，在汉语的研究方面也应当采用有效的新方法”。[③]

张斌继承方光焘的探索革新精神，重视语法研究方法和方法论的选择与更新。表现为：

1. 坚持两点论，坚持辩证的统一。

在研究方法上，他十分重视方法论，重视研究方法和研究方法的选择。张斌坚持两点论，坚持辩证的统一。他认为建立语法范畴必须从形式到意义，而不是从意义到形式。张斌强调语法研究必须正确处理务实与务虚。他认为必须坚持“务实”，“只有注重事例的调查研究，才能更好地发现规律，解释语言现象”。[④] 在注重对具体语言事实、具体的语法规律描写分析的同时，注重将具体语言事实、具体语法规律的描写同研究理论和方法相结合，注重研究理论和方法的改造，以此来解决汉语语法中的实际课题。

2. 注重理论和方法的研究。

张斌坚持探索精神，特别重视研究理论和方法上的探讨。他认为汉语语法研究之所以不能深入的症结，在于理论上和方法上探讨不够。“拿词类问题的讨论来看吧，问题的症结是在用例上呢，还是在理论和方法上？这次讨论收获较大，不正是由于对词类的性质、对划分词类的标准、对分

---

① 方光焘：《语法论稿》，江苏教育出版社，1990，第 62 ~ 63 页。

② 方光焘：《语法论稿》，江苏教育出版社，1990，第 77 页。

③ 方光焘：《语法论稿》，江苏教育出版社，1990，第 71 页。

④ 张斌：《现代汉语语法十讲》，复旦大学出版社，2005，第 6 页。

布方法的具体运用，进行了较深入的分析才取得的吗？主语宾语问题的讨论收获较小，不正是由于我们对形式和意义相结合的原则，对析句的方法都还缺乏明确的认识而造成的吗？因此，理论和方法上的追根究底和事例方面的周密调查必须双管齐下。就整个汉语语法学的情况来看，应当如此；就语法中的具体问题的研究来说，也应当如此。"[①] 但是，由于种种原因，汉语语法研究长期以来一直存在着忽视理论研究，忽视科学假设的偏向。针对这种情况，张斌就更加注重理论和方法的研究，他指出："现代语言的发展愈来愈重视方法，而新的方法代替旧的方法总是以理论更概括、实用的面更为广阔为前提的。""科学应该有假设的权力。"[②] 针对新时期刚开始，在学术界还存在的保守倾向，张斌提出了语法研究的科学化和现代化问题，提倡在方法和方法论上借鉴国外语言学，提倡语法研究要吸收诸如符号学、心理学、信息论、数理逻辑等学科的成果来更新语法观念。[③]

3. 注重"务实"。

"离开了言语活动，就找不到语言的规律了"[④]。张斌非常强调研究语法必须坚持"务实"。"只有注重事例的调查研究，才能更好地发现规律，解释语言现象。""在汉语语法研究方面，我们有一条重要的经验，那就是要从语文材料中发现自身的规律。"[⑤] 张斌还非常精确地论述调查研究和总结规律形式理论的关系。张斌指出"收集事例，加以分析，从中总结规律"当然不错，但正确的理论能引导你去发现事实。"我们的语法学者应该多关心语言实践法中出现的种种现象和问题"。[⑥]

4. 强调继承、吸收和发展。

张斌非常强调从前人和国外语法研究成果中继承吸收有用的东西并加以发展。既不是拒绝，也不是不加分析地拿来就用。他说："前人在观察的基础上总结出规律，我们在吸收的同时要善于提出问题。""我们应当经常对现成的规律加以补充或修正。""吸收国外的成果包括两种内容：一是

---

① 林裕文：《回顾与展望》，《中国语文》1982 年第 4 期。

② 范开泰主编《20 世纪现代汉语语法八大家——胡裕树张斌选集》，东北师范大学出版社，2002，第 216 页。

③ 文炼：《我对 40 年现代汉语语法研究的一些看法》，《语文建设》1989 年第 1 期。

④ 张斌：《现代汉语语法十讲》，复旦大学出版社，2005，第 257 页。

⑤ 张斌：《现代汉语语法十讲》，复旦大学出版社，2005，第 6 页。

⑥ 张斌：《现代汉语语法十讲》，复旦大学出版社，2005，第 28 页。

国外研究汉语的成果，二是国外研究语言的理论的方法。”“国外有许多语言学的理论和方法，大都是研究国外的语言的结果。拿来应用于汉语，还须经过筛选、调试。”①

5. 提出对语法结构做功能解释。

张斌提出对语法结构做功能解释②，主张把分析和解释统一起来，把结构描写和功能解释结合起来。张斌认为传统语法是描写的，结构主义语言学更是描写的，但“近二十年来的语法研究，出现一种趋势，那就是注重语法现象的解释”③。在对语法进行解释的问题上，国外的“形式主义”（实质上是一种新结构主义，或可称“后结构主义”）和“功能主义”的争论在我国语法学界也得到反映。一是主张从语言内部进行解释，如运用句法制约和语义制约来解释句子成立的条件或句式变换的条件，这主要受转换生成语法的影响。二是主张从语言外部进行解释，如或用认知心理来解释某些语法现象、语法规则，或用交际功能来解释某些语法现象、语法规则，或结合语言的历史发展和方言的渗透以及社会文化的影响来对某些语法现象进行解释，这主要受到功能主义语法学的影响。张斌认为，有些语法现象只能从内部进行解释，有些语法现象只能从外部进行解释，有些既涉及内部也涉及外部，由此主张在对语法现象或语法规则进行解释时，要具体情况具体分析，既要重视内部解释，也要重视外部解释。

张斌说，并非任何语法现象都可以从功能方面加以说明，但是功能解释在语法研究中应该受到重视。针对汉语语法结构的功能解释，他提出两点要求：第一，在说明普遍规律的同时，对汉语的特点加以说明和解释。第二，在解释汉语的一般现象的同时，注意指出比较特殊的情况，并加以解释。为此，他提出三条建议：第一，功能解释应该着重解释具体的句子，而不是抽象的句子。抽象的句子可以进行句法分析、语义分析，但是，如果要从语用角度加以功能解释，必须以具体的句子作为研究的对象。第二，我们应该重视汉语特有的句式的分析和解释，如“把”字句、“被”字句、“有”字句、“是”字句、“得”字句，等等。第三，解释对

① 张斌：《现代汉语语法十讲》，复旦大学出版社，2005，第 2～3 页。

② 文炼：《谈谈汉语语法结构的功能解释》，《中国语文》1996 年第 6 期。

③ 张斌：《汉语语法学》，上海教育出版社，2003，第 181 页。

象不应限于最常见的格式——解释也可以有假设，关键是解释的效能如何。语言解释的目的不在于发现什么，而在于说明什么。现代语法的功能分析要求把各种语言单位看做更大单位的组成部分，要求解释能反映交际功能的选择系统。为了概括复杂的语言事实，从中整理出规律，不妨应用假设。这些见解对今后加强汉语语法的功能解释研究极富指导意义。

诚如张斌在《汉语语法学·序》中所说："方法是材料的中介。没有材料，谈不上建筑；缺乏理论，好比没有图样；不懂方法，无法施工。"[①]（这里谈的方法不是具体的操作，如层次分析、变换分析之类，而是从总体上加以论说。）对于方法原则的重要性，张斌与他的前辈方光焘的认识是基本一致的。不过，张斌不拘于一家之说，主张发扬传统，兼收并蓄，为我所用，做到"有继承、有改造、有革新"。他思想解放，善于吸取国外新的语法理论，同时又密切结合汉语实际，建立了自己的语法理论体系。

### 13.3.2 吕叔湘对张斌语法研究的影响

对张斌的学术研究的影响更大、指导更直接的是吕叔湘。张斌曾说，"新中国成立之前……在我的书架上，因翻阅过多而破损的书只有两种：一种是吕叔湘先生的《中国文法要略》，另一种就是陈望道先生的修辞书了"[②]。张斌在治学过程中不仅从吕叔湘的论著中得到启发，还经常或当面或写信向吕叔湘请教，例如，高等学校统编教材《现代汉语》和中央广播电视大学教材《现代汉语》中关于语气和口气的划分，语气词叠用情况的说明，都是接受了吕叔湘的指导意见的；关于"动词+介词+名词"结构分析为"动词+介词"带宾语的处理，也是征得吕叔湘的认可后定下来的。[③]

吕叔湘的《中国文法要略》以语义为纲描写汉语句法，是迄今为止对汉语句法全面进行语义分析的第一本著作。《中国文法要略》在析句上的特点是以动词为中心，不以施受关系来决定主宾语，他注重格式，以起词、止词位置来确定句型。吕叔湘说："拿叙述句来说，既是叙述一件事

---

① 张斌：《汉语语法学》，上海教育出版社，2003，序。

② 张斌：《追念陈望道先生》，《修辞学习》2001 年第 2 期。

③ 范开泰：《胡裕树、张斌先生评传》，载范开泰编《20 世纪现代汉语语法八大家——胡裕树张斌选集》，东北师范大学出版社，2002，第 4 页。

情，句子的重心就在那个动词上，此外凡动词之所由起、所终止，以及所关涉的各方面，都是补充这个动作，把句子意义说明白，都可称为'补词'。"[①] 这一观点吕叔湘始终坚持，并在 30 多年后的《汉语语法分析问题》一书中进一步加以阐述和发挥：对"句子里边一个成分和另一个成分之间的关系，一方面需要用一个名目或者一句简单的话来概括，另一方面又需要作进一步的分析，看它包含哪些具体内容。比如动词谓语句里出现一个或几个名词，它们跟动词的语义联系是多种多样的，这种语义联系决定它们在句子里的活动方式。仅仅把这个标为宾语，把那个标为补语，是不够的，要考察这样的名词同时可以出现几个，各自跟动词发生什么样的语义关系，什么关系的名词和什么关系的名词可以同时出现，各自在什么位置出现，什么关系的名词和什么关系的名词不能同时出现，如此等等"[②]。吕叔湘在这里谈的正是后来张斌、胡裕树"三个平面"理论中着力研究的句法结构中的语义关系。

最能够体现吕叔湘语法思想的当推《汉语语法分析问题》。《汉语语法分析问题》是吕叔湘对近百年来汉语语法研究的一个提纲挈领式的小结。该书对一些基本的理论和实际问题，特别是涉及语法体系方面的问题，进行深入的探讨，提出许多发人深省的语法分析问题。如语法分析的依据是两个半：形态和功能是两个，意义是半个；非常重视语素和短语；提倡在句子分析上把结构层次和结构关系结合起来……吕叔湘的这些观点极大地推动了 80～90 年代的汉语语法研究。这些研究的项目主要有：80 年代析句方法讨论中对层次分析法的肯定；1981 年哈尔滨语法讨论会对《暂拟系统》的修订和《中学教学语法系统（试用）》的产生；对短语研究的重视和短语在析句中地位的提高；对语言静态单位和动态单位区分原则的提出以及在语言分析中的运用；以动词下位类型区分和动词配价研究为标志的动词研究的深化；歧义结构研究和变换分析研究；汉语句型系统研究和具有汉语特点的句型专题研究；"三个平面"理论的提出及其讨论；等等。这些项目，张斌都或深或浅地卷入其中，尤其是和胡裕树在国内率先倡导句法、语义、语用三个平面的汉语语法理论和析句方法，发表了《句子分

① 吕叔湘：《中国文法要略》，商务印书馆，1982，第 53 页。

② 吕叔湘：《汉语语法分析问题》，商务印书馆，1979，第 532 页。

析漫谈》《汉语语序研究中的几个问题》《与语言符号有关的问题——兼论语法分析中的三个平面》等重要论文，在20世纪80年代以来的现代汉语语法研究和教学上产生了重大的影响。

### 13.3.3 胡裕树、林祥楣、朱德熙、胡明扬等同辈学者的影响

胡裕树、张斌兄弟情长，共同演绎了学术史上同气相求、珠联璧合的佳话，他们一起提倡广义形态论，一起提倡句型分析法，一起倡导“三个平面”语法理论……学术观点你中有我，我中有你。林祥楣也经常参与讨论，“林裕文”的笔名，见证了他们三人的友谊与合作。朱德熙是与张斌、胡裕树同时期的学者，他们在推广结构主义分析方法、推广三个平面分析方法中引为同道。他们又在“名词性状语”“词的兼类”“向”等问题上争论过，“正是在这种高层次的学术争论中，或者取得了共识，或者有了各自更深层次上的学术收益”①。

① 范开泰：《南国双星 闪耀语坛》，载《文炼胡附语言学论文集》，商务印书馆，2010，第4页。

# 第 14 章

# 结语：张斌语法研究的特色

从 20 世纪 50 年代至今，张斌一直在汉语语法学这个领域里耕耘，由于半个多世纪坚持不懈的努力，张斌被认为是我国近五十年来最值得重视、“海内外屈指可数的有重大影响的学者之一”①。张斌治学，素以理论思想新进，分擘论析锐利著称，在学术理论发展的每一个关键时刻，他总有新的探索，新的建树：五六十年代侧重词类问题研究，以《谈词的分类》一文崭露头角；七八十年代侧重析句问题研究，在国内率先倡导句法、语义、语用三个平面的汉语语法理论和析句方法，以《句子分析漫谈》《现代汉语》（增订本，胡裕树主编）等论著在 20 世纪 80 年代以来的现代汉语语法研究和教学上产生重大影响；90 年代以后追随现代科学的发展潮流，着眼于相关学科的互相渗透和密切联系，吸收了符号学、心理学、逻辑学、信息论、系统论乃至数学、化学的某些原理来描写、解释语法现象，开拓了语法研究的新视野。

海纳百川，有容乃大。张斌从事语法研究具有鲜明的特点，那就是他本人所归纳的 16 个字：兼收并蓄，为我所用；立足革新，不断探索。正是这样的胸怀，才成就了他今天的事业。

## 14.1　兼收并蓄，为我所用

张斌善于吸收国外新的语言学理论，也吸收了心理学、逻辑学、符号

---

① 金柬生：《兼容乃大　无欲则刚——记语言学家张斌教授》，载马重奇、林玉山主编《编辑和语言——庆贺张斌先生八〇华诞》，厦门大学出版社，2000。

学、信息论、系统论等相关学科的理论，这些理论成了张斌论述语法思想的重要理论参照。更值得注意的是，他又将这些丰富的西方理论资源与原有的语法学理论融会贯通，再次发掘新的语法解释方法，从而使得我们得以在一种更为广阔的视阈解释更多的汉语实际问题。

当然，这种借鉴“不是照搬人家的东西，而是立足于汉语语法科学的现代化”[①]。林裕文[②]在《回顾与展望》中指出，“所谓现代化，所谓发展，决不是说跟着几大派（传统语法、结构主义语法、转换生成语法等）转”。并且，要“有继承，有改造，有革新”。所以，“我们不盲目崇洋，但外国有用的东西，我们完全应该借鉴”。[③] 张斌在析句、归纳句型问题上就曾借用生成语法关于“生成”的观点。他说，“对于研究和建立句型，我们认为‘生成’（generation）的概念是可以借来一用的。人们能够创造许许多多的句子，能够听懂许许多多的句子，包括从来没有听到过的句子，这就是生成”。[④] 他的句型分析法整合了各执一端的传统语法的中心词分析法和结构主义语法的层次分析法，并与生成语法的生成观念结合起来，首次把句型归纳和句子分析结合起来，形成了析句方法上的一次超越。戴耀晶评价胡裕树“从不标榜自己的语法理论是属于传统语法、结构主义语法，或者生成语法的。他提出的语法研究‘三个平面’的理论，从来源上说是受到了西方符号学、语用学的影响，同时也继承了传统语法、结构主义语法、转换生成语法、格语法以及系统功能语法等的优点，而这些优点能够在‘三个平面’的理论框架内‘各就各位，相安无事，发挥着各自的积极作用’，中间自然包含着胡先生的创造性劳动”[⑤]。我们说，这段话同样适用于张斌。张斌晚年的研究又吸取了认知心理学、信息论的有关理论，用以扩大语法研究的视野。

## 14.2 立足革新，不断探索

我们知道，1950 年代以前，汉语语法研究基本是在传统语法的间架里

---

① 林裕文：《回顾与展望》，《中国语文》1982 年第 4 期。

② 张斌、胡裕树、林祥楣三个人共用的笔名。

③ 林裕文：《回顾与展望》，《中国语文》1982 年第 4 期。

④ 胡附、文炼：《句子分析漫谈》，《中国语文》1982 年第 3 期。

⑤ 戴耀晶：《胡裕树教授和现代汉语语法研究》，《复旦大学学报》1995 年第 6 期。

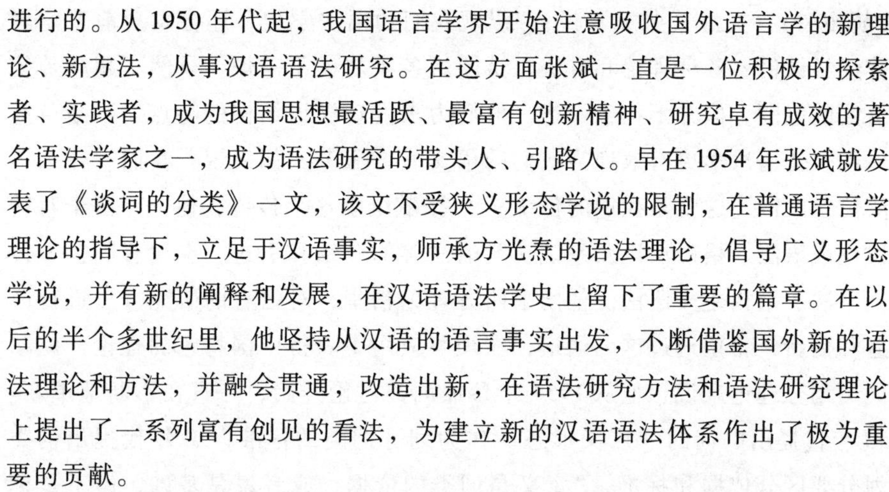

进行的。从 1950 年代起，我国语言学界开始注意吸收国外语言学的新理论、新方法，从事汉语语法研究。在这方面张斌一直是一位积极的探索者、实践者，成为我国思想最活跃、最富有创新精神、研究卓有成效的著名语法学家之一，成为语法研究的带头人、引路人。早在 1954 年张斌就发表了《谈词的分类》一文，该文不受狭义形态学说的限制，在普通语言学理论的指导下，立足于汉语事实，师承方光焘的语法理论，倡导广义形态学说，并有新的阐释和发展，在汉语语法学史上留下了重要的篇章。在以后的半个多世纪里，他坚持从汉语的语言事实出发，不断借鉴国外新的语法理论和方法，并融会贯通，改造出新，在语法研究方法和语法研究理论上提出了一系列富有创见的看法，为建立新的汉语语法体系作出了极为重要的贡献。

第一，旧命题新视点。如明确指出句子分析和句法分析的区别，证明了短语和句子同构这一看法的欠缺，从而在一定程度上动摇了“词组本位”论的基础。在析句方法上，张斌运用了递归的理论，认为修饰语不影响句型，改进了层次分析的析句方法。对具体语言现象的再认定，这也是张斌创新的一个方面。例如，他认为通常所谓的宾语残缺，实质上是动词要求名词性宾语而误用了非名词性结构。如病句“我们要在广大青少年中造成一种爱科学、讲科学、用科学。”他指出，“造成”后面应该是一个定中短语作它的宾语。这种解释以一定的句法规则（词与词的搭配关系）为依据，因而更合理、更科学。

第二，提出诸多具有创新意义的命题：(1) 与胡裕树一起提出析句的目的在于确定句型，而不是划分成分，并据此拟定了一套析句的步骤和方法。(2) 与胡裕树一起倡导句法、语义、语用三个平面的理论和研究方法。(3) 在动词“向”的研究上有独特的见解，反对朱德熙在具体的句子中区分“向”，主张区分“向”的必要成分和可有成分。(4) 提倡区分句子的形式、意义和内容，用这一理论解释了一些复杂的语言现象。(5) 在我国语法学界首先提出了句子理解策略。(6) 从节律的角度研究节律对句法的制约作用及诗歌节奏表现形式对句子生成和理解的影响。(7) 提出类固定短语等。这些命题都是汉语语法学界未曾或较少予以讨论的，仅此一点，足见张斌语法思想对我国语法学的贡献。

第三，改造、创新已有的研究方法。什么是汉语语法学的传统？胡附

(胡裕树)、文炼(张斌)说:"纵观我们的语法学史,还会发现前辈学者曾经尝试借鉴各种理论和方法,试图熔各家之说于一炉,虽然不超越传统语法的范围,但并不拘于一格。他们力求发现汉语结构的特点,不断革新体系,让语法学更有效地为我们的语文教育服务。如果说,我们有什么语法传统的话,这就是我们的传统。"① 张斌继承这个传统,他未停留于对转换生成语法、格语法以及系统功能语法等的介绍和引进,也没有固执于传统语法、结构主义语法。他博采西方理论精华,对已有的研究方法进行改造和创新,希望通过这一通道,在理解应用中获得中国特色的理论。就拿词类划分理论来说,他从 1954 年参加词类讨论开始,一直在不断地革新。50 年代提出以词的"广义形态"作为划分词类的标准;90 年代提出词类划分要区分依据和标准,"意义是词类的依据,或者说是基础,但不是标准"②,词类的划分标准是词的语法功能;2000 年,把"三个平面"理论运用于词类划分,从"三个平面"的语法观出发,提出"词类的建立不应该只顾及句法方面的对应,还宜考虑语义语用方面的联系。只有这样,才能使词类的划分对用词造句起更大的作用"③。在析句理论方面,他认为传统语法的析句方法颠倒了程序,应该是从形式到意义,而不是从意义到形式。他革新了人们在析句上总是致力于划分成分、配置成分,而不是分析句型、建立句型的观点,从而把句型的探讨提高到语法研究和教学中应有的地位上来。他认为单用传统语法学中成分分析法和结构主义的层次分析法都是不够的,必须采用二者相结合的办法。因为成分分析法不能反映也无法分析语言结构的层次,所以不能说明很多语法现象;层次分析可以分析层次,但它不是从句子出发,分析的结果只是一个语言片段的直接组合成分,不一定能用来区别句型。所以,比较之后,他决定把二者结合起来,提出了"句子成分分析法和层次分析法相结合"的句型分析法。他对自己和胡裕树首倡的"三个平面"理论也在不断革新,从 1981 年提出这个概念开始,就一直在不停地探索并完善这个理论。80 年代强调句法、语义、语用的区别(1981,1982)和结合(1984);90 年代强调语用平面的

---

① 胡附、文炼:《句子分析漫谈》,《中国语文》1982 年第 3 期。

② 张斌:《现代汉语语法十讲》,复旦大学出版社,2005,第 46 页。

③ 文炼、胡附:《词类划分中的几个问题》,《中国语文》2000 年第 4 期。

研究，引进逻辑学、信息论，开拓语用研究的新视点。

第四，坚持从形式到意义，而不是从意义到形式。张斌始终认为建立语法范畴必须从形式到意义，而不是从意义到形式。比如研究英语名词的数，可以依据名词后边的 - s、 - es、 - ies 等形式归纳出复数，与之相对应的是单数。也可以把名词分为单数和复数，再说明它们的表达形式。如果编写教材，当然可以从形式到意义，也可以从意义到形式，因为教材的编写是利用已有的科研成果，而不是要发现什么。如果是进行语法研究，先认定名词有单数、复数之分，这就不免主观，因为有些语言（例如古希腊语、梵语）的名词有单数（singular）、双数（dual）和复数（plural，超过两项）的区分。为什么确认英语只有单数、复数两类，关键是从形式归纳的结果。[①]

在语法研究中，张斌非常强调形式和意义以及两者的统一，这是语法研究的重要方法。他指出，“语法意义必须有语法形式的表现，离开了语法形式无所谓语法意义。语法意义和语法形式的统一体是语法结构，它是语法学唯一的研究对象”。[②] 他批评传统的析句方法是在理解词的具体意义和句子的整体意义的基础上进行的，即从意义到形式，句子成分要凭意义才能划分出来。但语法上要分析的是句子结构形式所表示的结构意义，而不是词的具体意义或句子的整体意义，尽管它们之间不是全无关系，但是决定结构意义的是语言的结构系统。分析任何语言的结构，都必须从结构形式的关系中发现语言的结构意义。他也批评一些人过于注重形式，“把不同的形式当作同一形式”，“割裂了形式和意义的关系”，并指出：“同一形式可以表示不同的意义，而同样的意义也可以用不同的形式来表现。这个原则当然也适用于汉语。”[③] 又指出：“比较复杂一点儿的情形是表面上好像一个形式，骨子里是两个不同的形式。”[④] 并以歧义句式的分析揭示了形式和意义既统一又矛盾的关系。80 年代，他和胡裕树首次（1982）提

---

① 张斌：《我的语法观》，载范开泰、齐沪扬主编《语言问题再认识》，上海教育出版社，2001，第 1 页。

② 文炼：《论语法学中“形式和意义相结合”的原则》，《上海师范大学学报》1960 年第 1 期。

③ 文炼：《论语法学中“形式和意义相结合”的原则》，《上海师范大学学报》1960 年第 1 期。

④ 文炼：《论语法学中“形式和意义相结合”的原则》，《上海师范大学学报》1960 年第 1 期。

出："必须区别三种不同的语序：语义的、语用的、句法的。"[①] 在汉语语法研究中引进了"三个平面"的理论和方法，把"形式和意义相结合"作为必须遵循的指导性原则之一。"三个平面"理论的提出，为深化汉语语法研究指出了一条新路，使我们更加重视形式和意义的结合。

当然，语法形式不仅仅是指表面的形式，还包括一些隐含的形式。50年代讨论汉语的词类问题时，胡裕树、张斌就讲过"广义形态"这个观念。广义形态，就是一种广义的包括分布在内的抽象的语法形式。如今形式语法中的形式，比起当时的广义形态，当然有很大发展，但是精神实质还是一致的。例如关于语法位置，就不仅包括了表层直接看得到的位置，还包括了一些表层不能直接看到的抽象的位置。

第五，强调两种区别。在词类、句类、复句、词与非词的划分中，张斌强调要区别基础和标准。在语法分析方面，要区别句法分析和句子分析。

（1）词类划分要区别基础（词的意义）和标准（语法功能）。张斌以外语名词的"性"的区别为例，说明生物的性别是区分的基础，而语法范畴的"性"是标准。

然后进一步说明在汉语中，人们可以凭常识断定一些词，但是这并不能证明划分词类的标准是词义，否则就难以解释为什么同义词"战争"和"打仗"会有不同的词性了。

（2）句类划分要区别基础（句子的使用目的或用途）和标准（语气）。一般语法书都把句子的用途或使用目的作为划分的标准。依照这个标准划分出疑问句、感叹句、祈使句、陈述句，无法说明疑问句可以不表示疑问，感叹句的目的在于祈使等语言现象。张斌的博士生孙汝建在学位论文中指出：句子的使用目的或用途只是划分句类的基础，划分的标准是句子的语气。表达语气的基本手段是语调，此外还有语气词、语气副词、插说成分以及句子成分的语用变化等。张斌的另一博士生李铁根根据现代汉语的时制，认为"三时制"（过去、现在、将来）有客观的依据，但是各种语言的时制却另有标准。

（3）划分语段中的词的基础在口语当中，标准在于书面语的分词连

---

① 胡附、文炼：《句子分析漫谈》，《中国语文》1982年第3期。

写。张斌认为划分词的基础在口语当中，可是划分的标准却是书面语的分词连写的约定，然而又没有公认的分词连写的习惯，因此讨论词与非词的界限始终得不出结论。

（4）划分复句的依据是分句间的三种关系（事理关系、逻辑关系、心理关系），划分的标准是关联词语。有些复句缺少关联词语，可联系语境（包括上下文），补上恰当的关联词语，作为归类的依据。双重标准不可取，双重依据却是经常采用的。

（5）区别句法分析和句子分析。

早期的语法著作大都不区分句法分析和句子分析，不注重区分短语和句子。50 年代以来的语法著作大都辟专章分析短语，也说明短语和句子的联系和区别，给人的印象是：汉语的短语结构与句子结构相同，区别只在于有无语调。

胡裕树（1981）主编的《现代汉语》教材认为由短语实现为句子不仅仅是一个加上语调的过程，往往还因为语用的需要必须经过移位、省略、增添等多种变化。主张区别“句子分析”和“句法分析”，句法分析的对象是短语，析句时以抽象的句子为对象，先排除句调、语气词、叹词、呼语、评注性成分等“挂在句子上的零碎”，在排除语用因素后，再对“句子本身”进行静态分析。句法分析是寻求词语之间的联系。句子分析的对象是言语的句子，即在对句子作静态分析之后，加进语用因素进行动态分析。句子分析是寻求句型。二者既有区别又有联系，句法分析是句子分析的基础、补充。

总之，张斌不拘一家之说，主张发扬传统，继承创新，兼收并蓄，为我所用，这使得他的语法研究既有宽阔理论视野，又符合汉语实际，在整合中西语法学理论、吸纳传统语法学精华、开拓中国语法学的新境界方面，作出了自己的努力。

# 参考文献


1. 布龙菲尔德：《语言论》，袁家骅、赵世开、甘世福译，商务印书馆，1985。
2. 陈保亚：《20世纪中国语言学方法论》，山东教育出版社，1999。
3. 陈昌来：《二十世纪汉语语法学》，学海出版社，2002。
4. 陈昌来：《试谈句型研究中的几个问题》，《烟台师范大学学报》1994年第4期。
5. 陈承泽：《国文法草创》，商务印书馆，1982。
6. 陈嘉映：《语言哲学》，北京大学出版社，2003。
7. 陈建民：《现代汉语句型论》，语文出版社，1986。
8. 陈炯：《论张斌先生的语法思想》，载范开泰主编《语言问题再认识》，上海教育出版社，2001。
9. 陈启伟：《现代西方哲学论著选读》，北京大学出版社，1992。
10. 陈少松：《古诗词文吟诵研究》，社会科学文献出版社，1997。
11. 陈望道：《陈望道语文论集》，上海教育出版社，1980。
12. 陈望道：《文法简论》，上海教育出版社，1978。
13. 陈望道等：《中国文法革新论丛》，商务印书馆，1987。
14. 陈月明：《两部句型研究新著的得失》，《语文导报》1987年第11期。
15. 陈宗明主编《汉语逻辑概论》，人民出版社，1993。
16. 程工：《语言共性论》，上海外语教育出版社，1999。
17. 戴耀晶：《胡裕树教授和现代汉语语法研究》，《复旦大学学报》1995年第6期。
18. 戴昭明：《汉语研究的新思维》，黑龙江人民出版社，2000。
19. 邓福南：《汉语语法专题十讲》，湖南人民出版社，1980。

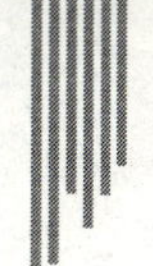



20. 丁声树：《现代汉语语法讲话》，商务印书馆，1961。

21. 丁声树等：《句法结构》，中国社会科学出版社，1979。

22. 丁信善：《语料库语言学的发展及研究现状》，《当代语言学（试刊）》，1998 年第 1 期。

23. 范开泰、张亚军：《现代汉语语法分析》，华东师范大学出版社，2000。

24. 范开泰：《语用分析说略》，《中国语文》1985 年第 6 期。

25. 范开泰编《20 世纪现代汉语语法八大家——胡裕树张斌选集》，东北师范大学出版社，2002。

26. 范开泰主编《语言问题再认识》，上海教育出版社，2001。

27. 范晓、高顺全：《语言研究的新思路——胡裕树的语法研究和治学精神》，载范晓等《语言研究的新思路》，上海教育出版社，1998。

28. 范晓：《动谓句的定型问题》，载范晓《三个平面的语法观》，北京语言学院出版社，1996。

29. 范晓：《汉语词类的研究——纪念汉语词类问题大讨论 50 周年》，《汉语学习》2005 年第 6 期。

30. 范晓：《汉语的句子类型》，书海出版社，1998。

31. 范晓：《论汉语语法的特点》，《济宁师专学报》1991 年第 4 期。

32. 方立：《美国理论语言学研究》，北京语言文化大学出版社，1993。

33. 方光焘：《方光焘语言学论集》，商务印书馆，1997。

34. 方光焘：《语法论稿》，江苏教育出版社，1990。

35. 方经民：《汉语语法变换研究》，河南人民出版社，2001。

36. 冯胜利：《汉语韵律句法学》，上海教育出版社，2000。

37. 冯胜利：《汉语的韵律、词法与句法》，北京大学出版社，1997。

38. 冯胜利：《论汉语的“自然音步”》，《中国语文》1998 年第 1 期。

39. 冯跃进：《语料库语言学的最新动态及未来发展趋势》，《山东外语教学》1998 年第 4 期。

40. 冯志伟：《现代语言学流派》，陕西人民出版社，1999。

41. 弗里斯：《英语结构》，商务印书馆，1964。

42. 符淮青：《词义的分析与描写》，语文出版社，1996。

43. 高名凯：《关于汉语的词类分别》，《中国语文》1953 年第 10 期。

44. 高万云、郑心灵：《语法分析的三个平面研究述评》，《汉语学习》

1994 年第 6 期。
45. 高万云：《汉语的结构特点和语用语法》，《河北师院学报》1997 年第 1 期。
46. 高万云：《汉语诗歌的语法学研究》，《河北师院学报》1993 年第 2 期。
47. 葛兆光：《语言学批评的前景与困境》，《读书》1990 年第 12 期。
48. 龚千炎：《汉语特点与中国语法学的研究——中国语法学史札记之一》，《汉语学习》1988 年第 6 期。
49. 龚千炎：《中国语法学史》（修订本），语文出版社，1997。
50. 顾阳：《论元结构理论介绍》，《国外语言学》1994 年第 1 期。
51. 顾阳：《生成语法及词库中动词的一些特性》，《国外语言学》1996 年第 3 期。
52. 顾阳、沈阳：《汉语合成复合词的构造过程》，《中国语文》2001 年第 2 期。
53. 郭锐：《表述功能的转化的“的”字的作用》，《当代语言学》1999 年第 1 期。
54. 郭锐：《现代汉语词类研究》，商务印书馆，2002。
55. 郭绍虞：《汉语语法修辞新探》，商务印书馆，1979。
56. 郝光顺：《胡裕树“功能分类说”探源》，《吉林师范大学学报》1985 年第 4 期。
57. 何九盈：《中国现代语言学史》，广东教育出版社，1995。
58. 何容：《中国文法论》，商务印书馆，1985。
59. 何伟渔：《胡附、文炼的析句理论——为两位先生从事语法研究和教学四十年而作》，《上海师范大学学报》1989 年第 3 期。
60. 胡附、文炼：《词的范围、形态、功能》，《中国语文》1954 年第 8 期。
61. 胡附、文炼：《句子分析漫谈》，《中国语文》1982 年第 3 期。
62. 胡附、文炼：《现代汉语语法探索》，商务印书馆，1990。
63. 胡明扬：《语法和语法体系》，人民教育出版社，1990。
64. 胡明扬主编《西方语言学名著选读》，中国人民大学出版社，1988。
65. 胡明扬主编《词类问题考察》，北京语言学院出版社，1996。
66. 胡裕树、方文惠：《方光焘教授对汉语语法研究的贡献》，《复旦学报》1985 年第 4 期。

67. 胡裕树、范晓:《试论语法研究的三个平面》,《新疆师范大学学报》1985 年第 2 期。
68. 胡裕树:《〈现代汉语〉使用说明》,上海教育出版社,1981。
69. 胡裕树:《汉语语法研究的回顾与展望》,《复旦学报》1994 年第 5 期。
70. 胡裕树:《如何确定句型》,《中文自修》1984 年第 4 期。
71. 胡裕树:《有关句子分析的几个问题》,日本《中国语》1981 年第 1 期。
72. 胡裕树主编《试论句子类型的研究 · 序》,《汉语学习》1995 年第 5 期。
73. 胡裕树主编《现代汉语》,上海教育出版社,1962。
74. 胡裕树主编《现代汉语》(修订本),上海教育出版社,1979。
75. 胡裕树主编《现代汉语》(增订本),上海教育出版社,1981。
76. 胡裕树主编《现代汉语》(增订本),上海教育出版社,1987。
77. 胡裕树主编《现代汉语》(重订本),上海教育出版社,1995。
78. 胡裕树主编《现代汉语参考资料》(上册),上海教育出版社,1981。
79. 胡裕树主编《现代汉语参考资料》(中册),上海教育出版社,1981。
80. 黄伯荣、廖序东:《现代汉语》(增订版),高等教育出版社,1996,1997,2002。
81. 黄章恺:《现代汉语单句构造类型初探》,《宁夏大学学报》1983 年第 4 期。
82. 霍凯特:《现代语言学教程》,索振羽、叶蜚声译,北京大学出版社,1986。
83. 贾彦德:《语义学导论》,北京大学出版社,1986。
84. 蒋绍愚:《唐诗语言研究》,中州古籍出版社,1990。
85. 蒋严、潘海华:《形式语义学引论》,中国社会科学出版社,1998。
86. 金柬生:《兼容乃大　无欲则刚——记语言学家张斌教授》,载马重奇、林玉山主编《编辑和语言——庆贺张斌先生八〇华诞》,厦门大学出版社,2000。
87. 金立鑫、白水振:《现代汉语语法特点和汉语语法研究的本位观》,《汉语学习》2003 年第 5 期。
88. 孔令达、王葆华:《汉语词类研究的回顾和展望——纪念汉语词类问题大讨论50周年专家座谈会纪要》，《汉语学习》2005年第4期。
89. 黎锦熙：《新著国语文法》，商务印书馆，1992。
90. 李发根：《语言理解若干问题》，《江西师范大学学报》2000年第3期。
91. 李临定：《划分句型的原则和标准》，载中国社会科学院语言研究所现代汉语研究室《句型和动词》，语文出版社，1987。
92. 李临定：《现代汉语句型》，商务印书馆，1986。
93. 李临定：《现代汉语语法的特点》，人民教育出版社，1987。
94. 李陆：《〈区分句型的一个尝试〉读后》，《语言教学与研究》1979年第1期。
95. 李璐、金溢云：《谈影响语言的正确理解与表达的因素》，《娄底师专学报》2001年第3期。
96. 李新成：《现代认知心理学关于理解过程的研究》，《教育理论与实践》1997年第17期。
97. 利奇：《语义学》，李瑞华译，上海外语教育出版社，1987。
98. 林焘、王理嘉：《语音学教程》，北京大学出版社，1992。
99. 林祥楣主编《现代汉语》，语文出版社，1991。
100. 林杏光：《汉语五百句》，陕西人民出版社，1980。
101. 林玉山、吴晓芳：《论张斌、胡裕树的语法思想》，《福建师范大学学报》2007年第3期。
102. 林玉山：《汉语语法学史》，湖南教育出版社，1983。
103. 林玉山：《论张斌的语法思想》，《福建教育学院学报》2007年第10期。
104. 林玉山：《论朱德熙的语法思想》，《福建师范大学福清分校学报》2006年第4期。
105. 林玉山：《现代语言学的历史与现状》，河南人民出版社，2000。
106. 林裕文：《回顾与展望》，载《现代汉语语法研究现状和回顾》，语文出版社，1987
107. 林裕文：《谈疑问句》，《中国语文》1985年第2期。
108. 刘丹青：《汉语形态的节律制约》，《南京师范大学学报》1993年第1期。
109. 刘丹青：《语义优先还是语用优先》，《语文研究》1995年第2期。

110. 刘丹青主编《语言学前沿与汉语研究》，上海教育出版社，2005。

111. 刘润清：《西方语言学流派》，外语教学与研究出版社，2002。

112. 刘叔新：《固定语及其类别》，载《语言研究论丛》第2辑，天津人民出版社，1982。

113. 刘叔新：《汉语描写词汇学》，商务印书馆，1990。

114. 刘永耕：《试论名词性定语的指称特点和分类》，《福建师范大学学报》1999年第3期。

115. 鲁忠义、彭聘龄：《语篇理解研究》，北京语言大学出版社，2003。

116. 陆丙甫：《流程切分和板块组合》，《语文研究》1985年第1期。

117. 陆丙甫：《语句理解的同步组块过程及其数量描述》，《中国语文》1986年第2期。

118. 陆俭明、郭锐：《汉语语法研究所面临的挑战》，《世界汉语教学》1998年第4期。

119. 陆俭明、马真：《现代汉语虚词散论》，北京大学出版社，1985。

120. 陆俭明、沈阳：《汉语和汉语研究十五讲》，北京大学出版社，2004。

121. 陆俭明：《八十年代中国语法研究》，商务印书馆，1993。

122. 陆俭明：《现代汉语不及物动词之管见》，载《语法研究和探索（五）》，语文出版社，1991。

123. 陆俭明：《现代汉语句法论》，商务印书馆，1993。

124. 陆俭明：《现代汉语语法研究教程》，北京大学出版社，2005。

125. 陆俭明主编《面临新世纪挑战的现代汉语语法研究》，山东教育出版社，2000。

126. 陆仁昌主编《现代汉语教程》，东北师范大学出版社，1990。

127. 陆志韦：《北京话单音词词汇》，人民出版社，1951。

128. 陆志韦：《构词法和构形法》，湖北教育出版社，1980。

129. 陆志韦：《汉语的构词法》（修订本），科学出版社，1964。

130. 罗兰·巴特：《符号学原理》，王东亮译，三联书店，1999。

131. 罗振声、孙长健：《汉语句型自动分析与频度统计》，《中文信息》1997年第3期。

132. 吕叔湘、饶长溶：《试论非谓形容词》，《中国语文》1981年第2期。

133. 吕叔湘：《对当前汉语研究的感想和希望》，《汉语学习》1990年第

1 期。
134. 吕叔湘：《关于汉语词类的一些原则性问题》，《中国语文》1954 年第 9～10 期。
135. 吕叔湘：《汉语句法的灵活性》，《中国语文》1986 年第 1 期
136. 吕叔湘：《汉语语法分析问题》，商务印书馆，1979。
137. 吕叔湘：《汉语语法论文集》（增订本），商务印书馆，1984。
138. 吕叔湘：《说“胜”和“败”》，《中国语文》1987 年第 1 期。
139. 吕叔湘：《现代汉语八百词》，商务印书馆，1999。
140. 吕叔湘：《中国文法要略》，商务印书馆，1982。
141. 吕叔湘：《汉语语法分析问题》，商务印书馆，1979。
142. 马建忠：《马氏文通》，商务印书馆，1983。
143. 马庆株：《汉语动词和动词性结构》，北京语言学院出版社，1992。
144. 马庆株：《结构、语义、表达研究琐议——从相对义、绝对义谈起》，载《著名中年语言学家自选集·马庆株卷》，安徽教育出版社，2002。
145. 马庆株编《语法研究入门》，商务印书馆，1999。
146. 马真：《简明实用汉语语法教程》，北京大学出版社，1997。
147. 马重奇、林玉山主编《编辑和语言——庆贺张斌先生八〇华诞》，厦门大学出版社，2000。
148. 麦考莱：《语言逻辑分析》，王维贤、徐颂烈等译，杭州大学出版社，1998。
149. 缪小春、宋正国：《动词语义和句子语法对代词加工的影响》，《心理科学》1995 年第 4 期。
150. 缪小春：《汉语语句的理解策略》，《心理科学通讯》1981 年第 6 期。
151. 潘文国：《“本位”研究的方法论意义》，《华东师范大学学报（哲学社会科学版）》2002 年第 6 期。
152. 潘文国：《字本位与汉语研究》，华东师范大学出版社，2002。
153. 彭耽龄、潭力海：《语言心理学》，北京师范大学出版社，1991。
154. 彭可君：《关于陈述和指称》，《汉语学习》1992 年第 2 期。
155. 齐沪扬：《评汉语语法特点的最新探索》，《中文自学指导》1991 年第 3 期。
156. 齐沪扬：《现代汉语空间问题研究》，上海学林出版社，1998。

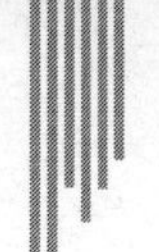



157. 齐沪扬：《有关类固定短语的问题》，《修辞学习》2001 年第 1 期。
158. 乔姆斯基：《句法结构》，邢公畹等译，中国社会科学出版社，1979。
159. 乔姆斯基：《句法理论的若干问题》，黄长著等译，中国社会科学出版社，1986。
160. 乔姆斯基：《支配和约束论集》，周流溪等译，中国社会科学出版社，1993。
161. 沙平：《汉语描写语法学方法论》，厦门大学出版社，2000。
162. 邵敬敏、方经民：《中国理论语言学史》，华东师范大学出版社，1991。
163. 邵敬敏：《汉语句型研究述评》，载朱一之、王正刚选编《现代汉语语法研究的现状和回顾》，语文出版社，1987。
164. 邵敬敏：《汉语语法学史稿》，上海教育出版社，2006。
165. 邵敬敏：《汉语语义语法论集》，上海教育出版社，2007。
166. 邵敬敏：《句型的分类及其原则》，《杭州大学学报》，1984 年增刊。
167. 邵敬敏：《现代汉语通论》，上海教育出版社，2001。
168. 申小龙：《当代中国语法学》，广东教育出版社，1995。
169. 申小龙：《汉语人文精神论》，辽宁教育出版社，1990。
170. 申小龙：《中国语言的结构与人文精神》，光明日报出版社，1998。
171. 沈家煊：《转指和转喻》，《当代语言学》1999 年第 1 期。
172. 沈开木：《句段分析》，语文出版社，1987。
173. 沈阳、何元建、顾阳：《生成语法理论与汉语语法研究》，黑龙江教育出版社，2001。
174. 沈阳、郑定欧主编《现代汉语配价语法研究》，北京大学出版社，1995。
175. 沈阳主编《配价理论与汉语语法研究》，北京语文出版社，2000。
176. 施关淦：《关于语法研究的三个平面》，《中国语文》1991 年第 6 期。
177. 施关淦：《再论语法研究中的三个平面》，《汉语学习》1993 年第 2 期。
178. 石安石：《语义论》，商务印书馆，1993。
179. 石定栩：《把字句和被字句研究》，载《共性与个性：汉语语言学中的争议》，北京语言文化大学出版社，1999。
180. 石定栩：《话题句研究》，载《共性与个性：汉语语言学中的争议》，北京语言文化大学出版社，1999。
181. 石定栩：《乔姆斯基的形式句法——历史进程与最新理论》，北京语言文化大学出版社，2002。
182. 史存直：《与张斌先生讨论语法问题》，载史存直《句本位语法论集》，上海教育出版社，1986。
183. 史有为：《句型的要素、变体和价值》，载《句型与动词》，语文出版社，1987。
184. 司马翎、沈阳：《结果补语小句分析和小句的内部结构》，《华中科技大学学报》2006 年第 2 期。
185. 宋国明：《句法理论概要》，中国社会科学出版社，1997。
186. 宋宜：《结构主义语言学思想发微》，巴蜀书社，2004。
187. 索绪尔：《普通语言学教程》，商务印书馆，1980。
188. 特伦斯霍克斯：《结构主义和符号学》，上海译文出版社，1987。
189. 王艾录：《词组和句子》，《山西大学学报》1992 年第 1 期。
190. 王洪君：《从字和字组看词和短语——也谈汉语中词的划分标准》，《中国语文》1994 年第 2 期。
191. 王晖：《关于汉语语法特点几种说法的检讨》，《青岛大学师范学院学报》2006 年第 1 期。
192. 王了一：《汉语语法纲要》，商务印书馆，1982。
193. 王力：《关于汉语有无词类的问题》，《北京大学学报》1955 年第 2 期。
194. 王力：《汉语诗律学》，上海教育出版社，1979。
195. 王力：《中国现代语法》，商务印书馆，1985。
196. 王力：《中国语言学史》，山西人民出版社，1981。
197. 王明华、王维成：《汉语语法特点研究述评》，《语文导报》1987 年第 8 期。
198. 王明华：《二十年来汉语句型研究》，《浙江大学学报（人文社会科学版）》2001 年第 7 期。
199. 王淑华：《现代汉语指称与陈述问题研究综述》，《广西社会科学》2005 年第 5 期。
200. 王维贤、李先焜、陈宗明：《语言逻辑引论》，湖北教育出版社，1989。

201. 王益明：《儿童理解句子的策略》，《心理科学通讯》1985 年第 3 期。
202. 文炼、胡附：《词类划分中的几个问题》，《中国语文》2000 年第 4 期。
203. 文炼、胡附：《汉语语序研究中的几个问题》，《中国语文》1984 年第 3 期。
204. 文炼、胡附：《扩大语法研究的新视野》，载《语法研究入门》，商务印书馆，1999。
205. 文炼、胡附：《谈宾语》，《语文学习》1955 年第 12 期。
206. 文炼、胡附：《谈词的分类》，《中国语文》1954 年第 2 期。
207. 文炼、袁杰：《谈谈动词的"向"》，载《汉语论丛》，华东师范大学出版社，1990。
208. 文炼：《词语之间的搭配关系——语法札记》，《中国语文》1982 年第 1 期。
209. 文炼：《从语言结构谈近体诗的理解和欣赏》，《上海师范大学学报（哲学社会科学版）》1992 年第 3 期。
210. 文炼：《格律诗语言分析三题》，《上海师范大学学报（哲学社会科学版）》1989 年第 3 期。
211. 文炼：《固定短语和类固定短语》，《世界汉语教学》1988 年第 2 期。
212. 文炼：《关于分类的依据和标准》，《中国语文》1995 年第 4 期。
213. 文炼：《关于句子的意义和内容》，《语文研究》1984 年第 1 期。
214. 文炼：《汉语语句的节律问题》，《中国语文》1994 年第 1 期。
215. 文炼：《划分与切分》，《中国语文》1999 年第 4 期。
216. 文炼：《几个值得推敲的概念和判断》，《语文建设》1997 年第 5 期。
217. 文炼：《句子的解释因素》，《语文建设》1986 年第 4 期。
218. 文炼：《句子的理解与信息分析》，《语言研究》1991 年第 4 期。
219. 文炼：《论名词修饰动词》，《上海师范大学学报（哲学社会科学版）》1994 年第 3 期。
220. 文炼：《论语法学中"形式和意义相结合"的原则》，《上海师范学院学报》1960 年第 1 期。
221. 文炼：《谈谈句法分析和句子分析》，载范晓等编《语言研究的新思路》，上海教育出版社，1998。

222. 文炼：《形式、意义和内容》，《语文学习》1980 年第 4 期。
223. 文炼：《与分类有关的几个问题》，《汉语学习》1993 年第 3 期。
224. 文炼：《与语言符号有关的问题——兼论语法分析中的三个平面》，《中国语文》1991 年第 2 期。
225. 文炼：《指称与析句问题》，《广播电视大学学报》2000 年第 4 期。
226. 吴洁敏：《汉语节律学》，语文出版社，2001。
227. 吴为章：《汉语动词配价研究述评》，《三明高等专科学校学报》1996 年第 2 期。
228. 伍铁平：《普通语言学概要》，高等教育出版社，1993。
229. 武占坤、王勤：《现代汉语词汇概要》，内蒙古人民出版社，1983。
230. 萧国政：《"句本位""词组本位"和"小句中枢"》，《世界汉语教学》1995 年第 4 期。
231. 萧国政：《现代汉语语法问题研究》，华中师范大学出版社，1997。
232. 邢福义：《汉语复句研究》，商务印书馆，2001。
233. 邢福义：《汉语语法三百问》，商务印书馆，2002。
234. 邢福义：《汉语语法学》，东北师范大学出版社，1997。
235. 邢福义：《论现代汉语句型系统》，载《语法研究与探索（一）》，北京大学出版社，1983。
236. 邢福义：《现代汉语语法研究的两个"三角"》，《云梦学刊》1990 年第 1 期。
237. 邢福义：《小句中枢说》，《中国语文》1995 年第 6 期。
238. 邢福义：《语法问题思索集》，北京语言学院出版社，1995。
239. 徐杰：《普遍语法原则与汉语语法现象》，北京大学出版社，2001。
240. 徐静茜：《汉语的"意合"特点与汉人的思维特点》，《语文导报》1987 年第 6 期。
241. 徐烈炯、刘丹青：《话题的结构与功能》，上海教育出版社，1998。
242. 徐烈炯、沈阳：《题元理论与汉语配价问题》，《当代语言学》1998 年第 3 期。
243. 徐烈炯：《生成语法理论》，上海外语教育出版社，1988。
244. 徐烈炯：《语义学》，语文出版社，1995。
245. 徐烈炯主编《共性与个性——汉语语言学中的争议》，北京语言文化

大学出版社，1999。
246. 徐通锵、叶蜚声：《“五四”以来汉语语法研究述评》，《中国语文》1979年第3期。
247. 徐通锵：《“字”和汉语的句法结构》，《世界汉语教学》1994年第2期。
248. 徐通锵：《“字”和汉语研究的方法论》，《世界汉语教学》1994年第3期。
249. 徐通锵：《“字”和汉语语义句法的生成机制》，《语言文字应用》1999年第1期。
250. 徐通锵：《汉语的特点与语言共性的研究》，《语文研究》1999年第4期。
251. 徐通锵：《语义句法刍议——语言的结构基础和语法研究的方法论初探》，《语言教学与研究》1991年第3期。
252. 徐阳春：《现代汉语复句句式研究》，中国社会科学出版社，2002。
253. 颜迈：《析句法理论和实践再审视》，《贵州教育学院学报》2001年第5期。
254. 杨成凯：《关于短语和句子的构造原则的反思》，《汉语学习》1993年第2期。
255. 杨成凯：《汉语语法理论研究》，辽宁教育出版社，1996。
256. 杨素英：《从非宾格动词现象看语义与句法结构之间的关系》，《当代语言学》1999年第1期。
257. 杨锡彭：《汉语语素论》，南京大学出版社，2003。
258. 叶军：《汉语语句韵律的语法功能》，华东师范大学出版社，2000。
259. 叶蜚声、徐通锵：《语言学纲要》，北京大学出版社，1981。
260. 尹戴忠：《汉语动词配价研究综述》，《韶关学院学报》2007年第2期。
261. 袁晖、戴耀晶：《三个平面：汉语语法研究的多维视野》，语文出版社，1998。
262. 袁晖、陈炯：《关于句型的确定》，《松辽学刊》1987年第1期。
263. 袁毓林、郭锐主编《现代汉语配价语法研究（二）》，北京大学出版社，1998。

264. 袁毓林:《话题化及相关的语法过程》,《中国语文》1996 年第 1 期。
265. 袁毓林:《现代汉语动词的配价研究》,江西教育出版社,1998。
266. 袁毓林:《语言的认知研究和计算分析》,北京大学出版社,1998。
267. 袁毓林编《朱德熙选集》,东北师范大学出版社,2001。
268. 张斌、胡裕树:《汉语语法研究》,商务印书馆,1989,2003。
269. 张斌、胡裕树:《语法系统和语法学习》,《语文学习》1984 年第 3 期。
270. 张斌:《"在""于"和"在于"——读〈马氏文通〉一得》,《咬文嚼字》1998 年第 12 期。
271. 张斌:《〈马氏文通〉关于虚词的研究给我们的启示》,《语文论丛》第六辑,上海教育出版社,2000。
272. 张斌:《汉语语法学》,上海教育出版社,1998,2003。
273. 张斌:《胡裕树的几件小事》,《咬文嚼字》2002 年第 2 期。
274. 张斌:《句子的理解策略》,《中国语文》1992 年第 4 期。
275. 张斌:《我的语法观》,载范开泰、齐沪扬主编《语言问题再认识》,上海教育出版社,2001。
276. 张斌:《现代汉语语法十讲》,复旦大学出版社,2005。
277. 张斌:《蕴涵、预设与句子的理解》,《世界汉语教学》2002 年第 3 期。
278. 张斌主编《现代汉语虚词词典》,商务印书馆,2001。
279. 张伯江、方梅:《汉语功能语法研究》,江西教育出版社,1996。
280. 张登岐:《张斌虚词"名词附类"说学习札记》,载张登岐《汉语语法问题论稿》,安徽大学出版社,2005。
281. 张静:《汉语语法问题》,中国社会科学出版社,1987。
282. 张静主编《新编现代汉语》,上海教育出版社,1979。
283. 张潜:《近百年来汉语句型研究概述》(下),《河北师范大学学报(社会科学版)》1998 年第 4 期。
284. 张世禄:《关于汉语的语法体系问题》,《复旦学报·语言文字专辑》,1980。
285. 张谊生:《现代汉语虚词》,华东师范大学出版社,2000。
286. 张志公:《语法和语法教学》,人民教育出版社,1956。
287. 张志公主编《汉语知识》,人民教育出版社,1979。

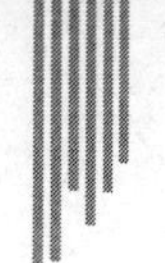



288. 赵世开主编《国外语言学概述——流派和代表人物》，北京语言学院出版社，1990。

289. 赵淑华、刘社会、胡翔：《单句句型统计与分析》，《语言教学与研究》1997 年第 2 期。

290. 赵元任：《汉语口语语法》，商务印书馆，1979。

291. 赵元任：《语言问题》，商务印书馆，1995。

292. 中国人民大学中文系编著《语言研究的务实与创新——庆祝胡明扬教授八十华诞学术论文集》，外语教学与研究出版社，2004。

293. 中国社会科学院语言研究所现代汉语教研室编《句型和动词》，语言出版社，1987。

294. 中国语文杂志社编《汉语的词类问题（一）》，中华书局，1955。

295. 中国语文杂志社编《汉语的词类问题（二）》，中华书局，1956。

296. 中国语文杂志社编《汉语析句方法讨论集》，上海教育出版社，1984。

297. 周国光、张林林：《现代汉语语法理论与方法》，广东高等教育出版社，2003。

298. 周礼全主编《逻辑——正确思维和有效交际的理论》，人民出版社，1994。

299. 周玉琨：《取消“兼语式”研究简评》，《语文学刊》1993 年第 3 期。

300. 周祖谟：《汉语词汇讲话》，人民教育出版社，1962。

301. 周祖谟：《划分词类的标准》，《语文学习》1953 年第 12 期。

302. 朱德熙：《“的”字结构和判断句》，《中国语文》1978 年第 1、2 期。

303. 朱德熙：《词义和词类》，《语法研究和探索（五）》，语文出版社，1991。

304. 朱德熙：《论句法结构》，《中国语文》1962 年第 8 ~ 9 期。

305. 朱德熙：《现代汉语句法分析》，北京大学出版社，1982。

306. 朱德熙：《现代汉语语法研究》，商务印书馆，1980。

307. 朱德熙：《语法丛稿》，上海教育出版社，1990。

308. 朱德熙：《语法答问》，商务印书馆，1985。

309. 朱德熙：《语法分析和语法体系》，《中国语文》1982 年第 1 期。

310. 朱德熙：《语法讲义》，商务印书馆，1982。

311. 朱宏达、吴洁敏：《“和韵”新论》，《中国社会科学》1994 年第 4 期。

312. 朱景松：《关于语序的几个问题——第五次语法学修辞学学术座谈会

发言摘要》，《语言教学与研究》1995 年第 3 期。
313. 朱景松：《指称、陈述与汉语词类理论》，载《语法研究与探索（八）》，商务印书馆，1997。
314. 朱林清、王建军：《汉语词类研究述评》，《南京师范大学学报》1995 年第 1 期。
315. 朱林清：《关于汉语句型研究的若干问题》，《南京师范大学学报》1989 年第 1 期。
316. 朱曼殊、武进之：《影响儿童理解句子的几个因素》，《心理科学通讯》1981 年第 1 期。
317. B. 布洛赫、G. L. 特雷杰：《语言分析纲要》，商务印书馆，2012。
318. D. C. 霍埃：《批评的循环》，金仁译，辽宁人民出版社，1997。
319. H. R. 姚斯、R. C. 霍拉勃：《接受美学与接受理论》，辽宁人民出版社，1987。

# 附录1：
# 张斌先生口述实录

## 第一节　对汉语语法问题的讨论

### 一　词类问题

**1. 词类划分的基础和标准**

**吴晓芳（简称吴）**：张老师，您能否谈谈您在语法研究方面的一些想法？

**张斌（简称张）**：我把我的一些想法、过去一些思想谈一谈，其实你写的论文我看过了，写信也谈到了一些，就是说你已经很了解了，不过我把它再……这样说吧，就是说先谈这个词类问题。

词类问题，一种思想就是分类标准，分类标准的问题50年代做过讨论，大家认为还是个问题，后来有个一致的意见，就是区分词类不能单纯根据意义，这是50年代讨论的结论或者公认的，大概就是这样。但是这个结论它隐含着问题，不能单纯根据意义，那么意义在词类区分中有没有地位呢？那就出现两种意见：一种意见就是区分词类的标准就是功能，意义不是标准，朱德熙为代表的就是这类意见；另外一种意见就是双标准，既要讲意义，又要讲功能，过去很多教材差不多都是双标准。双标准就是这一类词，名词的意义是什么，功能是什么，结果这个双标准实践下来有很多矛盾，朱德熙不是举那个“战争”与“打仗”吗，说意义一样，一个名词，一个动词。还有很多类似的例子，所以双标准不可取，所以很多人都赞成功能标准。我也是主张功能标准的，但是功能标准作为唯一的标准，还引起一个怀疑，那么意义在词类问题里头有没有地位呢？算半个标准吧，这个算笑话了。什么叫半个标准呢？其实也很难说没有关系，你看到“沙发”“咖啡”，都晓得是名词，怎么说没有关系呢？后来我提出分类时区分基础和标准，基础是区分类别的一个依据，但不是标准，比如我不是举一年四季的区分作例吗？一年四季的基础是天气变化、气候变化，这个是依据，但不是标准。中国的历代过去都是立春、立夏、立秋、立冬，是四季标准，后来又是春分、夏至、秋分、冬至的标准，基础一样，但是标准不一样。这就相差十来天，还有天文的标准，等等。我举这个例子就是说明区分类别一个是依据（或者称基础），一个是标准，这两个有关，但不能混为一谈，所以区分词类，意义是基础，功能是标准。这是我的主张。我这个主张提出来以后也有人表示赞同的，这个基础与标准，我是用的大的类基础，类别名动形什么来说的。如果看看国外的次类，比如说，名词里头的性，阴性阳性，或者数，单数复数，更能看出来。你说单数复数它能有这个基础，但是标准呢，另外有标准。否则的话，英语里面什么“裤子”啦、“眼镜”啦都是复数，汉语“一副眼镜”是单数，这个标准不一样。还有性别，更看得清楚。性别当然也有生物的性别的基础，实际上它不是标准，否则的话怎么说啊，德语的“汤匙”是阳性，俄语的“汤匙”是阴性，俄语的“桌子”是阳性，而法语的“桌子”是阴性？所以在词类问题里头我提出的一个意见就是区分基础和标准。这是我提出的意见。

**2. 词的划分的基础和标准**

**张**：但是这个区分基础和标准，后来也不只应用在词类问题上，还应用在好多别的方面。一个就是什么是词，现在争论很多，虽然大家有个公认的定义：词是最小的可以自由运用（独立运用）的语言单位，但是这个不能解决实际问题，还是有些困难的。什么叫独立运用单位？汉语里的词常常产生很多问题，什么是词，就让语言教师来划分词也不一致。过去一些考试，大学里的考试，老师出题，一段文章要学生划分词，结果大家都不一致，教研室讨论也不一致。这是什么道理呢？我觉得问题在汉语的分词缺乏一个标准，什么标准呢？词的划分，我认为，口语是基础，书面语是标准。什么叫书面语是标准呢？外语我找到很多例子，外语里面很多具体例子，口语里面很难说是，因为口语里面划分词大体上也能划分，因为有些停顿，但不是标准，只是基础，标准是书面语，就是书面语的哪些地

方要连写，哪些地方不连写，一连写问题就出来了。过去英语里面的教室“classroom”开始分开写，是两个词（是一个短语——笔者注），后来加个短横，就是短语变成词的过渡形式，后来一连写，大家都认为是词，这个例子很多，一个是 classroom，一个是 blackboard，还有地震 earthquake，开始也是分开写，后来也连写，现在好多词典都是一个词了。汉语里面没有连写的习惯，所以这个标准就没有确立。

**吴**：也就是说分词实际上有一定难度，是不是？

**张**：就是你要确定分词的标准，就要确定连写的标准，没有公认的连词的习惯，讨论词与非词的界限就没有结论。划分词的基础是有的，口语，这是一个。

**3. 句类划分的基础和标准**

**张**：第二个区分语气，句子的语气。句类，是陈述、疑问、祈使、感叹，一般分四类。这四类根据什么标准呢？（当时）几乎所有的语法书，有的根据用途，有的根据目的，用途目的是一回事，你说句子用途是句末词，目的也是句末词，一回事。但是用这个标准呢，也碰到问题，比方说疑问句可以不表疑问，你去买东西，“你能不能把那个大衣拿给我看看？”不是疑问句吗？它的用途是祈使，它不是疑问的，但可以用疑问句说出“能不能拿给我看看？”

**吴**：实际上就是叫你拿给我看。

**张**：坐在窗子面前，我希望你开窗，不讲，不用祈使句，而是用“哎呀！风真大啊！”感叹句，就是请你关窗，若以用途作标准，怎么解释这个疑问句不表疑问、感叹句不表感叹呢？不能解释这个问题。另外就是反问句也不能解释。反问句就是问句，如果以用途论，表面上好像是问题，但它实际上不是提问。例如“难道你不知道吗？”并不是问，只是让你知道，它是陈述。所以我说用途是基础，但是标准是语气，疑问语气。语气是一个内容，它的表达首先是语调，书面语不用语调，就用标点符号，句号、感叹号，还有语气词、语气副词，还有句式变化，等等，加起来表示这个语气，不管用途是什么，表疑问语气的就是疑问句。

**4. 复句划分的基础和标准**

**张**：区分基础和标准用在词与非词的区分上刚才讲过了，基础是口语，标准是书面语的连写。句类上，用途是基础，语气是标准。还用在复句上面，复句的基础也不是单一的基础，我曾经举这个实际例子：在我的语法书里，上海一个中学的教研室讨论一个问题。讨论一个什么问题呢？“小王着了凉，生病了。”是个复句，有两种意见，一种意见就是连贯，另一种意见是因果。说连贯的话，两个事情不是有些事理关系吗？说因果复句，“因为着了凉，所以生病了”，不就是因果复句吗？所以都有理由。问我意见怎么样，我说这个复句麻烦在于缺少关联词语，复句的类别、意义（逻辑意义也好，事理意义也好）是基础，而区分的标准是关联词语，对这个复句如果我们加上关联词语：“小王因为受了凉，所以生病了。”我们一定把它划在因果复句，因为有这个标记（因为……所以……），划在因果复句这是根据这个形式给它划的类，但并没有否定它连贯的基础，这个复句既有因果的基础，也有连贯的基础。当我们把关联词语摆在因果方面，它就变成因果复句了。如果我们不用“因为……所以……”，用“于是”，“小王着了凉，于是生病了。”那么就把它划在连贯复句，划在连贯复句也没有否定这个因果基础。就这个句子来说，分类的时候，标准是关联词语。那么，讲到复句的基础，应该有几个呢？总体来看，有三个基础：一种是逻辑的，包括因果的；一种是事理的，连贯的，并列的，是按事理安排的；还有一种心理的，心理基础，有些复句是有心理基础的，比方说“虽然……但是……”“不但……而且……”。拿“不但……而且……”来讲，它的基础是并列的两件事情，比如有一个小孩，他成绩好，品德好，这个是基础，如果我们说成“他不但成绩好，而且品德好”，那么基础是并列的，但是复句分割这个“不但……而且……”是个递进的复句，这个基础除掉这个事理、并列以外，用这个关联词还有个基础是什么呢，是说话的人认为他不但成绩好，而且品德好，他有种什么心理呢？就是成绩好的人不一定品德好。反过来，如果另外一个人把它倒过来，“他不但品德好，而且成绩好”，他就是另外一种心理了，就是品德好的人不一定成绩好。一种人的心理是成绩好的人不一定品德好，就看你采取什么形式，这就是心理基础。“虽然……但是……”也是同一个道理，除掉一个事理基础以外，他还有个心理基础。比如说一个人十六岁，有一个人的心理就认为他已经是大人了，另一个人的心理认为他还是小孩。那么一个人就说：“他虽然十六岁了，但是还像个小孩。”就认为十六岁应该是大人。另外一个人说：“他虽然十六岁了，却像个大人。”这是另外一种心

理，认为十六岁还是小孩。是吧？这个是各人的心理不一样，所以复句呢，我的教材里面说，它的基础有逻辑的，如因果之类的；有事理的，如并列的、连贯的；也有心理的。有些复句是单纯的一种基础，有的复句它有多种基础。

**吴**：多种基础？

**张**：嗯，多种基础。

**吴**：您说有些复句是单纯的基础比较容易理解，有些复句是多种基础，那就是说不同的人有不同的理解。

**张**：嗯，根据那个关联词语来理解，并归为一类。关联词语是复句分类的唯一标准，但基础可以有多个。

**吴**：哦，没有否定其余的。

**5. 区分功能和特征**

**张**：刚才说词类我主张意义是基础，功能是标准，其实在分类问题上我这个想法不止是用在词类，也用在区分词与非词，区分语气类别，区分复句类别等方面。讲到分类，这个可以说是我提倡的一个想法，当然还讲到一些别的问题，也不止是我一个人说的，不过我也可以谈一谈。一个就是说区分词类的时候要搞清楚功能与特征。

区分功能，在逻辑上讲，功能是必要条件，特征是充分条件。必要条件就是说它属于这个类，它也有这些功能，比如说名词能作主语，它不能作主语就不会是名词，名词都能充当主语，这是它的功能，这是必要条件。充分条件就是说它没有这个条件就不会是这一类了，但是有这个条件不一定都是这个类，好多别的词，如代词也能充当（主语），甚至动词也（可以充当），不能说能够充当主语的都是名词。特征呢，充分条件，你有这个条件，一定是这类词，但是并不一定所有的词都有这个特征。比如说名词的特征究竟是什么？名词的特征呢，过去常常说是能加数量词（能受数量词修饰——笔者注），这是不准确的，好多名词都不能加数量词，不要讲别的词，凡是带方位词与词素的名词都算，“地下”能加数量词吗？“门外”能加数量词吗？带方位词的名词一大批，都不能加数量词，更不要说别的名词了，所以不是特征。名词的特征是什么呢？好像也没有人专门研究这个问题，我的提法是能用在表示对象，或者是处所、方位的介词后面的，是名词。表示对象的介词是“把”“被”“对”“对于”，表示方位处所的是“往”“从”“向”这些。我是用这个标准来确定名词的特征的。这个还可以研究。反正这个问题就是这样的，你最好能找出一个特征，有这个特征就是名词。第二是后面少数能接动词的——但这些（指上面提到的介词——笔者注）就是不能接动词——有些介词，比如说“依据”“通过”，这些介词后面可以接非名词单位的，但是（上面提到的）这些一定是接名词的，这可以研究。我也不能一个词一个词地说了，只是笼统举例说。比如说动词的特征，能带宾语的一定是动词，不是吗？这个是特征，但不是所有的动词都能带宾语，就是能带宾语或者是动量补语、时间补语的是动词，我是这样看待它的特征的。其他一个词一个词怎么研究就不具体说了。以上说的就是词类问题上的区分功能、特征。

**6. 区分动词和助动词**

**张：**还有种区分词类的方法我是不赞同的。是倒过来的，他讲这个功能，他不是说这类词有某些搭配的功能。我举例说吧，区分介词与动词，比如说“在”，这个“在”其实是个兼类词，兼类词里，“在”可以是动词，可以是介词，还可以是副词。是副词我们不谈了，就讲动词“在”跟介词“在”。“在家里看书”，“在”是动词还是介词？有的人采取一个标准，就是说它后面有动词它就是介词了，我认为这个标准不对，反过来了，为什么不能是连动呢？是吧？其实区分动词的标准吕叔湘讲得很清楚，就是看这个词带了一个宾语，介词也好、动词也好，它后面的东西能不能丢掉，能丢掉的是动词，不能丢掉的才是介词。比如说“把”，它后面就不能丢掉，“把门关上”，“关上”不能丢掉，“把门关”，这句子没完，“在”也是一样的，“在家里看书”，“看书”可以丢掉的，“在家里”，就是动词，但是“在明天动身”，丢不掉，“在明天”，丢不掉（所以它就是介词）。像这类方法的问题还有些别的例子可以举，比如说“会”，“会不会”的“会”，现在认为是动词和助动词来定类的，比如说“他会日语”，现在认为是动词，“他会说日语”，因为后面有动词了，它就是助动词。好些人这个标准，跟刚才谈的这个问题是一样的，把这个功能反过来了，不是这样的，因为好多动词能带名词性的宾语，也能带非名词性的（宾语）。“我喜欢”的“喜欢”，是动词，“我喜欢鲁迅的小说”，（带）名词性的（宾语），“我喜欢读鲁迅的小说”，（带动词性的宾语）。还是这个

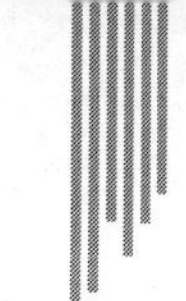



“会”（指“他会说日语”），你不能说这个词就是助动词，问题就是用这个移位来看。“我喜欢小说”，“小说我喜欢”，可以移位，“我喜欢读鲁迅的小说”，“读鲁迅的小说我喜欢”，这里的“喜欢”是动词。“会”也是一样的，“他会日语”，“日语他会”，“他会说日语”，“说日语他会”，所以还是动词，没有区别，跟那个“喜欢”是一样的。只有一种（情况）才是助动词，如“天会下雨”你不能移位，不能“下雨，天会”，这才是助动词。而且这两个不但能以移位的形式来区分，意义也两样。“他会日语”，“他会说日语”都是表示他的一种能力；“天会下雨”不是天的能力，只是某种可能的意思，意义也两样。词的问题我看看还牵涉了些什么，词的问题牵涉到（兼类），你论文也谈到兼类问题跟朱德熙不一样，你看出来的吗？

**7. 对兼类词的看法与朱德熙的看法不同**

**张**：朱德熙以动词名词为例，他说有一种词它有甲标准，（有一种词它有）乙标准，有一种词它既有甲标准，又有乙标准。可以有四种处理办法：一种处理方法是归到甲类，一种处理方法是归成乙类，一种处理方法是单作为一类，第四种处理方法是兼类。我说混淆了，为什么混淆了呢？这个两类词既有甲标准，又有乙标准，两种情况，一种情况是有甲标准，同时有乙标准；另一种情况就是不能同时，有甲标准就排斥乙标准，有乙标准就排斥甲标准。我举动词和形容词，比方说“喜欢”，“喜欢回家”，动词；“很喜欢”就是形容词的特点。可以带宾语，“喜欢这本书”，不也是动词标准吗？但是它可以同时出现，“很喜欢这本书”，那么“喜欢”怎么归类呢？只能三种办法，第一种办法，“喜欢”归到形容词，标准就是只要带了副词就是形容词；第二种办法那就归到动词，不管你带不带副词，能够带宾语的就是动词；第三种办法，另外列类，就是同时有两个标准，体现另外的类，所以他讲的四个标准，三个标准适合在“喜欢”。但是另外一种情况，比如说“方便”“丰富”，可以加“很丰富”“很方便”，也可以加宾语，“方便群众生活”“丰富市场”，但是不能同时，只有这种是兼类。在理论上讲，兼类就是属于两套的形态系统，有这种形态系统，它就排斥那一种，有那种形式系统，就排斥这一种。所以他讲的四种办法应该分两种情况，一种情况是兼类，一种情况是另外三种办法。

**8. 对词汇·语法范畴的看法**

**张**：早期的50年代的语法书都谈词汇·语法范畴的，词汇·语法范畴实质是什么呢？就是坚持两个标准。我刚才谈过，意义标准跟功能标准。我顺便讲一讲，功能是一个广义的术语，包括很多内容的，其实过去讲形态，最狭义的形态就是构形形态，就是一个词的变化，比如说名词英语 + s，动词 + ed，就是变化了还是一个词的，（这是）构形形态；再广义一点是构词词态，加头加尾以后变成另外一个词了，teach→teacher，是吧？变了另外一个词了，这是更广义一点，那前面是同一个词，变来变去是同一个词，构形形态；第三个，广义一点就是外部形态，就是叫虚词，英语里面的 will、shall，表示将来式，表示过去式是内部形态，加 ed，表将来式是外部形态，叫虚词，这个形态。再广义一点，就是所谓广义形态，就变成实词与实词的结合，也算形态，这都是功能。我们刚才谈到什么问题啊？

**吴**：词汇·语法范畴。您刚才说对功能有好几种看法。

**张**：哦，谈词汇·语法范畴。词汇·语法范畴这个名称是翻译苏联的术语，俄文的原文就是词类，是词法与词汇·语法范畴。其实这个范畴是什么意思呢？范畴就是类别，不过范畴作为类别是同时用在科学，特别是哲学上。这些科学范畴，不叫类别叫做范畴，现在很多人将范畴跟范围混为一谈，这个是题外话。什么叫词汇·语法范畴呢？范畴就是类别，词汇语法范畴的意思就是词汇·语法类别。名词、动词、形容词，这些类别既是词汇的，也是语法的。当时就拿苏联这个术语作为理论上的双标准的一个依据，你看苏联都说了嘛，但是我就怀疑，我没有学过俄文，但是我有个学生是学俄文的，拿来俄文材料翻给我看，王起镧翻译给我看了以后，我也很清楚，苏联提出这个问题是说明词类的性质与词汇有关、与语法有关。与词汇有关，就是你在谈词汇这个问题的时候也会谈到这些名词、动词、形容词，等等，但语法也会谈到，并不是另立标准。我为什么怀疑呢？因为俄语我虽然没学过也懂得一点，俄语这个形态是非常多的，你懂俄语吗？

**吴**：我以前学过，懂一点，大学里学过两年。

**张**：它的名词、动词、形容词，还有底下的名词，底下的阴性、阳性是分清楚的，很清楚的，它用不着另立标准。怎么会搞到一个词类是词

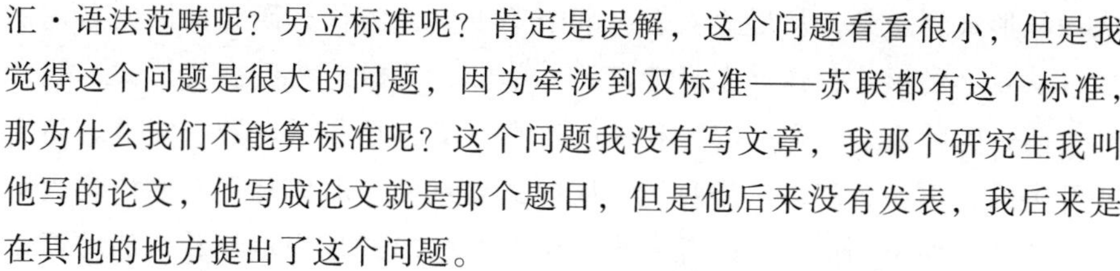

汇·语法范畴呢？另立标准呢？肯定是误解，这个问题看看很小，但是我觉得这个问题是很大的问题，因为牵涉到双标准——苏联都有这个标准，那为什么我们不能算标准呢？这个问题我没有写文章，我那个研究生我叫他写的论文，他写成论文就是那个题目，但是他后来没有发表，我后来是在其他的地方提出了这个问题。

**9.“找得到”与“来得及”中的“得”的区别**

**张**：我看还有什么问题，一些主要问题刚才都谈到了吧，其实这些问题过去都谈到了，所以也没有什么特别的。还有一个小问题，就是构词的中缀，加“得”，加“不”，大家都承认是中缀，比如说“找到”——“找得到”“找不到”，“看见”——“看得见”“看不见”，这个“得”是中缀，但是我认为“来得及”“来不及”这类“不”“得”不是中缀。因为什么呢？没有“来及”，（只有）来得及，来不及，必定是先有一个原形再加一个中缀，看得起，看不起，没有“看起”。

**吴**：哦，是这样。

**张**：所以就把它区分了。就是一般的构词的成分，不作为中缀。

**10. 语法研究讲形式，从形式到意义**

**吴**：您50年代写文章《谈词的分类》提倡广义形态论，1962年那本书（胡裕树本《现代汉语》）是说功能说，那您所提到的广义形态论跟您后面提的功能说是不是一致的？

**张**：是一回事情。后来因为大家都不提广义形态，因为形态这个词它过去习惯上都是指那个狭义的东西。广义是方光焘提出来的名称，方光焘是南京大学的教授，去世很多年的一个老教授，过去他和陈望道都是很好的朋友，他是胡裕树的老师，在暨南大学的时候他做系主任，胡裕树做助教的，跟着方光焘，方光焘到了南京以后，胡裕树在上海，他不是我的老师，但是胡裕树常常暑假回安徽去，方光焘到上海来有时候看看陈望道，有时买书什么的，就由我接待，就陪着他，所以受到方光焘很多影响。影响最大的一点就是要讲形式，他就是坚持这一点，广义形态也是他提出的。所以，我顺便讲一讲，有一种说法，就是研究语法可以从意义到形式，也可以从形式到意义，从I到O（inmeaning内部意义，outlying form外部形式），或者从I到O，或者从O到I，都可以。但是对于研究究竟是不是可以从意义到形式，还是从形式到意义呢？我是坚持方光焘的说法，应该从形式到意义，从形式入手。举个例子说，为什么研究英语的名词的数，从意义到形式，你首先确定两类：单数、复数，然后去找形式，我就马上问，为什么是两类？因为有些语言有三类：单数、双数、复数。还有各种类的，你怎么晓得它是两类？从形式到意义，那你晓得有些形式表示一种意义，加 s，加 ies，或者一些变化，有些形式是表示复数，那才可以确定两类。是不是？

**11. 对虚、实划分的看法，实词的功能是指称、陈述、修饰，虚词的功能是连接与附着**

**吴**：词类问题还有一个问题，就是您后来提到用词的功能，即首先表现在能否充当句子成分的标准是用来划分实词、虚词，它在分类和具体归类上有矛盾。所以，人家按照功能来分，就把它分成实词、虚词，您又把它多分出来一个拟声词。

**张**：实词虚词区分的标准是各式各样的，最早是根据意义，后来王力先生半实词半虚词，张志公也半实词半虚词，结果这两个人也不一样。王先生说的半实词，张志公说是半虚词，王先生说的半虚词，张志公说是半实词，意义标准不可取。吕叔湘先生认为区分虚、实没有什么作用，最好是区分有限制的封闭性的虚词和开放性的实词。语气词就是这样的结构封闭性的，介词虽然多一点，也可以列举的，助词也是封闭性，封闭性就是虚词，虚词要一个个讲，所以显得有一定的道理。倒是吕先生这个意见一来就出现两类词的问题：第一个就是量词，量词说是（可）列举，它又不全是（可）列举，相当多，而且经常出现；还有一种就是情态副词，副词是可以列举的，语气副词就那么几个，只有情态副词如“潸然”“大力”，尤其什么“白手、任意”这些，相当多的，而且不断地出现新的，所以说封闭性（与开放性也不是绝对对立，不免有当中现象，量词和情态副词属于这一类）这是我现在对虚、实划分的看法。实词的功能就三种：指称、陈述、修饰。

**吴**：指称、陈述、修饰？

**张**：嗯，三个功能：指称、陈述、修饰。先讲这三种的关系，指称和陈述，指称就是这一个词可以代表很多事物，在汉语里面，有指称的词出现要表达的时候，不一定有陈述，指称一般都可以表义，表达一个完整的意思，叫人“小王!”，不就指称就行了吗？中国古代的实词常常就是一串

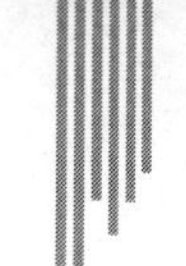



名词，它就是句子，有好多，如“鸡声茅店月，人迹板桥霜”。

**吴**：小桥流水人家，这些也是。

**张**：古道西风瘦马，小桥流水人家，都是名词，都可以表义，所以有指称不一定要陈述，但是有陈述必定有指称。你站在马路上：“来了”，陈述，是什么意思呢？一定是汽车来了，人来了，什么什么来了，是吧？所以有指称不一定有陈述，有陈述一定有指称。修饰，就是一定修饰指称或者修饰陈述，界定这个指称的范围，或者陈述的范围，这就是实词。

**张**：虚词的功能是什么呢？两类：连接、附着。打个比方说，实词好比砖头、瓦片，虚词好比砖头与砖头之间的水泥，不是连接吗？附着就是这个上面放的东西不是附着吗？

**吴**：张老师，您讲话很生动啊！

**张**：具体来说，拿虚词来说，连词是连接，语气词是附着在一个句子后头，时态助词附着在动词后头，介词附着在名词前头，只有结构助词这个“的”既连接又附着，“红的花”不是连接“红”跟“花”吗？“好的”“坏的”“来的”，不是附着吗？变成“的”字短语不是附着吗？所以只有“的”既连接又附着。这是虚词功能。就目前来讲，这个虚词划分我的看法就是这样的。

**12. 区分几组概念：数词和数目，意义和内容，关联词语和关联成分**

**张**：下面再谈的问题就不限词类或者句子了。我先讲一个问题，写语法书或者教材，我觉得很多概念要分清楚，我简介一种，我讲一种最简单的：数词跟数目，我提出这个问题是因为看到好多语法书讲数词的划分，举例什么十五啦，二十五啊，这个是数词吗？这是数目。数目是由数词组成的，但它不是词，不是数词，它也可以是个短语也可以是个词，如果把数目跟数词混为一谈，那我们数词要多少？有多少数目就有多少数词。

**张**：所以这个问题其实很简单，这个问题在英语里面都分得很清楚的，也是两个词，但是有好多语法书都把它们混淆了。第二个我要分清楚的是意义与内容，我专门写过文章谈这个方面的问题，这个问题也不是我提出来的，过去有个语言学家叫做安特勒提出来意义与内容，一个词有它的形式 form，这是形式，有意义 meaning，有内容 content。比方说“他”，形式是他，ta，这是形式。“他”的基本意义就是说话人和听话人之外的第三者。内容是什么呢？在使用的时候可以指张三、指李四，这是内容，张三李四不是意义，是内容。内容有的人也叫做指称意义，就这一句混为一谈。就是意义和内容要分清楚。在“四人帮”时代，我就看到他们编词典，有人就发表意见批评人家的词典，批评一个条目，叫做“抗旱”，“抗旱就是天热了以后采取措施”，一定要加上“在党的领导之下，农民采取措施解决天旱的问题叫做抗旱”，我说国民党的时候就不抗旱吗？我说你是把意义跟内容混为一谈，你这样是指内容，抗旱可以指那个时代抗旱，那是内容，词典只讲意义，不讲内容。

**张：**还有一个区分，就是关联词语和关联成分，关联词语包括了一部分连词，但是也包括一些实词，起关联作用的，当然跟连词是不一样的。关联词语这个名称很不好，因为关联词语，比如说一个副词“也”“又”，你不能就识别为关联词语，它是词类，只有在句子当中它才叫做关联词语，所以关联词语这一名称未必恰当，改称关联成分妥帖些。正好像有些什么词组成分，放在句子当中。

**13. 区分“只要……就……”和“只要不……就不……”，前者是充分条件，后者是必要条件**

**张：**“只要……就……”就是充分条件，逻辑上面讲的有这个条件，必定有这个结果，但是有这个结果，不一定有这个条件，逻辑上常举这个例子，说“天要下雨，地上就湿了”，这是有这个条件必定有这个结果，但是有这个结果不一定有这个条件。

**吴：**不一定下雨。

**张：**地上会浮水嘛。

**吴：**对，对。

**张：**必要条件就是说要产生这个结果，必须有那个条件。“只有深入群众，才能做好工作。”就是不深入群众，就不能做好工作。这个大家都熟悉了，这个没有问题，大家语法书上都这样写。现在有个问题就是“只要……就……”，大家都放在充分条件里头，“只要天下雨，地上就……”，“只要……就……”，但是大家没有考虑一个问题，如果加了否定，“只要不……就不……”，“只要不深入群众，就不能做好工作。”能说是充分条件吗？反过来了，变成必要条件了。那如果说是充分条件的话，那就变成

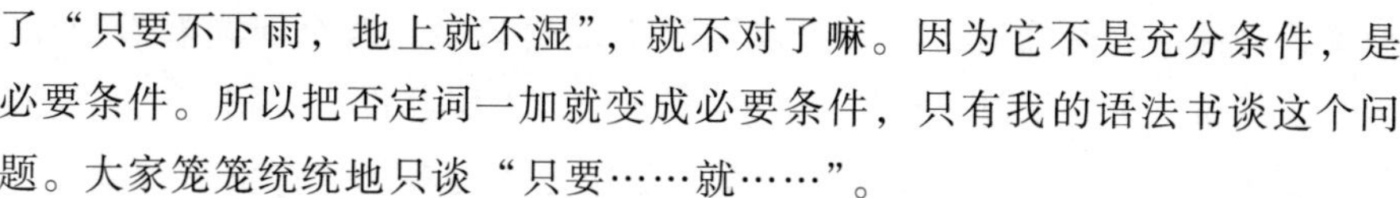

了“只要不下雨，地上就不湿”，就不对了嘛。因为它不是充分条件，是必要条件。所以把否定词一加就变成必要条件，只有我的语法书谈这个问题。大家笼笼统统地只谈“只要……就……”。

**吴**：那加上“不”以后它就成了必要条件。

**张**：就成了必要条件，这一点也不是我的创造，只要学过现代逻辑的人都会了解的，否定式一加，变化了。

## 二　析句问题

### 1. 修饰语不影响句型

**吴**：您能谈谈析句问题吗？

**张**：析句的问题，除掉我刚才讲到的复句析句，讲到基础和标准之外呢，就是具体分析句型的问题，其实在层次分析基础上确定句型，都讲成习惯的是吧？一个句子拿来进行层次分析，比方说丁声树他们举的那个例子叫做“帝国主义的侵略打破了中国人学西方的美梦”。这个详细分析不必讲了，一个句子拿来，一层一层分，第一次切分的就是基本句型，那么“帝国主义的侵略打破了中国人学西方的美梦”应该是主谓句了，大家都公认的，但是他没有谈到一个问题，假使我们这个句子前面加一个修饰语，不是修饰主语的，是全句的，比方说是“在旧中国帝国主义的侵略……”，那么第一次切分切分在哪里啊？当然是切分在“在旧中国”，然后再切分“帝国主义的侵略”。那么就问了，根据第一次切分能不能认为这个句子是一个偏正句呢？偏正结构呢？它基本句型是什么呢？应该还是主谓句吧。这是讲这个单句。我再举复句，比方说“北方还是冰天雪地，南方已经开始播种了”。这是并列复句吧？那前面加一个修饰语“在我国北方还是冰天雪地，南方已经开始播种了”，那么第一次切，层次切在哪里啊？应该切在“在我国”，那么这个句子是单句还是复句呢？还是并列复句。这是讲复句，刚才举了单句，再举一个谓语的类型的例子，比方说“他毕了业”。主谓句，那么谓语是什么呢？谓语是动宾谓语，是不是？那么谓语就是动词性的，那么在这个谓语前面再加一个东西，加个“已经”，“他已经毕了业。”那么谓语切分在哪里呢？应该切分在“已经”，那么这个谓语是偏正谓语还是动宾谓语？这个没有说清楚。在我的析句里面就加了一条“修饰语不影响句型”，不管你是复句的全句修饰语，单句的全句修饰语，谓语的修饰语，等等，修饰语不影响句型。这个问题看看很小，但是我觉得是析句问题要说清楚的一个问题，大家都没有说清楚，只晓得句型层次就行，就可以说明这个句型。层次分析还要把修饰语剔掉以后才能够把句型切成是单句还是复句，是主谓句还是非主谓句，是动宾谓语句还是非介宾谓语句，等等。这个意思理解了吧？

**吴**：对，我理解，以前也有这样切分的，比如说以前在切分“在旧中国帝国主义的侵略……”也照样把它分成主谓句，但是他就没有说清楚是为什么“在旧中国”它就不算一个句型层次。是不是？那您从理论上说清楚了这个问题。

**张**：修饰语不影响句型，在理论上就是过去数学里头讲到过的递归理论。

**吴**：您提出“修饰语不影响句型”以后，清华大学的罗振声等人他们做了一个实验，发现使用频度最高的句子由“状 + 主 + 状 + 动 + 宾”构成。这样看来，状语是句型成分。

**张**：嗯？

**吴**：在我论文里谈到这些，我给您看一下，能不能就此说明状语是句型成分？

**张**：是的，这个句型是过去的，他们把状、定都放在句型里面，我就不是这样的。过去旧的语法书，特别是《暂拟系统》就是这样的，《暂拟系统》知道吧？

**吴**：对，我知道。

**张**：它那里拟定的句型，定、状、定、主、状、谓都列在这里面了，把修饰语都摆在句型里头，我认为修饰语不摆在句型里头。

**吴**：他这样子就是句型数量非常多。

**张**：对，非常多，加个定语也是个句型，加个状语又是个句型，说说来又是个句型，说说来又是个句型。修饰语不能影响。句型就是要概括。

**张**：而且，比如说状语，一个句型里头有两个状语，两个状语完全可以不在一个层次上的。

**吴**：是，是可以不在一个层次上。

**张**：我举个例子，可以说“他每天起得很早”，像他们那样分析，这个句型就是什么主、状、谓，这个谓是小谓语或叫述语是吧？底下呢，

“很早”不算一个补语的，是状、补。那这两个状不在一个层次，一个是谓语的修饰语，一个是补语的修饰语，不在一个层次。这个小问题就看出来了，如果句子更复杂，定状什么的都可以不在一个层次上。不在一个层次同一个名称，这就不科学。

**吴**：您的理由是这样，是吧？所以您不把它放到句型里。

**张**：嗯。但是现在的析句呢我讲到定状语不影响句型哪，是在层次分析的基础上确定句型，过去还有一种定定状什么，他们不完全是在层次分析确定句型，也就是说主语谓语是基本成分，定状宾补是连带成分，他们是这样称呼的。这个连带成分可以不在一个层次，不但不在一个层次，在意义上头，有时候在过去这种找主干，在意义上头，还要发现很多问题的，比方说“朝鲜爆炸了原子弹”，比方说，那么找主干就是“朝鲜爆炸了”，宾语是连带成分了。

**2.“三个平面”理论的解释力**

**吴**：张老师，句型问题您就谈了一个“修饰语不影响句型”，您不是还有一个“三个平面”理论吗？那也跟句子分析有关系。

**张**：“三个平面”其实不是我的什么理论，我在这方面写文章我是提倡的，不要搞错了，不是我跟胡裕树什么什么，因为那个时候我们讲的“三个平面”理论，语法界大家至少还不是很普遍，最早常常提到胡裕树和范晓在新疆发表的文章，其实新疆发表文章这是我们自己讲，那里文章的内容就是胡裕树临走之前在我家里谈的，后来他们到新疆去，去新疆他们就，大概可能是范晓这边怎么样就发表了，用胡裕树和范晓的名字发表，那么后来人家问起这个事情了，我用“提倡”两个字，因为这三个平面的东西，不是我们的东西，我就是说可以用来研究汉语，而且我再三讲，所谓三个平面，并不是恰好对等的，我的意思是，后来我主张是用三维。

**吴**：对，您用三维，胡裕树用两翼。

**张**：对，就三维，后来这个名称都没有用，复旦的范晓后来出了本书《三维语法》。

**吴**：对，他用去了。

**张**：对，这个名称是我这儿来的，我这边的。三维是什么意思呢？我觉得句法首先是第一维，通过句法才去表现语义和语用的。有了直线才能够有平面，才有立体的，我的意思是句法是第一位的，就是说研究也是通过句法去说明的。另外，就是我有些小问题，这个不是与“三个平面”有关了，就是对于一些问题的解释，很多小的问题怎么解释，这个也是我们教语法的人，特别是教对外汉语对外国人很需要的。我就看到很多这类事情，很多年了，有一次在北京，有一个外国人问北京大学的一个教授，问他“中国人民站了起来”跟“中国人民站起来了”有什么区别，那个教授说得不清楚，他后来问我这个事情应该怎么说，我说这个很简单，朱德熙已经谈到了，末尾没有这个“了”，当中有这个“了”，当然是两个不同的“了”。末尾没有“了”，这个句子就不完整。你可以是“吃了饭”，吃了饭干什么呢？“来了客”，你还要想，来了客你好好招待。“客来了”，句子完整了。“中国人民站了起来”你要有下文，才是完整的句子，这种句子就是语法之外的一种，就是语感里头形成一种格式，我有一本书谈到这个语感的问题了，这是一种解释。我有次到香港，碰到一个人问问题，他说“他在路上走”可以用，“他在路上跌”怎么不行啊？我说这个问题赵元任就谈到了，赵元任讲单音动词孤立地用作谓语常常表现一种经常的动作，或者是连续的动作，“他在路上走”是连续的，“他在路上跌”不能不断地跌啊。（问问题的这个人还说，）学汉语的外国人问他“敲门”，这个人就讲你千万不要随便加语气词，你去敲门问“某某学生在家吗？”里面的人回答“不在”就可以了，特别不要加“了”，“不在了”就是表示人家死掉了，说这个人“不在了”。就是这种情况不能加“了”。人家问我怎么解释，我解释很清楚，这个“在”也是个多义词，一个就是“存在”，一个就是“他还在”，不是讲这个人的生理存在，而是说他住在那里或者怎么样，“在不在”多义，你说“他不在”就是他不在房间或者不在家里。“不在了”末了的这个“了”，现在的语法界叫做新情况，有些人叫做新时态，就是从来没有出现的情况现在出现了。国外叫做新时态，朱德熙叫做出现新情况，前面那个“在”你用存在义，“不在了”就变成“死掉了”这个意思。末了的“了”，又怎么解释这个新情况？我们编了一本《现代汉语虚词词典》，就是商务印书馆出的。

**张**：这个“了”，是“$了_2$”，就是语气词“$了_2$”。“$了_1$”是时态助词“了”。就是末尾这个“了”，表示新情况，大家都这么说的。我看那个稿

子的时候，我加了一段，这种新情况呢，有时候有一种预设，我举两个例子，这两个都是朱德熙的例子里讲的，朱德熙讲这个新情况他举了“我早就瞧见你了”，“他早就报了名了”，问题出现在这个“早”，“早”是很早，不就是旧情况吗，你怎么末了用“了”呢？怎么叫做新情况呢？这种情况就叫预设，就是说话的人“我早就瞧见你了”，就是我认为你还不知道我瞧见你了，有这个预设所以是新情况，

**3. 总结语句研究方面的情况**

**吴**：关于语句问题您再谈一谈吧，就是那个析句问题，语句研究，您做的语句研究？

**张**：句子研究方面啊？

**吴**：嗯，比如说《句子分析漫谈》，是跟胡裕树一起写的，这篇文章你们俩怎么合作写的？就是句子研究方面您做了哪些研究？

**张**：其实句子分析，我给你那一本南京大学出版社的《现代汉语研究导引》书里头有几篇文章，句子分析的文章主要的都在里面了。这个句子也不是孤立的，光虚词研究，好些都与句子有关的，是吧？我和胡裕树写的那篇《句子分析漫谈》就是关于句子分析的一些方法啊，理解策略啊，复句问题啊，这书里头就有啦。如果说我做了什么工作，我觉得也很有意义的，就是句子分析当中修饰语不影响句型，这个是我提出来的，如果这句话实践下来就要牵涉到句子分析很多方面了，这是一个方面，就是句子修饰语不影响句型。另外复句的这个基础和标准，基础讲的这个逻辑关系，事理关系，心理关系，这个也是关于句子分析的，句子的理解策略也是，这个就说这些吧。

**吴**：那您在《句子分析漫谈》最后提到句子分析要从语义的、语用的角度来说，很多人都说“三个平面”理论萌芽在这篇文章里头。

**张**：哦，“三个平面”，“三个平面”不西方化了。“三个平面”的问题，过去没有提，其实句子分析过去也牵涉到三个方面，不过没有很明确，比如说语用，那么这个语调就是语用的，意义就是语义的吧，我们在这篇文章里头不过谈到句子分析要分清楚三个平面，同时指出来虚词有时表示的是不同平面的，比如说“把”“被”是语义平面的，有些语气虚词是语用平面的，反正是语义、语用都通过句法来体现，大概就是这些观点。

**吴**：那您这个观点在语法学史上评价很高。

**张**：哪个评价？我怎么不晓得哪些评价过，没注意。

**吴**：评价您这个“三个平面”的理论方面。

**张**：哦，“三个平面”。“三个平面”网上有很多误解，一个误解说是我们，是胡裕树提出的，我说不叫做提出，叫做提倡。因为这是国外的东西，后来马庆株在一个会议上讲，他说朱德熙先生其实也提到，没有提到“三个平面”这个名称，那也不奇怪嘛，朱德熙也看了这篇国外的文章。“三个平面”不是我们的东西，但是我们总算把它运用到汉语分析方面来，大概是这样的。

## 三　类固定短语

**吴**：请您谈谈短语研究方面的情况。

**张**：这个短语呢，我没有什么特别的意见，但是我提出一种叫做“类固定短语”，你看到了吗？

**吴**：嗯，有，类固定短语。

**张**：这个是我提出的。就是有一种短语它像固定短语又像一般的短语，我是初步地提出来几种格式，什么当中带“之”的，带“以”的，带“儿”的，其实还有很多，就是带“天、地”的，“翻天覆地、晕天昏地”什么的，可以很多，现在发展了很多。这个呢，我介绍一些固定形式，类似短语，我叫做类固定短语。这个名称是我提出来的，行不行再说啦。

## 四　解说格律诗——内容节奏、音节节奏

**张**：还有一个，其实我除语法以外，对于古代的诗歌也有兴趣的。格律诗你熟悉吗？格律诗，旧体格律诗，过去讲格律诗就是列举很多格式，或者平起的，仄起的，平仄怎么安排。我解释格律诗有我自己的解释方法，你大概看到了。

**张**：首先我认为诗歌最重要的是节奏，声音的节奏我就不谈了，内容也有节奏的，内容的节奏总的来讲常常是一种虚实节奏，或者是其他节奏，内容节奏也很有趣的，随便讲吧，比方说杜甫的诗《春望》。《春望》你熟悉吧？

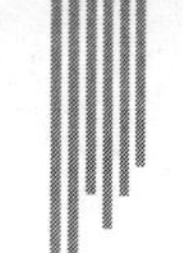



**吴**：国破山河在，城春草木深。

**张**："国破山河在"是讲国家，"城春草木深"是讲它周围的，"草木深"就是没人了，草木都长起来了。"感时花溅泪"，"感时"，讲时局，"恨别鸟惊心"，讲自己的。"烽火连三月"，讲国家的，"家书抵万金"，讲自己的。内容节奏就是这样的。节奏是什么呢？就是有变化的重复，春生，夏长，秋收，冬藏，一天的节奏夙兴夜寐，这是总的节奏。那诗歌的节奏当然包括多方面的，拿汉语的格律诗来讲就是平仄的节奏，平仄节奏大家过去都是一种格式一种格式讲，比如说律诗八句，怎么对，怎么黏，这里是总的吧，这个平仄你应该也很熟悉吧？

**吴**：我知道。

**张**：平仄北方人有些人搞不大清楚，南方人知道。

**吴**：南方人知道，会用本地话来说。

**张**：我随便举个例子，比如说绝句，"白日依山尽"，这是个五言的，五言的那你先看末尾三个字，看它的平仄，三个字的平仄，你去想，怎么安排呢？可能的安排就是平平平、仄仄仄、平仄平、仄平仄。都不行，因为平平平是重复，仄仄仄是重复，没有变化，平仄平、仄平仄有变化，没有重复，那么现在怎么安排呢？你看这个"白日依山尽"，"依山尽"是什么呢？平平仄。"黄河入海流"，"入海流"，仄仄平。"欲穷千里目"，"千里目"，平仄仄。"更上一层楼"，一层楼，"一"普通话是平声，方言是仄声，入声，"一层楼"，仄平平。"一"你那里是入声吗？

**吴**：对，我们的闽南话"一"是入声。

**张**：古汉语仄声，你看这四个里头都是有重复有变化吧。

**吴**：您的重复、变化还在两个句子或者四个句子里头讲的。

**张**：我先讲末尾这个，然后再讲两个字怎么重复变化，再讲两句当中怎么重复变化。所以我讲的格律诗的讲法可能和别人不一样。

**吴**：对，您是从句子来讲的，您是用一整个句子，我们讲的平平仄仄平都是单字，单字用字来讲的，是不是？

**张**：这里当然还有一些可平可仄的地方，因为每一个音步都有两个音节，为什么第一个音节可以平平仄呢，因为它不是节奏焦点，第二个音节就能影响这个平仄的，所以五言里头仄仄平平仄的第一个仄就可以是平声，因为它不影响整个的感觉。越到后来越要紧，拿整个句子来讲末尾三个音节扣得最严格，前面两个稍微宽一点，两个字里头第二个字的平仄是固定的，怎么黏，怎么对，都与这个重复、变化有关，所以我讲这个诗歌跟人家讲的不一样。还有，我还分析诗歌里面的音步与意义，另外，在语言的表达里头，音步常常是一个意义单位，但是有时候也有一些变化的。拿四个字的成语来讲，我们说是两个音步，就是说切分是2+2。前面两个是一个意义单位，后面两个是一个单位，大体是这样，但是也有不一样的。比方说，一衣带水，不能理解为一衣+带水。

**吴**：我们念的时候就是一衣//带水。

**张**：一衣带水，是3+1的，但是念法习惯还是2+2。“无所适从”，就是“无+所适从”，就是说念法和表意的单位有时候不一致。因为念法有种习惯。拿诗歌来讲，也有这种例子。“葡萄美酒夜光杯”，这个是合乎2+2+3的音步的，“葡萄”不是一个单位吗？“美酒”不是一个单位吗？夜光杯又是一个单位。“欲饮琵琶马上催”，这个七言的单位是2+2+3，大的单位是4+3，“欲饮琵琶”，那么能不能说欲饮琵琶是弹着琵琶呢？欲饮琵琶，意义节奏应该是“欲饮//琵琶马上催”，预备饮酒了，忽听到琵琶马上催，但是念的时候是“欲饮琵琶//马上催”。比方说杜甫的诗：“酒债常年行处有，人生七十古来稀。”“酒债”，喝酒欠的钱，“常年”，平常的……，“行处”，走的地方，“酒债常年行处有”，念法是“酒债常年//行处有”，理解应该是“酒债//常年行处有”，任何时间任何地方都有，理解上，大的停顿是“酒债”。

**吴**：对，对，对，那就是说它的意义节奏跟它的声音节奏是不一样的。

**张**：嗯，有矛盾。这种矛盾，在过去论诗歌的人就说不是毛病，而是在整个当中有一点变化。觉得也很活泼的，就这种感觉。

**吴**：对，过去认为是活泼，呆板当中有一些变化。

**张**：这个节奏里头有一个大的节奏感，一个就是奇音步、偶音步，奇音步就是1、3这些单音节的，偶音步就是2、4，特别是4这个偶音步，特别给人一种稳重的感觉。那为什么有些句子末尾是一个双音节的动词收尾，前面还要加一个“加以”或“进行”？对于这个问题我们今天讨论当然可以了。还讲这个“加以”，有人说这个“加以”是多余的，其实就是从节奏上讲它变成四音节了，更觉得稳重，四音节是种稳重的感觉，所

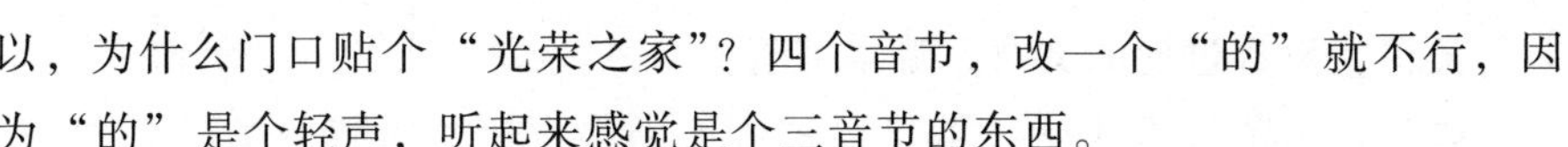

以，为什么门口贴个“光荣之家”？四个音节，改一个“的”就不行，因为“的”是个轻声，听起来感觉是个三音节的东西。

**吴**：哦，这样的。“光荣之家”跟“光荣的家”区别就在于“的”是轻声，轻声就不行。这样子就打破了，不是四音节了。

**张**：嗯，打破了就不行。所以三音节的东西是不稳定的，它是活泼的，一种活泼感，跟西洋音乐很像，三拍子的音乐都是一种活泼的音乐，四拍子就是稳重的，都是一样的。但是汉语里面如果是两个三音节的连起来，就是活泼兼稳重，所以，诗歌里面，“说凤阳”，还有个“道凤阳”，这两个三音节它觉得就稳重，“车辚辚”，还加个“马萧萧”。那诗歌来讲，一联里头它末尾三个字是活泼的，但是另外一联也是三个字，两个三个字一并列，就活泼之中变得稳定了。这个就是三音节和四音节的变化。特别是读词会感觉到从活泼三音节或者叫做奇音节慢慢变成偶音节，不断的奇音节偶音节，就是归结到偶音节。随便举例子，岳飞的《满江红》，这个熟悉吧？“怒发冲冠”，这个是偶音节，“凭阑处”，这是奇音节，“潇潇雨歇”，这就稳定了。“抬望眼”，这是奇音节，“仰天长啸，壮怀激烈”，又是偶音节。“三十功名尘与土”，这是奇音节收尾，是不稳定的，一定要配了，“八千里路云和月”，两个一配了，也变成偶音节，这是偶音节的效果。这个奇音偶音的变化就是这个道理。

**吴**：实际上您就是发现了这个。我们古诗不是这么来说的，您就是发现了它的奇偶在搭配，奇音节偶音节在搭配。要听您说才知道，我看您的文章我一直不是看得特别明白，所以我就花了很多时间在写您那个语言结构，格律诗的语言结构，实际上我自己一直就是糊里糊涂的，要听您这样说我才会明白。

**张**：如果说刚才我们谈到自己的一点收获，我觉得格律诗的解说，这个就是我不同于人家的地方，也不一定是我就对了就好。

**吴**：就是您发现了一个东西啦。

**张**：就是我的说法。

**吴**：后来再跟进去写诗歌的语言结构，从语言学角度来研究诗歌的就比较少了，这类文章就挺少了。

**张**：现在我们语言学界研究格律诗或者有兴趣的人比较少，我发现了这样一个人，刘叔新，南开的。

吴：我没看过他的文章，哪本书啊？

张：他出了很多书呀，关于词汇方面的啦，语法方面也有，刘叔新，这个人哪。

吴：哦，刘叔新，这个人我看过，他是谈固定短语的嘛，谈词的嘛，我看过他写的文章。

张：他的面比较广的，而且诗写得很好，我接触的。我大概谈诗，自己也写一点诗的，不过我写的诗有时候也没什么，你看昨天给的那个报纸上面就是从我一首诗里头抽出来的。

吴：对啊，那报纸在哪儿？我看到那个题目《不怕登临苦　何须小憩凉》

张：就是我这首诗呢，有一年去庐山，庐山你去过吗？

吴：没有。

张：庐山很好的，很漂亮的，有一座山叫做含鄱岭，登山半路当中有一个休息的地方，那个时候是一道去嘛，包括很多教授，大家有时候也要我写几句，临时写的，写了四句："不怕登临苦，何须小憩凉，越攀由剩勇，绝顶望鄱阳。"

张：我有时候有点兴趣，就是你看我这个介绍就晓得了，我这个兴趣过去是多方面的。

吴：对，还有京剧，学生时代可能就喜欢京剧了？是吧？话剧团的。

张：不，话剧我不演，京剧我很懂的，很内行的。我到学校里他们推选我当剧团团长就是因为我懂京剧。

吴：兴趣很广啊，您上回还提到围棋，我儿子也在学围棋。

张：哦，围棋很好的，围棋对训练脑子很好的，好多年不下了，但是人家从前送我一副很好的围棋做礼物，现在放在那里。

## 五　张斌谈汉语语法研究的心得

吴：您是语法学界的常青树，研究的时间很长，您认为您作出的最大贡献是什么？

张：什么叫做贡献最大的？

吴：比如说人家都对您评论很多啊，说您这方面做得很好，那方面也很好，那您自己评价自己呢？

**张**：贡献很大？那很难说了。学问这个事情，就是哪方面有点影响，什么有些贡献，无所谓贡献很大吧。

**吴**：您真谦虚。那您最得意自己什么观点？哪一个观点您觉得做得最好？是修饰语不影响句型吗？还是区分基础和标准？你觉得哪一方面做得最好？

**张**：做得最好啊？很难说了，点点滴滴点点滴滴。

**吴**：您 1954 年那篇《谈词的分类》，您还记得当初怎么写的吗？那会儿您很年轻啊。

**张**：讲老实话，《谈词的分类》当时影响很大，但是真正的那个观点是方光焘的，基本观点是方光焘的，不过我把它阐发了。但是为什么影响大呢？正好那个时候苏联关心词类问题，所以《中国语文》发表以后，这个苏联的《语言学问题》，苏联很有影响的语言杂志，就马上翻译了。苏联翻译了以后，日本也引过去了，后来罗马还是哪个国家呢，也翻译过去了。就是这样的。

**吴**：就是影响非常大。

**张**：其实今天我回过头来看呢，也就是说打破了过去一味都是模仿西洋的东西，讲这个功能。其实就是那么一个观点嘛，就是词类问题，说到底也就是那么一个观点。应该说有影响，但我并不觉得那个观点就是了不起，并不是。

**吴**：实际上还是有的，从广义形态，您还是提出一些具体的分类方法，比如说名词怎么来分，动词怎么来分，形容词怎么来分，您还是有一些具体的操作方法。

**张**：如果说崭新的观点，讲老实话，如果别的人没有说出，一点点没有说过的，那只有比如说，关于格律诗的解释，我这个说法没有人说过。类固定短语，没有人说过，这个是不是贡献？就是有些东西没有人说过的是有的。

**吴**：还有句子理解策略您也是第一个把它用到汉语。

**张**：还有一个问题没有说过，修饰语不影响句型，这句话是我说出来的。

**吴**：嗯，对对。还有吗？其实这已经很多了。

**张**：零零碎碎的。

**张**：（第二天）……就是昨天你问的那个，说说我，对我这么些年的研究，觉得哪一方面的影响最大，这个问题很难回答，因为这个影响是客观的。但是我昨天想了，从我主观方面来讲，不管它影响如何，也许这个看法没有影响，也许有影响，所以要过一段时间。如果说我最有心得的，就是什么呢，就是分类的区分基础与标准，这个是我提出来的，提出这个说法，可以说，也是一种解决实际问题的方法。首先是说明这个词类的基础与标准，说明这个意义跟功能的关系。功能跟意义，究竟是哪个标准呢，一直在争论，结果呢，都是认为功能标准，但是有遗留的问题，就是意义究竟什么关系，分类区分基础和标准就是为了解决这个问题。但是这个观点不只是解决这个问题，可以用到区分词与非词，区分词与非词过去也有很多争论。我的意思就是说，词的基础是口语，标准是书面语的连写。也可以应用到这个句类，句类历来认为是用途，我认为用途是基础，这个语气是标准。由此可以说明很多问题，疑问句可以表示感叹，表示祈使，用途不一样，但判断是不是疑问句的标准只有一个——语气。就是这样。就是说，我认为，有意义的，从理论、从实际上看，有意义的，一个观点也好，一个办法也好，我想了想，最有意义的就是这个，分类区分基础和标准。刚才讲过，首先是词类问题，也应用到词与非词的区分，应用到语气的区分，运用到复句，复句有很多不同的基础，但是区分的时候是根据关联词语，总的还是形式标准，大概这就是我历年研究的，我自己认为最有意思的，就是这一点。至于其他方面，也有一些不同于人家的意见呢，那方面很多了。另外，在教材的编写，在教学方面，我有一个特点，就是很注意区分概念，有些区分不是我一个人谈到的，但是我很注意这方面，比方说，词类方面区分这个数词，你要区分数目、数词；又在这个意义方面，区分意义和内容，区分语气和口气，当然这个区分有的是别人谈过了，有的是受到别人的启发。区分固定短语、类固定短语，这个区分的东西很多。

**吴**：但是就是您特别注意要把概念讲清楚，是不是。

**张**：就是，包括很多方面，区分的东西比较多的，这个不是什么新的创见，作为一种教学应该注意的方面。如果说有什么心得的话，刚才我谈的这个分类问题，要区分这个基础和标准，这可以说是个理论的问题。为什么呢，拿词类来讲，你的这个词类，名词里头，有这个阴性阳性，它有

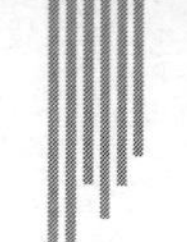



没有基础呢？有没有生物基础？还是有，但是它不是标准，有没有关系呢？这个有关系；数词里头单数复数，有客观的标准，也有客观的基础，一系列问题，如果这个问题，要联系到很多外语，有人再去研究，我觉得这个问题很可以划为一个问题。

**吴**：那您认为再进一步研究应该从哪一方面去进行呢？

**张**：进一步研究，就是说这个基础和标准之间的关系，有什么样的关系，这个程度有什么样的不同，比如说，阴性阳性，各级生物基础，这个关系究竟距离有多远，不同的语言有不同的，有的语言更靠近一些，这个要了解多种语言。数目数词，数词里头，像英语是分单数复数，还有些国家的语言是单数、双数、复数，还有更多的，像这类理论的问题，最好语言的种类多一些，才能把它概括，找出些特点。这就是昨天提到的问题。

**吴**：您刚刚提到教材，您认为比较有特点的就是注意概念区分，您自己研究当中您认为比较有心得的就是区别基础和标准。

**张**：嗯，区别基础和标准，我这个观点呢，我留神了一下，谈词类问题的时候呢，还没有引起很多人注意，但是有一个人注意到了，北京的郭锐（翻书），“我们同意文炼这个观点，区分划分词类的依据”（《现代汉语词类研究》，第98页），有些文章我写“依据”，有些文章写“基础”，也没有统一。他再谈吧，同意我的，他是看了我的以后才谈的，我没有注意别的人，只注意了郭锐，他特别谈到这个。这是我的一个说法，但是同时我的依据和标准，不止用在词类方面，还用在很多别的方面，刚才讲过了，词与非词、语气，特别是这个语气，你用功能来分类解释不了的，用功能呢要祈使句就是用祈使语气，可是不一定，可以疑问语气，可以感叹语气，为什么，这个涉及基础和依据。就说名词，这个依据是事物，所以有时候撇开这个标准，好像也可以确定是名词，疑问句也可以离开这个标准，普通人会晓得这个是疑问句，但这个不能概括所有的现象。

**吴**：如果用那个分类区分基础和标准，把它作为一个大的博士论文的题目，您说要怎么来做呢？

**张**：就是谈这个分类的问题，分类的标准与基础的问题，那就可以用外语，大类小类，外语即使这个形态非常丰富，它也有它的基础，但这个基础不能作标准，虽然它有关系。就是这样一个观点，这个观点因为没有人谈过，我谈出来，我觉得自己可以解决一些问题，解决很多方面的问题，而且，我注意了一下，也有人表示——

**吴**：已经很多，我看很多了，像那个陈昌来、齐沪扬他们编的那些材料，都是要区分基础和标准的，我现在整个接受的都是要区分基础和标准。

**张**：是啊，《中国语文》有我一篇文章，我在后来谈了依据，我这个还有点摇摆，没关系，这本书你记得带去，这本书唯一的缺点，就是没有收我这个基础和标准这一篇，它收了我很多了，它应该收这一篇，他唯一的缺点就是没有收这一篇。昨天带回去的材料你看了吧？

## 第二节　对语言学家们的回顾与评价

### 一　和胡裕树的合作情况

**吴**：《句子分析漫谈》这篇文章是您跟胡裕树一起写的，它的整个写作过程您能讲一下吗？

**张**：我跟胡裕树这个写作过程，因为不是一篇文章，很难一下子说清楚。我们总是一些问题先讨论，讨论以后呢，一般地讲，都是我执笔，他修改，讨论是一起讨论，大部分文章都是我执笔，然后他再修改。这个情况最多了，当然也有他执笔的，反正我整理东西比较快，他呢，修改就很仔细了，反正是两个人的东西吧。过程呢，讨论的时候就提出一些问题，大家互相讨论，就这样。

**吴**：您能不能拿一篇文章作例子来说明，比如说您先执笔了写了什么观点，胡裕树在哪个地方再改一下。

**张**：就我和胡裕树这个情况是吧？

**吴**：嗯。

**张**：有一本书了，就是胡裕树他自己说的，那本你看到过没？那一本（找书）……

**张**：（翻书）这讲到我和他的合作情况。

**吴**：这段我看过。

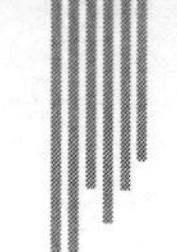



**张**：看过是吧？

**吴**：对，我是想说有没有具体哪一篇文章具体一点，比如说《句子分析漫谈》两个人是怎么切磋的，比如说具体的观点，您还记得吗？

**张**：我记不清楚了。

**吴**：那您记得清楚的是哪一篇文章呢？他这边都是比较泛泛的，还记得具体篇目的合写情况吗？

**张**：这上面就是这么一个情况嘛。两个人的观点胡裕树这里面谈的，我这里再没有什么谈的。胡裕树谈他和我的差别、特点。这个你看过了是吧？

**吴**：我是间接看的，整篇文章全文我没有，但是我间接看了。

**张**：（找出书来）这胡裕树谈到了呀，就谈到了我们两个人的。

**吴**：他还提到跟你们两个人关系都比较亲近的啊，一个是吕叔湘……

**张**：一个吕叔湘，一个方光焘，一个陈望道。

## 二　和吕叔湘、方光焘、陈望道、黎锦熙的来往

**吴**：您能谈谈吕叔湘、方光焘、陈望道吗？

**张**：和这三个人的关系我可以简单谈一谈吧。陈望道这关系就是，那是50年代，陈望道先生他对语法有兴趣，他想找几个人谈谈他的语法方面的一些想法，这些想法就是后来《文法简论》的那些东西。就是出书之前，那很早了。他找谁呢，他首先是到复旦找胡裕树，他就问一个人，叫余海树，你晓得这个人吧，去世了，专门研究写文字的余海树就介绍我，陈望道先生就找了我和胡裕树经常到他家里去谈他的语法见解，和陈望道先生就是这么一个关系。他的思想的影响啊，在这个交谈的时候就没有什么特殊的，其实他的思想影响，老早我看他那个《中国文化革新论丛》就了解他的思想，那本书很早了，我们就知道，了解他呀，有一套想法，仅此而已。但是和他的关系比较密切，他在上海主持这些语文学会呀，这些事情都是找我和胡裕树商量。这是和陈望道的关系。

吕先生什么关系呢，他在北京我在上海，也是通过陈望道的，陈望道在北京开会，不知道什么场合谈到一个两个年轻人。那么吕先生就特地把他的著作，一本大部头的论文集，就托陈望道，他说我想送他们两本书，然后我们就联系上了。那时也是50年代，也是通过陈望道的关系熟悉的。

但是以后呢，具体问题的研究呢，那就不是和陈望道，和吕先生反而亲切，不断地向他请教一些问题。吕先生曾经把他一个拟好的提纲交给我和胡裕树，特别是希望我（我那个时候还是系主任）找一些人把他那个提纲，把它发挥。后来，因为那个提纲面太广了，我找了很多年轻人，那个时候办那个助教进修班，那也很早了，叫他们分头写，写下来了一看不行，我给吕叔湘讲，就没有出版。

**吴**：是什么提纲？是《现代汉语》提纲吗？

**张**：吕先生也没有再让我们做了。那个提纲后来我复印了几份，我这里可能还有。

**吴**：是什么提纲？是一个书稿的提纲吗？

**张**：语法研究提纲，后来我的几个学生，这些我都给他们送了一本。对吕先生主要的就是在写教材的当中，有时候请教他一些问题，但是有时候我们不同的意见也有的，不过吕叔湘先生很仔细的。吕先生呢，给我很多信的，“文化大革命”当中呢，不是都来抄家什么的啊，那个时候我家里呢，也很伤心，因为跟吕先生的这些信的东西都把它弄掉了。我看这个是不是……（在书橱中找书）这个不是吧。噢，这个是谁的呢，这个是黎锦熙先生的，黎先生借给我的，黎锦熙。黎锦熙的，他把他的著作借给我的。

**吴**：哦，黎锦熙的啊。

**张**：对，黎锦熙的。这个著作就是黎先生写的。黎锦熙也跟我通信，他跟我通信呢，我倒不是很少请教他，他把他的一些东西寄给我，希望提意见，很谦虚的，这位老先生。这个是黎先生的。

**吴**：来，我帮您合起来。

**张**：吕先生是非常仔细的，吕先生给我的信，我后来查了查，信都毁掉了，这个都是吕先生的信封了，科学院的，吕先生是科学院的。这个是，你看，吕叔湘。不止这些啦，把他的信都弄掉了，这个信封怎么倒留下来了。信呢，都弄掉了，倒是有一封没弄掉的，就是吕先生的了，你看他看东西看得多仔细啊。

**吴**：是你把文章拿给他看，然后他帮你改吗？

**张**：哎，哎，这是吕先生的。那个是50年代呢。

**吴**：50年代什么文章都给他看是吧。

**张**：所以吕先生跟我的关系呢，应该说是相当好的，再什么呢，很仔细。凡是我和胡裕树的东西去了的话呢，他都是仔仔细细地看。

**吴**：很赏识。

**张**：对对对。这是吕先生的关系，方光焘的关系呢，方光焘是胡裕树的老师。方光焘在暨南大学教书，胡裕树是助教，那个时候胡裕树对语言还不是很感兴趣，到复旦以后才感兴趣。方光焘在南京，他有时候到上海来呢，胡裕树接待他老师的时候就邀了我一道，然后我和方光焘就认识了。胡裕树是安徽人，每个假期都回去了，但是方光焘假期他要到上海来，他买东西，特别是买书，到上海来，就是由我接待，接待他嘛，有时候谈，谈的范围非常广，他不但文学感兴趣，对各方面呢，有时候来了好像不是专门谈什么具体语言问题，谈的比较广泛，不像吕先生那样。给我的印象最深的就是说研究语言不能不注重形式，这个他最……

**吴**：最强调的条件。

**张**：嗯，对对，印象最深的，到公园去玩啊，去看动物，谈动物，谈这些东西去了。

## 三　朋友往来

### 1. 上海的胡裕树、林祥楣、允贻、许孝甫，外面的朱德熙等人

**吴**：那您还跟谁比较有来往？语法学界的，您还跟谁来往比较多。

**张**：谁啊？

**吴**：语法学这块。

**张**：语法，我们朋友里头啊，一个胡裕树，一个华师大叫做林祥楣。

**吴**：啊，林祥楣。

**张**：对，就我们三个人合写的，叫做林裕文。为什么叫林裕文呢，我给写的。第一就是林祥楣人家不大晓得，把他摆到前头。

**吴**：嗯，就把他摆到前头。

**张**：裕嘛就是胡裕树，文嘛，我叫文炼啊，就是这样的，三个人嘛，开始是我和胡裕树，后来呢，他在华师大教书，开始到上海我们还不知道，一讲起来，我们之间有些共同的朋友，大家的学识相同，兴趣都相同。什么兴趣呢，除了语言以外，有几个人喜欢到外面公园里面跑跑啊，

到外面吃吃啊，喝喝酒啊。

**吴**：那您年轻的时候也很活跃，朋友也不少。

**张**：朋友啊。

**吴**：嗯，如果说喜欢到外面聊一聊什么的，朋友也不少。

**张**：就是业务上比较有来往的，主要就我们几位，其他的，当然朋友、同事还是很多，那没有这么样。我们三个人差不多星期天经常碰面的，这样的。

**吴**：总是得碰碰面。

**张**：海阔天空地谈，也可能去看梅兰芳的演出，也可能是到什么地方游啦，都可以谈业务，就这样了。

**吴**：反正三个是好朋友，要玩就一起玩，业务也一起谈。

**张**：对对对，这个好朋友。

**吴**：还有谁跟您合写过文章？

**张**：跟我合作的，有一个叫做允贻，是我的学生，有一本叫做《歧义问题》，这个写歧义问题，恐怕是全国最早一本书了。

**吴**：就是，最早一本书了。

**张**：大纲是我的，但是好些材料我让他帮我去找。歧义嘛，那个歧义问题就是说，歧义有哪些方面，有些是因为词义，有些是语义，有些是层次，有些……我自己有一些例子，还不够，就他帮忙了，他帮忙出了一个小册子，在东北出的。你没看到过吧？

**吴**：有，看过，很薄的嘛。

**张**：无所谓的，也不是什么学术著作，就是我一个学生。这个学生他是在一所业余大学，在上海哪个区里面的业余大学教书的，是我们师大毕业的一个学生，他评职称了，要我写一写，我就说这个著作呢，我说我就是大纲，主要就是他写的，他评了副教授，就这样。这些事情呢就是说，名义是我摆在前头，应该是帮我的，我一站在前头帮他呢，这叫他反而不好。

**吴**：像您刚刚提到的比如说黎锦熙有时候会寄一些文章让您来看一看，一起切磋切磋，那还有谁会寄文章给您，或者说您会寄文章给谁看一看呢？

**张**：经常联系那没有固定的了，比方说，我们上海有个语文协会，语

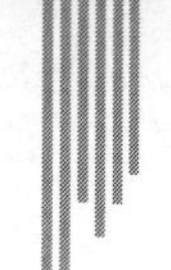



文协会嘛就是说，在协会里面开年会啊，大家有一些讨论，那也不是经常的。经常讨论的，那除非发表了以后。也无所谓，没有什么特殊的。因为其他的，比如说复旦，复旦搞语言的人，有几批，一种是应用方面的，就是吴文奇，还有一两个人。因为我们搞现代语法，像复旦，要么就胡裕树的学生，在我那里，要么我学生，同辈的就比较少了。外面来的人，那么倒也是讨论的，朱德熙，那很少了，到上海来了嘛，当然也招待，也讨论问题的。和朱德熙讨论的时候呢，有时候提几个问题他一下子也回答不出来的，他回去再考虑，有这个情况的。他也蛮好的。

**吴**：我就发现，看您的文章里头，你们两个有一些观点还是不一样的。

**张**：不一样的，有时候我们也特别提出来。你要注意的话，就会发现好多，我有时是明显地讲是不一样的。

**吴**：对，您就明显地，比如说“兼类”问题我不同意他的看法，“向”的问题我不同意朱德熙的看法，您都会这样子很明确地说。有，有不少。

**张**：还有一个人，跟我们应该也很密切的，他是上海人，调到北京去了，叫做许孝甫，他写的文章署名孝甫，都是早些的，后来打成右派就不写文章了。很可惜了，这个人呢，文章发表的不多，他是个老师，想问题想得非常好，调到科学院去了，为什么调到科学院去呢，是吕先生原来认识他，知道他。他在上海是教育学院的，不是在这所大学本部的。这个人口直心快，对什么做法不满就批评，一批评就要让他检查，他就写检查。会散了，“我要大便去了”，这个又说出口了。就是这样一个人。

**吴**：这个人您说叫孝甫，怎么写?

**张**：他反正是孝甫啦，是笔名啦，他有时候就是肖甫，有时候他写的孝甫，笔名是这一类的。这个你去查一查。

**吴**：嗯，我去查一查。

**张**：这个应该是也很熟悉的，可惜时间短，他后来打成右派了，他也不写文章了，他也不跟人家接触了，而且他在北京。

**吴**：他现在还在吗?

**张**：是个很有才华的人。

**张**：反右也反掉很多很有才华的人。

**吴**：您在“文化大革命”那段时间有没写什么文章啊。

张：没写什么文章，反右的时候不大写文章了，我记不清楚了。1957年那个时候，也还写一些。我们的文章又不牵涉政治，也无所谓了，也写写文章的。

吴：那您60年代就出了那本《现代汉语》，出完《现代汉语》后您就基本上没有写文章了，我查了一下，基本上就没有您的文章了。

张：好像是的，我记不清楚了

吴：一直到1979年第二版出来，1981年那会儿才有文章。

张：是的是的，那时都不大写的，是这样的。

吴：那会儿大家都不大写了，“文化大革命”可能也都受到冲击了。

张：语言学界的大概有一些比较老一辈的我们也有些接触的，很少讨论的，只有吕先生，那是不断写信的。

吴：丁声树您认识吧？

张：丁声树开会的时候我也熟悉的，包括王力先生我都熟悉的。丁声树不是最熟悉，王先生还比较熟悉，这是认识的、熟悉的。

吴：就是开会认识，平时有交往吗？

张：开会认识，就是开会认识。

吴：您认识不认识一个研究生叫金柬生的？

张：金柬生是我的学生，他笔名叫做金柬声，学名叫做何伟渔。

吴：他在写您的一个回忆录，里头提到您写打油诗提醒要关水龙头。

张：对，对，何伟渔，就是何伟渔。记录了好多有趣的事情，看一个人的性情吧。

吴：人有时候要看一些小故事才知道一些人的性情，才能了解得更全面。

张：无非就是说我这个人喜欢管闲事。

吴：这本书是1997年编的吧，那1997年现代汉语方面其实他只写了你们四个人，四个人里头，陆俭明你认识吗？

张：北大的呀，朱德熙的接班人，在北大现代汉语代替了朱德熙了。

吴：那他的语法研究，您都知道的吧？

张：知道的，很多书呀，你没有看到过他，他出了很多书。

吴：那还有这个林焘。

张：林焘，北大的，搞现代汉语的，搞的范围比较广的，林焘也去世

了，徐通锵也去世了，（人名，不清）也去世了，他是山大的。

**吴**：你们都有交往吗？

**张**：都有交往，都熟悉的。

**2. 和邢公畹的争论**

**吴**：还有邢公畹，你们好像写文章争论过的。

**张**：南开的，那老一辈了，已经去世了，年纪更大，年纪都有我们老师辈了。跟他有点争论的，什么争论呢，就是有一个外国人叫安特勒，他写篇文章区分这个形式、意义、内容，他举的例子，三角形三内角之和等于 180 度。邢公畹就批评他，这有什么，意义跟内容啊，意义就是内容，内容就是意义，这是邢公畹的观点，觉得一个语言单位，只有形式意义。安特勒这个外国人，说它还有内容，我就赞成了安特勒的例子，但是我加以补充，说有些情况，意义和内容可以重合，特别是这个普遍性的三角形的三个内角的和，所以说意义跟内容分不大清楚。但是有一些单位很清楚的，举例子来说，“他”，意义是说话人听话人之外的第三者，这是意义；内容具体指张三、李四。但是有些，像三角形的内角和，它包括所有的三角形，这种情况意义跟内容重合。所以，邢公畹批评他（指安特勒），我说没道理。我还讲了个笑话，说是一个父亲，教孩子两个词，“爸爸”跟“儿子”。父亲讲，什么叫爸爸呢，爸爸就是我，什么是儿子呢，儿子就是你。儿子去学校刚好碰到教“爸爸”和“儿子”，就跟老师说，什么是爸爸，什么是儿子？爸爸就是我，儿子就是你。这就是把意义跟内容搞混了。邢公畹晓得我讲这个例子，在会上讲，张斌用这个例子来讽刺他，呵呵呵呵。他跟我很熟悉的，他年纪比我大啊。

**吴**：可能跟您年纪差不多的搞现代汉语的还有一个吕冀平是吧？

**张**：吕冀平，吕冀平是东北的，吕冀平现在人还在，不过他后来，我看他发表些文章呢，都是讲规范化的问题了，具体问题都没有研究了，就是他曾经出的书就是谈这个汉语规范化，从原则理论上谈，而且是跟别人合写的。

**吴**：那跟您活跃在同一个时期的语法学家都还有哪些呢？

**张**：同一个时期的，像陆俭明都比我们晚一点点，邢公畹啦，哦不是邢公畹，邢福义啦，也是稍微晚一点，晚得不是很多，所以把这个时间拉得长一点，那就是我啦，胡裕树啦，包括陆俭明啦，包括邢公畹啦，都可以说是一个大的层次，可以算的。

**吴**：那你们学生辈的呢，下一辈的呢？您还比较熟悉的。

**张**：下一辈的就很多了，下一辈的，比方说谁啊，那个南开的，讲那个名词分这个有序名词的马庆株，这个较突出的，郭锐，这些都是比较突出的。像我们那里张谊生，齐沪扬底下一辈的人还是比较多的，武汉也有一些。

**吴**：到后来研究语法的人还是越来越多了。

**张**：嗯，越来越多的，而且他们都是不断地吸收外国的一些方法，思想比较活跃的。

**吴**：您写过《我对四十年来语法研究的看法》以后的二十年里头，整个语法学界有一些新的气象和变化。您以前写过《我对四十年来语法研究的看法》，还记得吧？现在时间过去这么多年了，您能再谈谈您对现在二十年来语法研究的看法吗？从 1989 年到 2009 年二十年了，现在您有没有什么新的想法？

**张**：现在国外的语言学，在几十年发展的门类太多了，这里面就有年轻人不断地吸收，有些吸收好一点的，有些比较生硬一些，但是总的来说，吸收国外的大家都百花齐放，所以很难说哪一个，大家都有贡献的，应该说是这样。

**吴**：就是说这后面的这些年都是百花齐放的一种状态，就是没有体现出一种主流啊。

**3. 沈家煊**

**张**：嗯，方面很多，现在方面太多了。譬如国外一个潮流一来，很多人就跟着跑，比如语法化，最狭义的语法化就是虚化，是吧，实词虚化，当然还可以宽一些，这是一个潮流。近来的一个潮流呢，比方说隐喻，嗯，隐喻，隐喻本来是修辞的，现在用在语法方面，就是讲词的意义变迁怎么扩大到语法影响，隐喻其实本来就是个修辞的。这个搭配，特别是搭配里头，开始是词义的，慢慢搭配起来，影响到句法。引进国外的理论，做得最好的是沈家煊，现在是语言研究所所长。做得最好的是沈家煊，他系统地引用到汉语，人家都引用，他用它解决汉语的一些问题，他的书你看过吧，对称不对称的现象。

**吴**：他好像是那种有界无界，他是认知语法那块的。

**张**：他有很多方面，他用国外的东西我觉得他用得最好。

**吴**：是啊，现在好像一些论文看起来有很多新名词，都看不太懂。

**张**：是啊，新的东西很多啦，是这样的。

**4. 史存直和中心词分析法**

**吴**：我们谈谈史存直的这篇文章吧——《和张斌讨论语法问题》。

**张**：这个讨论呢，他这些具体例子的分析，这个没有什么大的参考价值，你看看可以，你去看看好了。

**吴**：我看看，您忘掉您这篇文章（指史存直提到的《汉语句子分析的再认识》）发表在哪里吗？

**张**：这篇文章啊？我们学校有个讨论会，就是大家讨论会上印的一个稿子，对语法分析再认识，也是能体现我当初一些想法的最早的一篇文章。

**吴**：就是关于句子分析的。这篇我看过了。我就是拿它里头提到的那篇文章，我用来证明说其实您的句型分析理论、修饰语不影响句型的理论，不是在1979年版的增订本，而是在1978年就出来了。

**张**：好像后来没有发表的。

**吴**：嗯，就是找不到。

**张**：在讨论会上印的。

**吴**：我就是拿它来证明说您的文章的观点比1979年还要提前。

**张**：那个时候已经可以反映我一些想法了。

**吴**：我就是拿那这篇文章来反证过来的。

**张**：对对对。

**吴**：那个老先生很固执，句子成分分析法，他就是固执，一直强调他的句子成分分析法。他的观点就是句子成分分析法，一直反对层次分析法。

**张**：句子成分，有几个大问题。一个问题呢，从意义上讲，讲不通的，先分主谓，找中心词，中心词不能搭配的，搭配只能是整个主语不能搭配的。我上次不是举例子嘛，就是……

**吴**：朝鲜爆炸了原子弹。

**张**：朝鲜爆炸了原子弹，那中心词就“爆炸了”嘛，那怎么能搭配呢？上海市一个中学里头有改错题目，主语是“吃的饱饱的孩子”怎么样怎么样，错误是在谓语部分，这学生就说主语部分搭配不当，“吃的饱饱的孩子”中心词“吃的孩子”，孩子怎么吃呢，这个一定是“吃的饱饱的”整个来修饰孩子，因为这个当中心词一找，它的意义不搭配。就这样的，这是一个。动宾摆在谓语部分找中心，摆在主语部分怎么样？随便找个主语是动宾的吧，比如说“打扫卫生很重要”，那里头主语找中心不是“打扫”嘛，这是第一个了，不见中心。那么主语带不带宾语？带不带中心？主语是打扫，卫生是什么呢，是带的宾语，那么主语里头有宾语。那其他的很乱的就很多了，还有层次不清，这个不光是我，朱德熙啦，都不赞成这个中心词分析方法。

**吴**：我们这么多年研究也证明说，这个句子成分分析法它总是有很大缺陷的，一直过来就一直说，就在证明。

**5. 邢福义、王维贤和胡明扬**

**张**：中心词分析法就是南京大学（指南大编的《现代汉语导引》）那本书选的华萍的那篇文章，也批评得蛮好的。华萍就是邢福义。

**吴**：邢福义研究那个复句吧？他有一本书叫《复句问题》吧？

**张**：邢福义其实看问题看得很仔细的，很有一些好的意见的。不过他好像喜欢独树一帜。你出了一个“三个平面”，他就搞个三角，你搞个什么，他就搞个什么东西。他喜欢这样的。

**吴**：在那个研究里头，就一个邢福义，好像那个王维贤他也研究一点吧。

**张**：王维贤先生最近去世了。王维贤先生是很不错的，他主要的长处是对现代逻辑、符号逻辑很熟悉，所以他翻译的书，你看到了吧？那是很不错的，在这方面他应该是在语言学界比较突出的。

**吴**：就逻辑这块啊。

**张**：他的外文也很好，对于这个符号逻辑很熟悉。

**吴**：那您说到外文好，我又想到一个叫胡明扬。

**张**：胡明扬跟我应该算还是比较接近的。

**吴**：都比较新的理论，新的事物是吧。

**张**：他搞这不是完全在现代汉语，他研究理论方面的东西多。我们研究的范围不尽相同，但是我们私人的交情是很好的，为什么呢，因为他是上海的，所以他的亲戚都在上海，他每年要到上海来，都要看我的。

吴：他现在是在北京吧。

张：在北京啊，他是人民大学的。他的外语很好，他原来修外语的。他的大学就在上海念的，是一个教会学校，宋约翰，外国人办的，所以他的外语好。

吴：你们是老朋友吗？

张：应该说是老朋友，认识他很早。但是我们讨论具体问题比较少，因为大家的范围也不完全一样，当然有时候也谈到一些问题。语言学界比较熟悉也比较接近的应该说是胡明扬。而且和胡明扬还有个关系，那是1954年、1955年，就是青岛有个语法讨论会，就是在全国推行中学教学法之前有个讨论会，在青岛的。那年，吕先生、王力先生，还有周祖谟，都参加了，那个时候年轻人就是我，胡明扬，朱德熙，就这么几个人。那次胡裕树没参加，倒不是别的，那个时候邀请他的时候他不在上海。

吴：那就你们三个年轻人参加？

张：1956年比较年轻的就这么几个人，那个时候后来的语言研究所的所长刘坚，当过所长的……语言所长是吕叔湘，以后就是……就是谁啊？后来有一届就是刘坚，后来他去世了。那么开会的时候刘坚还比我们更年轻，但他不是代表，他是记录。

## 四 《现代汉语》教材电大本的编写情况

张：因为我编了几种教材，一个是胡裕树主编的，我是负责这个语法部分的，这是最早的。一个是自学考试的教材，全国自学考试，原来是林祥楣主编的，后来也是我主编。中央电大的教材原来是张志公主编的，后来也是我主编。还有一个……国家从前有一个高校的重点教材，也是我主编的，所以说我主编教材好几套了。

吴：电大教材为什么又让您主编一套呢？

张：张志公的教材之后还有一个过渡，张志公的教材非常多，非常杂，也不是说他水平不行，就是说他编的东西事后也不是多需要。张志公的教材，三本，看到过吧？后来他们电大不用，自己编，结果反映非常大，问题多。后来他们内部讨论，采取折中办法，外面找一个人主编，他们里面的教师也参加。然后就找了我，他们里面几位教师参加编写。我说好，但是有一个条件，你们住到上海来，住到我这个村子里面。一起谈，谈了以后他们去编了。

**吴**：那套教材编了多久？

**张**：一直到现在用了好多年了。

**吴**：我知道。那么您把他们招过来编的时候花了多长时间？

**张**：总是花了一个月的时间吧。当然，他们原来就写好一些初稿了，来了就是一些讨论。

**吴**：观点还是你的。这套教材我很仔细研究过。

**张**：观点是以我为主的。当然因为里头也不只是语法了，还有别的了。

**吴**：对对对，我主要是注意它的语法部分，观点都是您的。

**张**：那个时候刚好村里面有一个小旅馆，价钱也不贵。你这次来的时候，我去看过那个小旅馆，我想你住到这里头最方便，结果都住满了。那个旅馆现在改名字叫做“锦江之星”，锦江是上海最大的旅馆呀，它不过叫做“之星”，星就是天上星星的星，就是说小的锦江，收费也还不错的，价钱比外边便宜，我去问过了，他一间房要 200 多一点，收费还蛮好的，但是住满了，我本来想你在这住就方便了。

**吴**：我下回来的时候就住这里。

**张**：你来之前我去问过了，我跑去看的。

**吴**：您真是细心，张老师。

**张**：是，个人习惯，有些搞学问的人，这个事情不管的。

**吴**：您就什么都管，什么都上心。

**张**：我最喜欢……也许最细致……你看那个书上就写了我的一些小事情的。

**吴**：连水龙头滴水都管。

**张**：小事情。

## 五　在储安平主编的《观察周刊》工作的日子

**张**：到上海来以后，在杂志社工作，因此接触到一些文章，想在这方面找一些书看看，当时看得最多的书是吕叔湘的《中国文法要略》，三本的，很差的字，我这里也有的。陈望道的《修辞学发凡》，这是我最早喜

欢看的语法书。后来就是何容的《中国文法论》，可以说是最早的，当然我在大学里头学的一些古代的音韵、训诂这都是老早学的，涉及现代的东西，解决问题什么的，1946年开始在一个杂志社工作。杂志社的主编是储安平，这个人你知道的。

**吴**：我知道，我就是看书上知道的。

**张**：我就是储安平的助手，没有打成右派还好。那个时候跟着储安平一起工作的，我是最早跟他一起工作的，还有几个人，都打成右派了。

**吴**：他是民主党派啊！

**张**：他是九三学社的。右派是后来的事情，他这个事情是九三学社的，不是右派的问题。别说（右派），大右派了，就是。因为他在会议上直接批评毛泽东。

**吴**：怎么就没把您打成右派呢？

**张**：储安平当时也不愿意杂志不办了，那个杂志是1946年开始办，办到1948年底就被国民党封掉了，因为那个杂志以论文为主，写论文的都是一些很有名的，包括费孝通、王芸生，都是一些有名的教授写的一些论文，当然论文里面有一些，现代的标准来看有一些不大合适的。那他们还不管，国民党也不管，原本这些人也很有名，但是，他那个杂志很特别的，那个杂志叫做《观察》。

**吴**：《观察周刊》。

**张**：新中国成立后有个《新观察》，知道吗？为什么有《新观察》老《观察》，我们那个是老《观察》。

**吴**：实际上您就叫《观察》，不是《观察周刊》。

**张**：《观察周刊》，一个星期出一次。

**吴**：是属于发表论文那种性质的？

**张**：我在里面不发表文章的，因为第一，那个时候我没开始研究语言，而且那个时候是分论方面的一些东西，我没法写。我是当编辑来看这些稿子有没有不通的，可不可以加个标题，帮助储安平做这些工作。发不发这篇文章是储安平决定的，然后我再看一看这里头，因为有一些长的文章都要加小标题的，或者编排的次序，这些文章哪个摆在第一，哪个摆在第二。排下来还有点空白，还要摆点什么东西，做这种工作。

## 六　走上语法研究之路

吴：那您对语法学感兴趣就是那个时候开始的？

张：嗯，那个时候开始的。

吴：那个时候您写过几篇小文章对吧？

张：没写，那个时候没写。写文章那时已经1952年了，正式文章在《中国语文》发表是1954年，第一篇。

吴：1954年，就是那篇《谈词的分类》。

张：《谈词的分类》。第一篇在《中国语文》发表，不过在这篇文章之前已经出过书了，为什么出语法书呢，就是在刚解放不久，办了一个性质是大学预备班，叫做很长的一个（名字）“抽调机关干部升入高等学校补习班”。国家办的，华东区办的，就是希望有一些机关的干部新中国成立后能够进大学。但是他们的文化忘了，是高中的，然后就给他们短期地补习，升入大学，是这么一个机构。那谁来教呢，大学里面抽，复旦嘛就抽了，那里面当然有各科的啦，理科化学啦、生物啦什么都有的，数学啦。中文方面成立了一个教研室，主任是复旦的，叫做鲍正鹄，后来是北京图书馆馆长了，现在去世了。副主任就是我，为什么指定我呢，我那个时候（吴：还很年轻）又不在大学。关键就在《观察》，那个时候政府对《观察》还觉得……因为那些好多文章都是骂国民党的，所以封掉也就是这个原因了。加上我是《观察》的编辑。

吴：进步刊物的编辑。

张：所以成立了一个组，复旦的鲍正鹄是组长，我是副组长，然后组员里头有胡裕树，还有搞文学的王运熙，也比较有名的。还有罗某某，还有好些人，华东师大也有好几个人。另外中学里头有些最有名的教授，抽上来。短期的，这个班结束以后，上海也办一个师专，就是我们的学校的前身，两年制的。师专筹备的时候我就参加师专筹备，筹备以后呢，那个师专中文的负责的主任是上海教育局的一个干部调这来的，我就做副主任。后来师专办两年就改师院，师院成立中文系，我那个时候就是调来了（做）汉语教研室主任，后来改成师大，我一直做语文教研室主任，粉碎“四人帮”以后中文系主任选举我做主任，就这样。所以我做主任不是公派的，是选的。

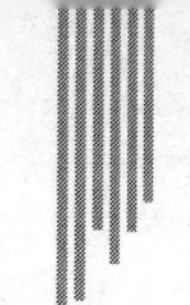



# 第三节　张斌的成长经历和家庭情况

## 一　成长经历

**吴**：您还没有谈到您童年时代的生活，就是您小时候的生活您都没有谈过，您的爸爸妈妈，兄弟姐妹，那么久了，还记得吗？

**张**：小时候啊，小时候我们湖南那个地方是提倡要读古书的，所以小时候，最早，我没有进小学的时候，是我爸爸带着我到我一个亲戚家，因为我们家不是最有钱的，是中等的，但是我有一个亲戚家里，就是我祖母的娘家，是一个很富的人家，他家里就是开个中药店叫九芝堂，现在的九芝堂原来就是我祖母家开的，他们家里是很有钱的，那是很和气的，他家里办的有私塾，请了先生，教他们家里的小孩，亲戚也可以去听。我记得我第一次启蒙的时候，是我父亲带了我到我祖母娘家，拜了老先生的，还跪下磕个头，还要拜孔子的牌位，然后他就拿了一本四书，没有标点的，跟我讲，“子曰，学而时习之，不亦乐乎”，叫我照着念，照着念了，然后把那个四书教给我。那算是启蒙的形式，但是我没有在那里念，后来因为我父亲也是懂文化的，自己在家里读读四书，后来进小学，我进了很多小学，为什么进那么多小学呢，因为我们家里呢，房子，我也搞不清楚，就是搬来搬去的，我家里没有自己房子的，租的别人的房子，所以小学也换来换去。小学里语文成绩比较好的。初中，我进的那个长沙中学，初中呢，是男女混校的，是一个学校，男生班，女生班，分开的，那个时候有一点封建意识嘛，男女不同班的，但是考试是分在一起考的。有一次作文考试，也是作文比赛的意思，考下来的题目都忘了，反正成绩公布的时候呢，前三名第一名是女生，第二名也是女生，第三名是我，我很佩服这个女学生。

**吴**：女生在小学阶段书都读得好。

**张**：呵呵，这个也是个笑话。到了高中，我们那个时候实行文理分科，我读理科的，所以有时候发现我对这个理科的东西，过去不管是数学还是物理什么的，还是很有兴趣的。

**吴**：您有几个兄弟姐妹呢？

**张**：兄弟姐妹呢，我是老大，两个妹妹，两个弟弟。我们家原来在长沙，因为日本人侵略的关系，快到长沙的时候就放大火，大火之前我们就逃离了。逃离到哪里呢？逃离以后呢，我就进大学了，就离开家了。但是我弟弟妹妹还在念书，因为我父亲逃离长沙后在湖南西部当电信局的局长，电信局懂吧？就是电报局。父亲是一个，他是在长沙电信局里头管一种科技方面的，电信局里头也有一些科技的事情的，后来调到管人事的，后来调到小局做局长，做那个小局的局长其实很简单，但是一个很大的问题，就是圆头的这种，那个时候是有线的电话了，有时候要修理啦，要招募很多工人啦，还有工头啦，他叫个工头去做。所以他很不会管理这些具体事情的，是这样一个人。但是文化呢，除掉这个科技方面的，他也懂外语的。这是我父亲。我母亲呢，当然是个家庭妇女了，不过我外公因为是一个举人，所以我母亲也懂文化的，能够看书能够写字的。就是这样的。两个弟弟和两个妹妹呢，一个最小的弟弟新中国成立后回来参军，后来在部队里工作，后来退休了，在南京。大弟呢，念银行的，在银行工作，他一直在株洲中国银行，后来他儿子就是株洲中国银行行长，最近派到英国去了。这是我两个弟弟。大妹，和二妹后来结婚都在武汉，我大妹已经去世了，我这个小妹妹是大学里头学物理的，物理教授，也退休了。大概总的讲起来，都是文化方面的人。

## 二　家庭情况

**吴**：我昨天还看您这些相片，我还要问您呢，这边看到那个，您太太吗？

**张**：这是我的老伴啊，已经去世快十年了。

**吴**：哦，您能谈谈您的家庭情况，能谈谈她，谈谈您的孩子吗？

**张**：我老伴呢，她原来是个家庭妇女，有一些文化，中等文化，后来因为大家都要做工作嘛，就让她去附近的小学上上课，就在那个村子里面，给小孩子上上课，她虽然只有中等文化，她的字写得很好，文笔是比较好的。我的母亲也懂文化的，也能够看一点书，能够写一点东西的。我几个小孩呢，隔壁住着的是我的大儿子，大儿子现在是一个工厂的领导，他有一部汽车是公家的，本来给他配了个司机，现在是他自己开。我这个大儿媳妇呢，是一个中学教师，教数学的，也在中学里头担任过教导主

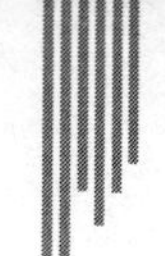



任，她主要是教数学，现在退休了。我这个大儿子年纪也到了退休年龄，但是没有退，仍旧在工作。这是一个儿子。我还有一个儿子在沈阳。老二在沈阳，怎么会在沈阳呢，在“文化大革命”当中他插队到东北，到东北插队他就和东北一个女孩子结婚了，他这个丈人是铁路局的一个干部，所以他就留在铁路局工作。老二只读了中学，没有读大学，因为插队嘛。但是这个人非常聪明，是我这几个孩子里最聪明的。他在铁路局工作，开始叫他卖票，那个卖票是很不容易的，要脑子非常清醒的，因为这里到那里那个钱要多少的，脑子比较清醒。后来他卖票又没有兴趣，就调他到机修，修机器，他又从头学起。铁路上的机修呢，就是门类非常多，他这个机修是以机车为主的，因为机车上面有很多电器，有什么东西啦，都要他们学的。学了以后呢，还要比赛，在沈阳铁路局那个范围比赛，他取了第一名，后来就调他到铁路的一个专门管电器的部门工作，就这样。他就是没有读什么书，都是靠他自己的努力走过来的。我这个老大是大学毕业学机械的，现在是一个厂的副厂长，他有辆车。这是我老大老二。还有个女儿，女儿呢，她因为也是在“文化大革命”当中呢，考大学的时候分数差了一点，后来她自己读了一个中专的学校，后来在一个医院里做一个普通的干部，也结婚了。我那个女婿是在科学院里工作。女儿有个女孩，现在进大学了，就是我外孙女。我这个老大呢，没有儿子，有个女儿，这个女儿大学毕业以后呢，现在念那个业余的硕士，也在一个跟香港合作的公司搞外贸工作，她自己也有辆车。我这个孙子，就是我沈阳那个儿子的儿子，是交大毕业的，学的专业是食品加工，在上海一个工厂工作，他也有辆车。孙媳妇是学对外汉语专业，我们学校毕业的，现在在同济大学工作。

**吴**：张老师，您的子辈、孙辈都很争气。

**张**：现在工资当然提高了，过去工资没有提高的时候，退休了，有的老教授都发牢骚，我说不用发牢骚，你的晚辈都比自己好不就好了。现在我的工资还可以啊，因为最近一个阶段提高了。

**吴**：您现在有多少工资？

**张**：多少工资啊，拿正规的工资来讲，因为我退休得很早嘛，只有两千多，后来一下子，就是去年什么时候，一下加了一千八，光正规工资两千多加一千八就有四千多了。这个是正规工资。还有一个工资，各个大学都有，叫做共享费，不晓得你们有没有，就是除掉共享工资以外，学校里的结余什么东西，分给退休教师的，很不一样，但是我也搞不清楚他们怎么分的，每个月我都可以有两千多，就有六千多了。另外，国务院有专家津贴，每个月六百块。（那您很高啊）所以我这个钱，礼拜六礼拜天我的孙子他们我的孙女他们全家来，我都请客，呵呵。

**吴**：呵呵，您还很豪爽很绅士啦，挺好，当老师挺好的，一个很好的家。

**张**：所以我今年九十岁，他们庆祝我九十岁的生日，要我发言啊，我说我的九十岁有三个阶段，三十，三十，三十。第一个阶段，刚好是1949年以前，刚好三十岁，我说那个时候两个字：就是求生，就是要生存，怎么生存呢？那个时候日本人在上面丢炸弹，这是讲一方面，另一方面工资很低，不够吃，不要求生吗？第一个三十年求生。第二个三十年呢，就是解放，接下来三十年，国家的情况改变，很高兴，但是折腾得很厉害，一下子这样，一下子那样，我叫他求安，求安不得安。最近三十年，“四人帮”过去以后，是最好的时间，我叫求得，这个得呢，是从哪里来的呢，就是古书《大学》《中庸》，《大学》里头，有一段话，不晓得读过《大学》没有，“知止而后有定，定而后能静，静而后能安，安而后能得”。这个得就是讲有心得，有学问，环境安稳以后，你才能够做点学问，我现在就是求得的阶段。三个阶段，求生，求安，求得。

**吴**：那个“德”就是道德那个“德”是不是？

**张**：不是，得到的“得”。

**吴**：这样分得很妥帖的，呵呵，您现在还在继续做学问吧。

**张**：我的问题呢，总是还可以，当然那个求安的时候，折腾啊，这样批判那样，都受过了也无所谓。好在没有变成右派，因为我变成右派的可能性最大了。因为什么呢，在上海，我1946年到上海是在一个杂志社叫做《观察》，你大概知道《新观察》，老《观察》，社长是储安平，当然我那个时候年轻，给那个杂志写文章的人都是些很有名的教授，我在外面并没有名，但是在里面，储安平很依靠我的，外面是储安平出面，当然杂志社还有很多别的人。储安平新中国成立后调到北京做出版社的社长，储安平就写信给我，还有一些同事，你们愿意到北京来，我给你们找工作，他们好几个人去了，我没去，因为主要是我在上海结婚了，而且自己有房子

了，单位给我房子。去那几个人后来变成右派了。

**吴**：那您其实是一种运气啊，变右派是必然的，没有变成右派是偶然的。

**张**：所以说，有时候就是这个机遇了。现在的上海师范大学的前身上海师范专科学校，成立的时候我就参加筹备，1953年开始筹备，1954年成立师专，两年之后就变师院，再两年以后变师大，我一直在里面。在里面开始，原来师专不是专科吗，原来中文方面我是副处长、副系主任，后来扩大到师院因为另外调了人，老师满了，我就做教研室，语言教研室主任，后来“文化大革命”搞得乱七八糟都无所谓职务了。“文化大革命”以后，选举系主任，大家选了我。

**吴**：三个三十年，很长的时间，哪一些事情您记得最清楚，对您影响最大，让您刻骨铭心呢？

**张**：学问的事情还是什么事情呢？

**吴**：包括生活里头的事情，不仅仅是做学问。

**张**：呃，讲不高兴的事情，那就是受批判哪，这种事情。

**吴**：还有没有其他事情？

**张**：其他什么事情，大事情，很难说啊。反正我是从讲师到副教授，再到教授，教授是1980年底评的，这个也是大事情，但这个其实也不算什么大事，很正常的。我评教授也是比较早的，那个时候我们学校第一届带硕士生的是我，国家批的，还是别的系的，中文系评的我，博士生导师我是我们学校的第一个，博士后导师，我在我们学校也是第一个。

**吴**：这些对你来说是很高兴的。

**张**：这个我也没有觉得什么特别的。

**吴**：这是对您学问学识的一种肯定，也是对您的成绩的肯定，肯定您作出的贡献啊。

**张**：作出贡献是肯定嘛，那个评职称也是肯定啊，国务院津贴也是一种肯定啊，也不止我一个人。学校当然对我很好了，很照顾的，比方住房，作为一个教授来讲，我这里，给我两套，隔壁的一套也是，我大儿子住着。那一套，你要不要过去看看。

**吴**：好啊。

**张**：这个就是说，学校在外面，给一个教授能找这么两套房子，很不错了，因为上海这种地方，住房是很紧张的。人也不多，给这么两套。这个待遇不是学校规定的，那是国家规定的，过去待遇是应该说，怎么说呢，特别是退休教授很多都抱不平的，说是太低，去年加薪很多了，是复旦十位教授写信，知道这个事情吧？教授特别是退休的才拿两千多一点，本来两千多对于一般家庭也不低了，但是作为教授讲他们觉得比起来不满意，后来就分等级加，最高加一千八，我就是加一千八的，呵呵。本来两千多加一千八就变成四千多，这个已经很多了嘛。你们那边待遇怎么样啊？

**吴**：我们那边，我有四千多块，那些教授可能有五千多吧。

**张**：过去反而是外地一些学校比较高，像上海和北京并不算高的。所以复旦十个教授写信，说太低了。在职的不算低，因为不断地加，因为退休退得早了，就显得很低了。所以就写信到国务院，国务院就是普遍地加，分等级，最高是一千八。这个其实，一千八是正规工资，我还有，刚才说的，叫共享费，每个学校不一样，每个学校根据它自己的经济情况，每个月都有的，给退休教授一笔钱。另外国务院的津贴是统一的，每个月六百，拿多少年了。

## 三　广泛的兴趣

**张**：我的兴趣很多的，不是讲吗，我喜欢下围棋，围棋下得不一定好。但是我很懂京剧，你懂不懂啊？而且不是一般的懂，很内行的，为什么很内行呢？因为我家里一个堂兄是票友，票友社他们经常聚会，我就跟着去，跟着去学了很多，懂了很多，所以我喜欢看京剧，唱啊什么，胡裕树说我能为京剧场面司鼓。因为在那个票友社里面，他教，我唱，学了一点，他说这个锣啊鼓啊，这些叫做武场，胡琴叫做文场，他说武场你学什么呢，我说什么最难呢，他说敲鼓最难，因为敲鼓是智慧，我说我学学看。

**吴**：那您自己有没有登台唱过？

**张**：登过台，登台唱过的，学校里有一个社团，包括京剧和话剧，请我当这个剧团的团长，因为我懂京剧。

**吴**：那您除了会做学问以外，还很活跃啊。

**张**：是啊，在学校里面说我活跃，是因为我懂京剧，常常唱，另外我

还办一个杂志，办个文学杂志，也是同学一起办的，推举我当社长。

**吴**：张老师是个很活跃的人，是个很有生活情趣的人。

**张**：嗯，我兴趣是多方面的。

**吴**：那您现在呢，现在兴趣是什么，比如说现在还做些什么？

**张**：我过去下围棋，过去因为住在隔壁的一个人喜欢下围棋就经常下，现在没有对手了，也不下了，业余嘛，就看看京剧，当然看的东西，杂志也很多，报纸也好几份，也来不及看的，但是目前写东西很少，看的稿子不断。最近我们学校集体编一部书，叫《现代汉语描写语法》，商务印书馆出版，有近一百万字了，我这一个阶段就一直看稿，看集体写的东西很讨厌的，写的风格也不一致，术语也不一致，看起来头痛得不得了，这是一种稿。再一个就是，到了一定的时候就看论文——你要不要带这些论文，我都会看的，而且都是我去主持的（指近期复旦大学汉语言文字学专业的博士论文答辩）。还有外面一些人要我写序，要写的东西都寄过来了。

**张**：还有回信，包括外面的学生啦什么的，有些信我总是回的。

**吴**：对啊，您回得都很及时，我们有时候都不好意思，您都是回得比较快。

**张**：不要紧的，这个不是很多的。我这里这个邮递员对我是很照顾的，凡是挂号的、要盖章的，或者是一本书，别的人他都在底下叫的，我这里他就送上来。邮递员也很照顾我的。

附录2：

# 张斌语法论著目录

## 专著

1. 林裕文：《通俗语法讲话》，通俗读物出版社，1955。
2. 林裕文：《初级语法讲话》，上海教育出版社，1962。
3. 文炼、胡附：《中学语法教学》，上海春明出版社，1954。
4. 胡附、文炼：《现代汉语语法探索》，上海东方书店初版，1955；上海新知识书店新1版，1956；商务印书馆新1版，1990。
5. 文炼：《处所、时间和方位》，上海新知识出版社（上海教育出版社的前身），1956；上海教育出版社，1984。
6. 林裕文：《词汇·语法·修辞》，上海新知识出版社，1957。
7. 林裕文：《偏正复句》，上海教育出版社，1962，1984。
8. 文炼、胡附：《现代汉语参考资料》（下），上海教育出版社，1982。
9. 文炼、允贻：《歧义问题》，黑龙江人民出版社，1985。
10. 文炼、允贻：《语句的表达和理解》，上海教育出版社，1987。
11. 张涤华、胡裕树、张斌、林祥楣：《汉语语法修辞词典》，安徽教育出版社，1988。
12. 张斌、胡裕树：《汉语语法研究》，商务印书馆，1989，2003。
13. 张斌：《现代汉语精解》，上海文艺出版社，1989。
14. 张斌：《汉语语法修辞常识》，香港教育图书公司，1991。

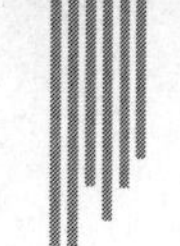



15. 张斌：《中华学生语法修辞词典》，上海辞书出版社，1997。
16. 张斌：《汉语语法学》，上海教育出版社，1998，2003。
17. 张斌：《现代汉语语法十讲》，复旦大学出版社，2005。
18. 范开泰编《20 世纪现代汉语语法八大家——胡裕树张斌选集》，东北师范大学出版社，2002。
19. 张斌、范开泰主编《现代汉语虚词研究丛书》，安徽教育出版社，2003。
20. 张斌主编《现代汉语虚词词典》，商务印书馆，2001。
21. 文炼、胡附：《文炼胡附语言学论文集》，商务印书馆，2010。

## 教材

1. 胡裕树主编《现代汉语》，上海教育出版社，1962（初版本），1979（修订本第二版），1981（增订本第三版），1987（增订本第四版），1995（重订本第五版），配有辅助教材《〈现代汉语〉使用说明》。
2. 张斌主编《现代汉语》，中央广播电视大学出版社，1988，1990，1996（修订本），2000，2003。（中央广播电视大学教材，配有辅助教材《现代汉语学习指导》，同时还有一本《现代汉语精解》解答疑难问题）
3. 张斌主编《简明现代汉语》，中央广播电视大学出版社，2000。（适应电大非语言文学专业的教学需要而编写的）
4. 张斌主编《现代汉语专题》，中央广播电视大学出版社，2008。
5. 张斌主编《现代汉语》，语文出版社，2000。（全国高等教育自学考试教材，配有辅助教材《现代汉语自学考试辅导》（张斌审定，齐沪扬主编，人民教育出版社，2001）
6. 张斌主编《语法分析与语法教学丛书》，华东师范大学出版社，2000。［包括《现代汉语实词》（方绪军）、《现代汉语虚词》（张谊生）、《现代汉语短语》（齐沪扬）、《现代汉语句子》（陈昌来）、《现代汉语语法分析》（范开泰、张亚军）］
7. 张斌主编《新编现代汉语》，复旦大学出版社，2002。

8. 张斌主编《现代汉语教学参考与训练》，复旦大学出版社，2002。
9. 张斌主编《简明现代汉语》（大学文科基础课重点教材），复旦大学出版社，2006。
10. 张斌主编《简明现代汉语》（复旦博学·语言学系列），复旦大学出版社，2008。
（普通高等教育“十五”国家级规划教材《新编现代汉语》的简编本）
11. 张斌主审，张登岐主编《现代汉语》，高等教育出版社，2005。
12. 张斌主编《现代汉语描写语法》，商务印书馆，2010。

## 论文

1. 文炼：《谈句子的基本结构》，《大公报》1952 年 7 月 16 日。
2. 胡附、文炼：《词的范围、形态、功能》，《中国语文》1954 年第 8 期。
3. 文炼、胡附：《谈词的分类》，《中国语文》1954 年第 2 期。
4. 文炼、胡附：《谈宾语》，《语文学习》1955 年第 12 期。
5. 林裕文：《谈结构助词“的”》，《语文学习》1958 年第 11 期。
6. 文炼：《论语法学中“形式和意义相结合”的原则》，《上海师范学院学报》1960 年第 1 期。
7. 文炼：《形式、意义和内容》，《语文学习》1980 年第 4 期。
8. 文炼：《词语之间的搭配关系——语法札记》，《中国语文》1982 年第 1 期。
9. 胡附、文炼：《句子分析漫谈》，《中国语文》1982 年第 3 期。
10. 文炼：《“会”的兼类问题》，《汉语学习》1982 年第 6 期。
11. 文炼：《从“吗”和“呢”的用法谈到问句的疑问点》，《逻辑与语言学习》1982 年第 4 期；《思维与智慧》1982 年第 4 期。
12. 文炼：《几点希望》，《汉语学习》1982 年第 1 期。
13. 林裕文：《回顾与展望》，《中国语文》1982 年第 4 期。
14. 文炼：《汉语的结构特点和语法研究》，日本《中国语》1981 年第 8 期；《淮北煤炭师范学院学报（哲学社会科学版）》，1983 年第 2 期。

15. 文炼：《关于句子的意义和内容》，《语文研究》1984 年第 1 期。
16. 文炼、胡附：《汉语语序研究中的几个问题》，《中国语文》1984 年第 3 期。
17. 张斌、胡裕树：《语法系统和语法学习》，《语文学习》1984 年第 3 期。
18. 林裕文：《谈疑问句》，《中国语文》1985 年第 2 期。
19. 文炼：《层次分析四题》，《语文学习》1986 年第 1 期。
20. 文炼：《信息、修辞、语体》，《修辞学习》1986 年第 1 期。
21. 文炼：《句子种种——谈谈句子和语境的关系》，《中文自修》1986 年第 6 期。
22. 文炼：《句子的解释因素》，《语文建设》1986 年第 4 期。
23. 张斌：《汉语句子分析的再认识》，载史存直《句本位语法论集》，上海教育出版社，1986。
24. 林裕文：《回顾与展望》，载《现代汉语语法研究现状和回顾》，语文出版社，1987
25. 文炼：《空和空位》，《中文自修》1987 年第 5 期。
26. 文炼：《疑问句四题》，《语文学习》1987 年第 5 期。
27. 文炼：《语法分析的心理学基础》，《烟台大学学报（哲学社会科学版）》1988 年第 1 期。
28. 文炼：《我对 40 年来现代汉语语法研究的一些看法》，《语文建设》1988 年第 1 期。
29. 文炼：《固定短语和类固定短语》，《世界汉语教学》1988 年第 2 期。
30. 文炼、沈锡伦：《〈马氏文通〉研究的新成果——评〈马氏文通读本〉》，《语文研究》1988 年第 2 期。
31. 文炼：《格律诗语言分析三题》，《上海师范大学学报（哲学社会科学版）》1989 年第 3 期。
32. 文炼：《关于一个复句的分析》，《中文自修》1989 年第 12 期。
33. 文炼：《读〈马氏文通〉偶记》，载《汉语语法研究》，商务印书馆，1989。
34. 文炼：《关于语法分析》，《文科园地》1990 年第 3 期。

35. 文炼：《语言单位的对立和不对称现象》，《语言教学与研究》1990 年第 4 期。
36. 文炼：《袁杰谈谈动词的“向”》，载《汉语论丛》，华东师范大学出版社，1990。
37. 文炼：《句子的理解与信息分析》，《语言研究》1991 年第 4 期。
38. 文炼：《谈谈“识繁写简”》，《语文建设》1991 年第 2 期。
39. 文炼：《与语言符号有关的问题——兼论语法分析中的三个平面》，《中国语文》1991 年第 2 期。
40. 文炼：《与句群分析有关的问题》，《中文自学指导》1991 年第 3 期。
41. 张斌：《句子的理解策略》，《中国语文》1992 年第 4 期。
42. 文炼：《从语言结构谈近体诗的理解和欣赏》，《上海师范大学学报（哲学社会科学版）》1992 年第 3 期。
43. 张斌：《汉语语法研究刍议》，载刘坚、侯精一主编《中国语文研究四十年纪念文集》，北京语言学院出版社，1993。
44. 文炼：《与分类有关的几个问题》，《汉语学习》1993 年第 3 期。
45. 文炼：《关于“有”的思考》，《香港语文建设通信》1993 年第 12 期。
46. 文炼：《汉语语句的节律问题》，《中国语文》1994 年第 1 期。
47. 张斌：《从现代科学研究的特点看语言学和语言教学研究》，《语言教学与研究》1994 年第 3 期。
48. 文炼：《论名词修饰动词》，《上海师范大学学报（哲学社会科学版）》1994 年第 3 期。
49. 文炼：《学会同中见异》，《咬文嚼字》1995 年第 1 期。
50. 文炼：《关于象声词的一点思考》，《中国语文》1995 年第 1 期。
51. 文炼：《从“咬文嚼字”谈起》，《汉语学习》1995 年第 2 期。
52. 张斌：《我谈语文规范化》，《语文建设》1995 年第 3 期。
53. 文炼：《关于分类的依据和标准》，《中国语文》1995 年第 4 期。
54. 文炼：《语法教学 40 年》，《语文建设》1995 年第 5 期。
55. 文炼：《描写与解释》，载《现代汉语专题研究》，天津人民出版社，1996。

56. 文炼：《试论格律诗的理解》，载《汉语修辞和汉文化论集》，河海大学出版社，1996。
57. 文炼：《关于词典标明词性的问题》，载《语文现代化论丛》，语文出版社，1996。
58. 文炼：《谈谈汉语语法结构的功能解释》，《中国语文》1996 年第 6 期。
59. 文炼：《几个值得推敲的概念和判断》，《语文建设》1997 年第 5 期。
60. 文炼：《谈谈句法分析和句子分析》，载范晓等编《语言研究的新思路》，上海教育出版社，1998。
61. 文炼：《祝贺全国语言文字工作会议召开（大会发言）》，《语言文字应用》1998 年第 1 期。
62. 文炼：《汉语语法学 · 序》，《汉语学习》1998 年第 1 期。
63. 文炼：《几点想法》，《语言文字应用》1998 年第 1 期。
64. 文炼：《漫谈“报章体”》，《咬文嚼字》1998 年第 4 期。
65. 文炼：《语文规范面面观》，《咬文嚼字》1998 年第 5 期。
66. 文炼：《语文规范的时代特征》，《咬文嚼字》1998 年第 6 期。
67. 文炼：《世纪末≠本世纪末》，《咬文嚼字》1998 年第 8 期。
68. 张斌：《“在”“于”和“在于”——读〈马氏文通〉一得》，《咬文嚼字》1998 年第 12 期。
69. 文炼、胡附：《扩大语法研究的新视野》，载《语法研究入门》，商务印书馆，1999。
70. 文炼：《划分与切分》，《中国语文》1999 年第 4 期。
71. 文炼：《指称与析句问题》，《广播电视大学学报（哲学社会科学版）》2000 年第 4 期。
72. 文炼、胡附：《词类划分中的几个问题》，《中国语文》2000 年第 4 期。
73. 张斌：《谈谈句子的信息量》，日本《现代中国语研究》2000 年第 1 期。
74. 张斌：《〈马氏文通〉关于虚词的研究给我们的启示》，《语文论丛》第六辑，上海教育出版社，2000

75. 张斌:《理解和表达（一）》,《语文建设》2000 年第 5 期。
76. 张斌:《理解和表达（二）》,《语文建设》2000 年第 6 期。
77. 张斌:《理解和表达（三）》,《语文建设》2000 年第 7 期。
78. 张斌:《理解和表达（四）》,《语文建设》2000 年第 8 期。
79. 张斌:《要依法化异为同》,《语文建设》2000 年第 12 期。
80. 张斌:《外语教学的心理学基础》，载《回眸与思考》，外语教学与研究出版社，2000。
81. 张斌:《我的语法观》，载范开泰、齐沪扬主编《语言问题再认识》，上海教育出版社，2001。
82. 张斌:《从符号学的观点考察汉字》，载《中国文字研究》，广西教育出版社，2001。
83. 张斌:《〈现代汉语虚词词典〉前言》，载范开泰编《20 世纪现代汉语语法八大家——胡裕树张斌选集》，东北师范大学出版社，2002。
84. 文炼:《新词新语之我见》,《咬文嚼字》2001 年第 2 期。
85. 张斌:《追念陈望道》,《修辞学习》2001 年第 2 期。
86. 张斌:《〈现代汉语虚词研究丛书〉总序》,《汉语学习》2001 年第 5 期。
87. 文炼:《“喷泉如注”质疑》,《咬文嚼字》2001 年第 5 期。
88. 张斌:《胡裕树的几件小事》,《咬文嚼字》2002 年第 2 期。
89. 张斌:《蕴涵、预设与句子的理解》,《世界汉语教学》2002 年第 3 期。
90. 张斌:《对中小学语文教学的几点看法》,《语文建设》2002 年第 4 期。
91. 张斌:《漫谈深入浅出》,《修辞学习》2004 年第 1 期。
92. 张斌:《社会需要〈现代汉语规范词典〉》,《汉语学习》2004 年第 3 期。
93. 张斌:《回忆望老》,《修辞学习》2006 年第 3 期。

# 附录3：

# 研究张斌语法思想论文目录

## 专题研究

1. 张登歧：《张斌“名词附类说”学习札记》，载张登歧《汉语语法问题论稿》，安徽大学出版社，2005。
2. 何伟渔：《胡附、文炼的析句理论——为两位先生从事语法研究和教学四十年而作》，《上海师范大学学报》1989 年第 3 期。
3. 袁晖、陈炯：《关于句型的确定》，《松辽学刊》1987 年第 1 期。
4. 饶长溶：《谈谈胡裕树主编〈现代汉语〉（修订本）的析句方法》，《语法研究和探索（一）》，北京大学出版社，1983。
5. 郝光顺：《胡裕树“功能分类说”探源》，《吉林师范大学学报（人文社会科学版）》1985 年第 4 期。
6. 李岩松：《胡裕树主编〈现代汉语〉不同版本比较研究》，硕士学位论文，内蒙古大学，2006。

## 总结、介绍、评价语法思想

1. 魏雨：《张斌教授和中国语言学》，《上海师范大学学报（哲学社会科学版）》1990 年第 1 期。
2. 上海师范大学研究生部：《严谨治学　辛勤育人——记上海师范大学中文系张斌教授》，《学位与研究生教育》1995 年第 3 期。
3. 林玉山：《张斌先生在汉语语法学史上的重大贡献》，载马重奇、林玉山主编《编辑和语言——庆贺张斌先生八〇华诞》，厦门大学出版社，2000。

4. 林玉山、吴晓芳：《论张斌、胡裕树的语法思想》，《福建师范大学学报（哲学社会科学版）》2007 年第 3 期。
5. 林玉山：《论张斌的语法思想》，《福建教育学院学报》2007 年第 10 期。
6. 陈炯：《论张斌先生的语法思想》，载范开泰主编《语言问题再认识》，上海教育出版社，2001。
7. 范开泰：《胡裕树、张斌先生评传》，载范开泰编《胡裕树、张斌选集》，东北师范大学出版社，2002。
8.《张斌先生传略》，范开泰、齐沪扬主编《语言问题再认识——庆祝张斌先生从教五十周年暨八十华诞》，上海教育出版社，2001。
9. 金柬生：《兼容乃大　无欲则刚——记语言学家张斌教授》，载马重奇、林玉山主编《编辑和语言——庆贺张斌先生八〇华诞》，厦门大学出版社，2000。

## 专文评论

1. 何伟渔：《兼收并蓄　为我所用　立足革新　不断探索——张斌新著〈汉语语法学〉学习笔记》，载马重奇、林玉山主编《编辑和语言——庆贺张斌先生八〇华诞》，厦门大学出版社，2000。
2. 林志强：《浅评张斌先生〈汉语语法修辞常识〉》，载马重奇、林玉山主编《编辑和语言——庆贺张斌先生八〇华诞》，厦门大学出版社，2000。
3. 郭圣林：《略评〈现代汉语语法探索〉》，载马重奇、林玉山主编《编辑和语言——庆贺张斌先生八〇华诞》，厦门大学出版社，2000。

## 语法学史著述中的评论

1. 孙玄常：《汉语语法学简史》，安徽教育出版社，1983。
2. 林玉山：《汉语语法学史》（修订版），湖南教育出版社，1986，第二版。
3. 马松亭：《汉语语法学史》，安徽教育出版社，1986。

4. 朱一之、王正刚：《现代汉语语法研究的现状和回顾》，语文出版社，1987。
5. 龚千炎：《中国语法学史稿》，语文出版社，1987。
6. 董杰锋：《汉语语法学史概要》，辽宁大学出版社，1993。
7. 邵敬敏：《汉语语法学史稿》（修订本），上海教育出版社，2006。
8. 朱林清：《汉语语法研究史》，江苏教育出版社，1991。

# 后　记

本书是在我的博士论文《张斌语法思想研究》的基础上修改而成的，主要是增加了“张斌先生口述实录”这一部分。读博期间，导师林玉山教授带我到上海拜访张斌先生，征询他对论文初稿的意见，以后，常有书信往来。博士毕业后，2010 年 10 月，我再次到上海访谈张斌先生，约四天的时间。回来后，根据录音整理出“张斌先生口述实录”附在文后。《张斌语法思想研究》读书，“张斌先生口述实录”读人，借助这篇口述，我们大致能了解他对生活的种种体验，了解他在学术领域的观点，了解他对同事、同道的看法，了解他对那些曾经激励过他的人们的评价，了解他在语法学史上的地位。由此，有助于更透彻地理解其学术思想。希望“张斌先生口述实录”能给严肃的学术著作增加一些生活气息。书稿送社会科学文献出版社之后，编辑李兰生老师对书稿提出了修改意见，我又做了进一步的修改。这本书稿凝聚着诸多师长的心血，面对书稿，心中溢满感激之情。

感谢张斌教授。读张斌先生的文章，其新进的思想、犀利的论析迎面而来；走近张斌先生，更多地感受到他的亲切、仁爱和宽厚，以及宽厚中蕴涵的严谨、细致的学术作风。张斌先生的学识让我仰慕，张斌先生的治学态度让我汗颜，张斌先生对论文的肯定让我十分欣慰，但我明白，先生的表扬中更多的是鼓励和鞭策，我唯有以加倍的努力来报答先生的厚爱。2010 年 10 月的那次访谈，我再一次感受到了先生无微不至的关怀：从找人接机、在他家里吃饭、一个人打的到学校为我联系宾馆，到带我在校园里走动，看他的办公室、看他常去的书店，再到很绅士地掏出黑皮夹准备

买单……那是一个90岁的老人，那是一个德高望重的学者啊，那份感动难以忘怀。

感谢导师林玉山教授。论文在前期选题、收集资料、斟酌观点以及后期的谋篇布局、整理修改过程中，得到了导师的精心指导。导师如父，学术路上的每一步、每一坎都是他把我拉扯过来的，没有他，论文是不可能顺利完成的。

感谢为我授课的马重奇、陈泽平、林志强、刘永耕教授。在三年的学习生活中，他们以不同的方式给予我许多的关怀、帮助和鼓励。马重奇教授是福建师范大学汉语言文字学学科点的带头人，他对学科建设的无私奉献精神令学生动容，心中充满了敬意。马教授现在又是漳州师院闽南方言文化研究所的所长，我又在他的视线里学习、工作，被他拉扯着、鞭策着往前走，苦并快乐着，何其幸运！

感谢论文答辩老师：董琨教授、张振兴教授、方一新教授、王云路教授、马重奇教授、陈泽平教授、林志强教授，他们为论文的进一步修改提供了宝贵的意见。

感谢华侨大学文学院的孙汝建教授、南京大学文学院的杨锡彭教授，他们对张斌和张斌语法思想有深刻的理解，为我解读张斌语法思想提供了极大的帮助。上海师范大学对外汉语学院的齐沪扬教授百忙之中为本书写序，序言中也体现了对张斌及其语法思想的深刻理解。与他们对张斌语法思想的理解相比，我越发地自惭。

感谢我的师兄师姐、师弟师妹：殷树林、翁玉莲、王树瑛、郑丽、陈静、刘必善、赵红玲，在论文的写作中，他们给了我许多好的建议。感谢同学刘奇玉、刘芳、陈瑶、洪梅、吴文文，在艰苦的三年论文写作中，我们互相帮助、互相支持，共度了许多美好的时光。感谢福建师范大学的王进安、陈伟达、陈芳、李春晓、陈鸿、吴金华等老师，他们在我毕业后的工作学习中给了我许多鼓励。

感谢我的丈夫和儿子，感谢我的父母和弟妹，感谢那些关心帮助我们一家的亲人和朋友。三年读研，三年读博，一路走来，风尘仆仆。是亲情、友情，把这段旅途点缀得花香弥漫，使我这个初涉学术路、在学术路上穿枝拂叶的人，踏着荆棘，不觉得痛苦，有泪可落，不是悲哀。亲情，始终是滋润我成长的幸福源泉。

本书得到了2011年教育部人文社科基金立项资助（“张斌语法理论与实践之研究”，项目编号11YJA740099），得到了2011年福建省社科规划博士文库基金立项资助。本书能够顺利出版，编辑李兰生老师付出了辛勤的劳动，我从他出色的工作中学到了许多知识，并且讶异于他对语法学的精通。

2009年博士毕业至今，已经三年了，回想读博的那一段时光，回想毕业后所走的路、所得到的关爱和帮助，满是感激。

祝愿好人一生平安。

吴晓芳

2012年8月

**图书在版编目（CIP）数据**

张斌语法思想研究／吴晓芳著．—北京：社会科学文献出版社，2013.6
（福建省社会科学规划项目博士文库）
ISBN 978－7－5097－4625－7

Ⅰ．①张…　Ⅱ．①吴　Ⅲ．①汉语－语法分析　Ⅳ．①H14

中国版本图书馆 CIP 数据核字（2013）第 098169 号

·福建省社会科学规划项目博士文库·
**张斌语法思想研究**

著　　者／吴晓芳

出 版 人／谢寿光
出 版 者／社会科学文献出版社
地　　址／北京市西城区北三环中路甲 29 号院 3 号楼华龙大厦
邮政编码／100029

责任部门／社会政法分社（010）59367156　　责任编辑／李兰生
电子信箱／shekebu@ ssap. cn　　责任校对／李　娟
项目统筹／王　绯　　责任印制／岳　阳
经　　销／社会科学文献出版社市场营销中心（010）59367081　59367089
读者服务／读者服务中心（010）59367028

印　　装／北京季蜂印刷有限公司
开　　本／787mm×1092mm　1/16　　印　　张／22
版　　次／2013 年 6 月第 1 版　　字　　数／359 千字
印　　次／2013 年 6 月第 1 次印刷
书　　号／ISBN 978－7－5097－4625－7
定　　价／75.00 元